EDUCATION POLICY AND REFORM:
THE LOCAL EXPLORATION

教育政策与教育改革 [上卷]

本土探索

范国睿　等 / 著

教育科学出版社
· 北　京 ·

目　录

序

教育政策与教育改革的逻辑展开

政策科学（policy science）的概念是美国著名政治学家拉斯韦尔（H. D. Lasswell）在20世纪50年代初提出的[①]，至20世纪60年代末70年代初，相关研究在西方兴起。此后，德罗尔（Y. Dror）[②]、纳格尔（S. S. Nagel）[③] 等著名政策科学研究者积极推动政策科学的理论研究和实践探索，政策研究由此蓬勃发展，学科发展也日渐成熟。作为政策科学的重要分支学科之一，教育政策学的发展与政策科学的繁荣几近同步。20世纪80年代早期，瑞典著名教育学家胡森(T. Husén)曾对教育政策制定与教育研究之间的关系展开专题研究[④]，并组织一批世界知名的教育理论研究专家与教育决策者展开对话，开教育政策研究发展之先河，也在很大程度上影响了此后的教育政策研究发展方向。

---

① Lasswell D, Harold D L. The policy sciences : recent developments in scope and method [M]. Stanford: Stanford University Press, 1951; Lasswell D. The decision process [M]. Maryland: University of Maryland, 1956; Lasswell D. The future of political sciences [M]. New York: Atherton, 1963.

② 以色列耶路撒冷希伯来大学教授叶海卡·德罗尔（Yehezhel Dror）在1968年至1971年旅居美国期间写了《公共政策制定的再审查》(*Public Plicymaking Rexamined*)、《政策科学纲要》(*Design for Policy Sciences*)、《政策科学进展》(*Ventures in Policy Sciences: Concepts and Applications*) 等著作，被称为“公共政策科学三部曲”。

③ Nagel S S. Political science and public policy [M] //George J M, George H W. Social science and public policy: the roles of academic disciplines in policy analysis. Port Washington, N. Y. : Associated Faculty Press, 1984.

④ Husén T. Educational research and the making of policy in education: an international perspective [J]. Minerva, 1983, 21 (1): 81-100; Husén T. Social background and educational career: research perspectives on equality of educational opportunity [R]. Paris: Organization for Economic Co-operation and Development, 1972.

政策是破解社会难题、化解社会矛盾、确立和调整社会关系的规则与措施。从“静态”角度来理解，政策是用以执行或遵守的文本性规范，如法规、准则、计划、纲要、通知、文件、方案或措施，等等，是一种静态存在的“文本”。在公共政策研究发展的早期，研究者们大多认为政策的存在形态是静态的。我国在改革与发展过程中，重视法律、制度建设，在静态的文本意义的政策建设上倾力较多。从“动态”角度来理解，由问题的确认到政策议程、政策方案的形成是一个艰难的“提升”过程，政策制定者与执行者通常也会在确定哪些是达到预期政策目标的关键问题时产生冲突；解读政策是一个复杂的过程，由于各种利益相关者的立场不同，几乎总是存在对政策文本的多种解释。在具体的社会改革实践中，政策执行过程同样极其复杂，至少包括了对政策的阐释与宣传、政策执行、政策过程的监测以及政策效果的评估等一系列复杂过程，而且，在具体的政策实践与社会改革过程中，政策执行的结果几乎总是与政策制定者的意图有所出入。① 因此，将政策视为一个动态的历时性过程似乎更为适切，政策是“某种有目的地进行价值分配、处理问题或实现既定目标的复杂过程”②。实际上，仅将政策视为静态的文本或动态的政策实践，都是不完善的。正如泰勒（S. Taylor）所说：“政策的内涵远远超越了政策文本，它还包括先于文本的政策过程，包括政策文本产生之后而开始的政策过程，以及对作为一种价值陈述及行动期望的政策文本的修正和实际的行动。”③ 因此，在一定意义上可以说，政策是静态的文本表达与动态的变革实践过程的总和，而这一切都表现为以解决现实社会问题为核心的变革性实践。

在现代国家中，随着义务教育的普及、教育规模的扩大和国家职能的加强，教育早已超越家庭事务的范畴，越来越具有社会公共事务

① Trowler P. Education policy [M]. London: Routledge, 2003: 95-96.

② 刘复兴. 教育政策的四重视角 [J]. 清华大学教育研究, 2002 (4): 13-19.

③ Taylor S. Education policy and the politics of change [M]. London: Psyohology Press, 1997: 58.

的性质，国家具有办教育、管理教育的权力和责任，因而，“教育政策”便当然地属于“公共政策”的范畴，是国家管理和发展教育的主要手段和工具。教育政策的主体是负有教育的法律或行政责任的组织和团体；教育政策的直接目的在于确定和调整教育关系，从而实现特定历史阶段的教育目的；教育政策不仅是静态的存在，还是在教育活动的过程中产生、存在和调整的“有组织的动态发展过程”，是静态与动态的统一；教育政策是一种行为准则，是规范性的存在，是政策主体用以治理教育事业的工具；教育政策具有时效性，是针对特定时期内教育领域存在和出现的问题、为满足特定时期的发展需要而制定的。作为公共政策在教育领域的具体表现，教育政策秉持公益性的价值取向和具体社会历史条件与政治团体的教育目的，以公权力为依托，以各种具有国家强制力的行为为工具，规范和管理教育实践活动，解决教育领域出现的各种复杂问题，分配和调整不同社会群体在教育活动中的利益关系。教育政策规定了国家的教育目的，规定了学校教育的目标、年限、内容、方式，规定了各种教育资源的来源与配置方案，规定了教师的准入条件、专业身份、工作权责、待遇。公民受教育的宪法权利更是由不同层次、涉及各级各类教育的多样化政策所组成的教育政策系统来保护和维系的。

教育改革是教育政策的逻辑展开。作为政策主体为实现特定的社会与教育目的而制定的规范性准则，教育政策针对特定的教育问题，以确定和调整特定的教育关系为直接任务，具有明确的政策目标，为政策执行者提供行动指示和方案，对学校、教师、学生、家长、教育职能部门、更广泛复杂的教育利益相关者的行为以及社会与教育关系进行规范和调整。教育政策是一个由制定、执行、评价、调整等活动多层次、顺序相接直至终结，并导向新政策活动的连续的复杂过程。在此过程中，执行者、各方利益相关者参与到这一活动中，而各方对教育政策都会有自己的理解，并导向不同的政策行为。相较于其他行业而言，教育工作者往往更为强调自己的教育理念和自主性，天然地排斥行政干预。因此，教育政策过程的冲突、论证就会更为频繁，而这也会在教育政策从文本到行动的各个阶段产生作用。进而言之，“学校作为一个比其他社会组织功能更齐全的组织，其内部的微观政治过程提供了政策重新融入情境的环境，这种重新融入与其说是执行政策，不如说是再造政策，与其说是再生产，不如说是生产”①。

教育政策分析是一个贯穿政策问题确认、政策选择与制定、政策执行与政策绩效评估全过程的价值分析过程；在政策分析模式、策略与方法上，既有按一定的基础理论进行有关政策的应用性分析和研究的线性模式（linear model），有运用相关知识体系在多种政策选择时进行决策的问题解决模式（problem-solving model），有政策制定者出于某种政治利益做出决策或为已被采纳的政策措施辩护的政治模式（political model），也有通过讨论相关价值、观念、意识形态与政策价值而间接影响政策的阐释模式（enlightment model）或过滤模式（percolation model）。② 在教育政策分析策略上，经济合作与发展组织（Organization for Economic Co-operation and Development，OECD，以下简称“经合组织”）的做法为我们提供了很好的借鉴。经合组织早在 1996 年就发起了系列教育政策分析。在经合组织看来，提高教育质量是所有经合组织国家的关键政策目标之一，为响应“为每一个人创造可利用的终身学习机会”的要求，世界各国均在开展重大教育改革。教育政策分析提供了一个反映各国教育改革经验的机会。教育政策分析的主要目的是：协助教育政策制定者及其他与教育政策有关的方面，通过借鉴国际上或类似领域的工作经验提高决策水平；分析总结经合组织的教育活动、国际数据与指标及相关研究的内在性质与政策含义；以简明并可获得的方式公布有关结论及分析与讨论结果。这一点在其每年出版的教育政策分析报告中得到了很好的体现。

我国学者对教育政策以及教育政策研究的关注始于 20 世纪 90 年代初期，当时正处于政策科学从初创向成熟转变的阶段，即从个案研

---

① 林小英．理解教育政策：现象、问题和价值［J］．北京大学教育评论，2007（4）：1-2.

② 特罗，谢维，王薇．政策分析与教育［J］．比较教育研究，2000（6）：35-39.

究向系统研究转变、从经验型研究向理论与实践相结合的研究转变、从政府内部研究向社会参与研究转变的阶段，在体制、制度、队伍等多方面逐步形成教育政策研究的运行机制和体系。教育政策影响着教育系统的变革，同时也是社会发展中一个不容忽视的要素。教育政策是教育与社会发展诸要素正式互动的通道与内容。当前，国内外教育政策研究迅速地走到教育研究的前台，并以解决教育宏观问题、促进教育决策科学化、提高教育政策有效性为宗旨。基础教育与社会发展的宏观教育政策研究旨在结合具体基础教育改革问题，从政策层面分析基础教育与社会发展的相互关系，为两者的相互促进提供政策建议。因此，对国家最新教育政策文本、教育政策焦点问题及教育政策研究前沿问题进行梳理和分析，既是教育政策学研究的重心，也是捕捉国家教育发展趋势的重要途径。在理论研究层面，教育政策研究正日益成为教育科学体系中的“显学”；在实践层面，许多国家的重大教育改革莫不首先从制定教育政策入手。走向基于民主、科学的教育政策与教育改革，成为当下和未来教育事业发展的重要趋势。

对于当代中国而言，教育是民族振兴、社会进步的基石。作为一种重要的软实力，教育在提升国家竞争力中的作用举足轻重。随着世界范围内政治经济形势的发展，教育领域呈现出现代化、国际化、终身化、全民化、信息化、民主化、个性化等多重趋势，使我国教育决策与管理面临新机遇和新挑战，依靠传统的经验式决策与管理已远不能满足教育现代化发展的需要。当代教育研究，尤其是教育政策研究，客观上需要转换教育研究范式，探索具有中国特色的教育政策理论体系与教育改革实践模式，需要聚焦教育领域综合改革的重大现实问题，破解当前教育改革难点热点问题，预测教育未来发展的前瞻性问题，服务国家教育决策，推进国家教育治理体系和治理能力的现代化，提高国家教育决策科学化与民主化水平。当代中国的教育政策与教育改革的理论与实践呈现出以下特点。

基于复杂问题的教育政策与教育改革。当今社会是一个瞬息万变、以变革为主旋律的复杂社会，教育改革进入深水区、攻坚期，各级各类教育从规模发展向质量发展转型，各种教育问题的形成与破解涉及面广、关联度高，破解深层次矛盾和问题难度更大，许多问题的解决涉及诸多利益相关者的利益诉求与博弈，涉及诸多社会因素与社会组织，涉及教育与社会发展的多种配套政策。教育政策与教育改革研究要以问题意识、国家意识、任务意识为导向，从当下中国教育实际出发，以促进中国教育健康持续发展为宏旨，紧紧围绕当代中国社会转型与教育变革发展中的重大问题与战略需求，以促进教育与社会协调发展、促进人的全面发展为出发点，着力研究人民群众反映强烈、制约教育事业科学发展的热点难点问题。国家和地方政府与教育行政部门应重点关注涉及国计民生、需要优先解决的紧迫问题，以及长期积累、悬而不决的复杂问题。

基于民主协商的教育政策与教育改革。当代教育政策与教育改革的理论与实践必将以反映社情民意为基础，以办好人民满意的教育为终极价值追求。随着社会的发展与进步，越来越多的民众认识到教育决策对于自身生活、学习、利益和未来的重大影响，因而期望参与教育决策。教育决策与管理的民主化，就是让社会公众尤其是教育受益者和利益相关者关心教育事业发展，积极表达自己的态度、看法与建议，从而使教育决策更加有效，更加彰显教育的公共性、公益性，使更广更多的人受惠于教育，使国民的整体素养不断提升。因此，在教育政策决策、执行与监测评估过程中，在重大教育改革项目的推进过程中，要坚持依法民主决策，鼓励和吸引社会公众、专业人士广泛参与教育问题实时征集、重大教育问题解决方案咨询、教育政策动态监测、教育政策成效评估等教育政策活动，有序有效地开展教育发展情势综合调查、教育界人士与其他社会人士对话沟通、教育行政领导与一线校长教师专题座谈、重大教育问题招标/委托研究、专家咨询、学术沙龙与学术论坛、政策方案科学论证、区域教育政策实验、政策执行过程与结果的监测与评估等政策活动，从而建立健全具有广泛社会与民众基础的教育决策程序与长效机制，提升教育政策的公众满意度，保障教育事业的科学发展、持续发展。

基于数据与证据的教育政策与教育改革。当今时代是一个以互联网、物联网和大数据为表征的时代，这为宏观教育政策决策与重大教育改革的科学化、现代化提供了保障和可能。教育改革是一个庞大的、复杂的系统工程，对于复杂教育问题的研究和政策建议，必须依赖翔实可靠的数据与证据，依赖对这些反映客观教育现实的数据的处理与分析。这就需要我们注重理论与实践的结合、定量与定性的结合、数据与技术的结合、抽象与具体的结合，积极吸收应用信息科学、数据科学、统计科学、决策科学等多学科的理论、技术与方法，综合集成教育事业发展的结构化统计数据，以及动态反映各级各类教育发展情势、综合重大教育问题现状与归因及公众教育主观体验的非结构化数据，形成多维度、多视角、多层面的分析框架，及时发现教育与经济社会发展的动态规律，综合调适各种利益相关者的教育利益，做出符合人民根本利益的战略抉择。

呈现在读者面前的《教育政策与教育改革（上卷）：本土探索》《教育政策与教育改革（下卷）：国际视野》两本书，是我近十年间研究教育政策与教育改革问题的主要成果结集，从一个侧面反映了我的学术历程。这其中，既有我个人独立完成的作品，也有与同事、学生共同完成的成果。本卷第二章的研究与写作过程中，苏娜、王举、戴成林、朱莺、黄欣、张淑萍、孙闻泽等协助搜集大量文献并撰写部分初稿；第三章与周彬、李树峰等合作；第四章与杜明峰合作；第五章与张晓阳合作；第六章与闻待、何颖合作；在第七章的研究与撰写过程中，范竹君等参与调查，童康、杜明峰参与初稿撰写。在此，对所有参与研讨、写作的各位同仁致以诚挚的谢意！

本书的编撰和出版，得益于教育科学出版社刘明堂先生的反复敦促、鼓励，在此一并表示衷心感谢！

本书的错讹之处，敬请读者批评指正。

范国睿

二〇一六年一月六日

于华东师范大学

第一章

教育体制改革与教育生态活力

纪念《中共中央关于教育体制改革的决定》(以下简称《决定》)，重要的是继承和发扬《决定》解放思想、激发教育活力的精神遗产，以法治机制破解教育改革所面临的体制性障碍，最大限度地调动政府、社会、学校等不同利益主体参与教育的积极性、创造性，营造健康、有序、充满生机与活力的教育生态，促进人的健康全面发展。①

---

① 本章为纪念《中共中央关于教育体制改革的决定》颁布30周年而作，其中的主要观点曾在2015年5月25日至26日华东师范大学与中国教育学会、中国高等教育学会联合举办的“纪念《中共中央关于教育体制改革的决定》颁布30周年大型论坛”上报告。原稿最初以“教育体制改革与教育生态活力”发表于《教育发展研究》2015年第19期，《新华文摘》2016年第14期、中国人民大学复印报刊资料《教育学》2016年第3期全文转载，收入本书时已经作者修订。

1985年5月27日，《中共中央关于教育体制改革的决定》（以下简称《决定》）颁布，中国教育体制改革的大幕由此开启。30年弹指一挥间，中国教育及其社会政治、经济、文化背景都发生了重大变化。纪念《决定》颁布30周年，需要思考的问题是：我们应该从《决定》的颁布中继承些什么？与30年前相比，今天教育改革面临的态势有何不同？我们应该怎样推进和深化教育改革？

第一节　体制改革：教育改革之核心

《决定》的精神遗产是解放思想，激发教育活力，而《决定》的颁布也得益于党的十一届三中全会以来的思想解放。1976年以后，中国社会进入"拨乱反正"时期，但是，改革与发展的激情与热情仍被"两个凡是"的桎梏束缚着。[①] 1978年5月10日，中央党校内部刊物《理论动态》第60期刊登了《实践是检验真理的唯一标准》一文；5月11日，《光明日报》以"本报特约评论员"署名公开发表了这篇文章，新华社将这篇文章作为"国内新闻"头条转发全国；5月12日，《人民日报》《解放军报》及不少省级党报全文转载；5月13日，全国多数省级党报都转载此文。一场中国社会前所未有的思想解放运动的序幕——关于"真理标准"问题的大讨论由此拉开。1981年6月，中共十一届六中全会通过《关于建国以来党的若干历史问题的决议》，标志着党完成了思想上"拨乱反正"的任务，对于调动一切积极因素、动员全党全国各族人民同心同德进行社会主义现代化建设起了巨大作用。此后的几项重大决策都得益于这场史无前例的思想解放运动。20世纪80年代初，国家在非常短的时间内出台了三个重要文件：1984年《中共中央关于经济体制改革的决定》、1985年《中共

---

① 所谓"两个凡是"，即："凡是毛主席作出的决策，我们都坚决维护；凡是毛主席的指示，我们都始终不渝地遵循"，出自1977年2月7日《人民日报》《红旗》《解放军报》刊登的社论《学好文件抓住纲》。

中央关于科学技术体制改革的决定》和《中共中央关于教育体制改革的决定》（以下简称“三个《决定》”），从而形成了一个时代社会改革与发展的整体框架。

社会发展的动力与活力源于基层，顺势而为，保护这种动力与活力是体制改革成功的关键。中国社会的改革开放是从经济体制改革开始的，经济体制的改革又是从农村开始、从基层开始、由农民推动的，是一种自下而上的改革。1978 年 12 月的一天夜里，安徽省滁州市凤阳县小岗村的 20 户农民聚集在村民严立华家中，神情严肃地写下“分田到户”的“生死契约”，“每户保证完成全年上交公粮，不再向国家伸手要钱要粮”，全国第一个包产到户的责任制由此诞生。一张源于民间的小小契约，成为中国农村一场大变革的开始。此后，中央对这一现象一直给予非常谨慎的观察、保护。1981 年 10 月，全国农村工作会议通过《全国农村工作会议纪要》，高度评价了十一届三中全会以来农业生产责任制的发展，使它具备了合法性；1983 年 1 月，中央一号文件《当前农村经济政策的若干问题》全面肯定了家庭联产承包责任制；1984 年 10 月 20 日，中共十二届三中全会通过了《中共中央关于经济体制改革的决定》，确立改革的基本任务是建立具有中国特色、充满生机和活力的社会主义经济体制，促进社会生产力的发展。

同样的情形发生在教育领域。“文化大革命”之后，邓小平主动请缨，分管科技与教育。恢复高考，如一石激起千层浪，对激发千万学子的学习动力、恢复被“文化大革命”破坏殆尽的教育与学习生态发挥了重要作用。此外，当时我国的教育水平远远不能满足社会发展的需求，与发达国家的教育水平也存在相当大的差距。1983 年国庆节，邓小平为北京景山学校题词：“教育要面向现代化，面向世界，面带未来”，为中国教育的改革与发展指明了方向。在改革与发展过程中，出现了一些源于基层的改革探索，而“三个《决定》”，特别是《中共中央关于教育体制改革的决定》的颁布，在很大程度上反映了这些源于基层、符合本地区特征、富有成效与活力的改革探索。1984 年 11

月，胡耀邦等中央领导同志亲自挂帅，成立了科技、教育体制改革文件起草领导小组，着手进行科技、教育体制改革文件的起草工作。胡启立等领导同志赴安徽、江苏、江西、广东调研，着力发现迫切需要解决的教育问题以及各地教育改革经验。这次调研历时半个多月，辗转四个省，前后到过几十所学校，开了大大小小近百个座谈会，与逾千人座谈、交流、讨论。调研发现，“在学校管理体制上，由于政府权力过于集中，学校无法成为一个独立自主的办学主体，外无压力，内无动力，整个学校缺乏活力。”“现在的问题就是如何在有限的财力物力条件下，把教育搞上去，满足社会主义现代化建设的迫切需要。这就要求我们通过改革来更好地调动各级政府、广大师生员工和社会各方面的积极性，团结一致，同心同德，多想办法，发挥各方面的潜力，使教育事业一年比一年更好地向前发展。”① 为此，《决定》结合国家教育改革需要与源于基层的改革经验，提出了一系列改革措施。例如：“必须从教育体制入手，有系统地进行改革。改革管理体制，在加强宏观管理的同时，坚决实行简政放权，扩大学校的办学自主权；调整教育结构，相应地改革劳动人事制度”；“改革同社会主义现代化不相适应的教育思想、教育内容、教育方法”；“把发展基础教育的责任交给地方，有步骤地实施九年制义务教育”；“调整中等教育结构，大力发展职业技术教育”；“改革高等学校的招生计划和毕业生分配制度，扩大高等学校办学自主权”等。

可以说，这种注重激发基层与地方教育活力的做法，在此后的教育改革过程中得到了贯彻。例如：1993 年 2 月中共中央、国务院颁布的《中国教育改革和发展纲要》指出，“教育体制改革要有利于坚持教育的社会主义方向，培养德智体全面发展的建设者和接班人；有利于调动各级政府、全社会和广大师生员工的积极性，提高教育质量、科研水平和办学效益；有利于促进教育更好地为社会主义现代化建设服

① 胡启立.《中共中央关于教育体制改革的决定》出台前后［J］. 炎黄春秋，2008（12）：1-6.

务”，“改革办学体制。改变政府包揽办学的格局，逐步建立以政府办学为主体、社会各界共同办学的体制”。

第二节　教育改革的体制性障碍

2014 年，美国艺术与科学学院（American Academy of Arts and Sciences）院刊《狄德勒斯》（*Daedalus*）邀请一批著名中国研究专家在其春季号上发表一系列文章，以宽广而又实际的视角探讨当代中国的社会政策与社会变革。正如著名中国问题研究学者、哈佛大学费正清东亚研究中心主任裴宜理（E. J. Perry）所称，“中国当下正在进行的社会经济改革所取得的积累性成就，从最广泛的角度观之，实在是令人惊叹。中华人民共和国在 1976 年位列全球最穷困的国家之一，而经过 30 多年之后，却一跃成为全球飞速发展的经济体，位居世界第二。这一迅速崛起，不仅使十多亿人口脱贫致富，而且确保政府拥有令人艳羡的丰富资源以推动经济进一步发展。尽管外人会对所谓‘中国奇迹’的速度与成就叹为观止，但无论是中国人民还是中国领导者们却均对当前的形势感到忧心忡忡”①。中国不仅面临资源短缺、环境污染等社会问题，更面临着由于部分领导干部作风腐化和居民收入不平等所导致的腐蚀性效应。“经历了 35 年改革的中国面临着诸多挑战。”② 随着社会政治、经济、文化的发展变化，中国教育同样面临着种种严峻的挑战。

2013 年初颁布的《教育部关于 2013 年深化教育领域综合改革的意见》对当前教育改革形势有一个基本的判断：“随着我国教育改革进入深水区、攻坚期，涉及面更广、关联度更高，破解深层次矛盾和

---

① Perry E J. Growing pains: challenges for a rising China［J］. Daedalus, 2014, 143 (2): 5-13.

② Perry E J. Growing pains: challenges for a rising China［J］. Daedalus, 2014, 143 (2): 5-13.

问题难度更大，许多问题解决起来往往涉及多个部门职责，涉及多种政策配套，涉及多方利益调整，靠原来的单项改革办法或局部突破套路已难以奏效。教育改革仍存在亟待解决的问题，主要是各地改革进展不平衡，一些热点难点问题尚未有效解决，一些保障政策措施还不到位。”在我们看来，体制性障碍限制或制约了源于社会、地方和基层、学校的教育活力，是造成教育生态持续健康发展困境的重要原因。

教育本来是私人的事、家庭的事，那么，为什么我们今天会把教育当成“公共事业”？进入工业社会以来，每个人只有具备一定的文化修养，才能参与社会公共事务，教育成为社会之必需，于是便产生了义务教育，进而塑造了制度化教育；教育事业越发展，越需要一个机构代表社会来协调整个教育事业的发展，教育管理便成为现代政府的责任之一。随着社会及教育事务的发展，教育管理事务越来越复杂，而政府为了更直接、更有效地履行教育管理责任，势必采取制度化、程序化、行政化的方式方法，教育管理的行政化势在必行。实际上，政府本身并不直接从事教育，真正从事教育的是作为专业人员的教师和教育家，如此，管理的行政化与教育的专业化发展需求之间便形成了错位和矛盾。

“体制”指的是有关组织形式的制度，是管理机构和管理规范的结合体或统一体。不同的管理机构和不同的管理规范相结合就形成了不同的体制。私人化的教育不存在体制性问题，现代意义上的制度化教育才会形成体制性障碍。现代学校教育是一个多层次的复杂的教育生态系统。首先，同一层级政府内部关于教育管理存在体制性障碍，政府中的不同职能部门之间存在沟通障碍，政府中直接管理教育事务的部门，往往与负责教育财政资源配置的财政部门、负责教师资源配置的人事部门存在许多需要协调的地方。譬如，我们最近做了一些调研，发现实行绩效工资制之后，优秀教师的奖励被纳入绩效，学校已经没有办法通过奖励机制来激励教师；学校招聘教师，不是由作为用人单位的学校、作为专业人员的教师说了算，而是经人事部门通过统一的、标准化的考试统一招考，录用后统一分配到学校的。其次，不同层次政府的教育管理权责划分不够清晰，上至中央政府、省级政府，下至区县政府、乡镇政府都存在教育管理的权责问题。在一些地方，中小学归乡镇政府管，乡镇政府把学校的校长撤换了，县教育局还不知情。再次，教育涉及政府、学校、社会三者之间的关系。仔细观察30年来的教育发展，我们发现，教育的行政化管理趋向不是弱化了，而是更加强化了，更加复杂了。一方面，政府对学校的管理越来越“管制”化，即制度化、程序化、行政化，如此一来，学校缺乏办学的自主权，也就失去了办学活力；另一方面，这种“管制”化的政校关系，构成了一个严密的、封闭的教育生态系统，使各种社会力量难以参与进来。

进一步观察可以发现：今天的许多教育问题，实际上都是社会问题的反映。改革开放以来，我们取得了经济的高速发展，但其背后所付出的代价，除了环境破坏等资源性代价外，还有一个很大的社会性代价，即广泛的社会竞争及其背后的趋利倾向，以及由此带来的效率主义、工具主义乃至功利主义思潮。对利益的追逐反映在社会的各个方面，教育亦不例外。社会选人、用人机制对人才标准的层级化要求，使人们不得不从小就为某个更有附加值的教育文凭符号而努力，孩子们从小就在体验着竞争的压力。这不是我们所希望的“尊重知识，尊重人才”，而是典型的病理性的“文凭主义”。为了追逐利益，家长将教育责任转移给学校，缺少了本应有的陪伴和关爱；为了追求升学率，教育失去了本来应有的促进儿童生长的丰富意义，变成了机械训练；而长期的机构训练，又使教师失去了教的激情，学生的好奇心与想象力也被压抑和扭曲，学校教育生态失去了应有的生机与活力。

第三节　现代教育治理体系之建构

哈佛大学政治学博士、日裔美籍学者弗朗西斯·福山（F. Fukuyama）在其著名的《历史的终结与最后的人》（*The End of History and the Last Man*）一书中指出："如果一个国家的首要目标是经济增长，那么最适合的体制既不是自由民主，也不是列宁式的或民主式的社会主义，而是自由经济与威权政治的结合，有论者称这种结合为'官僚威权国家'，而我们会称之为'市场导向的威权主义'。""大量的经验证据表明，市场导向的威权式现代化国家在发展经济方面显然要比民主国家做得好。"① 市场导向的威权国家之所以在经济上会比民主国家做得更好，是因为"市场导向的威权国家结合了两个世界的最佳部分：它们能够对其人民强制推行一种相当严厉的社会规范，同时又容许一定程度的自由来促进创新和最新技术的应用"②。福山的结论，对当下的中国教育改革以至社会变革不无启发。

近年来，中共中央对社会变革与发展的重大战略做出新的部署。十八届三中全会通过的《中共中央关于全面深化改革若干重大问题的决定》确立"全面深化改革的总目标是完善和发展中国特色社会主义制度，推进国家治理体系和治理能力现代化。必须更加注重改革的系统性、整体性、协同性，加快发展社会主义市场经济、民主政治、先进文化、和谐社会、生态文明，让一切劳动、知识、技术、管理、资本的活力竞相迸发，让一切创造社会财富的源泉充分涌流，让发展成果更多更公平惠及全体人民"。为此，要"紧紧围绕使市场在资源配置中起决定性作用深化经济体制改革，坚持和完善基本经济制度，加快

---

① 福山．历史的终结与最后的人［M］．陈高华，译．桂林：广西师范大学出版社，2014：140.

② 福山．历史的终结与最后的人［M］．陈高华，译．桂林：广西师范大学出版社，2014：141.

完善现代市场体系、宏观调控体系、开放型经济体系，加快转变经济发展方式，加快建设创新型国家，推动经济更有效率、更加公平、更可持续发展”。中共十八届四中全会通过的《中共中央关于全面推进依法治国若干重大问题的决定》指出，“全面推进依法治国，总目标是建设中国特色社会主义法治体系，建设社会主义法治国家。这就是，在中国共产党领导下，坚持中国特色社会主义制度，贯彻中国特色社会主义法治理论，形成完备的法律规范体系、高效的法治实施体系、严密的法治监督体系、有力的法治保障体系，形成完善的党内法规体系，坚持依法治国、依法执政、依法行政共同推进，坚持法治国家、法治政府、法治社会一体建设，实现科学立法、严格执法、公正司法、全民守法，促进国家治理体系和治理能力现代化”。为此，要“推进多层次多领域依法治理。坚持系统治理、依法治理、综合治理、源头治理，提高社会治理法治化水平。深入开展多层次多形式法治创建活动，深化基层组织和部门、行业依法治理，支持各类社会主体自我约束、自我管理”。

坚持依法治国与充分发挥市场机制的作用，是保证社会有序发展、持续发展、富有生机与活力地发展的重要保障。只有激活教育生态系统各利益主体的积极性、创造性，教育才能健康持续地发展，教育才有希望。《国家中长期教育改革和发展规划纲要（2010—2020年）》（以下简称《规划纲要》）发布实施以来，我国从国家统一实施、地方承担试点和基层自主改革三个层面推进教育改革，各地涌现了许多好的经验和做法，成效开始显现。最近，围绕教育改革与发展，有两个命题：一是“教育领域综合改革”；二是“教育治理体系现代化”。为什么说“综合改革”？这是因为，对处于改革深水区的教育系统而言，已不能像过去那样讨论单一元素的改革（如“课程改革”）了，必须对教育改革进行系统化的顶层设计，强调改革的系统性、整体性、协同性。“教育治理体系现代化”是伴随着“国家治理体系和治理能力现代化”问题而来的。依法治国，在教育领域，就是依法治教。正如《规划纲要》所要求的，“适应中国国情和时代要求，建设依法办学、自主管理、民主监督、社会参与的现代学校制度，构建政府、学校、社会之间新型关系。适应国家行政管理体制改革要求，明确政府管理权限和职责，明确各级各类学校办学权利和责任”。相对于 30 年前颁布《决定》时的情况，今天我们面临的教育体制性问题更加复杂。所以，建构现代教育治理体系任重而道远。

推进教育治理体系和治理能力现代化，首要的目标是“善治”（good governance）。这里的“善治”是蕴含价值判断的，意味着通过“善治”，为公众提供“好教育”，形成一个良性教育生态。什么样的教育是好教育？“公平的教育”是好教育，“优质的教育”是好教育，除了这两个时下人们耳熟能详的概念外，从教育的过程与形态上讲，还有两个重要的元素：“有序的教育”是好教育，“充满活力的教育”是好教育。所谓“有序”，就是理顺关系；所谓“充满活力”，就是充分调动教育系统各利益主体的积极性与创造性。

激发政府活力。政府活力是指政府和教育行政部门在依法治教过程中表现出来的能力，包括：应对教育系统及其外部环境挑战的自觉性、敏锐性和适应性，敏锐地感知各种教育需求的变化，提出各种解决问题的预案，主动回应挑战，表现出良好的适应能力和应对能力；管理教育公共事务的使命感、服务精神和责任心。有活力的政府在教育事务管理过程中，往往表现为有明确的理想目标和坚定的信念，以办好人民满意的教育为己任，着力提供公平而有质量的基本教育公共服务，尊重基层与民间的教育力量。随着公众教育需求的日益多样化，有活力的政府和教育行政部门，往往有主动的、积极进取的心理和行为倾向，注重调动各种社会力量参与教育事业，善于聚集和调配各种教育资源，创造性地促进教育事业持续健康发展。这里，“简政放权”是关键，要把该放给学校的教育管理权放给学校，该由社会和市场承担的责任交给社会和市场，从纷繁复杂的具体教育管理事务中解脱出来，专注于宏观教育规划与决策，建立教育数据、信息的采集、发布、共享、保密机制，建立健全基于数据与证据的宏观教育规划与教育决策机制；专注于教育标准的制定与发布，加强对国家教育标准的顶层设计，规范标准的发布程序和办法，形成具有国际视野、富有中国特色的教育标准体系，使教育管、办、评的运作都有标准可依；专注于建立健全教育资源投入与配置机制，完善经费投入机制，在大力增加教育投入的基础上，健全财政统筹体制，扩大省级政府教育统筹权，建立健全科学合理的教育经费（资源）配置机制。这就需要建立与完善“清单管理”模式，建立教育行政权力清单和责任清单制度，厘清政府和教育行政部门“权力清单”——正面清单（positive list），这意味着，对政府而言，法不授权不可为；通过政府公报、政府网站等便于公众知晓的方式，向社会全面公开教育及相关政府部门职能、法律依据、实施主体、职责权限、管理流程、监督方式等事项，明确政府应该做什么、不应该做什么，能做什么、不能做什么；明确政府权力边界，防止权力交叉和越位，深化教育行政审批制度，为公民、法人或者其他组织提供优质教育服务，减少政府对教育的直接干预。

激发社会活力。由于各国在文化传统和语言习惯方面存在着不同，“社会组织”在不同的国家和地区有不同的称谓，但社会组织大多具有非营利性、非政府性、独立性、志愿性、公益性等基本特征。为了营造良好的、多样化的、充满活力的教育生态，我们需要最大限度地吸引社会资源进入教育领域。一方面，需要大力培育、发展与引进教育社会组织，使其不断发展壮大，具有参与教育、服务教育、评估教育的资质；另一方面，要建立、健全和完善社会组织参与教育治理的机制。从2014年到2015年，在社会公共服务领域，政府密集出台了一系列促进社会组织发展、完善政府购买社会服务的文件。例如：2014年11月颁发的《国务院关于创新重点领域投融资机制鼓励社会投资的指导意见》、2015年5月颁发的《国务院办公厅转发文化部等部门关于做好政府向社会力量购买公共文化服务工作意见的通知》、2015年5月颁发的《国务院办公厅转发财政部发展改革委人民银行关于在公共服务领域推广政府和社会资本合作模式指导意见的通知》。这当中涉及社会资本引入问题，涉及建立健全政府与社会资本的PPP模式①，涉及第三方评估机制问题。以2014年11月颁布的《国务院关于创新重点领域投融资机制鼓励社会投资的指导意见》为例，该文件中的许多内容涉及教育与社会资源的合作，“鼓励社会资本加大社会事业投资力度。通过独资、合资、合作、联营、租赁等途径，采取特许经营、公建民营、民办公助等方式，鼓励社会资本参与教育、医疗、养老、体育健身、文化设施建设”，“各级政府逐步扩大教育、医疗、养老、体育健身、文化等政府购买服务范围，各类经营主体平等参与”，甚至还有更为具体的内容，如“营利性民办学校收费实行自主定价，非营利性民办学校收费政策由地方政府按照市场化方向根据当地实际情况确定”。但是，教育领域自身的改革却明显滞后于政策所提到的内容。今后一个时期政府工作的重点是：建立健全政府委托管理体制，减少政府对学校办学的直接干预；引入市场竞争，通过第三方管理，最大限度地推广政府购买服务。今后我们需要真正落实《规划纲要》所提出的“依法落实民办学校、学生、教师与公办学校、学生、教师平等的法律地位”，进而积极探索社会力量办学的人事、税收和财政保障机制，为社会力量办学提供支持，进一步引入社会力量参与教育。

激发学校活力。推进教育治理体系和治理能力现代化，核心是构建政府、学校、社会之间的新型关系，路径是依法治教，抓手是推进管、办、评分离。这里，“管”是关键（着重解决政府放权问题，是否肯放、如何放、放给谁的问题），“办”是重心（落实学校自主办学），“评”是保障，“管”和“评”都是为学校“办”学服务的。在推进教育治理体系建设、建立现代学校制度的过程中，重要的是理顺不同教育治理主体之间的权力边界和关系，协调好社会系统中的“政府—学

① PPP模式即公私合作（合营）模式，“Public Private Partnership”首字母缩写，是指为了提供某种公共物品和服务，政府与社会（私人）组织之间，以特许权协议为基础，彼此形成一种伙伴式的合作关系，并通过签署合同来明确双方的权利和义务，以确保合作的顺利完成，最终使合作各方达到比预期单独行动更为有利的结果的合作模式。这是一种政府与社会（私人）组织之间利益共享、风险共担、全程合作的共同体关系。

校”关系、教育系统中的“公—私”关系（公立学校与民办学校之间的关系），以及学校内部的“党—政”关系。深入推进学校办学体制改革，积极探索负面清单（negative list）管理模式，对不同学段、不同性质的学校分类授权。对具体学校而言，“法不禁止皆自由”，清单之外的事项学校可自主施行；通过学校章程的制定与执行，进一步健全法律、法规规定的各项办学自主权的实施机制；通过完善法律救济机制，切实维护学校、师生合法权益；同时，积极探索自主办学的自我约束机制，从而落实学校的办学主体地位，明确权利责任，实现学校的自我管理、自我约束和自我发展。学校自主发展的核心是学校的自主定位、自我激励、自我资源调配，唯其如此，才能真正从学校实际出发，以学生发展为本，落实学生个性发展的需要。从根本上讲，学校治理体系的建立与完善，是要从根本上改变社会的效率主义、工具主义和功利主义思想对学校教育价值观的影响，引导教育回归到育人为本的本质上来，营造健康教育生态，为儿童的健康、持续的“自然”“成长”提供适宜的“阳光”“空气”和“水”，保护和培育儿童的天真烂漫和他们与生俱来的探究精神；激活教师的教育理想，激发教师创造性地从事教育活动的热情、激情，使教师在日常的教育、教学活动中通过自我价值的实现，持续地保持创造性工作的热情。在学校教育系统中，教师“教”的活力与学生“学”的活力激发出来了，学校的生机与活力自然就焕发出来了。

政府、社会与学校的活力需要依法保障。《规划纲要》提出“六修五立”，“根据经济社会发展和教育改革的需要，修订教育法、职业教育法、高等教育法、学位条例、教师法、民办教育促进法，制定有关考试、学校、终身学习、学前教育、家庭教育等法律”。就目前来看，依法治国，各行各业都需要立法修法。实际上，教育领域“一揽子修法”的愿望也很难实现。这里我们特别呼吁，尽快制定《中华人民共和国学校法》，从法律上厘清学校办学与发展的权利和义务问题，以及学校与政府、学校与社区、学校与校长、学校与教师、学校与学生等方面的教育法律关系。世界上许多国家都制定了“学校法”，我国的情况比较特殊，考虑到当时我国没有“学校法”，1995 年第八届全国人民代表大会第三次会议通过的《中华人民共和国教育法》便包含了许多本该由“学校法”规范的内容，结果反而给今天制定“学校法”带来了困难。从“教育基本法”的意义上重修“教育法”，同时制定“学校法”，以国家法律的形式将政府、社会、学校的权利与责任，以及权责实施机制加以规范，或许是今天破解教育治理体系建设过程中的政府、社会、学校间关系难题以及保障学校教育健康持续发展的必要的、可行的选项。

总之，我们需要进一步解放思想，进一步激发各教育利益主体的活力，以法治来保障整个教育系统生动、活泼地发展。这样，我们才会有一个健康、持续发展、充满生机与活力的教育生态。这才是真正的让公众满意的教育。

第二章

教育改革：国家在行动

2010年《国家中长期教育改革和发展规划纲要（2010—2020年）》（以下简称《规划纲要》）的颁布，无疑是中国教育政策领域的关键事件。《规划纲要》所提出的“优先发展、育人为本、改革创新、促进公平、提高质量”的工作方针将引领教育事业改革与发展的战略走向；关注学前教育，破解“入园难”问题，促进义务教育均衡发展，促进高中教育多样化发展，发展职业教育、提升职业服务能力，改革高等教育、培养拔尖创新人才等一系列政策措施，都彰显了公平、质量、创新等当代教育政策价值基础。国家教育体制改革试点工作的启动，不仅是落实《规划纲要》的开始，更是新一轮教育改革中国家意志的体现。①

---

① 原稿以“教育改革：国家行动”为题发表于《教育政策观察（第3辑）》（华东师范大学出版社2012年版），收入本书时已经作者修订。

2010年全国教育工作会议的召开、《国家中长期教育改革和发展规划纲要（2010—2020年）》（以下简称《规划纲要》）的颁布、全国教育事业“十二五”规划编制的启动以及国家教育体制改革试点工作的启动等一系列重大事件，都表明2010年不仅是中国教育改革与发展史上不平凡的一年，更是中国新一轮教育改革与发展的起点。随着《规划纲要》的实施和国家教育体制改革试点工作的落实，新一轮教育改革在学前教育、基础教育、高中教育、职业教育、高等教育等诸领域全面展开。

第一节 新一轮国家教育改革扬帆起航

正如我们在《中国教育政策观察：2009》中曾描述过的，备受关注的《规划纲要》制定工作自2008年8月启动以来，经历了专题调研、起草论证、公开征求意见等多个阶段。[①] 2010年初，公开征求意

① 制定教育规划纲要是党中央、国务院做出的重大决策。胡锦涛总书记对此高度重视，多次做出重要指示，强调要把教育摆在优先发展的战略地位，加快提高教育现代化水平，建设人力资源强国，为教育规划纲要制定指明了方向。2008年8月，国家科教领导小组召开会议，正式启动教育规划纲要研究制定工作。国务院成立了以温家宝总理为组长、国务委员刘延东为副组长、国家科教领导小组成员参加的领导小组，并成立了以刘延东同志为组长、14个部门参加的工作小组。同时，组织了由500多位专家学者参加的11个重大战略专题组和100多位各领域高层次专家组成的咨询组。在境内外先后召开座谈会、研讨会1800余次，参与人员35000余人次。研究制定工作大体分为三个阶段。（1）调查研究阶段：从2008年8月至2009年2月，重大战略专题组开展36项专题调研；工作小组各成员单位、各省（区、市）和80多所高校全面调研；8个民主党派中央、4个社会研究机构、6个教育学会平行调研；驻外60个教育处组进行国际调研；委托联合国教科文组织、欧盟等国际组织开展比较研究；部署东中西部9省（区、市）开展分区域规划研究。同时，还针对人民群众关心的20个热点难点问题，组织力量进行深度调研。整个调研阶段形成500多万字的报告。（2）起草论证阶段：从2009年3月至2010年2月，成立了专门起草小组，邀请200多位知名专家学者、有关部委司局长、地方教育部门负责同志、大中小学校长和教师等直接参与起草修改和论证工作。文本初稿形成后，先后4次大范围征求意见。全国人大、全国政协、民主党派中央、中央有关部委、地方教育部门和学校、企事业单位以及海外教育界人士等660多个单位、1800余名各界人士提出意见与建议6100多条，文本前后进行了40多轮大的修改。（3）公开征求意见阶段：2009年1月至2月，面向全社会展开第一轮公开征求意见，各界人士踊跃参与，通过各种渠道发表意见建议210多万条，发来信件14000多封。

见进入第二阶段，国务院新闻办公室于2月28日公布了《国家中长期教育改革和发展规划纲要（2010—2020年）（公开征求意见稿）》，面向全社会进行为期一个月的第二轮公开征求意见，直接收到意见建议2.79万条；各界人士通过网络、媒体发表评论看法约249万条。经过一年零八个月的努力，形成《国家中长期教育改革和发展规划纲要（2010—2020年）（送审稿）》。2010年4月15日和5月5日，温家宝总理先后主持召开国家科教领导小组会议和国务院常务会议，审议并原则通过《国家中长期教育改革和发展规划纲要（2010—2020年）（送审稿）》。2010年5月27日和6月21日，中共中央总书记胡锦涛先后主持召开中央政治局常委会和中央政治局会议，审议并通过《国家中长期教育改革和发展规划纲要（2010—2020年）（送审稿）》。审议过程中，中央领导同志提出了一系列重要指导意见。根据会议精神，教育规划纲要工作小组对纲要文本做了进一步的修改完善。2010年7月13日至14日，全国教育工作会议召开，这是党中央、国务院在新世纪召开的第一次全国教育工作会议，也是改革开放30多年来第四次全国教育工作会议。会议从我国社会主义现代化建设全局出发，对新时期教育事业的改革与发展做出了全面部署。2010年7月29日，《规划纲要》正式颁布。

《规划纲要》的研究制定过程始终坚持和遵循以下基本原则：(1）坚持把中国特色社会主义理论体系、特别是十六大以来党的理论创新成果作为思想基础；（2）坚持全面贯彻党的教育方针，深入推进素质教育，紧紧抓住培养什么人、怎样培养人这一根本问题，努力培养德智体美全面发展的社会主义事业合格建设者和可靠接班人；(3）坚持面向现代化、面向世界、面向未来，深入总结新中国成立60年、特别是改革开放30年来我国教育取得的成就和经验，借鉴世界各国的有益做法，努力把握教育规律、教学规律和人才成长规律，整体考虑、超前部署，全面推动教育事业科学发展；（4）坚持以人为本，顺应人民群众对接受更多更好教育的新期盼，把促进人的全面发展、办好人民满意的教育作为《规划纲要》的落脚点，着力解决群众最关切、反映最强烈的问题，体现雪中送炭的原则；（5）坚持立足基本国情，深刻认识我国发展的阶段性特征，紧密结合经济社会发展对各级各类人才和劳动者素质的全面需要，充分考虑人均收入水平低、城乡差别大、发展不平衡的现实，尽力而为、量力而行；（6）坚持解放思想、实事求是、与时俱进，突出改革创新，尊重基层和群众首创精神，支持和鼓励各地各校进行探索和试验，努力冲破传统观念和体制机制的束缚；（7）坚持依法治教，体现教育法律法规的原则和精神，注意与科技、人才等中长期规划纲要相协调，保持政策的连续性、系统性。《规划纲要》的制定历时两年，其动员人力之多、覆盖范围之广、社会参与度之高，为新中国成立以来国家教育规划制定之最，充分体现了满足人民群众愿望与遵循教育规律相统一、立足国情与借鉴国外有益经验相统一、广纳群言与专家咨询相统一、听取教育系统意见与听取社会各方面建议相统一、充分讨论与凝聚共识相统一的理念，是教育政策决策民主化与科学化的典型案例。

此后，全国各省、自治区、直辖市的中长期教育改革与发展规划纲要相继出台，开启了我国教育事业发展的新征程，成为教育改革发展史上一个新的里程碑。2010 年 10 月 18 日，中国共产党第十七届中央委员会第五次全体会议通过《中共中央关于制定国民经济和社会发展第十二个五年规划的建议》，进一步为教育部 2 月份业已启动的教育事业发展“十二五”规划编制指明了方向。为进一步深化教育体制改革，根据《规划纲要》的部署，国家开始在部分地区和学校开展国家教育体制改革试点，2010 年 10 月 24 日，国务院办公厅印发《关于开展国家教育体制改革试点的通知》，国家教育体制改革试点工作正式启动。

一、颁布《规划纲要》，绘制国家中长期教育事业发展蓝图

除“序言”外，《规划纲要》共包括“总体战略”“发展任务”“体制改革”和“保障措施”四部分，共 22 章 70 条。《规划纲要》指

出，我国中长期教育改革与发展的指导思想是“高举中国特色社会主义伟大旗帜，以邓小平理论和‘三个代表’重要思想为指导，深入贯彻落实科学发展观，实施科教兴国战略和人才强国战略，优先发展教育，完善中国特色社会主义现代教育体系，办好人民满意的教育，建设人力资源强国。全面贯彻落实党的教育方针，坚持教育为社会主义现代化建设服务，为人民服务，与生产劳动和社会实践相结合，培养德智体美全面发展的社会主义建设者和接班人。全面推进教育事业科学发展，立足社会主义初级阶段基本国情，把握教育发展阶段性特征，坚持以人为本，遵循教育规律，面向社会需求，优化结构布局，提高教育现代化水平”。为此，《规划纲要》制定了今后引领教育事业改革与发展的20字工作方针——优先发展、育人为本、改革创新、促进公平、提高质量。(1) 把教育摆在优先发展的战略地位。教育优先发展是党和国家提出并长期坚持的一项重大方针。各级党委和政府要把优先发展教育作为贯彻落实科学发展观的一项基本要求，切实保证经济社会发展规划优先安排教育发展，财政资金优先保障教育投入，公共资源优先满足教育和人力资源开发需要。(2) 把育人为本作为教育工作的根本要求……以学生为主体，以教师为主导，充分发挥学生的主动性，把促进学生健康成长作为学校一切工作的出发点和落脚点。关心每个学生，促进每个学生主动地、生动活泼地发展，尊重教育规律和学生身心发展规律，为每个学生提供适合的教育。(3) 把改革创新作为教育发展的强大动力……以体制机制改革为重点，鼓励地方和学校大胆探索和试验……创新人才培养体制、办学体制、教育管理体制……加快解决经济社会发展对高质量多样化人才需要与教育培养能力不足的矛盾、人民群众期盼良好教育与资源相对短缺的矛盾、增强教育活力与体制机制约束的矛盾，为教育事业持续健康发展提供强大动力。(4) 把促进公平作为国家基本教育政策……保障公民依法享有受教育的权利，重点促进义务教育均衡发展和扶持困难群体，合理配置教育资源，向农村地区、边远贫困地区和民族地区倾斜，加快缩小教育差距。(5) 把提高质量作为教育改革发展的核心任务。树立科学的质量观，把促进人的全面发展、适应社会需要作为衡量教育质量的根本标准。树立以提高质量为核心的教育发展观，注重教育内涵发展……建立以提高教育质量为导向的管理制度和工作机制……建立健全教育质量保障体系。

《规划纲要》为我们描绘了2020年我国教育事业发展的宏伟蓝图，即"到2020年，基本实现教育现代化，基本形成学习型社会，进入人力资源强国行列"，并从"实现更高水平的普及教育""形成惠及全民的公平教育""提供更加丰富的优质教育""构建体系完备的终身教育"以及"健全充满活力的教育体制"等方面对这一战略目标进行了阐述（具体内容见表2.1）。

表2.1　教育发展战略目标

战略目标	战略目标分解
实现更高水平的普及教育	基本普及学前教育；巩固提高九年义务教育水平；普及高中阶段教育，毛入学率达到90%；高等教育大众化水平进一步提高，毛入学率达到40%；扫除青壮年文盲。新增劳动力平均受教育年限从12.4年提高到13.5年；主要劳动年龄人口平均受教育年限从9.5年提高到11.2年，其中受过高等教育的比例达到20%，具有高等教育文化程度的人数比2009年翻一番。
形成惠及全民的公平教育	坚持教育的公益性和普惠性，保障公民依法享有接受良好教育的机会。建成覆盖城乡的基本公共教育服务体系，逐步实现基本公共教育服务均等化，缩小区域差距。努力办好每一所学校，教好每一个学生，不让一个学生因家庭经济困难而失学。切实解决进城务工人员子女平等接受义务教育问题。保障残疾人受教育权利。
提供更加丰富的优质教育	教育质量整体提升，教育现代化水平明显提高。优质教育资源总量不断扩大，更好地满足人民群众接受高质量教育的需求。学生思想道德素质、科学文化素质和健康素质明显提高。各类人才服务国家、服务人民和参与国际竞争能力显著增强。

续 表

战略目标	战略目标分解
构建体系完备的终身教育	学历教育和非学历教育协调发展，职业教育和普通教育相互沟通，职前教育和职后教育有效衔接。继续教育参与率大幅提升，从业人员继续教育年参与率达到50%。现代国民教育体系更加完善，终身教育体系基本形成，促进全体人民学有所教、学有所成、学有所用。
健全充满活力的教育体制	进一步解放思想，更新观念，深化改革，提高教育开放水平，全面形成与社会主义市场经济体制和全面建设小康社会目标相适应的充满活力、富有效率、更加开放、有利于科学发展的教育体制机制，办出具有中国特色、世界水平的现代教育。

《规划纲要》的第二部分用“学前教育”“义务教育”“高中阶段教育”“职业教育”“高等教育”“继续教育”“民族教育”以及“特殊教育”等八章的篇幅，阐述了不同类型教育的发展任务与战略举措(具体内容见表2.2)。

表2.2　教育发展任务与战略举措

教育类型	发展任务	战略举措
学前教育	基本普及学前教育。到2020年，普及学前一年教育，基本普及学前两年教育，有条件的地区普及学前三年教育。	1. 基本普及学前教育。遵循幼儿身心发展规律，坚持科学保教方法，保障幼儿快乐健康成长。积极发展学前教育。重视0至3岁婴幼儿教育。 2. 建立政府主导、社会参与、公办民办并举的办园体制。 3. 制定学前教育办园标准，建立幼儿园准入制度。完善幼儿园收费管理办法。 4. 严格执行幼儿教师资格标准，提高幼儿教师队伍整体素质。 5. 教育行政部门加强对学前教育的宏观指导和管理，相关部门履行各自职责，充分调动各方面力量发展学前教育。 6. 重点发展农村学前教育。努力提高农村学前教育普及程度。着力保证留守儿童入园。发挥乡镇中心幼儿园对村幼儿园的示范指导作用。支持贫困地区发展学前教育。

续　表

教育类型	发展任务	战略举措
义务教育	巩固提高九年义务教育水平。到2020年，全面提高普及水平，全面提高教育质量，基本实现区域内均衡发展，确保适龄儿童少年接受良好义务教育。	1. 适应城乡发展需要，合理规划学校布局，方便学生就近入学。 2. 坚持以输入地政府管理为主、以全日制公办中小学为主，确保进城务工人员随迁子女平等接受义务教育。建立健全政府主导、社会参与的农村留守儿童关爱服务体系和动态监测机制。加快农村寄宿制学校建设。确保适龄儿童少年就学，努力消除辍学现象。 3. 提高义务教育质量。建立国家义务教育质量基本标准和监测制度。严格执行义务教育国家课程标准、教师资格标准。增强学生体质。 4. 建立健全义务教育均衡发展保障机制。推进义务教育学校标准化建设。均衡配置教育资源，切实缩小校际差距，着力解决择校问题。加快缩小城乡差距。建立城乡一体化义务教育发展机制，在财政拨款、学校建设、教师配置等方面向农村倾斜。率先在县（区）域内实现城乡均衡发展，逐步在更大范围内推进。努力缩小区域差距。加大对革命老区、民族地区、边疆地区、贫困地区义务教育的转移支付力度。鼓励发达地区支援欠发达地区。 5. 在保障适龄儿童少年就近进入公办学校的前提下，发展民办教育，提供选择机会。

续　表

教育类型	发展任务	战略举措
义务教育	巩固提高九年义务教育水平。到2020年，全面提高普及水平，全面提高教育质量，基本实现区域内均衡发展，确保适龄儿童少年接受良好义务教育。	6. 减轻中小学生课业负担，各级政府统筹规划，整体推进。调整教材内容，科学设计课程难度。改革考试评价制度和学校考核办法。规范办学行为，建立学生课业负担监测和公告制度。规范各种社会补习机构和教辅市场。加强校外活动场所建设和管理，丰富学生课外及校外活动。各种等级考试和竞赛成绩不得作为义务教育阶段入学与升学的依据。充分发挥家庭教育在儿童少年成长过程中的重要作用。加强与学校的沟通配合，共同减轻学生课业负担。
高中阶段教育	加快普及高中阶段教育。注重培养学生自主学习、自强自立和适应社会的能力。到2020年，普及高中阶段教育，满足初中毕业生接受高中阶段教育需求。	1. 合理确定普通高中和中等职业学校招生比例，总体保持普通高中和中等职业学校招生规模大体相当。鼓励有条件的普通高中根据需要适当增加职业教育的教学内容。采取多种方式，为在校生和未升学毕业生提供职业教育。 2. 全面提高普通高中学生综合素质。全面落实课程方案，保证学生全面完成国家规定的文理等各门课程的学习。创造条件开设丰富多彩的选修课，为学生提供更多选择。逐步消除大班额现象。积极开展研究性学习、社区服务和社会实践。建立学生发展指导制度。 3. 建立科学的教育质量评价体系，全面实施高中学业水平考试和综合素质评价。 4. 推动普通高中多样化发展。促进办学体制多样化，推进培养模式多样化，满足不同潜质学生的发展需要。探索发现和培养创新人才的途径。鼓励普通高中办出特色。探索综合高中发展模式。 5. 加大对中西部贫困地区高中阶段教育的扶持力度。

续　表

教育类型	发展任务	战略举措
职业教育	面向人人、面向社会，着力培养学生的职业道德、职业技能和就业创业能力。到2020年，形成适应经济发展方式转变和产业结构调整要求、体现终身教育理念、中等和高等职业教育协调发展的现代职业教育体系，满足人民群众接受职业教育的需求，满足经济社会对高素质劳动者和技能型人才的需要。	1. 把职业教育纳入经济社会发展和产业发展规划，促使职业教育规模、专业设置与经济社会发展需求相适应。统筹中等职业教育与高等职业教育发展。健全多渠道投入机制，加大职业教育投入。 2. 以服务为宗旨，以就业为导向，推进教育教学改革。实行工学结合、校企合作、顶岗实习的人才培养模式。制定职业学校基本办学标准。加强“双师型”教师队伍和实训基地建设。建立健全技能型人才到职业学校从教的制度。完善符合职业教育特点的教师资格标准和专业技术职务（职称）评聘办法。建立健全职业教育质量保障体系。 3. 建立健全政府主导、行业指导、企业参与的办学机制，制定促进校企合作办学法规，推进校企合作制度化。 4. 加快发展面向农村的职业教育，促进农科教结合。强化省、市（地）级政府发展农村职业教育的责任，扩大农村职业教育培训覆盖面，强化职业教育资源的统筹协调和综合利用。加强涉农专业建设，加大培养适应农业和农村发展需要的专业人才力度。 5. 逐步实行中等职业教育免费制度，完善家庭经济困难学生资助政策。积极推进学历证书和职业资格证书“双证书”制度。完善就业准入制度。建立健全职业教育课程衔接体系。完善职业学校毕业生直接升学制度。 6. 提高技能型人才的社会地位和待遇。

续 表

教育类型	发展任务	战略举措
高等教育	全面提高高等教育质量。到 2020 年，高等教育结构更加合理，特色更加鲜明，人才培养、科学研究和社会服务整体水平全面提升，建成一批国际知名、有特色、高水平的高等学校，若干所大学达到或接近世界一流大学水平，高等教育国际竞争力显著增强。	1. 提高人才培养质量。加大教学投入。把教学作为教师考核的首要内容，把教授为低年级学生授课作为重要制度。加强实验室、校内外实习基地、课程教材等基本建设。推进和完善学分制，实行弹性学制，促进文理交融。支持学生参与科学研究，强化实践教学环节。加强就业创业教育和就业指导服务。创立高校与科研院所、行业、企业联合培养人才的新机制。全面实施“高等学校本科教学质量与教学改革工程”。健全教学质量保障体系，改进高校教学评估。增强诚信意识，养成良好学风。 2. 大力推进研究生培养机制改革。建立以科学与工程技术研究为主导的导师责任制和导师项目资助制，推行产学研联合培养研究生的“双导师制”。实施“研究生教育创新计划”。不断提高研究生特别是博士生培养质量。 3. 提升科学研究水平。坚持服务国家目标与鼓励自由探索相结合，加强基础研究；以重大现实问题为主攻方向，加强应用研究。促进高校、科研院所、企业科技教育资源共享，推动高校创新组织模式，培育跨学科、跨领域的科研与教学相结合的团队。促进科研与教学互动、与创新人才培养相结合。充分发挥研究生在科学研究中的作用。加强高校重点科研创新基地与科技创新平台建设。完善以创新和质量为导向的科研评价机制。深入实施“高等学校哲学社会科学繁荣计划”。 4. 增强社会服务能力。推进产学研用结合，加快科技成果转化，规范校办产业发展。发展继续教育。普及科学，积极推进文化传播，积极参与决策咨询。鼓励师生开展志愿服务。

续　表

教育类型	发展任务	战略举措
高等教育	全面提高高等教育质量。到 2020 年，高等教育结构更加合理，特色更加鲜明，人才培养、科学研究和社会服务整体水平全面提升，建成一批国际知名、有特色、高水平的高等学校，若干所大学达到或接近世界一流大学水平，高等教育国际竞争力显著增强。	5. 优化结构办出特色。建立动态调整机制，不断优化学科专业、类型、层次结构，促进多学科交叉和融合。重点扩大应用型、复合型、技能型人才培养规模。加快发展专业学位研究生教育。实施中西部高等教育振兴计划。 6. 促进高校办出特色。建立高校分类体系，实行分类管理。 7. 加快建设一流大学和一流学科。以重点学科建设为基础，继续实施“985 工程”和优势学科创新平台建设，继续实施“211 工程”和启动特色重点学科项目。
继续教育	构建灵活开放的终身教育体系，基本形成全民学习、终身学习的学习型社会。	1. 加快发展继续教育。更新观念，加大投入，以加强人力资源能力建设为核心，大力发展非学历继续教育，稳步发展学历继续教育。重视老年教育。倡导全民阅读。广泛开展城乡社区教育。 2. 建立健全继续教育体制机制。成立跨部门协调机构，统筹指导继续教育发展。将继续教育纳入区域、行业总体发展规划。行业主管部门或协会负责制定行业继续教育规划和组织实施办法。加快继续教育法制建设。健全继续教育激励机制。鼓励个人多种形式接受继续教育。加强继续教育监管和评估。 3. 构建灵活开放的终身教育体系。发展和规范教育培训服务，统筹扩大继续教育资源。鼓励学校、科研院所、企业等相关组织开展继续教育。加强城乡社区教育机构和网络建设，开发社区教育资源。大力发展现代远程教育，建设以卫星、电视和互联网等为载体的远程开放继续教育及公共服务平台。 4. 搭建终身学习“立交桥”。促进各级各类教育纵向衔接、横向沟通，满足个人多样化的学习和发展需要。健全宽进严出的学习制度，办好开放大学，改革和完善高等教育自学考试制度。建立继续教育学分积累与转换制度，实现不同类型学习成果的互认和衔接。

续 表

教育类型	发展任务	战略举措
民族教育	重视和支持民族教育事业，全面提高少数民族和民族地区教育发展水平。	1. 加强对民族教育工作的领导，全面贯彻党的民族政策，切实解决少数民族和民族地区教育事业发展面临的特殊困难和突出问题。在各级各类学校广泛开展民族团结教育。推动党的民族理论和民族政策、国家法律法规进教材、进课堂、进头脑。 2. 公共教育资源要向民族地区倾斜。中央和地方政府要进一步加大对民族教育支持力度。促进民族地区各级各类教育协调发展。巩固民族地区义务教育普及成果，确保适龄儿童少年依法接受义务教育，全面提高普及水平，全面提高教育教学质量。支持边境县和民族自治地方贫困县义务教育学校标准化建设，加强民族地区寄宿制学校建设。加快民族地区高中阶段教育发展。支持教育基础薄弱地区改扩建、新建一批高中阶段学校。大力发展民族地区职业教育。加大对民族地区中等职业教育的支持力度。积极发展民族地区高等教育。支持民族院校加强学科和人才队伍建设，提高办学质量和管理水平。进一步办好高校民族预科班。加大对人口较少民族教育事业的扶持力度。 3. 大力推进双语教学。全面开设汉语文课程，全面推广国家通用语言文字。尊重和保障少数民族使用本民族语言文字接受教育的权利。全面加强学前双语教育。支持双语教学的师资培养培训、教学研究、教材开发和出版。 4. 加强教育对口支援，吸引更多民族地区少数民族学生到内地接受教育。办好面向民族地区的职业学校。加大对民族地区师资培养培训力度。鼓励支持高等学校毕业生到民族地区基层任教。支持民族地区发展现代远程教育。

续　表

教育类型	发展任务	战略举措
特殊教育	关心和支持特殊教育，健全特殊教育保障机制，提高残疾学生的综合素质，完善特殊教育体系，到 2020 年，基本实现市（地）和 30 万人口以上、残疾儿童少年较多的县（市）都有一所特殊教育学校。	1. 各级政府要加快发展特殊教育，把特殊教育事业纳入当地经济社会发展规划。全社会要关心支持特殊教育。 2. 提高残疾学生的综合素质。注重潜能开发和缺陷补偿，培养残疾学生积极面对人生、全面融入社会的意识和自尊、自信、自立、自强的精神。加强残疾学生职业技能和就业能力培养。 3. 完善特殊教育体系。各级各类学校要积极创造条件接收残疾人入学，不断扩大随班就读和普通学校特教班规模。全面提高残疾儿童少年义务教育普及水平，加快发展残疾人高中阶段教育，大力推进残疾人职业教育，重视发展残疾人高等教育。因地制宜发展残疾儿童学前教育。 4. 健全特殊教育保障机制。国家制定特殊教育学校基本办学标准，地方政府制定学生人均公用经费标准。加大对特殊教育的投入力度。鼓励和支持接收残疾学生的普通学校为残疾学生创造学习生活条件。加强特殊教育师资队伍建设，采取措施落实特殊教育教师待遇。加大对家庭经济困难残疾学生的资助力度。逐步实施残疾学生高中阶段免费教育。

《规划纲要》指出，2010—2012 年，围绕教育改革发展战略目标，着眼于促进教育公平，提高教育质量，增强可持续发展能力，以加强关键领域和薄弱环节为重点，完善机制，组织实施一批重大项目。这些重大项目包括：义务教育学校标准化建设、义务教育教师队伍建设、推进农村学前教育、职业教育基础能力建设、提升高等教育质量、发展民族教育、发展特殊教育、家庭经济困难学生资助、教育信息化建设、教育国际交流合作。

全国各省、自治区、直辖市几乎与国家同步制定区域中长期教育改革和发展规划。全国教育工作会议召开后，各地区陆续召开教育工作会议，颁布了区域中长期教育改革和发展规划纲要。

二、编制“十二五”规划，部署教育事业发展大局

2010年1月29日，教育部在《关于印发〈教育部2010年工作要点〉的通知》中明确将“做好全国教育事业‘十二五’规划编制工作”作为2010年的重要教育工作。2010年3月25日，教育部办公厅下发《教育部办公厅关于做好教育事业发展“十二五”规划编制工作的通知》，要求各地区、各部门根据国家发展改革委关于国民经济和社会发展第十二个五年规划编制工作的统一部署，进一步明确任务、提高认识、统一思想，贯彻落实好《规划纲要》，做好教育事业发展“十二五”规划编制工作。

2010年10月15日至18日，中国共产党第十七届中央委员会第五次全体会议在北京召开，会议审议并通过了《中共中央关于制定国民经济和社会发展第十二个五年规划的建议》，其中第七部分“深入实施科教兴国战略和人才强国战略，加快建设创新型国家”第29条“加快教育改革发展”就“十二五”期间我国教育改革与发展做出部署：

> 全面贯彻党的教育方针，保障公民依法享有受教育的权利，办好人民满意的教育。按照优先发展、育人为本、改革创新、促进公平、提高质量的要求，深化教育教学改革，推动教育事业科学发展。全面推进素质教育，遵循教育规律和学生身心发展规律，坚持德育为先、能力为重，促进学生德智体美全面发展。积极发展学前教育，巩固提高义务教育质量和水平，加快普及高中阶段教育，大力发展职业教育，全面提高高等教育质量，加快发展继续教育，支持民族教育、特殊教育发展，建设全民学习、终身学习的学习型社会。创新人才培养体制、教育管理体制、办学体制，改革教学内容、教学方法、质量评价、考试招生制度。促进教育

公平，合理配置公共教育资源，重点向农村、边远贫困、民族地区倾斜，加快缩小教育差距。健全国家资助制度，扶助家庭经济困难学生完成学业。加强师德师风建设，提高教师业务水平，鼓励优秀人才终身从教。增加教育投入，鼓励引导社会力量兴办教育，以加强薄弱环节和关键领域为重点，实施重大教育改革和发展项目。

十七届五中全会通过的《中共中央关于制定国民经济和社会发展第十二个五年规划的建议》为制定国家和各地区教育事业“十二五”规划进一步指明了方向。根据教育部的统一部署，国家教育事业“十二五”规划编制工作包括三个阶段：2010 年 2 月至 6 月为调研与规划框架研究阶段，7 月至 12 月为规划文本起草阶段，2011 年初到 5 月为论证与报批阶段。

三、落实《规划纲要》，启动国家教育体制改革试点

根据《规划纲要》关于“根据统筹规划、分步实施、试点先行、动态调整的原则，选择部分地区和学校开展重大改革试点”的精神，2010 年 10 月，国务院办公厅印发《关于开展国家教育体制改革试点的通知》，全面启动国家教育体制改革试点工作。国家教育体制改革试点的基本内容为三大类，即专项改革试点、重点领域综合改革试点和省级政府教育统筹综合改革试点。专项改革包括十大试点任务：基础教育有三项，分别是加快学前教育发展、推进义务教育均衡发展和探索减轻中小学生课业负担的途径；高等教育有三项，分别是改革人才培养模式、改革高等学校办学模式和建设现代大学制度；另外四项是改革职业教育办学模式、改善民办教育发展环境、健全教师管理制度和完善教育投入机制（表 2.3）。国务院要求，推行国家教育体制改革应遵循以下基本原则：

坚持以人为本，着力解决重大现实问题。从人民群众关心的热点难点问题入手，着力破除体制机制障碍，努力解决深层次矛盾，把办好人民满意的教育作为推进教育改革的出发点，把能否促进人的全面发展、适应经济社会需要作为检验教育改革的根本标准。坚持统筹谋划，确保改革协调有序推进。搞好总体设计，正确处理改革、发展和稳定的关系，把立足当前与兼顾长远相结合，综合改革与专项改革相结合，着眼于事关全局的关键领域和薄弱环节，有计划、有步骤地扎实推进，确保改革的科学性、系统性。坚持因地制宜，鼓励各地各校大胆试验。充分考虑城乡差别大、区域发展不平衡的现实，把整体部署和尊重基层结合起来，充分发挥地方、学校和师生的主动性、积极性、创造性，鼓励各地各校紧密结合实际，积极探索，勇于创新，增强教育事业改革发展的内在动力，努力形成全社会共同推进教育事业改革发展的良好局面。①

表 2.3 国家教育体制改革重点任务

改革任务	试点任务	
建立健全体制机制，加快学前教育发展	1	明确政府职责，完善学前教育体制机制，构建学前教育公共服务体系。
	2	探索政府举办和鼓励社会力量办园的措施和制度，多种形式扩大学前教育资源。
	3	改革农村学前教育投入和管理体制，探索贫困地区发展学前教育途径，改进民族地区学前双语教育模式。
	4	加强幼儿教师培养培训。

① 国务院．国务院办公厅关于开展国家教育体制改革试点的通知（国办发〔2010〕48号）[EB/OL]．(2010-10-24)［2011-01-30］．http：//www.gov.cn/zwgk/2011-01/12/content_1783332.htm.

续　表

改革任务		试点任务
推进义务教育均衡发展，多种途径解决择校问题	5	推进义务教育学校标准化建设，探索城乡教育一体化发展的有效途径。
	6	创新体制机制，实施县域内义务教育学校教师校际交流制度，实行优质高中招生名额分配到区域内初中学校的办法，多种途径推进义务教育均衡发展。
	7	完善农民工子女接受义务教育体制机制，探索非本地户籍常住人口随迁子女非义务教育阶段教育保障制度。
	8	完善寄宿制学校管理体制与机制，探索民族地区、经济欠发达地区义务教育均衡发展模式。
	9	建立健全义务教育均衡发展督导、考核和评估制度。
推进素质教育，切实减轻中小学生课业负担	10	规范中小学办学行为，改进教育教学方法，改进考试评价制度，探索减轻中小学生过重课业负担的途径和方法。
	11	深化基础教育课程、教材和教学方法改革。
	12	整体规划大中小学德育课程，推进中小学德育内容、方法和机制创新，建设民族团结教育课程体系，探索建立“阳光体育运动”的长效机制。
	13	开展普通高中多样化、特色化发展试验，建立创新人才培养基地，探索西部欠发达地区普及高中阶段教育的措施和办法。
	14	研究制定义务教育质量督导评价标准，改革义务教育教学质量综合评价办法，建立中小学教育质量监测评估机制，探索地方政府履行教育职责的评价办法。
改革职业教育办学模式，构建现代职业教育体系	15	建立健全政府主导、行业指导、企业参与的办学体制机制，创新政府、行业及社会各方分担职业教育基础能力建设机制，推进校企合作制度化。
	16	开展中等职业学校专业规范化建设，加强职业学校“双师型”教师队伍建设，探索职业教育集团化办学模式。
	17	开展民族地区中等职业教育“9+3”免费试点，改革边疆民族地区职业教育办学模式和人才培养体制，加快民族地区、经济欠发达地区中等职业教育发展。
	18	建立中等职业教育工作督导体系。
	19	开展地方政府促进高等职业教育发展综合改革试点。
	20	探索建立职业教育人才成长“立交桥”，构建现代职业教育体系。

续 表

改革任务		试点任务
改革人才培养模式，提高高等教育人才培养质量	21	完善教学质量标准，探索通识教育新模式，建立开放式、立体化的实践教学体系，加强创新创业教育。
	22	设立试点学院，开展创新人才培养试验。
	23	实施基础学科拔尖学生培养试验计划。
	24	改革研究生培养模式，深化专业学位教育改革，探索和完善科研院所与高等学校联合培养研究生的体制机制。
	25	探索开放大学建设模式，建立学习成果认证和“学分银行”制度，完善高等教育自学考试、成人高等教育招生考试制度，探索构建人才成长“立交桥”。
	26	推进学习型城市建设。
改革高等教育管理方式，建设现代大学制度	27	探索高等学校分类指导、分类管理的办法，落实高等学校办学自主权。
	28	推动建立健全大学章程，完善高等学校内部治理结构。
	29	建立健全岗位分类管理制度，推进高校人事制度改革，改革高校基层学术组织形式及其运行机制。
	30	建立高校总会计师制度，完善高校内部财务和审计制度。
	31	改革学科建设绩效评估方式，完善以质量和创新为导向的学术评价机制。
	32	构建高等学校学术不端行为监督查处机制，健全高等学校廉政风险防范机制。
适应经济社会发展需求，改革高等学校办学模式	33	推进高校与地方、行业、企业合作共建，探索中央高校与地方高校合作发展机制，建设高等教育优质资源共享平台，构建高校产学研联盟长效机制。
	34	发挥行业优势，完善体制机制，促进行业高等学校特色发展，培养高水平专门人才。
	35	完善来华留学生培养体制机制，扩大留学生招生规模。
	36	探索高水平中外合作办学模式，培养国家紧缺的国际化创新人才，建立具有区域特色的国际教育合作与交流平台，完善中外合作办学质量保障机制，提高中外合作办学水平。
	37	加强内地高校与港澳知名高校合作办学，探索闽台高校教育合作交流新模式。

续 表

改革任务		试点任务
改善民办教育发展环境，深化办学体制改革	38	探索营利性和非营利性民办学校分类管理办法。
	39	清理并纠正对民办教育的各类歧视政策，保障民办学校办学自主权。
	40	完善支持民办教育发展的政策措施，探索公共财政资助民办教育具体政策，支持民办学校创新体制机制和育人模式，办好一批高水平民办学校。
	41	改革民办高校内部管理体制，完善法人治理结构，建立健全民办学校财务、会计和资产管理制度。
健全教师管理制度，加强教师队伍建设	42	制定优秀教师到农村地区从教的具体办法，探索建立农村教师专业发展支持服务体系，创新农村义务教育阶段教师全员培训模式，推进农村教师周转房建设，多种措施加强农村中小学教师队伍建设。
	43	完善师范生免费教育政策，扩大实施范围。
	44	创新教师教育体系和培养模式，探索中小学教师和校长培训新模式，构建区域协作的教师继续教育新体制，建设支撑教师专业化发展的教学资源平台。
	45	完善民族地区双语教师培养培训模式。
	46	开展教师资格考试改革和教师资格定期注册试点，建立中小学新任教师公开招聘制度和办法，探索建立教师退出机制。
	47	探索中小学校长职级制，深化中小学教师职称制度改革。
完善教育投入机制，提高教育保障水平	48	探索政府收入统筹用于优先发展教育的办法，完善保障教育优先发展的投入体制。
	49	探索高校多渠道筹集办学经费的机制。
	50	根据办学条件基本标准和教育教学基本需要，研究制定各级学校生均经费基本标准。

资料来源：国务院．国务院办公厅关于开展国家教育体制改革试点的通知（国办发〔2010〕48号）［EB/OL］.（2010-10-24）［2011-01-30］. http：//www. gov. cn/zwgk/2011-01/12/content_ 1783332. htm.

第二节 构建普惠性学前教育公共服务体系

近年来，“入园难”“入园贵”成为公众日益关注的重要民生问题之一。其原因在于，伴随新一轮人口生育高峰的到来，学前适龄幼儿数量大幅度增加；城市化、城镇化进程的不断加快，大量流动人口的不断涌入使本已有限的学前教育资源更加短缺；由于学前教育未被纳入义务教育范畴，政府在学前教育方面的投入不多，2003 年以来，占全国幼儿园总数 70%以上的非公办园，基本上得不到国家和地方财政的支持，使学前教育的发展受到严重制约，幼儿园数量没有得到相应增加，学前教育质量严重下滑，优质教育资源匮乏，“择园”热日益升温；在广大农村地区，政府对学前教育的投入严重不足，学前教育市场发育不良，很少有社会力量愿意投资幼儿教育，许多乡镇没有幼儿园，即使有幼儿园，也存在师资力量薄弱、办学条件差等严重问题，化解“入园难”问题迫在眉睫。在《规划纲要》制定、征求意见的过程中，学前教育的供需矛盾突显，以解决“入园难”为出发点，着力构建学前教育公共服务体系的任务被提上日程。2010 年 11 月 21 日，国务院颁布了《国务院关于当前发展学前教育的若干意见》，提出“把发展学前教育摆在更加重要的位置”“多种形式扩大学前教育资源”“多种途径加强幼儿教师队伍建设”“多种渠道加大学前教育投入”“加强幼儿园准入管理”“强化幼儿园安全监管”“规范幼儿园收费管理”“坚持科学保教，促进幼儿身心健康发展”“完善工作机制，加强组织领导”“统筹规划，实施学前教育三年行动计划”等措施，被称为国家发展学前教育的“国十条”。

一、明晰学前教育的公益性质

近年来，学前教育因缺乏政府投入而发展缓慢、学前教育被迫走市场化发展道路等，都与人们对学前教育性质的认识以及政府对于学前教育的定位关系紧密。学前教育是人生发展的奠基性教育，是基础教育的基础、终身教育的开端，是国民教育体系的重要组成部分，对于促进个体早期的身心全面健康发展，巩固和提高义务教育的质量与效益，提升国民素质，缩小城乡差距，促进教育和社会公平具有重要价值。学前教育既是教育事业的组成部分，又是社会公共福利事业，直接关系到千家万户、广大人民群众的切身利益①，学前教育的教育性和公益性决定了其发展比其他阶段教育在社会公共事业中更具独特地位。② 2010 年 11 月 3 日，由温家宝总理主持的国务院常务会议指出，学前教育是国民教育体系的重要组成部分，是重要的社会公益事业；必须充分认识发展学前教育的重要性和紧迫性，把发展学前教育作为保障和改善民生的重要内容，按照公益性和普惠性的原则发展学前教育。《国务院关于当前发展学前教育的若干意见》重申，“学前教育是终身学习的开端，是国民教育体系的重要组成部分，是重要的社会公益事业”，“办好学前教育，关系亿万儿童的健康成长，关系千家万户的切身利益，关系国家和民族的未来”，为此，要“把发展学前教育摆在更加重要的位置”，“必须坚持公益性和普惠性”。为了实现《规划纲要》提出的“到 2020 年，全面普及学前一年教育，基本普及学前两年教育，有条件的地区普及学前三年教育”的发展目标，“各级政府要充分认识发展学前教育的重要性和紧迫性，将大力发展学前教育作为贯彻落实教育规划纲要的突破口，作为推动教育事业科学发展的重要任务，作为建设社会主义和谐社会的重大民生工程，纳入政府工作重要议事日程，切实抓紧抓好”。

二、推进学前教育公共服务体系建设

明确了学前教育的基本性质以及存在的诸多问题后，就需要建立

① 庞丽娟．加快学前教育的普及与发展［J］．教育研究，2009（5）：28-30.

② 陈小娅．推进学前教育的普及［N］．中国教育报，2010-02-11（3）.

健全促进学前教育发展的体制与机制。2010年7月，中共中央政治局委员、国务委员刘延东在贵州、浙江、北京考察幼儿园时强调，要建立健全政府主导、社会参与、公办民办并举的办园体制，加大政府投入，大力发展公办幼儿园，积极扶持民办幼儿园。[①] 由温家宝总理主持召开的国务院常务会议也指出，“坚持政府主导、社会参与、公办民办并举，破除体制机制障碍，建立覆盖城乡、布局合理的学前教育公共服务体系，保障适龄儿童接受基本的、有质量的学前教育，促进幼儿健康快乐成长”。努力构建覆盖城乡、布局合理的学前教育公共服务体系，必须坚持因地制宜，从实际出发，为幼儿和家长提供方便就近、灵活多样、多种层次的学前教育服务。[②] 《规划纲要》进一步指出要“建立政府主导、社会参与、公办民办并举的办园体制。大力发展公办幼儿园，积极扶持民办幼儿园。加大政府投入，完善成本合理分担机制，对家庭经济困难幼儿入园给予补助。加强学前教育管理，规范办园行为。制定学前教育办园标准，建立幼儿园准入制度。完善幼儿园收费管理办法……”由此，建立健全学前教育公共服务体系被提上日程。

（一）政府主导

基于学前教育的公益属性，政府应加大对学前教育的财政投入力度，尤其在广大农村地区应以政府财政投入为主，建立起以公共财政为支撑的学前教育投入保障机制。《规划纲要》明确指出：“加大政府投入，完善成本合理分担机制，对家庭经济困难幼儿入园给予补助。”国务院常务会议要求将学前教育经费列入各级政府财政预算，新增教育经费向学前教育倾斜[③]；《国务院关于当前发展学前教育的若干意

---

① 刘延东．积极发展学前教育，解决好“入园难”问题［N］. 人民日报，2010-07-22（4）.

② 中新网．中国官方给学前教育开十“药方”剑指“入园难”［EB/OL］.（2010-11-24）［2011-01-20］. http：//news. xinhuanet. com/politics/2010-11/24/c_ 12811596. htm.

③ 新华社．温家宝主持国务院常务会议，部署学前教育政策措施［N］. 人民日报，2010-11-04（1）.

见》指出，要“多种渠道加大学前教育投入”，“各级政府要将学前教育经费列入财政预算。新增教育经费要向学前教育倾斜。财政性学前教育经费在同级财政性教育经费中要占合理比例，未来三年要有明显提高。各地根据实际研究制定公办幼儿园生均经费标准和生均财政拨款标准”。全国各地在加大学前教育投入方面也出台了相关的政策措施，上海市将进一步提高政府对学前教育的投入和政府在学前教育成本中承担的比例，更好地履行政府责任。2009 年，上海财政性教育经费投入中，学前教育的比例为 7. 93%，比 2004 年的 5. 49%提高了 2. 44 个百分点；生均财政拨款占生均支出的比例为 68. 04%，比 2004 年的 65. 55%提高了 2. 49 个百分点，大大高于全国平均水平；今后政府对学前教育的投入还会增加。① 江苏省实施农村幼儿园条件改善工程，近两年，每年投入 1 亿元开展农村幼儿园合格建设工程，同样取得了明显成效。② 北京市计划三年内投入 15 亿，建立 118 所公办幼儿园，五年内投入 50 亿，在新建 300 所幼儿园的同时，再扩建 300 所幼儿园，使公办园和民办园各占一半。③ 到 2012 年底，福建省将新建 469 所公办园，新增 27 万个幼儿教育学位。④

（二）社会参与

在加大政府公共财政投入的同时，积极探索建立政府和家长共同承担的学前教育成本分担机制，通过政府的一系列完善而有效的政策举措，吸引社会资本投入，建立和完善对城乡困难弱势群体的扶助机制，加大对贫困、弱势群体的扶持力度。《国务院关于当前发展学前教育的若干意见》指出：“制定优惠政策，鼓励社会力量办园和捐资助

---

① 苏军．沪将出台生均公用经费基本标准，加大学前教育投入［N］．文汇报，2010-12-08（7）．

② 马斌．强化“五公”，推进学前教育科学发展［J］．人民教育，2010（21）：17-19．

③ 郭少峰，王佳琳．北京拟投 50 亿解决入园难，5 年新建扩建 600 幼儿园［N］．新京报，2010-11-06（A05）．

④ 陈晓风，龙超凡．福建出台重大举措加快学前教育发展：省政府今年增 4 亿元，到 2012 年底新建 469 所公办园足额配备教师［N］．中国教育报，2010-11-09（1）．

园。家庭合理分担学前教育成本。”在大力发展公办幼儿园的同时，支持街道、农村集体和有条件的行政事业单位、企业办幼儿园。鼓励社会力量以多种形式举办幼儿园，引导和支持民办幼儿园提供面向大众、收费较低的普惠性服务。温家宝总理2010年11月2日在北京调研学前教育发展问题时指出，“随着国家的发展，民办幼儿园会越来越多。在政策上，我们对公办与民办学前教育要一视同仁，包括教师资格认定和跨省职称评定。民办幼儿园要保证老师在职期间的工资待遇和退休后的社会保障，吸引老师、稳住老师，让老师愿意来、争着来”①。

（三）规范管理

完善法律法规，规范学前教育管理。各地根据国家基本标准和社会对幼儿保教的不同需求，制定各种类型幼儿园的办园标准，实行分类管理、分类指导。严格执行幼儿园准入和年检制度，实行动态监管。未取得办园许可证和未办理登记注册手续，任何单位和个人不得举办幼儿园，分类治理、妥善解决无证办园问题。加强幼儿园安全监管，建立健全安全管理和安全责任制度，形成全覆盖的幼儿园安全防护体系。合理制定公办幼儿园收费标准，加强民办幼儿园收费管理，坚决查处乱收费。②③

三、以队伍建设与科学保教促进内涵发展

在增设幼儿园、扩大幼儿园招生规模的同时，不断提高幼儿教育质量、促进幼儿教育内涵发展建设，同样是学前教育政策关注的重点。

---

① 赵承，吴晶．把发展学前教育摆到重要位置：温家宝在北京调研学前教育工作纪实［EB/OL］．（2010-11-03）［2011-01-20］．http：//www.jyb.cn/china/gnxw/201011/t20101102_397032.html.

② 新华社．温家宝主持国务院常务会议，部署学前教育政策措施［N］．人民日报，2010-11-04（1）．

③ 中新网．中国官方给学前教育开十“药方”剑指“入园难”［EB/OL］．（2010-11-24）［2011-01-20］．http：//news.xinhuanet.com/politics/2010-11/24/c_12811596.htm.

2010年，国家主要从加强师资队伍建设和科学保教两个层面，不断深化改革，提高学前教育的内在品质。

（一）队伍建设

教师队伍及其素质是教育质量的决定性因素。但是，长期以来，我国幼儿教师的身份与地位不明确，待遇普遍偏低，培训、福利等基本权益缺乏应有保障，近年来甚至出现严重下滑的趋势。特别是体制改革后的企事业单位办园和农村幼儿园的教师身份不明、社会保障无着落，幼儿教师的基本权利、待遇无从保障，致使幼儿教师的职业吸引力大大降低，队伍很不稳定。占我国幼儿教师总数80%的广大农村幼儿教师，长期以来因没有明确的教师身份，不能享受教师的待遇，工资、医疗与养老保险等社会保障和培训问题长期得不到解决，严重地影响了农村幼儿教师队伍的稳定与质量的提高。[①]《规划纲要》明确指出，“严格执行幼儿教师资格标准，切实加强幼儿教师培养培训，提高幼儿教师队伍整体素质，依法落实幼儿教师地位和待遇”。2010年11月，温家宝总理指出，“儿童是国家和人类的未来，教师是灵魂的工程师，幼儿教师是孩子们接触的第一位老师”[②]。要从扩大大学和中等专业学校幼儿教育专业招生规模、吸引其他专业毕业生转岗培训、提高幼儿教师待遇和社会地位等方面，加强队伍建设，提高幼儿教师的学习能力、引导能力和创新能力。加强幼儿教师队伍建设、依法落实幼儿教师地位和待遇、完善学前教育师资培养培训体系，成为国务院常务会议关于促进学前教育事业发展的基本精神[③]，这一精神在《国务院关于当前发展学前教育的若干意见》中得以具体体现：

---

① 庞丽娟，韩小雨．中国学前教育立法：思考与进程［J］．北京师范大学学报（社会科学版），2010（5）：14-20．

② 新华网．温家宝北京幼儿园调研，提出破解“入园难”方针［EB/OL］．（2010-11-03）［2011-01-20］．http：//news. xinhuanet. com/school/2010-11/03/c_ 12732620_ 2. htm．

③ 新华社．温家宝主持国务院常务会议，部署学前教育政策措施［N］．人民日报，2010-11-04（1）．

> 加快建设一支师德高尚、热爱儿童、业务精良、结构合理的幼儿教师队伍。各地根据国家要求，结合本地实际，合理确定生师比，核定公办幼儿园教职工编制，逐步配齐幼儿园教职工。健全幼儿教师资格准入制度，严把入口关。2010年国家颁布幼儿教师专业标准。公开招聘具备条件的毕业生充实幼儿教师队伍。中小学富余教师经培训合格后可转入学前教育。
>
> 依法落实幼儿教师地位和待遇。切实维护幼儿教师权益，完善落实幼儿园教职工工资保障办法、专业技术职称（职务）评聘机制和社会保障政策。
>
> 完善学前教育师资培养培训体系。办好中等幼儿师范学校。办好高等师范院校学前教育专业。建设一批幼儿师范专科学校。加大面向农村的幼儿教师培养力度，扩大免费师范生学前教育专业招生规模。积极探索初中毕业起点五年制学前教育专科学历教师培养模式。重视对幼儿特教师资的培养。建立幼儿园园长和教师培训体系，满足幼儿教师多样化的学习和发展需求。创新培训模式，为有志于从事学前教育的非师范专业毕业生提供培训。三年内对1万名幼儿园园长和骨干教师进行国家级培训。各地五年内对幼儿园园长和教师进行一轮全员专业培训。

同时，全国各地也采取了多种措施加强幼儿教师队伍建设，依法落实幼儿教师地位和待遇，完善幼教师资培养培训体系，努力建设一支师德高尚、热爱儿童、业务精良、结构合理的幼儿教师队伍。

（二）科学保教

科学保教，很大意义上是在回归幼儿教育本质，遵循幼儿身心发展规律，坚持以游戏为基本活动，保教结合、寓教于乐，为此，各地纷纷采取措施，防止和纠正幼儿园教育“小学化”倾向。《规划纲要》指出，“学前教育对幼儿身心健康、习惯养成、智力发展具有重要意义”，要“遵循幼儿身心发展规律，坚持科学的保教方法，保障幼儿快乐健康成长”。为此，《国务院关于当前发展学前教育的若干意见》特别指出，要“坚持科学保教，促进幼儿身心健康发展。加强对幼儿园保教工作的指导，2010年国家颁布幼儿学习与发展指南。遵循幼儿身心发展规律，面向全体幼儿，关注个体差异，坚持以游戏为基本活动，保教结合，寓教于乐，促进幼儿健康成长。加强对幼儿园玩教具、幼儿图书的配备与指导，为儿童创设丰富多彩的教育环境，防止和纠正幼儿园教育‘小学化’倾向。研究制定幼儿园教师指导用书审定办法。建立幼儿园保教质量评估监管体系。健全学前教育教研指导网络。要把幼儿园教育和家庭教育紧密结合，共同为幼儿的健康成长创造良好环境”。为防止和纠正幼儿园教育“小学化”倾向，广州市教育局下发了《关于防止和纠正学前教育“小学化”现象的通知》，颁布了五大关于幼儿园“小学化”倾向的禁令，规定“不得搬用小学教材，不得进行奥数、珠心算、书写拼音和汉字等内容的教学活动；不得开展以机械背诵为主的教学活动，包括以背诵为主的读经活动和以背诵笔画或字形为主的识字活动等；不得给幼儿布置计算、写字、拼音等方面的家庭作业，不得进行任何形式的测验和考试；幼儿园开展英语特色教育的，必须有英语专业大专及以上学历的专任教师，所使用的特色教材必须按规定经市教育行政部门审核备案；兴趣班不能占用正常的教学时间，教学内容和形式应当符合幼儿身心发展规律”①。

四、重点发展农村学前教育

城乡学前教育差距显著、农村学前教育发展滞后，是当前我国学前教育事业发展的突出问题和难点。据国家有关部门统计，2007年，全国城乡学前三年毛入园率不仅相差20个百分点（城镇毛入园率55.6%，农村毛入园率35.6%），而且城乡差距比2006年增加了2.96个百分点，比2005年增加了3.81个百分点，学前教育的城乡差距在不

① 陆先念．幼儿园不得教写拼音汉字［N］．广州日报，2010-09-29（A24）．

断加大。目前，中西部22个省（市、自治区）27284个乡镇中，约有一半的乡镇没有一所乡镇中心幼儿园。[①] 学前教育的城乡差距不断拉大，有悖于我国当前强调教育均衡和社会公平的价值取向。《规划纲要》将重点发展农村学前教育作为一个单独部分来论述，“重点发展农村学前教育。努力提高农村学前教育普及程度。着力保证留守儿童入园。采取多种形式扩大农村学前教育资源，改扩建、新建幼儿园，充分利用中小学布局调整富余的校舍和教师举办幼儿园（班）。发挥乡镇中心幼儿园对村幼儿园的示范指导作用。支持贫困地区发展学前教育”。根据国务院常务会议提出的“建立覆盖城乡、布局合理的学前教育公共服务体系”目标，以及“努力扩大农村学前教育资源，逐步完善县、乡、村三级学前教育网络”的发展战略，《国务院关于当前发展学前教育的若干意见》指出，“中央财政设立专项经费，支持中西部农村地区、少数民族地区和边疆地区发展学前教育和学前双语教育。地方政府要加大投入，重点支持边远贫困地区和少数民族地区发展学前教育”。

从2010年开始，国家实施推进农村学前教育项目，中央财政设立专项经费，重点支持中西部农村地区、少数民族地区和边疆地区发展学前教育和学前双语教育。该项目已在河北、山西、云南等10个省份启动，投入经费5亿元。地方各级政府在园舍建设、师资队伍、公用经费、资助困难群体等方面加大投入。通过独立建园、设分园、联合办园、配专职巡回指导教师等方式，完善县、乡、村学前教育网络。[②] 地方各级政府依托该项目，重点发展和推进没有中心幼儿园的乡镇设立乡镇中心幼儿园，力争中西部地区每个乡镇建一所中心幼儿园，同时应确保乡镇中心幼儿园的基本办学条件符合国家规定，采取新建扩建托幼机构，让乡镇中心幼儿园设立分园、小学附设幼儿园或学前班，充分利用中小学布局调整的富余校舍和师资等形式，积极扩大为广大

---

① 庞丽娟．加快学前教育的普及与发展［J］．教育研究，2009（5）：28-30.

② 董洪亮，教育部基础教育二司负责人．教育部解读“国十条”：让入园不再难［EB/OL］．（2010-12-03）［2011-01-20］．http：//politics. people. com. cn/GB/1027/13383665. html.

农民子女提供普惠性服务的公办幼儿园，以尽快使更多的农村幼儿能够接受学前一年、两年和三年不同年限的学前教育。同时，促进乡镇中心幼儿园发挥对其他农村幼儿园管理、教研、培训的指导与辐射作用，形成乡镇中心幼儿园和大村落幼儿园与周边各村中小型幼儿园互助联动的合理布局与管理机制，实现镇村幼儿教育一体化管理。此外，还要求建立经济贫困家庭幼儿入园资助制度，减少贫困家庭幼儿生活和环境中的不利影响，使他们获得基本的学习条件和良好的发展。重点保证留守儿童入园，在留守儿童相对比较集中的村落改建或新建幼儿园，优先支持留守儿童进入学前机构接受补偿性教育，有效减少隔代养育给儿童在情感、行为和社会性发展等方面造成的不利影响。加强农村学前教育师资队伍建设也是不可忽视的重要方面。要努力解决长期困扰农村学前教育事业发展的农村幼儿教师编制、待遇等方面的困难和问题，尝试建立优秀城镇幼儿园对农村幼儿园的对口支援制度，提高农村幼儿园园长与教师的专业水平和实践能力；实施中西部特岗幼儿教师计划，建立城镇幼儿教师到农村幼儿园任教服务与补贴制度，鼓励优秀幼儿教师从事农村学前教育，建立县、乡镇幼儿园教师与农村幼儿园教师的“手拉手帮带制度”，建立乡村联动的农村幼儿教师教研制度，通过日常教研活动对农村幼儿教师进行培训、指导，提高农村学前教育质量。

第三节 发展公平有质量的基础教育

《规划纲要》分“义务教育”与“高中阶段教育”两个章节描绘未来基础教育的发展蓝图与实现路径，提出了巩固提高九年义务教育水平、推进义务教育均衡发展、减轻中小学生课业负担、加快普及高中阶段教育、全面提高普通高中学生综合素质、推动普通高中多样化发展等多项重大改革任务。

一、着力解决“择校”问题

当前，“择校”已成为我国义务教育发展不均衡所引发的突出问题。针对择校难题，《规划纲要》将均衡发展作为义务教育的战略性任务，强调要“建立健全义务教育均衡发展保障机制，推进义务教育学校标准化建设，均衡配置教师、设备、图书、校舍等资源……加快薄弱学校改造，着力提高师资水平”，“切实缩小校际差距，着力解决择校问题……实行县（区）域内教师和校长交流制度。实行优质普通高中和优质中等职业学校招生名额合理分配到区域内初中学校的办法。义务教育阶段不得设置重点学校和重点班。在保障适龄儿童少年就近进入公办学校的前提下，发展民办教育，提供选择机会”，“建立城乡一体化义务教育发展机制，在财政拨款、学校建设、教师配置等方面向农村倾斜。率先在县（区）域内实现城乡均衡发展，逐步在更大范围内推进”，从而加快缩小城乡教育差距。

2010年11月，教育部发布《教育部关于治理义务教育阶段择校乱收费问题的指导意见》，对各地教育行政主管部门提出规范招生入学秩序、完善招生入学政策、加快薄弱学校建设、合理配置师资力量、共享优质教育资源、支持发展民办教育、加大舆论引导力度、持续做好专项治理、健全完善督导制度、务求每年有新成效等10项要求。各省级教育行政主管部门在择校乱收费问题上有针对性地确定总体目标和阶段性的工作任务，制定时间表、路线图和任务书。

为了贯彻落实《规划纲要》中关于解决择校问题的规定和目标，2010年12月，《国务院办公厅关于开展国家教育体制改革试点的通知》将“推进义务教育均衡发展，多种途径解决择校问题”作为专项改革试点，以北京、天津、山西等9个省市区为试点地区，探索推进义务教育学校标准化建设和城乡教育一体化发展的有效途径；以北京、天津、河北等22个省市区以及新疆生产建设兵团农八师石河子市为试点地区，探索创新体制机制，实施县域内义务教育学校教师校际交流制度，实行优质高中招生名额分配到区域内初中学校的办法，多种途径推进义务教育均衡发展。与此同时，全国各地方也制定相关规章制度，力图解决择校问题。例如，作为改革试点区的湖北省为解决择校问题出台《湖北省义务教育条例》等相关政策，规定公办学校不得跨范围招生，不得为选拔学生举办或参与举办各种形式的培训班，不得将各种学科竞赛成绩、考级证书等作为新生入学和编班的依据等。[①] 湖南省长沙市着力均衡教育资源，5 年内基本解决择校问题。[②]

择校是由多种社会与教育因素融合而成的复杂社会问题。愈演愈烈的“择校热”为社会带来了巨大的负面效应。“择校演变为教育消费者之间的教育权益及其衍生的发展权的争夺、学校之间的教育资源争夺、政府与学校的教育责任与权力的重新分配、政府和市场在提供教育服务上的矛盾与冲突。”[③] 从《规划纲要》到各地的积极努力，展示出中央和地方教育行政部门标本兼治解决义务教育择校问题的决心和勇气。然而，教育部提出 10 项治理择校问题的重要举措，且首次明确治理义务教育阶段择校乱收费的时间表，力争经过 3—5 年的努力，使义务教育阶段择校乱收费不再成为群众反映强烈的问题，却引发社会的广泛争议。一方面，人们认为，择校反映了学生和家长要求享受优质教育资源的强烈愿望，择校权是学生和家长选择优质教育资源的权利，应当得到尊重；另一方面，人们对普遍存在的“择校费”有颇多质疑，沈阳近七成民众反对收取“择校费”[④]，重庆小学择校费上涨至 6 万元，海口甚至出现违规收取“择校费”超亿元的现象[⑤]，西安电子

---

① 程墨．湖北省立法破解“择校热”难题［N］．中国青年报，2010-12-12（1）．

② 周辉霞．长沙 5 年内基本解决择校问题，着力均衡教育资源［EB/OL］．（2010-11-04）［2010-12-08］．http：//hunan. voc. com. cn/article/201011/201011040918296195. html.

③ 田汉族，杨柳．教育消费者、学校和政府之间的博弈［J］．中国教育学刊，2009（3）：14-17.

④ 高华庚，孙若男．沈阳：近七成民众反对“择校费”［EB/OL］．（2010-11-25）［2010-12-21］．http：//edu. china. com. cn/2010-11/04/content_ 21271482. htm.

⑤ 中国网．重庆小学择校费上涨，海口违规收“择校费”超亿元［EB/OL］．（2010-11-04）［2010-12-25］．http：//www. china. com. cn/education/2010-11/04/content_ 21272489. htm.

科技大学附属小学长期违规收取择校费招致公愤①，人们进一步指出，既然收取“择校费”是不合理的教育现象，为何还要允许其存在三五年？同时，多数人对教育部消除择校的时间表持悲观态度，认为择校涉及教育投入、城乡教育差别、校际差别等诸多社会因素，非三五年之内能够消除；择校涉及地方政府与学校利益，“上有政策，下有对策”，空挂户口、借读、公办学校举办校中校、校外校等各种隐形择校屡禁不止；甚至有专家认为，择校实为择师，未来20年难消除。②

二、促进“高中教育多样化”发展

高中阶段是学生人生观、世界观、价值观形成的最重要时期，学生的爱好、对专业的兴趣也都是在高中阶段建立起来的。《规划纲要》高度肯定了高中阶段教育的价值，明确指出“高中阶段教育是学生个性形成、自主发展的关键时期，对提高国民素质和培养创新人才具有特殊意义”。为此，要“加快普及高中阶段教育”。我国高中阶段教育的发展目标是：2012年，全国高中阶段教育毛入学率达85%左右，东部发达地区达到90%以上，中部地区达到85%以上，西部地区达到80%以上；2020年，全国高中阶段教育毛入学率达到90%以上，实现基本普及高中阶段教育目标，高中阶段教育毛入学率东部地区达到95%以上，中部地区达到90%以上，西部地区达到85%以上；保持普通高中与中等职业教育规模大体相当。到2020年，满足初中毕业生接

---

① 2003年6月，西安电子科技大学附属小学对外单位50名学生收取1万元或1.2万元“建校赞助费”，被教育局稽查队抓个正着，责令该校停止乱收费，将已收费用彻底清退，并由校长和相关责任人写出书面检查（羽桐．西安电子科技大学附小乱收费当场被查［N］．华商报，2003-06-05.）。2010年11月，陕西省政府办公厅公布，在2010年秋季招生中，西安电子科技大学附属小学收取择校赞助费1045.74万元，省有关部门做出免去该校校长职务、清退违规收取的所有费用的处理（王乐文．西安电子科技大学附小教育收费调查处理情况［N］．人民日报，2010-11-30.）。

② 肖笛．教授称择校实为择师，未来20年难消除［EB/OL］．（2010-11-29）［2010-12-21］．http：//finance.sina.com.cn/roll/20101129/16139026481.shtml.

受高中阶段教育需求。①

在新形势下，高中教育的目的不能只是为大学输送人才而是应该承担自然的育人功能，学校变革与发展应从资源推进转向内涵的全面提升，在这种转变中，“就普通高中自身的发展来说，我们更应该关注高中教育多样化的问题，只有实现高中教育多样化，才能使每一个学生在发展过程中体现个性和特色”②。因此，《规划纲要》指出，要“推动普通高中多样化发展。促进办学体制多样化，扩大优质资源。推进培养模式多样化，满足不同潜质学生的发展需要。探索发现和培养创新人才的途径。鼓励普通高中办出特色”。

要促进高中多样化发展，首先需要从办学体制机制改革入手，从根本上改变以单一升学考试为特征的高中教育办学模式，应进一步明晰政府作为普通高中教育办学主体的地位；促进管办评分离，构建“政府—中介组织（专业机构）—学校”管理链，提高高中教育办学效能；鼓励和支持社会力量参与高中教育办学；应探索不同类型、不同特色的新型高中办学形式，深化高中教育课程改革，丰富教育内容的选择性；应促进普通高中与高等学校合作，促进普通高中与高等院校之间建立有效的沟通协调机制、联合育人机制。应促进普通教育与职业教育的融合，深化综合高中改革。应进一步深化高等院校招生考试改革，建立适应人才多样化发展的评价机制。③

三、深化基础教育课程改革

我国基础教育课程改革始于21世纪初。1999年召开的第三次全国教育工作会议和2001年召开的全国基础教育工作会议先后提出转变人才培养模式、建立新的基础教育课程体系的建设任务。2001年，在党

---

① 第三战略专题调研组，王湛，董奇．基础教育发展战略研究［J］．教育研究，2010（7）：15-19.

② 申继亮．关于我国普通高中教育发展的思考［J］．教育发展研究，2010（6）：44-46.

③ 范国睿．促进高中教育多样化发展［J］．教育发展研究，2010（24）：5.

中央、国务院的领导下，教育部颁发了《基础教育课程改革纲要（试行）》等一系列政策文件，启动了新一轮基础教育课程改革。基础教育课程改革促进了先进教育理念的传播，带动了基础教育的整体变革，取得了明显成效，如基本建立了有中国特色的、更加符合时代要求的新课程体系，人才培养模式改革得以积极推进，注重学生成长过程和全面发展的评价体系正在形成，广大教师的教育观念和教学行为正发生积极变化等。但是，基础教育课程改革也面临严峻挑战，各地区课程改革的推进不平衡，一些地方和学校对课程改革的重要性与必要性认识不到位，一些学校的办学条件、教师队伍建设状况、课程资源、专业支持力量等条件难以保障课程改革的有效实施，与课程改革相适应的考试评价、管理制度不配套，与课程改革相关的教师培训与教研活动缺乏实效性，等等。

2010 年 6 月，《教育部关于深化基础教育课程改革进一步推进素质教育的意见》重申，深化课程改革是提高国民素质、建设创新型国家和人力资源强国的战略举措，是落实科学发展观的具体体现，是推进教育现代化的重要内容，对于确保每一个孩子接受高质量教育、促进教育公平具有重要而深远的意义。意见进一步明确了深化基础教育课程改革面临的七大任务：进一步完善基础教育课程体系，切实减轻学生过重的课业负担；全面落实基础教育课程方案；大力进行教学改革；健全和完善考试评价制度；全面提升教师队伍实施新课程的能力；进一步加强教材使用管理；大力推进农村地区的课程改革。

《教育部关于深化基础教育课程改革进一步推进素质教育的意见》还要求，加强基础教育课程改革保障机制建设，主要包括加强组织管理和统筹规划，把深化课程改革、推进素质教育作为基础教育的中心工作摆在突出位置，整体规划深化课程改革的目标和进程；积极协调各部门，共同研究制定深化课程改革的政策措施，统筹课程改革、教师培养培训、高校招生考试制度改革等相关工作，增强各项工作的协调性。把推进课程改革、提高教育质量作为“以县为主”管理体制的重要内容，作为评价地方各级教育行政部门和学校工作的重要指标；

健全服务支撑体系，建立激励机制和强化条件保障，加大对课程改革的经费投入，因地制宜地解决好教师编制、新增课程教师配备、职务聘任等问题，及时补充、更新专用教室、实验室和仪器设备等，加强通用技术课程所需设施、设备建设，为课程改革的深入推进提供条件保障。

《规划纲要》进一步将课程改革的实施与高中生的“全面而有个性的发展”联系起来，指出，在高中阶段要“深入推进课程改革，全面落实课程方案，保证学生全面完成国家规定的文理等各门课程的学习。创造条件开设丰富多彩的选修课，为学生提供更多选择”，从而“全面提高普通高中学生综合素质”，“促进学生全面而有个性的发展”。

四、建立教育质量评估和监测制度

近年来，为了进一步提高基础教育质量，教育部先后于2006年、2007年在上海和北京成立了“教育部基础教育监测中心”和“教育部基础教育质量监测中心”。“教育部基础教育监测中心”依托上海市教育科学研究院，负责监测全国及各地区基础教育进展、进行全国基础教育数据与信息库建设、推进国外基础教育信息系统与数据库建设、组织基础教育发展与监测重大课题研究以及相关的研讨、交流与培训活动。“教育部基础教育质量监测中心”依托北京师范大学，负责对基础教育阶段学生的学习质量和身心健康状况以及影响学生发展的相关因素进行全面、系统、深入的监测，准确地向国家报告基础教育质量的现状，为教育决策提供信息、依据和建议，同时，指导各地开展基础教育质量监测工作，推动全国基础教育质量监测网络的逐步建立。2010年，《规划纲要》就提高义务教育质量问题特别提出了“建立国家义务教育质量基本标准和监测制度”的建议，在此后的《国务院办公厅关于开展国家教育体制改革试点的通知》中，在“推进素质教育，切实减轻中小学生课业负担”改革任务中，将北京市、天津市、上海市、安徽省、湖北省、海南省、重庆市、云南省部分市州、甘肃省、宁夏回族自治区部分市县作为研究制定义务教育质量督导评价标准、改革义务教育教学质量综合评价办法、建立中小学教育质量监测评估机制、探索地方政府履行教育职责的评价办法的试点地区。

在教育质量评估和监测方面，上海领先于全国其他地区。早在2009年9月，上海市教育委员会办公室就下达了《上海市教育委员会办公室关于成立上海市教育委员会基础教育质量监测中心的通知》，成立“上海市教育委员会基础教育质量监测中心”，挂靠上海市教育委员会教学研究室，负责拟订上海市基础教育质量标准、研究开发上海市基础教育质量监测工具、具体实施上海市基础教育质量监测工作，同时为各区县开展基础教育质量监测工作提供技术支持和业务指导。

此外，上海积累了参与国际学生学业质量监测的有益经验。2009年，上海代表中国，严格按照经济合作与发展组织国际学生评估项目（Program for International Student Assessment，PISA）的程序与规范，组织15岁学生参与2009年以阅读为主的评估，并取得了全球第一的好成绩。以PISA测试为契机，上海加紧研究科学有效的教育质量监测和评估体系。“PISA在评价理念、技术手段、操作方式上大大超越了传统评价项目，不仅为公众了解学生学科能力提供了独特的视角，同时也为国家教育政策的制定和调整提供了科学、有效的依据。我国基础教育正处于从‘量’的扩张转向‘质’的提高阶段，建构科学有效的教育质量监测体系势在必行。探讨并合理借鉴PISA的评价技术与方法对我国基础教育质量监测体系的科学建构有着重要的现实意义。”①

---

① 孔祥娟. PISA测试对构建我国基础教育质量检测体系的启示［J］. 课程与教学，2009（7）：34-36.

第四节　以提升职业服务能力为核心发展职业教育

2010年的职业教育政策重心是构建现代职业教育体系，增强职业教育服务经济社会的能力，制定中等职业学校管理规程和设置标准，建立中等职业学校科学管理制度，扩大办学自主权，丰富自主招生的方式，扩大城市家庭经济困难学生资助范围，提高国家助学金、免学费补助资金的政策实效。

一、构建符合终身教育理念的现代职业教育体系

为了满足国家经济建设特别是产业结构转型对大量技能型人才的需要，以制定《规划纲要》为契机，结合国家"十二五"规划制定，国家和各地方制定了诸多综合的和专项的职业教育规划与具体行动计划，为我们描绘了符合终身教育理念的现代职业教育发展蓝图及实现路径。

《规划纲要》指出，"发展职业教育是推动经济发展、促进就业、改善民生、解决'三农'问题的重要途径，是缓解劳动力供求结构矛盾的关键环节"，因此，必须把职业教育置于前所未有的重要位置，提出"大力发展职业教育"。职业教育改革发展的基本思路是面向人人、面向社会，着力培养学生的职业道德、职业技能、就业创业能力和综合职业素养。职业教育发展的总体目标是：到2020年，我国中等和高等职业教育在校生分别达到2350万人和1480万人，"形成适应发展方式转变和经济结构调整要求、体现终身教育理念、中等和高等职业教育协调发展的现代职业教育体系，满足人民群众接受职业教育的需求，满足经济社会对高素质劳动者和技能型人才的需要"。《规划纲要》具体描绘了"适应经济发展方式转变和产业结构调整要求、体现终身教

育理念、中等和高等职业教育协调发展的现代职业教育体系”的基本架构：“学历教育和非学历教育协调发展，职业教育和普通教育相互沟通，职前教育和职后教育有效衔接”，“坚持学校教育与职业培训并举，全日制与非全日制并重”。“鼓励有条件的普通高中根据需要适当增加职业教育的教学内容”，“采取多种方式，为在校生和未升学毕业生提供职业教育”，“鼓励毕业生在职继续学习，完善职业学校毕业生直接升学制度，拓宽毕业生继续学习渠道”。

《规划纲要》对今后我国职业教育发展做了战略部署，提出了以履行政府责任和提高质量为重点，“大力发展职业教育”“调动行业企业的积极性”“加快发展面向农村的职业教育”以及“增强职业教育吸引力”四项重大任务，同时将“职业教育基础能力建设工程”“职业教育办学模式改革试点”等列为国家“重大项目和改革试点”。在2010年12月启动的国家教育体制改革试点中，设立了“改革职业教育办学模式，构建现代职业教育体系”“职业教育综合改革试点”等两项职业教育改革试点项目，项目实施范围遍及天津、广东、河南等多个省市。

编制并落实“中等职业教育改革创新行动计划”是教育部职业教育与成人教育司2010年度工作的重点之一。[①] 教育部11月27日印发的《中等职业教育改革创新行动计划（2010—2012年）》提出，要“构建中等职业学校学生成长发展的立交桥”，“完善体制机制，促进中等职业教育与高等职业教育、继续教育的沟通与衔接，逐步形成体现终身教育思想的有中国特色的人才培养立交桥。通过先行试点，加快建立健全职业教育课程衔接体系，完善职业学校毕业生直接升学制度，拓宽毕业生继续学习通道，扩大中等职业学校毕业生升入高等职业学校继续学习的比例；鼓励毕业生在职继续学习，对已经参加工作的毕业生进入高一级学校学习，推动建立将其工作经历和业绩作为优先录

---

① 教育部职业教育与成人教育司．关于印发《教育部职业教育与成人教育司2010年工作要点》的通知［EB/OL］．（2010-02-24）［2010-12-08］．http：//www.jyb.cn/info/jyzck/201002/t20100224_341844.html.

取条件的制度”。按照“保证规模、调整结构、加强管理、提高质量”的基本思路，通过人才培养体制机制的改革创新，到2012年，“中等职业教育服务国计民生的能力显著增强”，明确“中等职业教育支撑产业建设能力提升计划”“教产合作与校企一体合作办学推进计划”等10个分计划、30个项目（表2.4）的工作目标、具体任务、路线图、时间表和责任分工等。

表2.4　中等职业教育改革创新行动计划及子项目（2010—2012年）

中等职业教育支撑产业建设能力提升计划	1	支持国家中等职业教育改革发展示范学校建设
	2	支持国家中等职业教育优质特色学校建设
	3	继续支持中等职业教育实训基地建设
教产合作与校企一体办学推进计划	4	建立教育与产业对话协作机制
	5	着力推进中等职业教育校企一体办学
	6	完善中等职业学校学生就业服务体系
中等职业教育资源整合与东西合作推进计划	7	积极推进东西部中等职业学校合作办学
	8	加快推进西部民族地区中等职业教育发展
	9	扶持中等职业教育民族特色学校建设
	10	深入推进国家职业教育改革试验区建设
中等职业教育支撑现代农业及新农村建设能力提升计划	11	加快推进农村、农业职业教育发展
	12	加强新型农民职业技能培训工作
中等职业学校科学管理能力建设计划	13	提升中等职业学校科学管理能力
	14	加强中等职业学校德育工作和校园文化建设
校长能力和“双师型”教师队伍建设计划	15	健全教师队伍基本管理制度和政策机制
	16	实施中等职业学校教师素质提高计划
	17	开展中等职业学校校长专题培训
	18	开展中等职业教育行政领导者专题研讨
中等职业学校专业与课程体系改革创新计划	19	开展中等职业学校专业规范化建设
	20	开展面向区域产业的专业改革试点
	21	推进中等职业学校课程改革
	22	推进中等职业学校教材创新

续 表

中等职业教育信息化能力提升计划	23	建设中等职业教育网络学习平台
	24	建设中国职业教育数字化信息资源公共服务体系
中等职业教育宏观政策与制度建设计划	25	落实《职业教育法》，制定和实施配套政策
	26	建立健全中等职业教育政策制度执行机制
	27	构建中等职业学校学生成长发展的立交桥
	28	加强职业教育国际交流与合作
成人职业教育培训推进计划	29	组织实施社区教育推进计划
	30	加强成人职业教育培训服务能力建设

2010年8月，人力资源和社会保障部印发《关于大力推进技工院校改革发展的意见》，这是继2000年推动技工学校调整改革后，我国首个关于技工院校改革发展的总体部署性文件。计划到“十二五”末，全国技工院校学历教育在校生规模达到500万人，毕业生就业率保持在96%以上，面向社会开展各类职业技能培训年均达到800万人次，并建成一批示范性技师、技工院校以及示范性公共实训基地。该政策还针对当前技工院校中的突出问题，提出强化师资队伍建设、增设技工院校正高级教师职称、提高毕业生待遇、试点高技能人才专业职称评定、探索考录优秀技工为公务员等措施。

二、深化职业教育管理体制机制改革

职业教育的发展，客观上要求与之相匹配的教育管理体制改革，这涉及办学标准的设定、专业目录调整、招生制度改革、学分制与弹性学制改革、中高职连读以及职业教育与普通教育的沟通衔接等问题。

（一）设置中等职业学校办学标准

2001年，教育部曾制定《中等职业学校设置标准（试行）》。为进一步规范中等职业学校的办学设置，保证教育质量，提高办学效益，2010年7月6日，教育部颁布《中等职业学校设置标准》，要求中等职业教育“学校学历教育在校生数应在1200人以上”，“专任教师一般不少于60人，师生比达到1∶20，专任教师学历应达到国家有关规定。专任教师中，具有高级专业技术职务人数不低于20%”，“专业教师数应不低于本校专任教师数的50%，其中双师型教师不低于30%。每个专业至少应配备具有相关专业中级以上专业技术职务的专任教师2人”，“聘请有实践经验的兼职教师应占本校专任教师总数的20%左右”。该标准还具体规定了中等职业学校“应有与办学规模和专业设置相适应的校园、校舍和设施”，“本标准为设置中等职业学校的基本标准，是教育行政部门审批、检查、评估、督导中等职业学校的基本依据”。

（二）中等职业学校专业目录修订与专业设置管理

《规划纲要》明确提出，要“扩大中等职业学校专业设置自主权”，促使“专业设置与经济社会发展需求相适应”。为此，2010年3月和9月，教育部先后制定了《中等职业学校专业目录（2010年修订）》和《中等职业学校专业设置管理办法（试行）》等，以进一步优化专业结构、推进专业建设规范化，推动中等职业教育深化教学改革，使中等职业教育主动服务于经济和社会。

为推动中等职业教育改革创新，支撑产业建设，服务经济社会发展，促进中等职业教育专业设置与职业岗位需求相吻合，指导中等职业学校科学合理地设置专业，从2007年6月开始，教育部组织力量对2000年颁布的《中等职业学校专业目录》进行修订。2010年3月，教育部发布《中等职业学校专业目录（2010年修订）》（以下简称新《目录》）。在目录结构上，将原《目录》中的“专门化方向”修订为“专业（技能）方向”，新增“对应职业（岗位）”“职业资格证书举例”“继续学习专业举例”三项内容，明确了专业与职业岗位、职业标准和继续学习方向的关系；专业类由原来的13个增加到19个，新增“休闲保健”和“教育”2个专业类，对其他专业类进行了更名、合并或拆分等调整；专业数由原来的270个增加到321个。修订后的新《目录》具有三大特点。（1）服务经济，对接产业。根据三大产业分类进行专业划分，根据国家产业发展规划的要求，增加现代农业、先进制造业、现代服务业、民族传统文化产业专业中的相关系列专业。（2）服务就业，对接职业。专业与专业培养方向和职业岗位的对应关系更为明确、具体。（3）服务终身发展，关注继续学习。增设了“继续学习专业举例”，对应相关专业，为学生今后的继续学习与可持续发展提供参考。

为了指导新《目录》的实施，进一步扩大中等职业学校专业设置自主权，规范和完善中等职业学校专业设置管理，引导中等职业学校依法自主设置专业，2010年9月，《教育部办公厅关于印发〈中等职业学校专业设置管理办法（试行）〉的通知》颁布，其中指出，“中等职业学校专业设置要以科学发展观为指导，坚持以服务为宗旨，以就业为导向，适应经济社会发展、科技进步，特别是经济发展方式转变和产业结构调整升级的需要，适应各地、各行业对生产、服务一线高素质劳动者和技能型人才培养的需要，适应学生职业生涯发展的需要”。中等职业学校可以《中等职业学校专业目录》为基本依据，“自主开设、调整和停办专业”，“国家鼓励中等职业学校设置符合国家重点产业、新兴产业和区域支柱产业、特色产业的发展需求以及就业前景良好的专业”，同时规定，“中等职业学校开设医药卫生、公安司法、教育类等国家控制专业，应严格审查其办学资质。开设‘保安’‘学前教育’专业以及‘农村医学’‘中医’等医学类专业，应当符合相关行业主管部门规定的相关条件，报省级教育行政部门备案后开设”。《中等职业学校专业设置管理办法（试行）》进一步明确了专业设置的权限和管理职责，规范了专业设置基本条件和要求，强调了行业企业在专业建设中的重要作用，推动了各地建立和完善专业设置审议的组织机构和程序办法，加强了专业设置的监督与检查。同时，教育部将通过建立中等职业学校专业动态调整机制、职业学校与行业企业定期对话机制，推动中等职业学校专业设置与调整科学化、制度化、规范化和常态化。

（三）深化中高职招生制度改革

近年来，中等职业学校招生工作一直是职业教育改革的重中之重，但政策目标略有变化。2008、2009 两年的招生任务是“进一步扩大中等职业学校招生规模”，从 820 万人增长到 860 万人；2010 年，除控制总体规模，“保证中等职业学校招生规模”外①，要求完成 830 万人招生任务，并且制订了分省中等职业学校指导性招生计划②，《规划纲要》要求我国中等教育结构改革调整“总体保持普通高中和中等职业学校招生规模大体相当”。为了做好 2010 年技工学校招生工作，2010 年 4 月，人力资源和社会保障部办公厅与教育部办公厅联合下发《关于做好 2010 年技工学校招生有关工作的通知》，要求地方人力资源社会保障部门配合教育部门统一部署中等职业学校招生工作，将技工学校和普通中专、成人中专、职业高中纳入统一的招生计划。

为切实推进高等院校招生制度改革，落实学校办学自主权，支持高等职业教育发展，2007 年，江苏、浙江、湖南、广东 4 省共 8 所高职示范院校作为改革试点开始单独招生。此后，试点院校不断扩大，试点专业不断增多。2010 年 3 月，为“积极探索引导高中毕业生向优质高等职业院校合理分流，提高高等职业教育的生源质量和办学水平，进一步完善具有中国特色的高等职业教育体系和高等教育多样化选拔录取机制，在全社会营造大力发展职业教育的氛围，更好地为区域经济和社会发展服务”，教育部将单独招生试点工作进一步推广到全国 73 所高职院校③，“各试点校可单独或联合组织文化考试，也可结合高中

① 教育部职业教育与成人教育司．关于印发《教育部职业教育与成人教育司 2010 年工作要点》的通知［EB/OL］．（2010-02-24）［2010-12-08］．http：//www.jyb.cn/info/jyzck/201002/t20100224_341844.html.

② 教育部．教育部关于做好 2010 年中等职业学校招生工作的通知［EB/OL］．（2010-04-13）［2010-11-28］．http：//www.moe.edu.cn/publicfiles/business/htmlfiles/moe/moe_951/201007/92043.html.

③ 教育部高校学生司．关于 2010 年部分高等职业院校开展单独招生改革试点工作的通知［R］．2010-03-22.

学业水平考试成绩，组织以职业技能测试为重点的相关考核”。2010年7月，教育部和财政部的文件进一步肯定了这种招考办法，“支持骨干高职院校开展高职单独招生考试制度改革试点，探索‘知识+技能’‘高中学业水平考试+职业倾向测试’等多样化选拔录取机制”①。由此，单独招生试点学校在命题、考试以及录取方面都获得了较大的自主权。各地区根据自身办学实际，积极探索招生考试办法，如上海通过多种方式考查学生数学基础、生活英语、生涯规划等10方面能力，浙江采用“校考单录”和“校考加高考”双模式，河北、天津将高中阶段学业水平考试引入单独招生，成绩达到学校划定合格线后，再以专业考试成绩作为主要录取依据。

注册入学制度是指在特定的教育领域或学校，具备一定资格的学生，在申请入学时免试直接注册学习的制度。注册入学是我国中等和高等职业院校招生制度的重大改革，是落实《规划纲要》提出的“职业学校毕业生直接升学制度”的有益探索。上海、江苏、浙江、广东、安徽、山东、山西、河南、四川、重庆等地已经或准备试行中等职业学校或民办高等职业学院“注册入学”招生制度。江苏省在《江苏省中长期教育改革和发展规划纲要（2010—2020年）》中明确提出中等职业学校和高职院校实行自主招生或建立注册入学制度，并决定2011年试行中职毕业生直接注册入学；天津市规定各中等职业学校可招收天津市户籍的往届初中、高中毕业生，以及外省市应届、往届的初中和高中毕业生，愿意就读的学生可以直接前往本市中等职业学校报名，但“三二分段中职接高职”办学模式不得招收注册生；陕西省中职招收应届、往届高中毕业生可以直接注册入学；山东省规定普通中专可招收往届初中、高中毕业生或同等学力者，实行注册入学。

为引导和激励中职院校培养学生专业技能，提高高职院校学生生源质量，促进技能型人才的发展，国家鼓励各高职院校以多种方式考

---

① 教育部，财政部．关于进一步推进“国家示范性高等职业院校建设计划”实施工作的通知［R］．2010-07-26.

查考生职业技能，选拔技能型人才。江苏省在2010年高职对口单独招生考试中，直接认定省技能大赛参赛选手的获奖等级为相应专业技能成绩，考生可根据获奖等级直接进入省属院校志愿本专科专业学习，或同等条件下优先录取。[①] 山东省规定参加全国职业院校技能大赛获得三等奖以上及全省职业院校技能大赛获得二等奖以上奖项的中等职业学校选手，可免当年的省高职对口招生考试，进入本省具有单独招生资格的高职院校对口专业（专科）学习。[②]

（四）中等职业教育学制与学分制改革

2004年，教育部曾下发《教育部关于在职业学校逐步推行学分制的若干意见》，要求各职业学校根据学校情况，逐步推行学分制。针对职业教育办学模式改革，《规划纲要》提出要“建立学习成果认证体系，建立‘学分银行’制度等”，实行“弹性学制”。人力资源和社会保障部《关于大力推进技工院校改革发展的意见》提出，技工院校“实行弹性学制和学分制”，“结合教学改革实际，采取灵活的弹性学制，实行学分制。要科学划定学分，制定实施方案，建立工作机制，加强质量监控。要建立和完善适合学分制的教学质量评价体系和考核制度，学生累计学分达到规定要求的，可提前毕业。开展企业职工在职培训可采取弹性学制，企业职工利用业余时间分阶段完成学业，累计学分达到规定要求的，可取得相应的技工院校毕业证书”。2010年9月，教育部下发《关于对〈关于加强中等职业学历教育管理的若干意见（征求意见稿）〉征求意见的函》，建议中等职业学校逐步推行学分制。“实行学分制的学校，一般16—18学时为1个学分，全日制和非全日制总学分不得少于170分”，全日制中等职业学历教育，主要招收初中毕业生或具有同等学力者，基本学制以3年为主；招收普通高中毕业生或同等学力者，基本学制以1年为主；职业准入条件对学习

---

① 黄屹．中职往届毕业生可以报名考大学［N］．常州晚报，2009-12-11（A2）．

② 杨凡，李晓晨．我省出台政策激励中职学生练技能，身有绝活可免试升高职［N］．齐鲁晚报，2010-04-13．

时间有特殊要求的，按相关要求设置。对实行学分制的学生，允许其在基本学制的基础上提前或推迟毕业，提前毕业一般不超过 1 年，推迟毕业一般不超过 3 年。到 2010 年，上海市 80%的中等职业学校实施了学分制或学年学分制，支持学生根据社会需要、个人兴趣和条件，跨学校、跨专业选择课程和学习方式，并将进一步完善中职弹性学习制度、改革中职学籍管理制度等，为学生特别是农民工子女和成人学生半工半读、工学交替，分阶段完成学业和顺利就业创造条件。从 2011 年起，北京市将在部分学校试行职业教育分级制度，将职业教育培养体系设置为 1 级至 5+级，共六个级别，其中 1 级和 2 级大致相当于目前的中等职业教育；3 级和 4 级相当于目前的高等职业教育或大学专科教育；5 级相当于目前的大学本科教育；5+级则相当于目前的研究生教育。

（五）中高职连读与职普衔接

2010 年，教育部副部长鲁昕表示，要加快构建人才成长“立交桥”，提高中职对口升高职的比例，“职业学校同样能出科学家，读了中职，一样能读硕士”。① 中高职连读，成为全国各地许多职业院校探索职业教育办学模式的新尝试。如：天津探索“三二分段中职接高职”办学模式；广西开展高等教育自学考试专科与中等职业教育衔接试点；四川省成都市拟试点中高职一体化培养新模式，采取初中毕业生进入中职学校的“中高职衔接班”或中职学生对口升入高职院校的方式，逐步构筑起“中职—高职—本科”职业教育体系；上海开展“中高职教育贯通培养模式”试点工作，初中生参加中考之后进入中职学校，经过中职和高职的贯通培养，以高职文凭毕业，同时积极探索建构高职专科教育与技术型本科教育、专业学位研究生教育之间“立交桥”的方案。2010 年，国务委员刘延东指出，“构建职业教育与其他教育沟通衔接的终身教育‘立交桥’，为学生在人生不同阶段继续深造提供更

① 姚晓丹．中等职业学校 2010 年计划招生 830 万人［N］．光明日报，2010-03-26（5）．

多选择机会"①。在河北省石家庄市，普通中学可与职业院校结成互助对子，在骨干（特色）专业实验、实训场地、图书馆（室）、课程、教师等方面实现资源共享，也为初中毕业生直接免费升入中职提供便利。②

三、扩大中职教育资助范围，促进教育公平

《规划纲要》明确规定，要"完善中等职业学校、普通本科高校和高等职业学校家庭经济困难学生进行资助政策体系"，这成为我国未来十年非义务教育学生资助的长期政策。为了进一步增强职业教育的吸引力，推进教育公平，2010年，国家加大对职业教育的资金支持力度，主要体现在扩大中职免学费政策覆盖范围，提高国家助学金标准，并加强资助经费管理。

作为对家庭经济困难学生进行资助的一项重要举措，《规划纲要》提出，要"逐步实行中等职业教育免费制度，完善家庭经济困难学生资助政策"，并将"免除中等职业教育家庭经济困难学生和涉农专业学生学费"作为近期准备实施的"家庭经济困难学生资助"项目的重要内容。2010年9月，财政部、国家发展和改革委员会、教育部、人力资源和社会保障部联合发布《关于扩大中等职业学校免学费政策覆盖范围的通知》，要求"扩大中等职业学校免学费政策覆盖范围"，"将中等职业学校城市家庭经济困难学生纳入免学费政策范围"，"从2010年秋季学期起，对公办中等职业学校全日制正式学籍一、二、三年级在校生中城市家庭经济困难学生免除学费（艺术类相关表演专业学生除外）"，其中，西部地区按在校城市学生人数的15%确定享受免学费

① 张建新．刘延东在天津调研时强调以落实国家中长期教育改革和发展规划纲要为契机，推动职业教育科学发展［EB/OL］.（2010-06-28）［2010-11-30］. http：//www.gov.cn/ldhd/2010-06/28/content_ 1639892. htm.

② 河北省石家庄市教育局．石家庄市教育局关于印发开展普职融通共促发展活动实施方案（试行）的通知（石教〔2010〕102号）［EB/OL］.（2010-05-31）［2010-11-25］. http：//121. 28. 35. 251/content. jsp？code＝00022467X/2010-00249&name＝.

政策的城市家庭经济困难学生人数；中部地区按在校城市学生人数的10%确定；东部地区按在校城市学生人数的5%确定。受助学生人数由2009年的426万人增至440万人，约占中等职业学校全日制在校生总数的22%，免学费金额约88亿元，其中中央财政投入43.2亿元。[①] 2010年9月国务院常务会议决定：从2010年秋季学期起，将普通高等学校国家助学金平均资助标准从原来的年生均2000元提高到3000元，惠及430万名家庭经济困难学生，占在校生总数的20%。[②]

然而，在中职学生资助工作的实际运作过程中，却出现将未完成九年义务教育的初中在校学生注册为中职学生、将普通高中在校学生注册为中职学生（“双重学籍”）、同一学校将同一学生向教育部门与人力资源和社会保障部门同时申报“双重学籍”、不按规定及时注销流失学生学籍、将短期培训与非全日制等教学形式的学生以全日制学生申报等多种形式，套取、重复领取国家助学金的情况。[③] 因此，国家在加大对职业教育财政支持力度，尤其是提高对中职生的投入和资助的同时，必须加强财政经费管理，提高资金的使用效果。教育部等有关部委制定《中等职业学校免学费补助资金管理暂行办法》《中等职业学校学生学籍管理办法》《关于全面推行中职学生资助卡加强中职国家助学金发放监管工作的通知》《关于严禁虚报学生人数骗取中等职业学校国家助学金、免学费补助资金的通知》等专门文件[④]，通过规定免学费

---

① 全国学生资助管理中心 . 2010年我国家庭经济困难学生资助成效显著［EB/OL］.（2011-03-01）［2010-11-09］. http：//www. moe. edu. cn/publicfiles/business/htmlfiles/moe/s5165/201103/115412. html.

② 中国新闻网. 普通高校国家助学金资助标准今秋上调至3000元［EB/OL］.（2010-09-26）［2010-12-26］. http：//news. xinhuanet. com/2010-09/26/c_ 13530668. htm.

③ 蒋夫尔 . 专家提出六种途径预防中职学校助学金被冒领［N］. 中国教育报，2010-10-09（2）.

④ 2010年1月28日，财政部、教育部、人力资源社会保障部印发了《中等职业学校免学费补助资金管理暂行办法》；2010年5月13日，教育部印发《中等职业学校学生学籍管理办法》；2010年9月27日，中国人民银行、财政部、教育部、人力资源和社会保障部联合下发了《关于全面推行中职学生资助卡加强中职国家助学金发放监管工作的通知》；2010年12月5日，教育部、财政部、人力资源社会和保障部、审计署联合下发《关于严禁虚报学生人数骗取中等职业学校国家助学金、免学费补助资金的通知》。

补助资金管理、严格学籍管理、推行中职卡（中职卡项目在2010年秋季入学新生中开始实施，实行“一人一卡、集中申领、当面发放、本人激活”制度）、组织专项检查等措施，加强对中等职业学校免学费补助资金发放工作的监管，防止骗取国家助学金等不法行为，维护受助学生根本利益，完善中职学生资助政策体系。

四、继续推进示范院校建设，发挥辐射引领作用

为落实《国务院关于大力发展职业教育的决定》精神，教育部、财政部于2006年启动实施了“国家示范性高等职业院校建设计划”，按照“地方为主、中央引导、突出重点、协调发展”的原则，遴选100所高职院校进行重点建设。《规划纲要》在“职业教育基础能力建设”重大项目中指出，要“支持一批中等职业教育改革示范校和优质特色校建设，支持高等职业教育示范校建设”，“支持一批示范性职业教育集团学校建设，促进优质资源开放共享”。《中等职业教育改革创新行动计划（2010—2012年）》提出要“着力建设优质中等职业教育资源，支持试验区、示范校和特色品牌建设，推动其资源开放共享。”为此，教育部、财政部于2010年7月下发《关于进一步推进“国家示范性高等职业院校建设计划”实施工作的通知》，决定继续推进“国家示范性高等职业院校建设计划”实施工作，并相继启动“国家示范性高等职业院校建设计划二期工程”和“中等职业教育改革发展示范学校建设计划”。确定了100所国家骨干高职院校立项建设单位和285个国家中等职业教育改革发展示范学校建设项目单位，发挥其在职业教育改革发展中的引领、骨干和辐射作用，以进一步促进职业教育提高服务经济社会发展的能力。在资金安排上将向国家重点发展的产业、战略性新兴产业、先进制造业，特别是装备制造业、现代服务业、现代农业等领域的学校和项目倾斜。在建设内容上重在强化内涵，创新体制机制，提升教育质量，原则上不支持基础设施建设。同时，公布了2010年度国家中等职业教育改革发展示范学校建设计划项目学校遴

选基本条件，对学校管理、基础条件、校企合作、教育教学、办学效益等方面都提出了明确要求。

第五节　着力培养拔尖创新人才，深化高等教育改革

《规划纲要》对未来十年的高等教育改革和发展进行了全面部署，在明确高等教育在我国社会主义现代化建设过程中所承担的“培养高级专门人才、发展科学技术文化、促进社会主义现代化建设”重大任务的基础上，将“提高教育质量”作为高等教育发展的核心任务，并且上升到“建设高等教育强国的基本要求”的高度上，提出了2020年我国高等教育的发展目标，即“到2020年，高等教育结构更加合理，特色更加鲜明，人才培养、科学研究和社会服务整体水平全面提升，建成一批国际知名、有特色、高水平的高等学校，若干所大学达到或接近世界一流大学水平，高等教育国际竞争力显著增强”。2020年前，我国高等教育将进入发展理念的战略性转变和全方位提升教育质量的新阶段。站在新的历史起点，中国高等教育将以全面提高质量为核心任务，更加注重提高人才培养质量、提升科学研究水平、增强社会服务能力，高等学校优化结构办出特色，更加重视培养模式创新和体制改革，从而开启我国从高等教育大国迈向高等教育强国的新征程。

一、大学的根本使命：培养拔尖创新人才

《规划纲要》把“提高人才培养质量”列为未来高等教育改革的重要任务，要求“牢固确立人才培养在高校工作中的中心地位，着力培养信念执着、品德优良、知识丰富、本领过硬的高素质专门人才和拔尖创新人才”，全面实施“高等学校本科教学质量与教学改革工程”，大力推进研究生培养机制改革，建立以科学与工程技术研究为主导的

导师责任制和导师项目资助制，实施“研究生教育创新计划”，不断提高研究生特别是博士生的培养质量。早在2009年，作为对“钱学森之问”的回应，教育部就联合中组部、财政部启动了“基础学科拔尖学生培养试验计划”（又称“珠峰计划”），以培养拔尖创新人才。在2010年12月开始实施的国家教育体制改革试点过程中，将“改革人才培养模式，提高高等教育人才培养质量”“改革高等教育管理方式，建设现代大学制度”以及“适应经济社会发展需求，改革高等学校办学模式”三大改革试点项目作为深化高等教育体制改革的突破口，北京大学、清华大学等国内17所部属高校将在数学、物理、化学、计算机、生物五个学科试点实施基础学科拔尖学生培养试验计划。

2010年12月16日，复旦大学公布了改革试点实施方案。复旦大学基础学科拔尖学生培养试验计划的总体目标是：在数、理、化、生几个基础学科开始实施“望道计划”，构筑“拔尖人才”培养平台，创新培养模式，努力使这些优秀学生成长为相关基础学科领域的领军人物，并逐步跻身国际一流科学家队伍。① 改革试点单位之一的南开大学将在数学、物理学、化学和生物学四个学科建立本科创新人才培养的实验“特区”和特殊管理平台，集中优势教学资源，突出学术个性培养，打造领军精英人才，发挥示范先导作用。② 统观各大高校的基础学科人才培养改革试点方案，虽然在具体措施上各有特色，但总的原则是营造一个良好的人才培养环境，提供最优质的资源和服务，最大限度地激发学生的主动性和创造性，全面提升学生的创新能力和创新素养。具体来说有如下特点：（1）学生遴选，注重考查学生的综合能力；（2）教师配备，安排高水平的专家学者来担任专业的导师和授课老师，聘请海外知名学者主持和参与教学；（3）培养模式，突出个性

---

① 复旦大学．复旦大学基础学科拔尖学生培养试验计划实施方案［EB/OL］．（2010-12-14）［2010-12-29］．http：//www. moe. gov. cn/publicfiles/business/htmlfiles/moe/s4934/201012/112870. html.

② 平扬．南开大学两项目被列国家教育改革试点，立足基础学科拔尖人才培养［EB/OL］．（2010-12-16）［2010-12-27］．http：//news. 163. com/10/1216/15/6O1M8SAI00014JB6. html.

化培养，培养学生的科研兴趣；（4）学术氛围，通过访问世界级科学家、举办高水平学术报告会等形式，营造浓厚的学术氛围；（5）制度创新，实行导师制和班级管理相结合的制度，制定灵活的课程选修、免修、缓修等制度；（6）条件支持，各种研究场所都向参与计划的学生开放；（7）国际合作，通过联合培养、暑期学校、短期考察等方式，鼓励学生利用国外的条件开展科学研究工作。①

除了基础学科拔尖创新人才的培养，应用学科拔尖人才尤其是工程人才的培养也备受关注。目前，我国设有工科专业的本科高校已达1000多所，占本科高校总数的90%，高等工程教育在校本科生达371万人、研究生47万人，我国已经成为名副其实的工程教育大国。② 然而，现行工程类专业人才培养的“科学化”趋势越来越凸显，重理论、轻实践，重课堂、轻课外，重精深、轻综合，重灌输、轻自学，所培养的毕业生难以适应社会各行各业的需求。③ 2010年6月，教育部启动“卓越工程师教育培养计划”（以下简称“卓越计划”），培养工程能力和工程意识强的精英工程型人才，截至目前，已有61所高校加入第一批试点，涉及19个专业类别，覆盖了3万多名大学生。未来10年，每年大约有10万名工科类本科生、6万名工程类研究生陆续成为该计划的培养对象。④ “卓越计划”的重点是增加工科学生的工程实践，要求工科学生必须至少有1年时间在企业参加实训，工科高校将有一定比例的课程由企业专家任教或在企业内学习。天津大学软件工程专业大四学生有8周（每周5天）的时间在IBM等公司工作。⑤ 上海交通

① 张大良．七项改革为高校培养拔尖创新人才护航［EB/OL］．（2010-03-02）［2010-11-29］．http：//www. jyb. cn/high/gdjyxw/201003/t20100302_ 343059. html.

② 杨晨光．造就一批高层次工程技术人才：教育部“卓越工程师教育培养计划”实施进展综述［N］．中国教育报，2011-01-02（2）．

③ 张安富，刘兴凤．实施“卓越工程师教育培养计划”的思考［J］．高等工程教育研究，2010（4）：56-59.

④ 姜泓冰．全国61所工科类高校将试点“卓越工程师计划”［N］．人民日报，2010-12-15（5）．

⑤ 陆洋，黄辛．高校“高招”让工程教育从学术化回归工程化［N］．科学时报，2010-12-17（A2）．

大学要求学生在本科阶段的4年中要有累计不少于半年时间在企业学习和实践，硕士阶段学生必须有1年以上时间在企业进行培养。[①]“卓越计划”改革的另一重点是人才培养的国际化指向。作为国内最早开始工程教育改革试点高校之一的同济大学承诺，100%的工程教育改革试点班学生在学期间将获得海外学习经历。[②]

二、扩大高校办学自主权，建立现代大学制度

改革开放以来，高校办学自主权问题一直是困扰高等教育改革与发展的难题[③]。《规划纲要》把“落实和扩大学校办学自主权”与“完善中国特色现代大学制度”设定为未来高等教育改革的重中之重，从落实和扩大学校办学自主权、完善高校内部管理体制等方面提出了重要的指导性思路，强调推进政校分开、管办分离，围绕政府宏观“管学”、学校自主“办学”进行制度创新。[④]“落实和扩大学校办学自主权”，重在理顺政府与大学之间的关系。《规划纲要》规定，“政府及其部门要树立服务意识，改进管理方式，完善监管机制，减少和规范对学校的行政审批事项，依法保障学校充分行使办学自主权和承担相应责任。”高等学校则要“按照国家法律法规和宏观政策，自主开展教学活动、科学研究、技术开发和社会服务，自主设置和调整学科、专

① 钱钰．上海交大六个专业启动卓越工程师教育培训计划［N］．新闻晚报，2010-12-09（A207）．

② 同济大学．同济大学构建国际化的教育大平台，培养具有世界眼光的卓越工程师［EB/OL］．（2010-01-04）［2010-11-29］．http：//www.moe.gov.cn/publicfiles/business/htmlfiles/moe/s165/201004/87070.html.

③ 1979年底，复旦大学校长苏步青、同济大学校长李国豪、上海师范大学（现华东师范大学）校长刘佛年、上海交通大学党委书记邓旭初在《人民日报》上发表文章，呼吁“给高等学校一点自主权”，这是我国教育界第一次真正提出高校办学自主权这个概念。1985年颁布的《中共中央关于教育体制改革的决定》就高等学校办学自主权问题提出“扩大高等学校的办学自主权，加强高等学校同生产、科研和社会其他各方面的联系”。1998年8月，《中华人民共和国高等教育法》规定了高等学校七个方面的自主权（第三十二至三十八条）。

④ 张力．完善中国特色现代大学制度的政策涵义［EB/OL］．（2010-12-18）［2010-12-28］．http：//edu.163.com/10/1218/08/6O646MSU00293I4V.html.

业，自主制定学校规划并组织实施，自主设置教学、科研、行政管理机构，自主确定内部收入分配，自主管理和使用人才，自主管理和使用学校财产和经费”。《规划纲要》将“完善治理结构”作为“完善中国特色现代大学制度”的核心，认为“公办高等学校要坚持和完善党委领导下的校长负责制。健全议事规则与决策程序，依法落实党委、校长职权。完善大学校长选拔任用办法。充分发挥学术委员会在学科建设、学术评价、学术发展中的重要作用。探索教授治学的有效途径，充分发挥教授在教学、学术研究和学校管理中的作用。加强教职工代表大会、学生代表大会建设，发挥群众团体的作用”。同时，要“加强章程建设。各类高校应依法制定章程，依照章程规定管理学校。尊重学术自由，营造宽松的学术环境。全面实行聘任制度和岗位管理制度。确立科学的考核评价和激励机制”。“探索建立高等学校理事会或董事会，健全社会支持和监督学校发展的长效机制”，“探索高等学校与行业、企业密切合作共建的模式，推进高等学校与科研院所、社会团体的资源共享，形成协调合作的有效机制”。推进专业评价，建立科学、规范的评估制度，鼓励专门机构和社会中介机构对高等学校学科、专业、课程等的水平和质量进行评估，探索与国际高水平教育评价机构的合作，形成中国特色学校评价模式。《规划纲要》系统阐述了“建设现代学校制度”，这在党中央和国务院发布的文件中还是第一次。

在2010年12月启动的国家教育体制改革试点项目中，北京市、黑龙江省、上海市、江苏省、浙江省、安徽省、湖北省、广东省以及云南省将成为“探索高等学校分类指导、分类管理的办法，落实高等学校办学自主权”的试点地区。与此同时，北京大学等26所高校将成为“推动建立健全大学章程，完善高等学校内部治理结构”项目的试点单位。

值得关注的是，2010年，南方科技大学成为中国高等教育办学体制改革的焦点。2006年，深圳倾“全市之力”，借鉴香港科技大学及国际办学的成功模式启动创办南方科技大学；2008年，又开国内大学校长“全球海选”之先河，聘任原中国科技大学校长朱清时为校长。

但是，因迟迟未获教育部招生许可，学校决定“边干边等”，启动自主招生计划。[①] 2010 年 12 月 15 日，南方科技大学在其官方网站上发布《2010 年南方科技大学教改实验班自主招生简章》，决定“自授南方科技大学学位和文凭”。此举被解读为南方科技大学对落实高校办学自主权、为建立现代大学制度探路的决心的表达。长期以来，政府与学校的关系一直困扰着高等教育管理体制的改革与发展。理论界关于政校关系的种种探讨，如转变政府职能，政府对高等教育的管理由控制转变为服务、由直接转变为间接、由微观管理转变为宏观调控[②]，赋予高等学校办学自主权，为学术研究和探索提供自由宽松的环境和氛围，充分发挥师生的主体性，科学有效地开展人才培养工作，切实提高人才培养质量，更好地为社会服务，似乎都代表着中国高等教育管理改革的方向。但是，一旦进入高等教育管理实践，改革就变得步履艰难。我们难以估计南方科技大学改革的成败，但是，无论成败，南方科技大学的改革注定会成为中国高等教育体制改革的一个标志性事件。我们更希望看到南方科技大学的改革成为我国扩大高校办学自主权、建设现代大学制度的一个成功案例。

三、自主创业缓解就业压力，大学创业教育任重道远

2008 年下半年爆发的全球性金融风暴对我国经济的不利影响还没有完全消除，与此同时，2010 年全国高校毕业生人数再创新高，达到 631 万人，比 2009 年增加了 20 万人，再加上往届没有就业的，需要就业的毕业生数量之大可想而知，就业形势不容乐观。教育部部长袁贵仁在 2010 年全国普通高校毕业生就业工作视频会议上直言：如果说 2009 年是我国经济最困难的一年，2010 年则可能是最复杂的一年，整

① 杨暄．高校改革试点与南科大的“等不起”［N］．人民日报，2010-12-21（9）．
② 沈加君．对落实大学办学自主权的理性思考［J］．江苏高教，2009（5）：51-52.

个宏观层面就业形势很严峻。[①]

在一职难求的困境下，促进大学生自主创业成为破解难题的政策选择。2010年5月5日，《教育部关于大力推进高等学校创新创业教育和大学生自主创业工作的意见》（以下简称《意见》）发布，要求省级教育行政部门积极协调配合有关部门，出台地方促进大学生自主创业的政策措施。同时，通过财政和社会两条渠道设立“高校毕业生创业资金”“天使基金”等资助项目，重点扶持大学生创业。为响应《意见》要求，各省市地区纷纷出台政策措施鼓励大学毕业生自主创业，帮助他们实现创业梦想，缓解就业压力。陕西省启动了大学生创业引领计划系列活动，力争到2012年实现大学生创业培训3万人，实施小额担保贷款扶持大学生创业8000人，引领1.5万名大学生实现创业。大学生创业引领计划还将建立50个信息化创业实训基地、高质量的创业孵化基地150个、各类创业园区800个，启动青年创业项目大赛。[②] 杭州为自主创业青年提供小额担保贷款和贴息，其中涉及科技成果转化、研发或文化创意类的项目，最高贷款额度可提高到20万元，给予全额贴息。[③]

《规划纲要》明确提出要“推进创业教育”。开展创业教育不仅是解决大学生就业困难的有效途径，也是学生谋求生存、促进自我发展、实现自身价值的需要，更是高等教育培养模式转变的新路径，是高等教育改革发展的必然要求。我国在2005年引入了“了解企业”（Know About Business，KAB）创业教育项目。截至目前，KAB创业教育项目已在全国近600所高校实施，已有341所高校开设了KAB创业基础课

---

① 教育部．教育部召开2010年全国普通高校毕业生就业工作会议［EB/OL］.（2009-11-20）［2010-11-29］. http：//www.moe.gov.cn/publicfiles/business/htmlfiles/moe/A15/200911/54627.html.

② 柯昌万．陕西筹建八百大学生创业园区［N］. 中国教育报，2010-10-09（1）.

③ 王丽，毛晓黎．杭州鼓励大学毕业生创业，免息贷款最高达20万［N］. 钱江晚报，2010-10-12（A03）.

程，56 所高校创设了 KAB 创业俱乐部，有 8 万余名学生参加了学习实践。[①] 虽然相比于发达国家，我国创业教育起步较晚，但是这种新型教育已经受到越来越多的关注和重视，如，北京市要求 2010 年各高校必须开设相关课程，对大学生进行创业教育，同时，鼓励和支持大学生参加创业培训，有条件的高校可举办大学生创业大赛等活动。[②] 2010 年 3 月 26 日，KAB 创业教育（中国）研究所在 KAB 年会上发布了《创业教育中国报告（2010）》。调查显示，“大学生 KAB 创业基础”等高校创业教育课程开展效果较好，得到了受教育者的认同。其中，92.23%参加过高校创业教育课程的学生同意或者非常同意“‘大学生 KAB 创业基础’等创业教育课程对创业很有帮助”这一观点。[③]

四、深化专业学位教育改革，着力培养应用型人才

长期以来，我国硕士研究生教育主要在培养从事教学科研的学术型人才。随着经济社会的快速发展、产业结构的调整以及经济发展方式的转变，社会对应用型研究生的需求大幅增加。为积极主动地适应变化，我国进行了研究生教育培养类型结构的重大调整，以推进应用型高层次人才的培养，消除高校人才供给与市场需求之间的结构性错位。近年来，我国加大了研究生人才培养类型结构的调整，着力培养应用型硕士，专业学位教育进入了改革发展的快车道。硕士专业学位研究生占硕士研究生的比例已从 2008 年的 6%提高到 2010 年的 25%，2011 年将达到 30%以上。[④]

2010 年 1 月 28 日，国务院学位委员会第二十七次会议审议通过了

---

① 梁杰．六百高校开展 KAB 创业教育，8 万学生参加学习实践［N］．中国教育报，2010-03-27（2）．

② 赵鹏．北京高校都将开设课程，对大学牛进行创业教育［N］．京华时报，2010-05-19（A07）．

③ 陶涛．《创业教育中国报告（2010）》首发［N］．中国青年报，2010-03-29（12）．

④ 唐景莉．全国专业学位研究生教育综合改革试点全面铺开［N］．中国教育报，2011-01-15（2）．

《硕士、博士专业学位研究生教育发展总体方案》（以下简称《总体方案》）和《硕士、博士专业学位设置和授权审核办法》（以下简称《审核办法》），这是我国专业学位研究生教育发展的纲领性文件，具有划时代的意义。2010 年，新增金融硕士、应用统计硕士、税务硕士、国际商务硕士、保险硕士、资产评估硕士、警务硕士、应用心理硕士、新闻与传播硕士、出版硕士、文物与博物馆硕士、城市规划硕士、林业硕士专业、护理硕士专业、药学硕士、中药学硕士、旅游管理硕士、图书情报硕士以及工程管理硕士等 19 种专业学位类别，加上 2009 年以前设置的专业学位类别，目前我国专业学位类别已达 38 种，涉及 8 个学科门类。其中，学士层次 1 种（建筑学学士），硕士层次 38 种，博士层次 4 种（教育博士、临床医学博士、口腔医学博士、兽医博士），初步形成覆盖我国主要行业领域的专业学位结构体系。2011 年，我国继续扩大专业学位研究生招生范围和规模，凡经国务院学位委员会批准设立的专业学位均可安排招生，各招生单位除将 2010 年招生计划的增量部分主要安排专业学位研究生招生外，还把 2010 年学术型研究生招生规模数按原则上不少于 5%的比例调至专业学位。①

从新增的 19 种专业学位的培养目标可以看出，各个专业都着力培养本领域高层次的应用型专门人才，专业学位的培养与职业的对接更加鲜明，这集中体现于各新增专业在人才培养模式上的突破创新。首先，课程设置与教学更加凸显了以实际应用为导向，以职业需求为目标，以综合素养和应用知识与能力的提高为核心的专门人才培养要求。② 除了中药学硕士专业以及工程管理硕士专业（招生对象为具有三年以上工程管理经验者）外，其他新增专业都要求实践教学时间不少于半年，注重学生分析能力和创造性解决实际问题能力的培养。其次，

---

① 中国研究生招生信息网．研究生招生新趋势：加大力度培养专业硕士［EB/OL］．(2010-09-07)［2020-11-29］．http：//yz. chsi. com. cn/kyzx/zyss/201009/20100907/119253093. html.

② 赵姝明．中国专业学位教育发展探微［J］．首都师范大学学报（社会科学版），2010 (4)：154-156.

在专业学位师资队伍建设上，要求专任教师须具有较强的专业实践能力和教育教学水平，同时重视吸收来自本实践领域的专业人员承担专业课程教学，构建“双师型”的师资结构；相应调整考核评价方式，学位论文类型和答辩形式可多样化，但要求学生的学位论文须与本学科、本领域的实际问题、实际数据和实际案例紧密结合，体现学生运用相关学科理论、知识和方法分析、解决应用实际问题的能力。但是，招生结构调整、与行业或企业的共建合作、教学科研考核与评价机制、奖助贷体系以及管理机构完善等方面仍有待进一步创新与完善。

为更好地推进专业学位教育的改革与发展，《教育部关于开展研究生专业学位教育综合改革试点工作的通知》，要求通过开展研究生专业学位教育综合改革试点，改变研究生专业学位教育学术化倾向，并选择中央部门（单位）所属高校和地方高等学校各 30 所左右为综合改革试点单位，试点集中在工商管理硕士、法律硕士、工程硕士等专业。

五、以开放促发展，进一步推动教育国际化进程

在加强国际交流与合作方面，《规划纲要》要求“坚持以开放促改革、促发展。开展多层次、宽领域的教育交流与合作，提高我国教育国际化水平。借鉴国际上先进的教育理念和教育经验，促进我国教育改革发展，提升我国教育的国际地位、影响力和竞争力。适应国家经济社会对外开放的要求，培养大批具有国际视野、通晓国际规则、能够参与国际事务和国际竞争的国际化人才”。具体到高等教育领域，《规划纲要》指出，“鼓励学校优势学科面向世界，支持参与和设立国际学术合作组织、国际科学计划，支持与境外高水平教育、科研机构建立联合研发基地。加快创建世界一流大学和高水平大学的步伐，培养一批拔尖创新人才，形成一批世界一流学科，产生一批国际领先的原创性成果，为提升我国综合国力贡献力量”。

2010 年，上海纽约大学的创办成为我国加快推进高等教育国际化进程的典型范例。上海纽约大学是我国第一所中美合作的国际化大学，

它是我国高等教育国际化的全新尝试。上海纽约大学定位为世界一流的研究型大学，坚持高标准，优先发展纽约大学的优势学科，如金融学、应用数学、经济学等。作为一个非营利性教学机构，学校将“让来自贫困家庭的优秀学子也能有上世界一流大学的机会”作为自身办学理念，努力为优秀学子提供奖学金。在管理体制上，上海纽约大学是拥有独立法人资格的整建制大学，是一所非营利性教学机构，学校将组建董事会及管理团队。根据《中外合作办学条例》，学校校长将由中国国籍人士担任，师资队伍则面向全球招聘，华东师范大学和纽约大学的部分教师参与其中。正如华东师范大学校长俞立中所说，“上海纽约大学是两座国际大都市（纽约与上海）、两个国际金融区（纽约大学校区所在曼哈顿地区、上海纽约大学所在上海浦东陆家嘴金融贸易区）的联动。所以，这里不仅是国际人才的培养基地，也可以在金融、科技等领域开展合作。作为合作方的华东师范大学将从与世界一流大学的合作中，学习先进的办学理念、精英培养和科研发展模式、学校治理方式等”。从纽约曼哈顿到上海陆家嘴，两家有着不同文化背景的大学的合作，反映的是东西方教育从接触到进一步交流、相互影响、文化交融的过程。上海纽约大学的建设，成为我国新时期推进高等教育国际化的标志性项目，与此相伴的是高等教育交流与合作项目的不断拓展，是国际文化的交流与融合，是人们对高质量高等教育的期待。

第六节　基于诚信公正多元的考试招生改革

《规划纲要》列专章讨论“考试招生制度改革”，规定未来我国考试招生制度改革的目标和原则是“以考试招生制度改革为突破口，克服一考定终身的弊端，推进素质教育实施和创新人才培养。按照有利于科学选拔人才、促进学生健康发展、维护社会公平的原则，探索招生与考试相对分离的办法，政府宏观管理，专业机构组织实施，学校依法自主招生，学生多次选择，逐步形成分类考试、综合评价、多元录取的考试招生制度”。同时，《规划纲要》还专门就完善“中等学校考试招生制度”和“高等学校考试招生制度”提出了相关政策与建议，在“中等学校考试招生制度”方面，“完善初中就近免试入学的具体办法。完善学业水平考试和综合素质评价，为高中阶段学校招生录取提供更加科学的依据。改进高中阶段学校考试招生方式，发挥优质普通高中和优质中等职业学校招生名额合理分配的导向作用”。在“高等学校考试招生制度”方面，要“深化考试内容和形式改革，着重考查综合素质和能力。以高等学校人才选拔要求和国家课程标准为依据，完善国家考试科目试题库，保证国家考试的科学性、导向性和规范性。探索有的科目一年多次考试的办法，探索实行社会化考试”，同时，“完善高等学校招生名额分配方式和招生录取办法，建立健全有利于促进入学机会公平、有利于优秀人才选拔的多元录取机制”。针对不同的群体，《规划纲要》建议采用五种不同的考试录取方式：（1）普通高等学校本科招生以统一入学考试为基本方式，结合学业水平考试和综合素质评价，择优录取；（2）对特长显著、符合学校培养要求的，依据面试或者测试结果自主录取；（3）高中阶段全面发展、表现优异的，推荐录取；（4）符合条件、自愿到国家需要的行业、地区就业的，签订协议实行定向录取；（5）对在实践岗位上做出突出贡献或具有特殊才能的人才，建立专门程序，破格录取。

2010 年考试招生政策实施过程中存在的热点与难点问题有：诚信高考，高校自主招生，加分政策的清理与规范以及硕士研究生推荐免试。

一、诚信高考：诚信教育与制度建设势在必行

2010 年 1 月，教育部在《2010 年普通高等学校招生工作规定》中首次将“加强诚信教育”单独列项，提出“各级招生考试机构和高级中等教育学校要加强考生的诚信教育”，“特别是加强在报名、考试、填报志愿、录取等主要阶段的诚信教育”，并细化相关规定，“考生在

申请报名、提交相关证明材料时，须签订诚信承诺书，承诺本人所提供的证明材料客观、真实、准确，承诺参加招生考试时遵守有关管理规定”，以实现从严治考、规范考试行为的目的。同时，针对考试违规行为，规定“凡是在全国统考、省级统考和高校单独组织的招生考试中，任何一场考试中有弄虚作假或作弊行为的，都将受到严惩”。相比2009年仅把考试作弊行为限定在“全国统考”，2010年的规定更易发挥威慑考试违规行为的作用，有效提升了省级统考与高校单独组织的招生考试的地位。加之，省级统考与高校单独组织的招生考试时间在前，全国高考在后，这一规定更增强了诚信参考的实践效果，凸显了诚信教育的价值意蕴。2010年规范高考行为的规定更加细化与严格，更为人性而全面。与此同时，高考中的违规行为，除按相关规定被严肃处理外，还将被记入诚信档案。这是将诚信教育从道德层面提升到制度层面的重要举措。实施诚信档案，意味着考生的作弊记录一旦进入国家教育考试诚信档案数据库，作弊的事实即被保留下来，将对学生未来就业产生一定的影响。如此一来，“签订诚信承诺书”“记入诚信档案”等种种为保持高考纯洁性而设计的具体环节，就在程序上推动了高考诚信制度的建立与完善，带动了整个国家、整个社会的诚信建设。

但是，在肯定此项举措的积极导向与教育意义的同时，也不能忽视质疑之声。其主要观点集中表达为：此举存在着浓厚的形式化色彩，反映了扭曲的绩效考核观以及暴露出高考诚信制度建设的缺失。有论者认为，如果不消除滋生高考造假和舞弊的土壤和利益诱因，一纸承诺就无以为用。[①] 让很多还没有成年的高中生签订诚信承诺书，固然是严肃考风考纪的一种举措，但实际上反映的却是考场诚信标准的降低。[②] 诚信标准的降低意味着高考制度设计中所谓看得见的公正程序不能从实质上解决高考违规行为的存在，高考制度及理念所倡导的诚信

---

① 堂吉伟德．高考签诚信承诺书更像是形式化敷衍［N］．新华每日电讯，2010-03-30（3）．

② 李明宇．尴尬的高考诚信承诺书［N］．中国劳动保障报，2010-03-31（2）．

精神不能真正内化为个体及集体行动所遵守的重要品质。实质而言，高考的违规行为是我国社会在转型过程中，一种诚信缺失与道德失范的不良表现，这里面不仅包括考生和家长的个体利益，也涉及地方、学校及相关部门的集体利益。地方重视升学率的政绩考核，使得学校及教育部门把好的考试结果作为最高追求。① 进一步而论，高考中的违规行为可归结为制度与人为共同作用的结果，目前，我国高考招生制度基本上是“一考定终身”的，这在一定程度上形成了高考作弊行为高收益、低风险的特点，这种高考招生制度本身的缺陷也是违规行为不断出现的诱因之一。同时，除了教育本身，作弊行为也与社会风气、法制环境、政府部门管理水平有关。诚信高考不仅是对个人道德品质的要求，也是对整个社会建立诚信制度、培育诚信氛围的诉求，正如有论者所言，建设高考诚信大厦不仅是考生的责任，也是相关职能部门的责任。这不仅需要营造诚信教育氛围，也需要周到的制度安排与强大的制度执行力做支撑。②

二、高校自主招生：多样化的对策

自主招生一直是我国高等教育招生改革中扩大高校办学自主权的重要措施，也是在传统高考之外开辟的一种新途径和渠道。自 2001 年试点以来，我国自主招生改革已实行十年之久。十年来，自主招生改革在数量、规模、条件、力度、模式、范围等方面发生了很大的变化。③ 2001 年，教育部在东南大学等江苏省三所高校试行了“自主招生录取”改革。在借鉴前两年试点经验的基础上，2003 年 2 月 24 日，教育部办公厅发出《关于做好高等学校自主招生选拔录取改革试点工作的通知》，选取了北京大学、清华大学、中国人民大学等 22 所国家

---

① 堂吉伟德．高考签诚信承诺书更像是形式化敷衍［N］．新华每日电讯，2010-03-30（3）．

② 胡艺．一纸承诺书难担高考诚信之重［N］．工人日报，2010-04-01（5）．

③ 郑若玲．自主招生改革何去何从［J］．华中师范大学学报（人文社会科学版），2010（4）：135．

重点大学，赋予它们自主招生权，按照报告条件、招生办法、录取结果“三公开”原则，进行“自主选拔录取”改革试点。2004年，自主招生的高校扩大到了28所，2005年42所，2006年53所，2007年59所，2008年68所，2009年76所，2010年80所。自主招生的规模从最初只能占本年度招生计划总数的5%到生源好、质量高的高校可增至10%甚至更多。申请条件由最初的指定地区、指定中学推荐改为个人自荐与中学推荐相结合，一般采取“学校推荐为主，个人自荐为辅”的方式，不仅重点中学的学生可以报名，一般中学的学生如认为自己实力较强也可自荐。在降分幅度上，对获得自主招生资格尤其是在某方面有特殊才能的考生，由原先最多可降30分变成不受此限，甚至还可优先选专业。招生模式在原来“自主+高考”模式的基础上又增加了复旦大学、上海交通大学真正自主的“去高考”模式。试点范围由最初的重点大学扩大到一般本科和高职院校。基于上述变化，2010年的自主招生政策在执行中除了保持数量上的增长、范围上的扩大等传统特点外，更呈现出高校招生“联盟化”、破格录取再深化等新取向与特征，改革措施的不断推陈出新使得自主招生的新格局得以形成，伴随而来的新问题也引发了人们的关注。

（一）自主招生联盟

2009年，高校抱团联合招生的现象已初露端倪，“华约派”和“北约派”雏形初显。2010年，参与联盟招生的学校数量由12所增加到33所，形成了由清华大学等7所高校组成的“华约派”、由北京大学等13所高校组成的“北约派”、由同济大学等9所理工院校组成的“同盟派”，以及由北京科技大学等5所高校组成的“五北派”等四大“联盟”，几乎占据全国80所拥有自主招生资格高校的二分之一，从而打破了传统自主招生各大学各自为政的格局，形成了集团化竞争的态势（表2.5）。

表 2.5　2010 年高校自主招生“联盟”

	“北约派”（7+6 所）	“华约派”（5+2 所）	“同盟派”**（9 所）	“五北派”**（5 所）
1	北京大学	清华大学	同济大学	北京科技大学
2	复旦大学	南京大学	北京理工大学	北京交通大学
3	香港大学	上海交通大学	大连理工大学	北京邮电大学
4	厦门大学	西安交通大学	东南大学	北京林业大学
5	北京师范大学	中国科学技术大学	华南理工大学	北京化工大学
6	南开大学	浙江大学*	西北工业大学	
7	北京航空航天大学	中国人民大学*	天津大学	
8	山东大学*		哈尔滨工业大学	
9	中山大学*		重庆大学	
10	四川大学*			
11	武汉大学*			
12	兰州大学*			
13	华中科技大学*			

备注：*为 2010 年新加盟的学校；**为 2010 年新成立的招生“联盟”。

《规划纲要》明确提出，要“探索招生与考试相对分离的办法”。从政策实施而言，联盟招考不失为高校在现有招生环境下探索招生与考试相对分离的一种新尝试。联盟招考的最大特点是在统一性的基础上兼顾差异性，即各联盟联合命题、统一组织笔试、共享考试成绩，但联盟内的各高校自行决定本校要求考查的科目及成绩使用方式，考生根据报考学校要求自行选择考试科目。如，“北约派”要求考生提供语文、数学、英语、物理、化学、历史、政治七科成绩，其他高校也可另作要求，根据学生的单科成绩进行选拔。“华约派”共同委托专业考试机构，组织名为“高水平大学自主选拔学业能力测试”（Advanced Assessment for Admission，简称“AAA 测试”）也是出于这样的设计理念。测试内容包含四大科目：阅读与写作（reading and writing），测试内容是中英文的阅读与写作；数学（mathematics），测试内容以高中文科数学教学内容为主；自然科学（natural science），测试内容包括物理学和化学，不排除涉及生物学相关知识的可能；人文与社会（humanities and social sciences），测试内容包括但不限于高中政治、历史、地理的教学内容。“同盟派”设两个科目，涵盖语文、英语、数学、物理等相关学科内容。“五北派”设立的考试科目为语文、数学、英语和综合能力共四门。从已公布的考试科目可以看出，各联盟设立科目各有侧重，尤其是各高校成绩使用方式的不同，既体现了各联盟对优秀人才的差异性、多元性定位，又保障了各校能根据自己的培养目标、专业方向来选择所需要的人才，也有利于多元人才脱颖而出。因此，从政策制定的出发点而言，招考联盟化可体现出两点优越性：一是赋予学生更多的选择机会；二是提高了考试选拔效率。从各联盟高校公布的招考时间来看，共有三个联盟（“北约派”“华约派”“同盟派”）的初试时间相互错开，考生可以参加不止一次联考，并且凭借两次或者三次的考试成绩申请最多 9 所高校。对拥有自主招生资格的高校而言，若干同类院校共同组织的自主招生联合考试，无论是命题的信度、效度，还是严密性、权威性、效率等，都高于各校组织的单独招考。毕竟，类型、层次相似的高校，在招生对象层次与水平等方面的要求也比较接近，进行联考联招有利于提高考试选拔的效率。① 联盟招生考试的意义不仅在于考试效率的有效提高、考试成本的相对降低，更提高了自主招生的公正性和规范性。同时，这种尝试将高校定位于自主招生认定标准制定者的主体位置，使高校能从繁重的自主招生考试事务工作中剥离出来，集中资源与精力研究命题思路的设计和要求，以及自主招生认定标准的制定和录取的相关工作②，保证了联盟招考的科学性和有效性。

然而，联盟招生也被视为一条畸形之路。国家高水平大学目前无论在拨款还是在政策优惠上，都占有比其他高校更多的资源，获得了

---

① 丰捷．高校“结盟”：减负还是掐尖？［N］．光明日报，2010-11-29（5）．

② 杨悦，孟芊．高校自主招生改革探索［J］．教育科学，2010（5）：69-72．

从中央到地方的重点扶持，现在在硬件资源垄断的基础上，又希望组建联盟来垄断优质生源。[①] 由此，未加入联盟的高校极可能被边缘化，在生源之战中提前败下阵来，这或将导致教育资源分配中产生新的不公平现象。也有论者分析，联考制度的出现代表了高校招生由原来的教育寡头时代进入了多极争霸的“世界大战”时代，这使得大学的招生和人才抢夺变成了“恶性竞争”。[②]

（二）实名推荐制

2010 年，北京大学继续推行“中学校长实名推荐制”。2010 年 10 月 31 日，北京大学招生办公室公布了 2011 年“中学校长实名推荐”中学名单。从公布的中学名单看，获得北京大学实名推荐学生资格的学校数量由 39 所增加到 161 所，涉及省区由 13 个扩大到 31 个，不仅实现在全国范围内实行“中学校长实名推荐”，而且，从已获推荐资格中学的分配地区看，农村地区、边远贫困地区等的中学和学生获得了特别关注（表 2.6）。获得推荐资格的中学中，不仅有北京牛栏山一中、河北冀州中学、湖北钟祥市第一中学、湖南湘潭县第一中学、湖南桃源县第一中学、江西丰城中学、云南下关一中、浙江慈溪中学、浙江新昌中学、重庆梁平中学等一批县级及农村中学，也有湖南湘西自治州民族中学、西藏拉萨中学等来自少数民族地区的优秀中学。[③] 由此可见，2011 年的中学校长实名推荐制较之 2010 年，最显著的变化在于获得推荐资格中学的数量剧增和向教育资源匮乏地区的有意倾斜，体现了对教育政策公平性的追求。另一变化是，新方案进一步确定了获得推荐的高中生标准，不同于 2009 年的综合素质或个性特长“二选一”，被推荐的学生，除学科成绩和特长都要相对突出外，还需具有远大志向、发展潜能和较强的社会责任感。

---

① 姜彭，李雪林．用高考改革终结自招乱象［N］．文汇报，2010-11-29（7）．

② 韩晓蓉．复旦管院院长炮轰高校联考［N］．东方早报，2010-12-09（A09）．

③ 邱乾谋．北京 13 所中学获北大校长实名推荐资格［N］．北京考试报，2010-11-03（3）．

表 2.6　2010 年与 2011 年获得北京大学“中学校长实名推荐”资质中学地区分布

地　区	2010 年学校数	2011 年学校数
北京	4	13
天津	2	4
河北	—	6
山西	—	5
内蒙古	—	1
辽宁	—	7
吉林	1	1
黑龙江	3	6
上海	—	4
江苏	10	16
浙江	3	7
安徽	—	5
福建	—	6
江西	—	5
山东	—	10
河南	2	9
湖北	3	10
湖南	4	9
广东	2	7
广西	—	3
海南	—	1
重庆	2	5
四川	—	3
贵州	—	2
云南	—	4
西藏	—	1
陕西	2	4

续　表

地　区	2010 年学校数	2011 年学校数
甘肃	—	2
青海	—	1
宁夏	—	2
新疆	1	2
合计	39	161

继北京大学实行“中学校长实名推荐制”之后，同济大学、中国传媒大学、华中师范大学、山东大学等大学也加入“实名推荐制”阵营。从各大学公布的自主招生实施方案来看，实施“实名推荐制”既为选拔创新型人才创设了环境，也为复合型人才脱颖而出提供了机会；在其发展过程中，不仅所设定的推荐人选资质标准发生相应的变化，而且推荐主体也更加多元，不再局限于中学校长。中国传媒大学把以往只在研究生招生中使用的“专家推荐制”引入本科招生，并在招生方案中明确规定，有推荐资格的专家是指高级记者、高级编辑等传媒业内具有正高级职称的专家（表 2.7）。“专家推荐制”是中学校长推荐制得到一定程度的认可后衍生出的新探索，中学校长推荐侧重于推荐中学期间学习成绩优异、综合能力强的学生，而专家推荐则主要针对艺术特长生，着眼于考生艺术天赋与资质的考查。

表 2.7　部分大学实名推荐方案

大　学	被推荐者条件
山东大学	对人文社会科学、自然科学具有浓厚兴趣，知识基础扎实，创新能力强，取得突出成果（研究、发明、发表论文、出版专著等），具有培养潜质者，中学校长可实名推荐 1 人。选拔范围针对省内中学。
华中师范大学	高中阶段综合素质突出且高三学年综合排名靠前（地市级及以上重点示范中学综合排名为前 20%，普通高级中学综合排名前 10%，我校优秀生源基地学校可放宽到 30%）。

续 表

大 学	被推荐者条件
同济大学	上海市 79 所示范性实验中学的校长可直接向我校推荐学习成绩优异、在市级以上单科竞赛中获奖或在科技创新等其他方面有突出特长和潜能的优秀应届高中毕业生。
中国传媒大学	德智体全面发展、高中阶段学业成绩优秀；具有创新潜质，在艺术、外语、文学创作、语言、计算机、电子技术等方面有特长，获得国家级奖项。

毋庸置疑，校长实名推荐制是在维护高考整体框架不变的前提下，积极探索出的高校多元选拔录取的一条新途径。推荐学生标准的拔高与扩展，目的是进一步肯定素质教育的价值，倡导人才的多元化发展。以校长为推荐主体，旨在用过程性评价取代一次性结果评价。专家推荐制的试行，着眼于特殊人才的发现，也有助于提升推荐制的公正性与科学性。

无论是招考联盟的出现，还是校长实名推荐制的全国推广，都可视为自主招生政策的具体实践。其中，有令人欣喜的突破性进展，也有在实践过程中暴露出的各种问题。因此，应当从更为宏观的层面审视自主招生政策的价值目标，理顺其与统一高考招生政策之间的关系，认清高校所应履行的社会责任，厘定政府所需发挥的引导与规范作用，从而把握自主招生制度改革的整体思路，以助于自主招生政策的不断革新与发展。

三、清理并规范高考加分政策

高考加分政策是指中央与地方教育主管部门、高校在高招录取中根据种族、身份、德智体表现、竞赛获奖、社会贡献等情形给考生一定的高考分数优惠与照顾的行为规则。[①] 作为高考制度的重要组成部分，高考加分政策越发成为教育公平与社会和谐发展的重要议题。高

① 罗立祝．高校招生考试政策研究［M］．武汉：华中师范大学出版社，2007：212.

考加分不仅体现着国家意志在教育领域中的有意渗透，也是国家尊重与保护公民受教育权、促进社会和谐与教育公平的加速机与平衡器。但是，近年来，在政策执行过程中出现了考生资格或身份造假等违规现象，有些招生政策在执行中逐渐被异化，而且大有愈演愈烈之趋势，严重偏离政策制定的初衷。2010 年 1 月，教育部在《教育部 2010 年工作要点》中明确提出“规范特殊类型招生和高考加分政策”。尔后，在 2010 年全国普通高校招生考试工作电视电话会议上，教育部部长袁贵仁强调，要深入实施“阳光工程”①，切实维护招生公平公正，加强信息公开公示，进一步规范特殊类型招生和高考加分政策。这一提法在其后颁布的《规划纲要》中被明确表达为“规范优秀特长生录取程序与办法”“清理并规范升学加分政策”。2010 年 11 月，教育部等五部门联合下发《教育部、国家民委、公安部、国家体育总局、中国科学技术协会关于调整部分高考加分项目和进一步加强管理工作的通知》，“调整”与“规范”成为关键词。

“调整”高考加分项目所涉及的优惠对象为学科类或部分科技类竞赛绩优者与体育特长生。获得全国中学生奥林匹克竞赛省赛区一等奖的学生，不再具备高考加分资格，同时取消保送资格；对获全国性学科类竞赛一、二、三等奖，部分科技类竞赛，如全国青少年科技创新大赛（含全国青少年生物和环境科学实践活动）、“明天小小科学家”奖励活动、中小学电脑制作活动等一、二等奖，参加国际科学与工程大奖赛、国际环境科研项目奥林匹克竞赛获奖的考生，保留不超过 20 分的加分资格，但取消保送生资格。唯有获得全国中学生奥林匹克竞赛决赛一等奖并被中国科学技术协会遴选为参加国际（数学、物理、化学、生物学、信息学）奥林匹克竞赛国家队集训的学生仍具备保送的资格。对竞赛类加分项目的调整，是对 2009 年全国大范围“封杀奥数”事件的一个有力回应，其目的是去除学科竞赛的工具化倾向，引

① 原春琳．教育部部长袁贵仁要求进一步规范特招和高考加分［N］．中国青年报，2010-04-29（3）．

导各类竞赛发挥应有的价值与功能，切实减轻学生的学业负担。这对促进学生全面而有个性的发展具有积极意义。

对体育加分项目的“调整”体现在“在高级中等教育阶段，参加重大国际体育比赛集体或个人项目取得前6名；全国性体育比赛个人项目取得前6名；获国家二级运动员（含）以上称号并参加省级招生考试机构组织的统一测试达到相应标准的学生，应届毕业当年由生源所在地省级高校招生委员会决定是否在其高考成绩基础上增加不超过20分向高校投档”。将体育特长生的加分项目限定为田径、篮球、足球、排球、乒乓球、武术、游泳、羽毛球等8个普及范围广、锻炼效果好的传统性项目，各省份在上述运动项目之外可增加一般不超过2个项目，并要求这两个项目必须是强身健体类。这一调整是进一步明确和规范仍然保留体育特长生高考加分项目省（区、市）的合理行为，一定程度上减少了加分项目，意在提倡学生加强身体锻炼，增强体质，进而促进学生全面发展，丰富校园文化，推动全国及地方特色体育运动的开展。

上述两项调整政策适用于从2011年秋季开始进入高中阶段学习的学生。2010年（含）以前已进入高中阶段学习的学生，仍适用调整前的相关政策。

在高考加分管理工作的“规范”方面，一是要求各省（区、市）系统清理高考加分项目，合理适度调减加分项目及分值，对超出教育部规定范围和分值的项目，要酌情调减；二是严密防范、严厉打击加分资格或身份造假，进一步规范加分工作流程，加强部门合作，联合审查考生加分资格或身份，严惩造假或参与组织造假者，从制度、程序、操作等各方面防范和杜绝违规行为的发生。① 由此可见，加分资格的审查更严格，流程更规范，处罚更严厉，信息更显透明与公开。

此次调整将有利于真正有才能、有潜能的学生脱颖而出，有利于

---

① 教育部．教育部等有关部门负责人就调整部分高考加分项目和进一步加强管理工作答记者问［EB/OL］．（2010-11-11）［2010-12-06］．http：//www.moe.edu.cn/publicfiles/business/htmlfiles/moe/moe_1485/201011/111201.html.

促进学生全面而有个性的发展。调整和规范相辅相成，是为了进一步完善高考加分政策，更好地发挥其对素质教育的导向作用。

四、备受争议的硕士研究生推荐免试政策

2011 年全国硕士研究生考试报名考生达 151 万人，比 2010 年增加 10 余万人，人数创 30 年来的新高。与此同时，在全国 312 所可以接受推荐免试硕士研究生（以下简称推免生）的大学中，推免生所占比例有所上升。北京大学、清华大学、复旦大学、中国人民大学这 4 所国内知名高校的不少专业硕士生推免比重超过招生总名额的一半，有些热门专业达 70%—80%，个别专业甚至只招收推免生。[①] 中国人民大学接收 2011 级学术型推免生 1211 人，拟招收的学术型统考生仅为 889 人，其国学院共有 36 个学术型研究生名额，已全部用于接收推免生。清华大学软件学院 2011 年拟招收硕士生 75 人，其中推免名额占 60 人。在复旦大学 41 个招收硕士生的院、系、所、室中，至少有 20 个明确标注招收 50%左右的推免生，其中中文系将推免生的比例定在 70%左右，管理学院为 60%—70%，计算机科学技术学院为 50%—80%。[②]

名校扩大研究生推免比例，各方褒贬不一。赞成者认为，扩大推免比例是深化研究生招生制度改革，加大拔尖创新人才选拔培养力度的探索。有论者指出，各院系和研究生导师们反映推免生生源总体质量优于统考生源，他们更倾向于多招收推免生。学校根据反馈，按照优化生源结构、提高生源质量的目标确定招生计划。然而，更多人对这种做法表示质疑。一些专家、学生担心校内推免比校际推免容易，推免比重扩大后易造成学术近亲繁殖；有人联想到近几年高校推免爆出的“猫腻”，担心程序不公开、不透明，出现更多“走后门”的现象。从教育公平方面而言，有论者认为，我国目前享有推免资格的院

---

① 王聪聪．名校扩大硕士推免生比例，网友呼吁屏蔽人情操作［N］．中国青年报，2010-12-03（2）．

② 张钦，李江涛，张兴军．到名校读硕几乎成小概率事件［N］．文汇报，2010-11-22（5）．

校限定在设有研究生院的高校，以及"211 工程""985 工程"院校，推免比重过高，实质上剥夺了其他院校学生、社会人士享受优质教育资源的机会，客观上导致学生受教育机会不平等。①

第七节 保障和促进教师发展

《规划纲要》指出"教育大计，教师为本。有好的教师，才有好的教育"，阐明了教师队伍建设的重要性，因此，需要"提高教师地位，维护教师权益，改善教师待遇，使教师成为受人尊重的职业"。《规划纲要》同时描绘了今后十年教师队伍建设的目标，"严格教师资质，提升教师素质，努力造就一支师德高尚、业务精湛、结构合理、充满活力的高素质专业化教师队伍。"在此基础上，《规划纲要》从加强师德建设、提高教师业务水平、提高教师地位待遇、健全教师管理制度四个方面阐述了加强教师队伍建设的政策与措施。在此后启动的国家教育体制改革试点工作中，"健全教师管理制度，加强教师队伍建设"被列为重点工作之一，并分列如下六个重要项目。

> 制定优秀教师到农村地区从教的具体办法，探索建立农村教师专业发展支持服务体系，创新农村义务教育阶段教师全员培训模式，推进农村教师周转房建设，多种措施加强农村中小学教师队伍建设。
>
> 完善师范生免费教育政策，扩大实施范围。
>
> 创新教师教育体系和培养模式，探索中小学教师和校长培训新模式，构建区域协作的教师继续教育新体制，建设支撑教师专业化发展的教学资源平台。
>
> 完善民族地区双语教师培养培训模式。
>
> 开展教师资格考试改革和教师资格定期注册试点，建立中小

① 张钦，李江涛，张兴军．到名校读硕几乎成小概率事件［N］．文汇报，2010-11-22（5）．

学新任教师公开招聘制度和办法，探索建立教师退出机制。

探索中小学校长职级制，深化中小学教师职称制度改革。

在《规划纲要》指导下，2010 年各项教师政策重点围绕大力提升教师队伍素质、重视我国农村地区和中西部地区的教师队伍建设、提升教师待遇保障教师队伍稳定等问题展开，而免费师范生的就业与持续发展，亦是教师政策题中应有之义。

一、保障和促进免费师范生的就业与持续发展

自 2007 年实施教育部直属师范大学师范生免费教育以来，北京师范大学、华东师范大学、东北师范大学、华中师范大学、陕西师范大学和西南大学六所部属师范大学不断创新教育模式，提升免费师范生专业知识与教师素养。首届免费师范生于 2011 年暑期毕业。为了提前做好免费师范毕业生到中小学任教的准备工作，教育部于 2010 年 5 月印发《教育部直属师范大学免费师范毕业生就业实施办法》《教育部直属师范大学免费师范毕业生在职攻读教育硕士专业学位实施办法（暂行）》，保障免费师范生就业，支持和促进免费师范生在职学习和专业发展。

教育部直属师范大学免费师范毕业生就业政策可以概括为“落实责任、落实编制、落实岗位、服务农村、履约管理、加强监督”等特点①。免费师范毕业生就业工作由有关省级政府统筹，教育、人力资源和社会保障、机构编制、财政等部门组成工作小组，负责制定并实施就业方案，落实保障措施，确保免费师范毕业生到中小学任教。省级教育行政部门要统一掌握本地区中小学教师岗位需求情况，会同机构编制部门在核定的中小学教师编制总额内，提前安排接收免费师范毕业生编制计划。各地应首先用自然减员编制指标或采取先进后出的办法安排免费师范毕业生，必要时接收地省级政府可设立专项周转编制，

① 宋永刚．首届免费师范毕业生就业保障政策出台［J］．教育与职业，2010（22）：38-40.

确保免费师范毕业生到中小学任教有编有岗。省级教育行政部门负责组织用人单位与免费师范毕业生进行双向选择，及时公布本省（区、市）中小学教师岗位需求信息，并组织多种形式的供需见面活动，为每一位毕业生落实好任教学校。到城镇学校工作的免费师范毕业生，由当地政府教育行政部门结合城镇教师支援农村教育工作，安排到农村学校任教服务二年。免费师范毕业生在农村学校任教服务期间仍然享受派出学校原工资福利待遇。地方政府和农村学校要为免费师范毕业生到农村任教服务提供周转住房等必要的工作生活条件。省级教育行政部门、部属师范大学和免费师范毕业生要严格履行《师范生免费教育协议书》。免费师范毕业生在协议规定的任教服务期内，可在学校之间流动或从事教育管理工作。未能履行协议的毕业生，要按规定退还已享受的免费教育费用并缴纳违约金，已在职攻读教育硕士专业学位的，由培养学校取消学籍。确有特殊原因不能履行协议的，需报经省级教育行政部门批准。省级教育行政部门负责本行政区域内免费师范毕业生的履约管理，建立诚信档案，公布违约记录，并记入人事档案，负责管理违约金。教育部、人力资源和社会保障部、中央编办、财政部建立免费师范毕业生就业工作督查机制，每年进行检查并采取适当方式公布结果。对于免费师范毕业生就业工作落实不力的地方，将酌情调整部属师范大学在当地的招生计划。

为了促进免费师范毕业生继续深造，《教育部直属师范大学免费师范毕业生在职攻读教育硕士专业学位实施办法（暂行）》就免费师范毕业生在职攻读教育硕士专业学位的录取、培养、学位等问题做了具体规定。免费师范毕业生到中小学任教满一学期后，均可申请免试在职攻读教育硕士专业学位，经任教学校考核合格，部属师范大学根据工作考核结果、本科学习成绩和综合表现考核录取。免费师范毕业生攻读教育硕士专业学位采取在职学习方式，学习年限一般为 2—3 年，实行学分制。课程学习主要通过远程教育和寒暑假集中面授的方式进行。采取部属师范大学与地方政府、中小学校合作培养教育硕士研究生的新机制。选择具备条件的免费师范毕业生任教学校建立教育硕士研究生培养基地，实行部属师范大学和中小学的双导师制，共同研究和实施教育硕士研究生培养方案。通过全国教师教育网络联盟公共服务平台，部属师范大学教育硕士研究生课程实行学分互认，共享优质资源。

这些政策的颁布实施，为首届免费师范生走向工作岗位提供了保障，对促进师范生免费教育制度的完善和落实起了积极作用。《教育部直属师范大学免费师范毕业生就业实施办法》颁布后，各省也相继出台了本省的免费师范生就业实施办法，对免费师范生的就业提供了政策层面的保障。《教育部直属师范大学免费师范毕业生在职攻读教育硕士专业学位实施办法（暂行）》的实行为免费师范生进一步的进修学习与专业发展提供了可能，是对2007年颁布的《教育部直属师范大学师范生免费教育实施办法（试行）》的有效补充，该政策对免费师范生在职攻读教育硕士专业学位的规定，强调教育硕士研究生课程设置要突出实践性，密切结合中小学教育教学实践，学位论文撰写要立足教育实践，要运用教育理论、知识、方法分析和解决中小学教育教学工作中迫切需要解决的实际问题，有助于免费师范毕业生的专业成长。

二、全面提升教师素质

教师素养的提高，关乎教育质量的提升，关乎青少年学生的健康成长，关乎祖国的未来。《规划纲要》指出，要健全教师管理制度，“完善并严格实施教师准入制度，严把教师入口关。国家制定教师资格标准，提高教师任职学历标准和品行要求。建立教师资格证书定期登记制度。省级教育行政部门统一组织中小学教师资格考试和资格认定，县级教育行政部门按规定履行中小学教师的招聘录用、职务（职称）评聘、培养培训和考核等管理职能”。《规划纲要》要求“建立统一的中小学教师职务（职称）系列，在中小学设置正高级教师职务（职称）。探索在职业学校设置正高级教师职务（职称）”，“加强学校岗位管理，创新聘用方式，规范用人行为，完善激励机制，激发教师积极性和创造性。建立健全义务教育学校教师和校长流动机制”。与此同时，“加强教师管理，完善教师退出机制”。

《规划纲要》指出，要“加强教师教育，构建以师范院校为主体、综合大学参与、开放灵活的教师教育体系。深化教师教育改革，创新培养模式，增强实习实践环节，强化师德修养和教学能力训练，提高教师培养质量”。“完善培养培训体系，做好培养培训规划，优化队伍结构，提高教师专业水平和教学能力。”“完善教师培训制度，将教师培训经费列入政府预算，对教师实行每五年一周期的全员培训。加大民族地区双语教师培养培训力度。加强校长培训，重视辅导员和班主任培训。”“加强教师职业理想和职业道德教育，增强广大教师教书育人的责任感和使命感”，使教师“关爱学生，严谨笃学，淡泊名利，自尊自律，以人格魅力和学识魅力教育感染学生，做学生健康成长的指导者和引路人”。为了提高中小学教师整体素质，2010 年 6 月，教育部、财政部下发《教育部财政部关于实施“中小学教师国家级培训计划”的通知》，发起实施“中小学教师国家级培训计划”（以下简称“国培计划”）。2010—2012 年，中央财政每年投入 5.5 亿元支持“国培计划”的实施。“国培计划”包括“中小学教师示范性培训项目”和“中西部农村骨干教师培训项目”两项内容。其中，中央本级财政每年划拨 5000 万元专项经费支持“中小学教师示范性培训项目”，教育部直接组织实施面向各省（区、市）的中小学教师示范性培训，主要包括中小学骨干教师研修、培训团队研修、中小学教师远程培训、班主任教师培训、中小学紧缺薄弱学科教师培训等示范性项目。项目将为全国中小学教师培训培养骨干，做出示范，并开发和提供一批优质培训课程教学资源，为“中西部农村骨干教师培训项目”和中小学教师专业发展提供有力支持。“中西部农村骨干教师培训项目”主要包括农村中小学教师置换脱产研修、农村中小学教师短期集中培训、农村中小学教师远程培训（图 2.1）。该项目在教育部、财政部统筹规划和指导下，2010 年由中央财政安排专项资金 5 亿元，采取转移支付的方式支持中西部省份按照“国培计划”总体要求实施。在对中西部农村义务教育教师进行针对性培训的同时，引导地方完善教师培训体系，加大农村教师培训力度，提高农村教师的教学能力和专业水平。

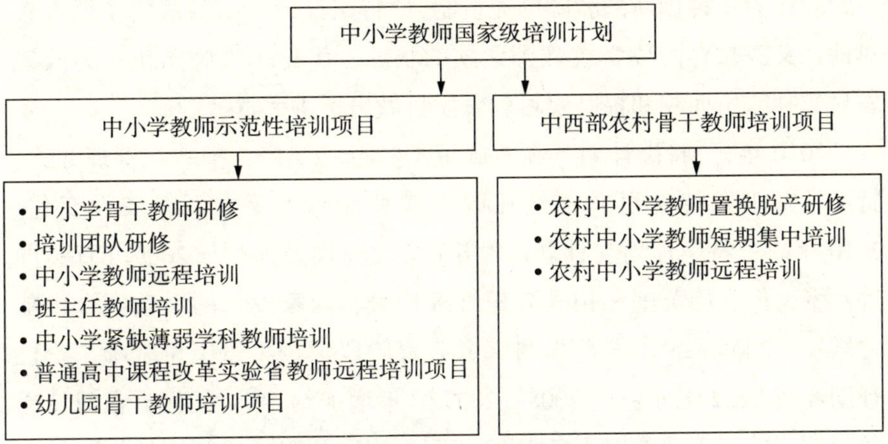

图 2.1　2010 年中小学教师国家级培训计划

三、提高农村教师队伍整体素养

《规划纲要》指出，“以农村教师为重点，提高中小学教师队伍整体素质。创新农村教师补充机制，完善制度政策，吸引更多优秀人才从教。”“完善代偿机制，鼓励高校毕业生到艰苦边远地区当教师。”“继续实施农村义务教育学校教师特设岗位计划，吸引高校毕业生到农村从教；加强农村中小学薄弱学科教师队伍建设，重点培养和补充一批边远贫困地区和革命老区急需紧缺教师。”“逐步实行城乡统一的中小学编制标准，对农村边远地区实行倾斜政策。”“城镇中小学教师在评聘高级职务（职称）时，原则上要有一年以上在农村学校或薄弱学校任教经历。”

自 2006 年开始，我国启动实施“农村义务教育阶段学校教师特设岗位计划”（以下简称“特岗计划”），即通过公开招募高校毕业生到西部“两基”攻坚县以下农村义务教育阶段学校任教，引导和鼓励高校毕业生从事农村教育工作，逐步解决农村师资总量不足和结构不合理等问题，提高农村教师队伍的整体素质。到2010年，已实施四年的“特岗计划”成效明显，有12.4万特岗教师工作在中西部农村学校第一线。作为一种创新的教师补充机制，“特岗计划”有效缓解了西部农村地区义务教育阶段学校教师紧缺的状况，优化了教师队伍，为改善农村教师队伍面貌和提高农村教育质量做出了重大贡献。

2010年，“特岗计划”在实施范围和招聘规模、招聘与管理方式、特岗教师工资待遇以及免试在职攻读教育硕士等方面有较大变化。2010年的“特岗计划”计划招聘6.6万名特岗教师，与2009年保持同等水平，但实施范围和招聘规模继续扩大，国家投入的财政资金也随之增加，2009—2010学年农村义务教育阶段学校特设岗位教师工资性补助经费22.2亿元，比2008—2009学年增加约11.2亿元。在对特岗教师的招聘和管理方面，自2010年起，国家开通了“特岗计划”信息管理与服务系统（http//tg.ncss.org.cn），使各地能够更好地做好衔接协调工作并提高“特岗计划”管理服务水平，真正实现了网上报名招聘、数据动态更新，实现了信息化管理。同时，2010年特岗教师的工资待遇有所提高，由原来年人均的18960元提高至20540元，同时，特岗教师享受与当地正式教师一样的待遇，绩效工资不足的部分由地方财政解决。在特岗教师的进修方面，国家出台新政策，规定优秀特岗教师可以免试攻读教育硕士。教育部于2009年9月下发《教育部关于做好2010年“农村学校教育硕士师资培养计划”实施工作的通知》，规定“农村学校教育硕士师资培养计划”（以下简称“硕师计划”）将覆盖全国所有农村学校，优秀特岗教师可免试在职攻读。教育部要求将实施“硕师计划”与“特岗计划”紧密结合，可采取两种方式。一是录取为“硕师计划”研究生可同时应聘为特岗教师。先到设岗县的农村义务教育阶段学校任教服务三年，并在职学习研究生课程。第四年到培养学校脱产集中学习一年，毕业时获硕士研究生毕业证书和教育硕士专业学位证书。二是对于具备普通高等学校本科学历、三年聘期内年度（或绩效）考核至少一年优秀并继续留在当地任教的特岗教师，经任教学校和县级教育行政部门考核推荐，培养学校单独考核，符合培养要求的可推荐免试在职攻读教育硕士。三年服务期内，“硕师计划”研究生的待遇按照在职教师相关政策待遇执行。其中聘为特岗教师的“硕师计划”研究生，在农村义务教育学校任教三年期间，执行国家统一的工资制度和标准；其他津贴补贴由各地根据当地同等条件公办教师年收入水平和中央补助水平综合确定。这项规定为特岗教师的进修学习与自我提升提供了很好的契机，对提高特岗教师自身素质，提升农村地区教师质量有很大帮助。

四、以绩效工资制度保障和提高教师待遇

《规划纲要》指出，“提高教师地位待遇。不断改善教师的工作、学习和生活条件，吸引优秀人才长期从教、终身从教。依法保证教师平均工资水平不低于或者高于国家公务员的平均工资水平，并逐步提高。落实教师绩效工资。对长期在农村基层和艰苦边远地区工作的教师，在工资、职务（职称）等方面实行倾斜政策，完善津贴补贴标准。建设农村艰苦边远地区学校教师周转宿舍。研究制定优惠政策，改善教师工作和生活条件。关心教师身心健康。落实和完善教师医疗养老等社会保障政策。国家对在农村地区长期从教、贡献突出的教师给予奖励。”

2010 年 1 月召开的教育部年度工作会议要求从以下五个方面继续做好义务教育学校实施绩效工资工作：（1）对 2010 年义务教育学校绩效工资实施工作进行重点部署；（2）召开义务教育学校绩效工资改革工作座谈会听取意见和建议；（3）下发文件指导各地切实做好绩效工资实施过程中的教师稳定工作；（4）要求迅速开展义务教育学校绩效工资实施情况检查工作；（5）进一步加强政策宣传和舆论引导。① 在稳步推进绩效工资的同时，教育部还重视绩效工资实施的总结与反馈。为准确分析义务教育学校实施绩效工资情况，进一步做好奖励性绩效

① 教育部．教育部加大工作力度积极指导地方切实做好 2010 年义务教育学校实施绩效工资工作［EB/OL］．(2010-04-06)［2010-11-29］．http：//www.moe.gov.cn/publicfiles/business/htmlfiles/moe/s3165/201004/84834.html.

工资分配工作，教育部人事司对义务教育学校实施绩效工资情况进行了专项调查。2010年3月，教育部人事司下发《义务教育学校实施绩效工资情况调查表》，并于2010年4月在重庆组织召开义务教育学校实施绩效工资经验交流现场会，了解并总结各地义务教育学校实施绩效工资的情况，对有所侧重地确保义务教育学校教师平均工资水平不低于当地公务员、绩效工资向农村学校和班主任倾斜、绩效考核和奖励性绩效工资分配等情况进行分析。

由此可见，2010年义务教育学校绩效工资实施工作的重点，从各地颁布实施办法、落实绩效工资政策转移到了对绩效工资实施工作的反馈和监督上。只有建立健全反馈机制，为基层教职员工提供顺畅的反馈渠道，才能使绩效工资实施工作过程中的各种问题及时、真实地得以显现，并在相互沟通、相互协调的前提下得以解决，从而使绩效工资成为一项真正的惠及所有教师的工程。建立完善的监督机制，实现多方监督，才能够避免行政单位自说自话，夸大实施实效，避免绩效工资实施过程中的不公平现象。

对湖北、湖南、河南和江西四省的调查发现，绩效工资的实施确有成效，主要体现在：（1）普遍提高了义务教育学校教师的待遇，改善了中小学教师收入过低的状况，保证义务教育学校教师工资不低于当地公务员水平，稳定了我国中小学教师队伍；（2）建立了与当地公务员收入联动的机制，保证了义务教育教师收入随公务员津补贴调整同步增长；（3）保证了同一县（市）域内义务教育学校教师工资水平大体平衡，促进了城乡义务教育均衡发展；（4）坚持多劳多得、优绩优酬的原则，提高了义务教育学校教职工工作积极性；（5）设立农村偏远地区教师津贴，积极鼓励优秀教师到农村艰苦地区任教，促进了农村义务教育健康稳定发展。① 另一项针对上海、江苏、浙江、湖南、湖北、贵州、四川、广东、重庆、甘肃、海南、广西12个省市的22

① 付卫东，桂勇．义务教育学校教师绩效工资政策实施效果的实证研究：基于中部四省部分县（区）的调查分析［J］．上海教育科研，2010（10）：25-28.

个市、55 个县的大规模实地调查显示，绩效工资的实施并不尽如人意。截至 2010 年 2 月，仅海南和甘肃两省已全面兑现教师绩效工资；四川、安徽、广西、贵州和湖南 5 省区已全面兑现基础性绩效工资，许多县市尚未兑现奖励性绩效工资；而北京、河南、福建、广东和山东 5 省市仅有部分县市兑现了绩效工资，河南、福建、广东 3 省已兑现的县市也仅落实了基础性绩效工资，奖励性绩效工资仍处于准备阶段。之所以出现推进困难、落实迟滞的现象，主要原因在于教育财政困难：由于中央投入有限，教师绩效工资改革落实主要的财政投入由地方财政承担，各地纷纷反映此项政策需要地方财政配套的资金数额过大，难以承担，尤其是在财政实力薄弱、长期依靠中央转移支付的中西部地区此问题更为突出。①

综观 2010 年教育政策制定与实施的过程，我们看到，国家教育事业改革与发展的蓝图业已绘就，各项教育改革的任务计划即将付诸行动；地方性教育改革与发展规划正在抓紧制定中。我们有理由相信，2011 年是我国第十二个国民经济与社会事业发展规划的开局之年，各种新的教育政策和教育改革计划将得到进一步的贯彻落实，因教育事业快速发展以及教育与社会关系更加复杂而产生的各种教育矛盾与困难将逐渐被克服，一个越来越公平、越来越多元、质量越来越高、充满生机与活力的崭新的教育局面将逐渐呈现。

---

① 庞丽娟，韩小雨，谢云丽，等. 完善机制，落实义务教育教师绩效工资政策［J］. 教育研究，2010（4）：40-44.

第三章

教育均衡发展的政策分析

随着教育改革的不断深入，教育公平的呼声日益高涨，而旨在促进教育公平的均衡发展政策既是对改革开放以来教育跨越式发展带来的种种非均衡现象的矫正，更是对个体受教育权的尊重；而走出跨越式发展的思维模式，促进教育事业的内涵式均衡发展，则更具深远意义。①

① 部分内容以“促进教育均衡发展的政策分析与制度创新”为题，发表于《教育政策观察（第1辑）》（华东师范大学出版社2009年版），收入本书时已经作者修订。

改革开放以来，我国的教育在经济飞速发展的过程中，也获得了大幅度的发展。可以说，经济发展是在“让一部分人先富起来”的政治主张下获得的跨越式发展，而教育发展作为经济发展宏观背景下的一种现象，不可避免地呈现出类似于经济发展的某种特征。也就是说，我国的教育自改革开放以来所获得的发展是一种跨越式的发展，而且在这种发展状态下所取得的成绩是有目共睹的。随着我国经济发展模式的转型，即逐步走向“共同富裕”，政府所发挥的宏观调控作用凸显出来。政府运用宏观调控等一系列手段，逐步缩小社会发展过程中的“两极分化”，使社会发展达到一种和谐的状态。因此，在政府宏观调控的大环境下，教育从“跨越式发展”模式转向基于内涵发展的“均衡发展”模式必然成为一种新的历史选择。需要指出的是，我们将要阐述的教育均衡发展不同于改革开放前我国经济基础还比较薄弱时的那种在计划经济条件下的均衡发展，现在我们要讨论的教育均衡发展是在我国经济获得一段时期高速增长以后的均衡发展，是在一定的物质基础上的均衡发展。这样一种教育均衡发展，将最大可能与最大范围地满足人民对教育的需求。基于以上背景，我们开展本章的研究。

第一节 教育均衡发展的理论探讨

教育均衡发展作为一项教育政策，旨在解决我国教育领域所存在的公平、公正、正义、民主、自由和平等等一系列问题。教育均衡发展具有丰富的内涵和深厚的理论基础。

一、教育均衡发展的内涵分析

教育均衡发展的内涵集中体现在时空层面和主客体层面，以及由这两大层面派生的动态均衡、区域均衡、结构均衡、人的均衡发展、资源的均衡配置和政策法令的均衡保障六个分层面上。其中，动态均衡是教育均衡发展的特征，区域均衡是教育均衡发展的基础，结构均衡是教育均衡发展的关键，人的均衡发展是教育均衡发展的目的，资源的均衡配置是教育均衡发展的核心，政策法令的均衡保障是教育均衡发展的动力。

（一）在时空层面，教育均衡发展集中表现为动态均衡、区域均衡和结构均衡

1. 动态均衡：直线发展与曲线发展共存

动态均衡是教育均衡发展的特征，在这里指的是教育在一定时期内趋于平衡的一种状态。之所以强调教育动态均衡这种状态，是因为教育的发展依托于经济的发展，经济的不断发展为教育的日趋均衡奠定了基础，而教育的发展是随着时间的推移而逐步走向均衡的。教育动态均衡首先表现为一种直线发展的策略，即从非均衡到均衡的状态；其次表现为一种曲线发展的策略，即均衡与非均衡相互转化的状态。具体而言，直线发展的策略描述了教育稳步发展的动态过程。在这样的过程中，需要建立和完善区域内部的尤其是县（市、区）域范围内的“经费保障机制”“资源共享机制”“师资交流机制”“生源调配机制”“扶贫济弱机制”和“监督评估机制”。[①] 这些措施都服务于教育均衡发展这个目的。尽管各种措施的实施需要一定的准备期、执行期和改进期，但是总体而言，教育均衡发展是一种直线式的上升过程。而曲线发展的策略描述了教育均衡发展中的均衡与非均衡相互转化的波浪式的动态过程。在这样的过程中，教育在一个时期内获得均衡发展以后，向非均衡发展过渡，之后再向均衡发展过渡。可以说，新中国成立以来，我国的教育基本上处于均衡与非均衡相互转化的动态过

---

① 汪明．义务教育均衡发展与若干保障机制：部分地区的政策及实践分析［J］．教育发展研究，2005（10）：40-44.

程之中。正如杨东平所言，“文化大革命”前17年，我国教育主要遵循的是精英主义的路线，“文化大革命”期间遵循的是低重心、公平优先和平均主义的发展模式，20世纪80年代以来，教育又重新回到精英主义路线上来。[①] 就如同不能简单地判定精英主义是错误的一样，我们也不能轻率地断定低重心的公平优先的教育发展模式是错误的。精英主义的路线在资源有限的情况下为国家培养了大批建设人才，而低重心、公平优先和平均主义的模式在人口素质低下的情况下为大规模地扫除文盲发挥了积极的作用。毕竟，每个阶段的教育政策都是由当时的政治、经济和文化背景所决定的。从新中国成立以来教育发展的整个过程来看，均衡发展与非均衡发展作为两种不同的发展战略，常常呈互相交替、转化的状态。均衡发展着眼于整体利益，而非均衡发展往往着眼于局部利益。正如田芬、朱永新所言，当不平衡对事物的发展产生阻碍时，事物或系统就必须向平衡转化；同样，当平衡的促进作用淡化时，事物或系统也会逐渐向非均衡转化。新中国成立以后我国的教育发展历程正体现出这样一种规律性。[②] 直线发展和曲线发展的两种策略表明，教育的均衡发展总是在曲折中前进的，从而使整个教育系统处于一种稳定、功能优化的发展状态。

2. 区域均衡：优先发展与特色发展互补

区域均衡是教育均衡发展的基础，在这里指的是不同地区之间和同一地区不同学校之间的教育趋于平衡的一种状态。之所以强调区域均衡这种状态，是因为我国地域辽阔，不同地区或同一地区的一些学校由于经济基础和文化背景等方面的因素成了薄弱学校，而广大人民群众对教育的日益多元化的需求呼唤着这些薄弱学校的改进。教育区域均衡首先表现为一种优先发展的策略，即对薄弱学校的优先扶持；其次表现为特色发展的策略，即因地制宜，充分发挥当地的教育优势。

---

① 杨东平．中国教育公平的理想与现实［M］．北京：北京大学出版社，2006：57-58.

② 田芬，朱永新．关于基础教育均衡发展的哲学思考［J］．苏州大学学报（哲学社会科学版），2004（2）：117-120.

具体而言，优先发展的策略描述了薄弱学校在教育资源分配、教育机会选择和学业成功比率等方面获得国家更多政策倾斜的过程。在这个过程中，这些地区的教育水平总体上升，学生在入学机会、升学机会及毕业后的就业率等方面与发展良好的地区和学校的学生趋于平衡。薄弱学校的问题是长期以来的相关制度和政策造成的，要从根本上解决这个问题，也必须从制度设计开始。在薄弱学校优先发展中，优先的含义之一是政府和教育行政部门要把扶持薄弱学校的发展作为中心工作和重要任务，对这些处境不利的薄弱学校加大投入，对于改造薄弱学校所需的经费要优先保证；优先的含义之二是优先发展具有补偿的性质，薄弱学校之所以薄弱是历史上的欠账造成的，因此要优先满足薄弱学校的改造投入。[①] 而特色发展的策略描述了落后地区和落后学校充分发掘自身的优势特长，并以这些优势特长为突破口，为当地学生的发展提供独特的机会和空间，为学生将来的升学和就业奠定扎实的基础。均衡发展并非要千校一面，而是要在办学条件、师资水平相对均衡的情况下，积极鼓励学校办出特色。均衡发展与办出特色是不矛盾的，每一个学校都要为孩子的终身发展奠基，为孩子的成长留出空间，为孩子的个性发展提供条件。要建立特色学校机制，学校通过形成特色来形成相对稳定的育人模式。[②] 优先发展和特色发展的两种策略表明，区域的教育均衡发展在扶持薄弱学校的同时，还要充分发挥薄弱学校的自身优势，做到借助外力的同时又巧妙发挥内力，从而促进学校教育质量的普遍提高。

3. 结构均衡：硬件发展与软件发展并重

结构均衡是教育均衡发展的关键，在这里指的是教育领域内部各

---

① 弱校的发展并不意味着强校的萎缩。在促进义务教育均衡发展方面，要坚持弱校优先发展、强校内涵发展、实现全面发展的原则。也就是说，弱校主要靠政府的扩大投入，而强校则要摆脱对外部政策倾斜的依赖，主要靠挖掘现有潜力，向管理要质量、向科研要质量，通过内涵发展来提升自己的信誉和声誉，保持自己的领先优势。参见：曲天立．均衡发展与教育发展方式的转变［N］．光明日报，2006-03-01（7）．

② 尹伟民．均衡发展：基础教育可持续发展的基石［N］．中国教育报，2002-07-26（4）．

级各类教育系统之间、教育系统各要素之间、教育各要素内部的各组成单元之间以及教育各阶段之间的均衡发展。① 之所以强调结构均衡这种状态，是因为教育本身是一个复杂的系统，涉及方方面面，而均衡发展不是某一个方面的发展。教育结构均衡首先表现为硬件发展的策略，即要求教育领域各类教育系统、教育系统各要素、教育系统各要素内部的各组成单元以及各教育阶段的物质设施建设达到一定的统一标准；其次表现为软件发展的策略，即要求教育领域各类教育系统、教育系统各要素、教育系统各要素内部的各组成单元以及教育各阶段的制度和文化建设达到一定的规范。具体而言，硬件建设描述了各级各类学校在校舍、教学设备和教职工待遇等方面达到相应标准的过程。在这样的过程中，相同阶段和相同类别的学校在上述三个方面获得统一标准。也就是说在一定行政区域内，例如一个县、一个地区、一个省的范围内，在硬件投入（校舍、设施、办学经费等）方面，实现国家和地方政府投入的相对均衡，并在此基础上实现城乡之间、地区之间办学条件的标准化、均衡化。② 而软件建设描述了教师人力资源方面均衡化的过程③和学校凝聚力文化的建设过程。在这样的过程中，首先由教育主管部门建立区域内的教师双向流动机制，促进教师沿着上行和下行两个方向流动，即教师从优质学校流向薄弱学校或从薄弱学校流向优质学校。也就是说，优质学校的教师在一定工作年限后前往薄弱学校执教一段时间；而薄弱学校让有潜力的教师前往优质学校学习一段时间。其次由各级各类学校打造“人心工程”，让教师保持旺盛的士气和积极向上的团队精神，并在校长、教师及学生之间形成强大的合力，为高效的工作和学习打造良好的校园氛围。硬件发展和软件发展的两种策略表明，教育的结构均衡既需要物质投入，也需要精神投

① 周锋．试论基础教育均衡发展的若干问题［J］．教育研究，2002（8）：70-72.

② 文喆．教育，实际上也是社会再分配的一个调节手段［J］．人民教育，2002（4）：12-14.

③ 吴秀国．缩小城乡学校之间差距，推动教育发展的均衡化［J］．上海教育科研，2004（1）：8.

入，两者相互结合才能更有效地促进各级各类学校的发展。

（二）从主客体层面来讲，教育均衡发展集中表现为人的均衡发展、资源的均衡配置以及政策法令的均衡保障

1. 人的均衡发展：机会公平是重心

人的均衡发展是教育均衡发展的目的，在这里指的是不同地域、不同阶层和不同群体的受教育者享有平等的教育机会。其中，机会公平是人的均衡发展的重心。机会公平不仅仅意味着不同的受教育者获得平等的教育机会，更意味着弱势群体获得更多的优惠条件。早在20世纪，美国学者罗尔斯（J. B. Rawls）就提出了“差别原则”，为处境不利者提供机会或利益的“补偿”，使社会中最小受惠者获得最大利益。[①] 罗尔斯的“差别原则”在一定程度上反映了缩小社会阶层差距的思想，这也正是当今我国教育均衡发展的重要依据。国内一些学者也在此基础上提出了自己的观点。顾明远将教育均衡发展视为教育平等问题和人权问题。[②] 徐友礼等认为，均衡发展就是要强调对弱势群体的关注，让每一个学生都能接受到更好的教育。[③] 朱永新、许庆豫从历史的范畴考察了教育均衡发展中人的发展。他们认为，在社会的经济、政治、文化发展到一定的水平后，基础教育均衡发展的具体目标是为尽可能多的人提供尽可能好的基本的教育。[④] 赵庆华在论述义务教育的均衡发展时指出，义务教育均衡发展从实质上来说，至少应包含以下三个方面的内涵，即“为受教育者提供均等的受教育机会”“为受教育者提供获得学业成功机会均等的受教育条件”和“促使每个受教育者

---

① 杨东平．中国教育公平的理想与现实［M］．北京：北京大学出版社，2006：5.

② 顾明远．教育均衡发展是教育平衡的问题，是人权问题［J］．人民教育，2002，(4)：14-15.

③ 徐友礼，焦天民，王鑫福．让每个孩子都接受良好教育：寿光市促进教育均衡发展的调查报告［N］．人民日报·华东新闻，2002-06-18（3）.

④ 朱永新，许庆豫．论基础教育均衡发展［J］．中国教育学刊，2002（6）：1-4.

获得最大限度的发展”。[①] 学者们的观点表明，教育均衡发展始终是以人的发展为核心的。离开了人的发展，教育均衡发展就会成为失去载体的空洞口号。而人的发展，要以机会公平为原则，最大限度地满足弱势群体的利益诉求，为弱势群体的子女的学业成功提供有力的保障，从而利于弱势群体提升社会地位。这对于缩小社会阶层差距、缓解社会矛盾、构建和谐社会发挥着重要作用。

2. 资源的均衡配置：资源共享是关键

资源的均衡配置是教育均衡发展的核心，在这里指的是教育资源在各级各类学校之间平等地进行分配。其中，资源共享是资源均衡配置的关键。资源的均衡配置不仅仅意味着对硬件建设和软件建设比较落后的学校给予补偿，更意味着这两个方面都先进的学校应为本区域提供资源共享服务。人类的资源本身是稀缺的，而人们对资源的需求是无限的、多种多样的。[②] 当前我国教育事业发展的根本矛盾在于社会日益增长的教育需求与教育资源特别是优质教育资源的有限性之间的矛盾。[③] 资源共享可在一定程度上减少资源总量有限的约束，做到现有资源的充分利用和优化配置。让集中在一些学校的优质资源流动起来，可以实现学校之间的资源共同利用，使参与资源共享的学校在为其他学校贡献出一份教育资源的同时收获更多的教育资源。[④] 资源在这里具体包括教育教学设施资源和教师资源。资源共享一方面在一定程度上利于缓解政府的财政压力，使政府能够在共享资源的区域内集中有限的财政力量建设优质的教育教学设施；另一方面利于加强区域内的合作与互助，使区域内形成一个教育的共同体。资源的均衡配置不能一

---

① 赵庆华．义务教育均衡发展问题研究［D］．长春：东北师范大学，2005.

② 鲜万标．对北京市义务教育均衡发展问题的分析与思考［J］．北京教育学院学报，2004（2）：42-48.

③ 范国睿．政府·社会·学校：基于校本管理理念的现代学校制度设计［J］．教育发展研究，2005（1）：12-17.

④ 刘群．以资源共享破解均衡难题：北京市东城区促进教育均衡发展纪实［J］．人民教育，2006（17）：2-6.

直强调对落后学校的补偿，原因在于，资源配置涉及的范围较大，一方面易造成“僧多粥少”的局面，平均分配有限的资源难以产生高质量的教育教学成果，最终与教育均衡发展的初衷相违背；另一方面容易造成部分资源的闲置和浪费，在获得大量新的资源的情况下，部分学校可能还缺少配套的人员和科学的使用方法，而一些当时还有很大利用价值的设施要么在无人会用的情况下慢慢被淘汰，要么在不当的使用过程中遭到损坏。因此，资源的均衡配置中，资源共享是关键。资源共享是最快速、最便捷的资源配置方式。政府可以为共享资源的区域建设不同类型的教育教学设施，提供不同类型的师资，以促进合作共同体的形成。

3. 政策法令的均衡保障：宏观调控是导向

政策法令的均衡保障是教育均衡发展的动力，在这里指的是国家出台相关政策为教育均衡发展扫清障碍，以促进教育均衡发展的落实。其中，国家的宏观调控是政策法令均衡保障的导向。宏观调控的宗旨在于通过对现有的教育不均衡现象进行调整从而缩小“两极分化”，让最多的人获得最多的实惠。20世纪90年代以来，我国的教育受教育产业化和市场化的影响越来越大，虽然这也产生了一定的积极成果，如教育经费的来源多样化，教育培养能力扩大，教育效率得以提高，教育服务、教育消费概念开始形成，教育市场和教育的选择性开始出现，学校与政府、社会和学生之间的新型关系开始建立，等等，但是，政府在教育发展中的特定作用、政府教育投资的特定作用、义务教育主要是政府的义务这样的概念也被淡化和模糊，政府与市场、公办教育与民办教育的不同功能在一定程度上被混淆，社会弱势阶层和人群享受公共服务的机会和权利被大大压缩。① 事实上，教育作为一种培养人的社会活动，从其本身来看，确实有别于纯粹的经济活动。虽然教育产品是具有商品属性的，存在着供求问题，并且也或多或少会受到市

---

① 杨东平．中国教育公平的理想与现实［M］．北京：北京大学出版社，2006：101.

场机制的影响和制约，然而，由于教育不同于一般的社会经济活动，并且市场机制在配置社会资源中也存在着固有的缺陷，教育的供求不应仅仅依靠市场来调节，政府也应发挥其宏观调控作用，对教育供求进行积极、主动的干预，以达到教育资源合理配置的目的。[①] 政府的宏观调控正是以政策为载体表现出来的。一些学者在界定教育均衡发展时，也特别强调了政策对宏观调控的保障作用。翟博强调，教育均衡发展需要在教育公平和教育平等的原则下制定有关基础教育法律、法规和政策。[②] 于建福认为，教育均衡发展需要法律法规确保给公民或未来公民以同等的受教育的权利和义务，需要政策制定与调整及资源调配以提供相对均等的教育机会和条件。[③]韩清林认为，教育均衡发展需要国家采用经济、政策、法制、行政、督导评估等手段，逐步缩小地区之间、学校之间的差距，推动基础教育实现相对均衡发展。[④] 苏君阳认为，教育均衡作为一种目标，在政策法令中具有“阶段性”“平等性”和“可持续性”三个方面的含义。[⑤] 上述学者们的论述表明，政策法令的均衡保障主要从公平的角度来保证受教育者获得平等的教育权利和教育机会。鉴于此，宏观调控的政策法令保障，有利于从根本上推动教育的均衡发展。

综上所述，教育均衡发展是以动态均衡为特征、以区域均衡为基础、以结构均衡为关键、以人的均衡发展为目的、以资源的均衡配置为核心、以政策法令的均衡保障为动力的教育变革过程。教育均衡发展的本质是缩小差距，让更多的人感受到公平，并在公平中获得最大的实惠。

---

① 阮艺华．政府为什么要干预教育供求［J］．教育理论与实践，2000（12）：24-28.

② 翟博．教育均衡发展需要明确哪些理论问题［N］．中国教育报，2006-07-29（3）.

③ 于建福．教育均衡发展：一种有待普遍确立的教育理念［J］．教育研究，2002（2）：10-13.

④ 韩清林．基础教育均衡发展方略的政策分析［J］．国家教育行政学院学报，2002（4）：35-43.

⑤ 苏君阳．教育均衡：政策理念到政策行动的反思［J］．中国党政干部论坛，2005（12）：28-30.

二、教育均衡发展的理论依据

关于教育均衡发展的理论基础，国外和国内的学者大都从自身的思想意识、价值观出发，基于一定的研究视角来阐发不同的观点。

（一）哲学与政治学依据：教育均衡发展的理论缘起

从理论缘起上考察，教育均衡发展必然涉及公平、公正、正义等富有伦理学意味的哲学问题，也涉及诸如民主、自由、平等等政治学问题。

1. 教育公平观：缩小社会差距的价值取向

20 世纪 70 年代，美国哈佛大学的哲学大师、自由主义思想家罗尔斯（J. B. Rawls）在《正义论》（1971）中提出了著名的正义原则。第一正义原则为“平等自由原则”，即平等地对待所有人，是一种横向的、平均性的公平，用于处理公民的政治权利。第二正义原则为“差别原则”和“机会公平原则”，用于处理有关社会和经济利益的问题。有区别地对待不同的人的“差别原则”是一种纵向的、不均等的公平，它突出了在不公平的社会现实中，为处境不利者提供机会或利益的“补偿”。上述原则可以具体表达为：每一个体都有最广泛的、与他人相同的自由；应使社会中最少受惠者获得最大利益；人所获得不均等待遇的职务、地位应该对所有人开放。“差别原则”和“机会公平原则”帮助弱势人群改变不利地位的基本出发点，表现了罗尔斯对于弱者的深切同情，表明了其公平理论鲜明的价值指向。① 罗尔斯的公平理论为我国学者对教育公平进行理论研究奠定了基础。范国睿认为，教育公平是社会公平价值观念在教育系统中的延伸和体现，教育公平被

---

① 杨东平. 中国教育公平的理想与现实［M］. 北京：北京大学出版社，2006：5.

视为社会公平的重要指标之一，教育公平直接反映和影响着社会公平。[①] 杨东平认为，教育公平不仅是教育现代化的基本价值和基本目标，也是社会公平的重要基石。教育公平为教育的高速发展奠定一个稳定的价值和制度基础，是一种“定向器”和“稳定器”。[②] 夏兆敢、舒红跃认为，从个人与社会的关系方面理解，公平代表社会各成员对其所在社会创造的物质财富合理分配的期待和要求，反映着社会对其不同成员实施的公正合理的利益分配尺度，要求社会创造的物质财富在不同利益主体之间尽可能公正合理地分配。[③] 唐中明认为，教育公平是确保教育事业健康发展的重要原则。教育公平是实现人的全面发展的重要保障。[④] 上述学者们的观点充分表明，构建社会主义和谐社会离不开教育公平，只有让教育发展的成果惠及最广大的人民群众，努力促进教育的公平公正，促进人的全面发展，才能促进经济的发展，促进社会的和谐。国外和国内学者的研究表明，教育公平旨在促使教育资源和教育机会按照一定的逻辑体系进行分配，并把各方成员的抵制减到最小，最终达成社会的和谐。

2. 教育公正观：教育伦理建构的内在支撑点

教育公正是当代教育伦理建构的内在支撑点，是当代教育发展的人本要求的价值体现，是调整社会利益关系、促进社会稳定的价值力量。人是价值的存在物，也是理性的存在物。公正诉求是作为理性存在物的人的合理价值追求。王家军认为，教育公正是教育民主化的底线伦理，更是首要原则，是衡量一个国家教育发展水平的重要标尺。[⑤] 苏君阳认为，教育公正具有很强的复合性，它是由教育系统内部公正

---

① 范国睿. 教育公平与和谐社会 [J]. 教育研究，2005 (5)：21-25.

② 杨东平. 中国教育公平的理想与现实 [M]. 北京：北京大学出版社，2006：3-4.

③ 夏兆敢，舒红跃. 公平、效率与人的需要 [J]. 理论月刊，2000 (8)：25-27.

④ 唐中明. 和谐社会视野中的教育公平 [J]. 湖南师范大学教育科学学报，2006 (4)：36-40.

⑤ 王家军. 教育公正的伦理价值及其实现 [J]. 江苏教育学院学报 (社会科学版)，2006 (2)：1-5.

与教育系统外部公正通过一定的制度形式有机整合起来的一种伦理实在。教育系统外部公正主要体现的是一种制度上的公正，而教育系统内部公正则主要体现的是一种师生交往实践上的公正。学生个体的发展是教育系统内部公正与教育系统外部公正整合的重要基础。[①] 常磊认为，教育公正，是指在教育领域内，国家通过制度性安排，使教育权利和教育义务得以恰当分配及切实实现。它的基本要求在于：任何一个公正的教育体系，都应该以充分有效而又公平合理的方式，确保每个社会成员的受教育权利及其实现，保证社会公民平等自由的教育选择机会，并在公共理性的基础上，实现整个教育运行的合理有序。现实中，由于国家教育投入总量不足、资源配置不尽合理、政策制定也存在一定偏差，特别是学校在执行教育政策的过程中存在问题，以及教师的素质不高、家长的观念有误，教育公正存在很大问题，并已影响到社会公正的实现。而要想实现教育公正，就必须加大教育投入，合理配置教育资源，制定公正的教育政策，并切实转变学校、教师、家长的观念，使国家的教育政策得以贯彻执行，教育公正得到最大限度的实现。[②] 刘健儿认为，教育公正是指社会制度和政策对社会群体和社会成员之间受教育权的获得和有关义务的分担进行分配的合理性、正当性。教育公正主要包括五项原则。其一，基本受教育权平等保障原则，即社会制度和政策应使每个人的基本受教育权得到平等保障。其二，非基本受教育权逐步平等化原则，即社会制度和政策应使人们的非基本受教育权逐步平等实现。其三，非基本受教育权机会平等原则，即社会制度和政策应使每个人在非基本受教育权领域享有平等机会。其四，效率原则，即综合素质优秀者优先原则和付费者优先原则。其五，补偿原则，即在非基本受教育权领域，应通过制度和政策使低收入家庭的受教育者应负担的那部分费用得到一定的优惠或减免。[③]

---

① 苏君阳．论教育公正的本质［J］．复旦教育论坛，2004（5）：33-36.

② 常磊．论教育公正［D］．南京：南京师范大学，2002.

③ 刘健儿．教育公正刍议［J］．北京大学教育评论，2005（1）：102-106.

3. 教育正义观：持有正义取代分配正义

诺齐克（R. Nozick）在论证个人的神圣不可侵犯性时指出，个人可以为了更大的利益而承担较小的痛苦和代价，但是在社会范围内就不能这样做，不能牺牲某些人的利益而促进整体或大多数人的利益，因为社会并非一种生物体，社会不是一个放大的个人。“存在着不同的个人，他们分别享有不同的生命，因此没有任何人可以因为他人而被牺牲。”[①] 诺齐克以“持有正义”的三原则来规范正义。诺齐克认为，正义来源于“持有（hold）”而非来源于“分配（distribute）”。他不同意罗尔斯的分配正义。诺齐克认为，“我们并不是一些由某人来划分馅饼的孩子，这个人最后做一些细微的调整来修正前面粗心的切割。没有集中的分配，因为没有谁有权控制所有的资源。任何一种资源都是有权利的，都是有主的。”因此他坚持用“持有正义”来替代“分配正义”。[②] 诺齐克说只有自由的选择才是正义的分配。即前述的“按其所反给出，按其所选给予”。他实际上是将经济正义泛化到所有的社会领域中去。[③]

4. 教育民主观：三种权利的凸显

杜威在《民主主义与教育》一书中指出，民主主义不仅是一种政

① 诺齐克．无政府、国家与乌托邦［M］．何怀宏，等译．北京：中国社会科学出版社，1991：42.

② 诺齐克反对通过税收进行再分配，用“持有”概念代表“分配”概念。“持有”，是指人们对某物的拥有，也就意味着人们的“所有权”或者“财产权”。在此，诺齐克没有用一般常用的“right”来表示权利，而是用了“entitlement”（意为“资格”“权利”）这样一个具有法律意蕴的词来表达，正是因为“entitlement”含拥有、持有之义，“持有”具有分配的重要性与合理性，是一个人持有的权利。诺齐克的“持有正义”理论认为，如果一个人按获取和转让的正义原则或者按矫正不正义的原则对其持有是有权利的，那么，他的持有就是正义的；如果每个人的持有都是正义的，那么，持有的总体（分配）就是正义的。诺齐克由此认为，“国家不可用它的强制手段来迫使 些公民帮助另一些公民；也不能用强制手段来禁止人们从事推进他们自己利益或自我保护的活动”。参见：诺齐克．无政府、国家与乌托邦［M］．何怀宏，等译．北京：中国社会科学出版社，1991：173.

③ 文长春．罗尔斯、诺齐克与德沃金权利正义论比较［J］．学术交流，2006（3）：18-22.

府形式，它首先是一种联合生活方式，是一种共同交流经验的方式。如果没有我们所想的教育，没有我们所想的家庭教育和学校教育，民主主义便不能维持下去，更谈不上发展。教育不是唯一的工具，但它是第一的工具、首要的工具、最审慎的工具。通过这种工具，任何团体所珍视的价值、所欲实现的目标都被分配和提供给个人，让其思考、观察、判断和选择。杜威还指出，对一个社会来说，划分成许多阶级将是致命的。一个社会必须给全体成员以平等和宽厚的条件求得知识的机会。① 杜威认为由他所构造的教育既可以让儿童在现实中就过上完满的生活，又可以对人类的政治生活进行改造，从而把个人能力的解放与社会的向前发展密切地结合起来，进而实现民主主义的理想。在杜威教育思想的基础上，国内学者对教育民主进行了相关研究，集中体现在基本公民权、共同管理权和人格平等权三个方面。②

基本公民权在这里指的是宪法和法律赋予中华人民共和国公民的基本权利。如《中华人民共和国宪法》（以下简称《宪法》）规定中华人民共和国公民有受教育的权利，《中华人民共和国教育法》（以下简称《教育法》）规定公民不分民族、种族、性别、职业、财产状况、宗教信仰等，依法享有平等的受教育机会。基本公民权的彰显意味着不同阶层、不同地域和不同群体的人们的子女享有同样的教育权利和教育机会。在基础教育阶段，做到城乡教育资源共享，做到城乡儿童享受同样的教育条件，获得同样的发展空间；在高等教育阶段，做到贫困家庭的子女获得国家长期无息贷款，以顺利地完成学业。基本公民权的彰显也意味着教育特权的消解。教育是实现阶层流动、实现社

① 杜威．民主主义与教育［M］．王承绪，译．北京：人民教育出版社，2001：95-96.

② 顾明远主编的《教育大辞典》认为，教育民主包括三个方面的内容："一是教育权利平等，即全体社会成员不受政治经济、社会地位和民族、种族、性别的差异的限制，均享受教育的同等权利；二是教育民主决策和管理，即教师、学生、家长和国家其他公民与教育行政管理人员共同参与教育的决策和管理；三是教育过程中的师生关系的民主，即师生在教育过程中具有平等的人格关系和伦理关系，学生尊重教师，积极参与教育过程，教师爱护学生，充分调动和发挥学生积极性和主动性，而不是压制学生。"参见：顾明远．教育大辞典（增订合编本）［M］．上海：上海教育出版社，1998：764.

会公平的重要途径，是最不应该存在特权的领域。教育领域存在特权，是对社会公平最大的伤害。教育民主需要减少从文化遗产中树立起来的教育特权，重新改造教育结构，大大地扩大选拔人才的范围并使人们能够沿着终身教育的模式前进。①

共同管理权在这里指的是学校教育的利益相关者，包括校长、教师、学生、家长及社区成员等共同管理学校的权利。学校教育涉及方方面面，需要各方的合力与共同管理。政府在放权给学校的同时，也会要求学校加强与家庭和社会的合作，并根据家庭和社会的反馈来对学校的办学绩效进行评估。学校为了获得良好的办学效率和社会效果，就必须吸纳广大公众的良好建议和善意批评。学校在各方的共同管理下，将焕发出新的生机与活力。各方共同管理学校可借助于家长委员会、社区委员会、家校合作委员会、学生会等组织。

人格平等权在这里指的是师生之间、生生之间在人格上和伦理上获得平等的权利。教师不因为是传道者而高高在上，学生不因为发挥自主性而不尊敬教师，学生之间不因为家庭背景不同而受到差别对待。教材内容应个人化；逐步使小学生、中学生和大学生意识到他们的地位、权利和愿望；使权威的教学形式让位于以独立、互相负责和交换意见为标准的师生关系；通过师资训练使教师了解和尊重学生个性的各个方面；以指导代替选拔；使那些使用教育机构的人们参加管理与制定政策；消除教育活动中的官僚主义习气。②

5. 教育自由观：人的全面发展

被誉为“经济学的良心”的诺贝尔经济学奖得主阿马蒂亚·森（A. Sen）对流行的功利主义发展观予以深刻的揭示。③ 他认为，功利主义价值观以“效用”作为公平的主要评价指标。他认为，应当树立一种新的公平观，它首先是哲学、社会学的，然后才是经济学的。在

① 陈桂生．教育原理［M］．2 版．上海：华东师范大学出版社，1999：148.

② 陈桂生．教育原理［M］．2 版．上海：华东师范大学出版社，1999：148.

③ 森．以自由看待发展［M］．任赜，等译．北京：中国人民大学出版社，2002：31.

新的公平观中，自由具有独立的价值，它自身就是价值，既不需要通过与别的有价值的事物相联系来表现其价值，也不需要通过对别的有价值的事物起促进作用而显示其重要性。阿马蒂亚·森的实质自由论的第一命题是“自由是发展的首要目的”，即“把发展看作广大人民享受的真实自由的一种过程”。第二命题是“自由是促进发展的不可缺少的重要手段”，是可以用发展中国家的经验事实验证的。它的手段性作用由政治自由、经济自由、社会机会（教育、医疗保健等）、透明性保证（知情权、信用等）、防护性保障（社会救济等）这五类“工具性自由”建构而成。它被视为一种具体的“可行能力”，直接影响着人赖以享受更好生活的实质自由：健康、交往、就业、政治参与等。①

其实，最早将人的自由与全面发展联系在一起的是马克思（K. H. Marx）。马克思针对私有制和旧分工造成人的体力和智力相分离的弊端，特别强调要全面发展人的体力和智力，指出只有消灭私有制和旧分工，劳动者将体力劳动和脑力劳动结合以适应不同的劳动要求，把不同社会职能作为互相交替的活动方式，人的能力才能得到全面发展。② 作为对马克思人的全面发展学说的发展和具体运用，毛泽东早在1957年就针对人的全面发展做出过论述，提出了我国社会主义的受教育者应在德育、智育、体育几方面都得到发展，成为有社会主义觉悟的、有文化的劳动者。1958年，毛泽东又提出培养学生的马列主义基本观点，强调理论联系实际，把脑力劳动和体力劳动相结合，塑造社会主义新人。邓小平丰富和发展了马克思主义关于人的全面发展理论，在20世纪80年代初提出了我国社会主义初级阶段人的全面发展“四有素质”的基本尺度，即要培养有理想、有道德、有文化、有纪律的四有新人，提出“面向未来、面向世界、面向现代化”培养“德才兼备”的人才，并成功探索出了一条符合我国国情、促进人的全面发展的现实途径。江泽民在庆祝中国共产党成立80周年大会上的讲话中曾

---

① 杨东平．中国教育公平的理想与现实［M］．北京：北京大学出版社，2006：5-6.

② 张艳新．马克思人的全面发展理论探微［J］．黑龙江社会科学，2006（1）：35-37.

明确提出："我们建设有中国特色社会主义的各项事业，我们进行的一切工作，既要着眼于人民现实的物质文化生活需要，同时又要着眼于促进人民素质的提高，也就是要努力促进人的全面发展，这是马克思主义关于建设社会主义新社会的本质要求。"胡锦涛同志提出了"坚持以人为本，树立全面、协调、可持续"的科学发展观，是我们党对马克思主义人的全面发展理论的又一次丰富和提高。[①]

6. 教育平等观：弱势补偿的凸显

萨托利（G. Sartori）认为，"平等表达了相同的性质……两个或更多的人或客体只要在某些方面处于同样的相同或相似的状态，那就可以说他们是平等的"[②]。实质上更确切地说，"平等是人们相互间与利益获得有关的相同性；而不平等则是人们相互间与利益获得有关的差别"[③]。萨托利认为，"平等的历史进步可以分为四类或四种形式：第一，法律政治平等；第二，社会平等；第三，机会平等；第四；经济平等"[④]。然而社会平等是一个笼统的概念，它实际上是政治、经济、教育等各方面的平等的统称。具体的教育平等问题可以归结为教育权利平等、教育机会均等。德沃金（R. Dworkin）在《认真对待权利》中指出："自由主义平等概念支配下的每一位公民都有一种受到平等关心和尊重的权利。这一抽象的权利可以包括两种不同的权利。第一种权利是受到平等对待的权利（right to equal treatment），就是说，像其他人所享有的或被给予的一样，同样分享利益和机会。第二种权利是作为平等的人受到对待的权利（right to treatment as an equal）。这不是一种平等分配利益和机会的权利，而是在有关这些利益和机会应当如

---

① 孟冰燕．论社会主义市场经济与人的全面发展［D］．南京：南京师范大学，2005.

② 萨托利．民主新论［M］．冯克利，阎克文，译．北京：东方出版社，1993：381.

③ 王海明．公正、平等、人道：社会治理的道德原则体系［M］．北京：北京大学出版社，2000：63.

④ 萨托利．民主新论［M］．冯克利，阎克文，译．北京：东方出版社，1993：388.

何分配的政治决定中受到平等的关心和尊重的权利。”① 德沃金举例来解释两类权利：如果我有两个孩子，一个快要死了，另一个也遭受病痛的折磨，仅剩下一点药给哪个孩子呢？如果我以掷币的方式来决定谁来吃仅剩的药，那么我就没有表现出平等的关心。按照第一类平等权利的原则，剩下的药应该平分给两个孩子。按照第二类平等权利原则，两个孩子应该受到平等的尊重和关心，但是快病死的孩子应得到更多的关心，这样才体现出作为一个平等的个人而受到平等对待的权利。因此，仅剩下的药应该给快要病死的孩子。② 德沃金指出了弱势补偿的平等观。根据德沃金的观点，那些因天赋、家庭出身、背景和社会环境而处于不利地位的个体和群体应该得到更多的优惠和尊重。

国内学者从静态（横向）和动态（纵向）两大层面对教育平等进行了研究。其中，静态（横向）层面涉及权利平等和机会均等；动态（纵向）层面涉及起点平等、过程平等和效果平等。就静态（横向）层面而言，首先，教育权利平等从质上规定了是否可能受教育。③ 教育权利平等以人的尊严的平等为内在依据，这就意味着社会应视每一个人为目的，而不能把个人仅仅看作满足其他个人或群体意志的手段与工具。同时也意味着社会应承认和保障每个人都具有的不可让渡的受教育权利，为每个人的成长和发展提供基本的学习条件，以维护他们作为人的尊严。④ 教育权利平等应当全面体现于受教育的权利、教育中的权利和教育后的权利等三个方面的平等。⑤ 其次，教育机会均等从量上规定了受教育的机会是否充分。⑥ 教育机会实际上是指受教育者发展

---

① 德沃金．认真对待权利［M］．信春鹰，吴玉章，译．北京：中国大百科全书出版社，1998：357-358.

② 德沃金．认真对待权利［M］．信春鹰，吴玉章，译．北京：中国大百科全书出版社，1998：300.

③ 彭玉琨，张捷，贾大光．教育平等理论内涵分析与促进教育平等进程策略研究［J］．东北师大学报（哲学社会科学版），1998（6）：82-87.

④ 李润州．教育平等的一种人学审视［J］．江苏教育研究，2002（4）：8-10.

⑤ 王晓辉．关注教育平等［J］．教育学报，2005（3）：53-58.

⑥ 彭玉琨，张捷，贾大光．教育平等理论内涵分析与促进教育平等进程策略研究［J］．东北师大学报（哲学社会科学版），1998（6）：82-87.

的可能性空间，是每个受教育者进入教育机构和参与教育活动的各种条件的总和。教育机会均等是教育平等权的最低限度的要求，它禁止的是依据不合理的标准对人进行分类，而后依据人的不同分类提供不同的机会，或者给予某些人优惠，或者对某些人不提供机会。[①] 教育机会均等应统筹兼顾公平与效率。即在教育的不同阶段，保证公平与效率有不同的侧重：在义务教育阶段保证每个人享受义务教育的平等权利，努力实现教育结果的平等；在非义务教育阶段，保证每个人参与教育竞争的权利平等，以提高教育效率为主要目标。侧重教育的选择功能，有限的教育机会只有通过发挥个人的聪明才智与不懈努力才能获得。[②]

就动态（纵向）层面而言，首先，教育起点平等规定了入学机会的均等。教育起点的平等是指每个人不受性别、种族、出身、经济地位、居住环境等条件的影响，均有开始其学习生涯的机会。起点上的平等是最低层次的要求。[③] 教育的起点平等意味着两层意思：一是从人生教育的起点入手，就是从义务教育、中小学教育入手追求公平；二是从办教育的起点入手，就是从办校的基本条件——校舍、设施、师资以及运行经费入手来追求公平。其次，教育过程的平等是运用以平等为基础的各种不同的方式来对待每一个人，而不论其人种和社会出身情况。它表现在客观因素和主观因素等方面。客观因素是指资源投入，包括师资力量、学校外部的各种因素以及学校内部的各种物质设施等。主观因素是指教师在教学过程中是否给家庭背景、智力水平、教养程度不同的学生以平等对待。教育过程中所包含的条件之多和某些主观因素的不可控制性，决定了教育过程中不平等的广泛性和深刻性。最后，教育效果的平等是指就最后目标而言，要求学生走出校门时获得相同的学业成就，从而使不同社会出身的儿童在起点上的差别

① 周永坤．教育平等权问题及解决之道［J］．华东政法学院学报，2006（2）：112-117.

② 张翼．市场经济条件下的教育平等和平等的教育［J］．教育与经济，1997（2）：60-62.

③ 彭玉琨，张捷，贾大光．教育平等理论内涵分析与促进教育平等进程策略研究［J］．东北师大学报（哲学社会科学版），1998（6）：82-87.

得以消除，实现实质上的平等。① 教育效果平等目前主要是针对基础教育而言的。教育条件平等是教育效果平等的前提和条件，而教育平等归根到底要体现在教育效果的平等上。在相同的教育条件下，如果一部分学生由于家庭经济状况、性别、种族等原因，能力发展受到限制，学业成绩受到影响，教育效果产生差异，那么这种教育仍不是平等的教育。②

（二）社会学依据：教育均衡发展的理论背景

从理论背景层面分析，教育均衡发展源自社会问题，并且致力于解决社会问题。教育均衡发展的社会学基础集中表现为如下一些理论流派。

1. 功能主义理论：通过社会整合调和社会不平等

传统的功能主义理论的鼎盛时期在20世纪50—60年代，以帕森斯（T. Parsons）、默顿（R. K. Merton）等人为代表。功能主义理论在教育公平研究中关注工业化民主社会中教育机会与社会流动之间的关系。20世纪80年代出现了新功能主义，以亚历山大（J. Alexander）等为代表。新功能主义结合马克思主义理论对帕森斯的结构功能主义进行了重构。新功能主义特别关注所谓“微观”与“宏观”之间的联系，即个人的、人际的日常生活与大型社会结构之间的联系。在功能主义理论中，一切都是和谐而稳定的，只要进行局部的调整即可获得永久的平等。它过分强调了有助于社会整合的因素，忽视了导致分裂和矛盾的因素。对于稳固和秩序的强调意味着社会中基于阶级、种族和性别等因素的分裂或不平等被最小化了。这也正是后来功能主义理论被冲突理论所批判的关键所在。

---

① 彭玉琨，张捷，贾大光．教育平等理论内涵分析与促进教育平等进程策略研究［J］．东北师大学报（哲学社会科学版），1998（6）：82-87.

② 曾继耘．论现代教育条件下的教育平等［J］．山东教育学院学报，1999（4）：6-9.

2. 新教育社会学理论：通过意识形态批判争取教育平等和社会平等

20世纪70年代以来，欧洲，特别是英国，出现了“新教育社会学派”，代表人物有英国的麦克·F. D. 扬（M. F. D. Young），其代表作是《知识与控制：教育社会学的新方向》（1971）。这一学派在教育知识、教师的作用和西方教育制度等问题上持激进态度，也被划入冲突学派的范畴。它主张从阶级利益和群体利益的角度研究教学内容。其理论追求是通过意识形态批判为工人阶级争取教育平等和社会平等。新教育社会学关注微观社会学研究，这是它的特点和长处。但是，在批判旧教育社会学只注重宏观研究而忽视微观研究的同时，它自己又走向了反面，即忽视了客观的社会结构问题。新教育社会学带来了在教育运动中进行激进民主变革的要求，却根本没有考虑到自己是否误解了人们的利益追求。

3. 再生产理论：视学校为社会控制与社会再制工具

20世纪60年代以后，再生产理论引起广泛关注。再生产理论包括“社会再生产理论”与“文化再生产理论”。“社会再生产理论”的代表人物是鲍尔斯（S. Bowles）和金蒂斯（H. Gintis）等人，他们认为在工业化资本主义的社会里，学校教育过程与经济生活密切相关，经济—学校的联结是阶级关系再生产的最重要环节，学校是社会控制和社会再制的工具。“文化再生产理论”的代表人物是法国社会学家布迪厄（P. Bourdieu），他提出了“文化专断”和“文化资本”概念，认为教育制度本身也有其文化专断，也就是说，占据统治地位的阶层会用制度化的方式将其自身的资源优势固定下来。再生产理论关注教育与社会的经济、文化和政治的关系以及学校的社会关系，揭示了社会不平等通过经济、文化和国家霸权等进行生产和再生产的机制。再生产理论既关注学校教育过程内部复制不平等的现象，同时又运用功能主义考察学校内部与学校外部结构之间的关系，力图架构宏观研究与微观研究、教育内部与外部公平的桥梁，但再生产理论的机械决定论导致了对社会变迁的悲观看法，始终忽视了在微观层面、在学校内部的教师与学生在传递和接受主流文化的同时对其进行抵制的情况。

4. 抵制理论：全面揭示学校中存在的社会结构与意识形态矛盾

20世纪80年代，抵制理论出现，其代表人物是美国的吉鲁（H. Giroux）、阿普尔（M. W. Apple）以及英国的威利斯（P. Willis）。抵制理论的重要理论假设是：劳动阶级的学生不完全是资本的副产品，也就是说不完全服从权威教师与学校的指令。更确切地说，学校中存在社会结构与意识形态的矛盾，存在着阶级对抗。作为劳动阶级的学生通过批判与反思以及对社会改革的热心，可以造就一个更加自由、民主和平等的社会。抵制理论注意到了社会组织和机构之间的矛盾、阶级对抗与斗争的积极意义，更为主要的是强调了人的能动性在推动社会公平和自我解放方面的作用。但抵制理论总体上来说是激进的，该理论虽然倡导学生变革不人道现实的主观能动性，但对这种主观能动性有些过于夸大。它所倡导的观点多少有点乌托邦的色彩。

5. 批判理论：以消除社会不公为核心的批判意识

20世纪80—90年代，批判理论（critical theory）走进了人们的视野。批判理论或批判的社会理论（critical social theory）有广义与狭义之分。狭义的批判理论是指法兰克福学派的社会理论；而广义的批判理论则包括：批判理论（法兰克福学派）、后现代主义、女权主义、多元文化主义、文化研究等。它们都或多或少地具有西方马克思主义的理论背景，具有理论批判的基本品格。得克萨斯大学批判理论网站将本雅明（W. Benjamin）、霍克海默（M. Horkhaimer）、阿多诺（T. W. Adorno）、马尔库塞（H. Marcuse）、弗洛姆（E. Fromm）和哈贝马斯（J. Habermas）列为老一代批判理论家，而将美国、英国等英语国家的批判理论家阿格（B. Agger）、贝斯特（S. Best）、凯尔纳

（D. Kellner）和布隆纳（S. E. Bronner）列为新一代批判理论家或后马克思主义理论家。批判理论一开始就明确表达了消除社会不公的浓重的批判意识。它努力揭示出在科学貌似中性的表述中人性被压抑的状况并不少于潜藏在本体论中的。因此，批判理论一直执着于建构知识社会学和“意识形态批判”。但是，它对现存秩序所固有的或内在的批判也保留了一些超越的或乌托邦的色彩。

6. “科尔曼报告”：教育机会均等的平等观

“科尔曼报告”是在第二次世界大战后随着教育平等、教育民主化思潮的出现，以及美国民权法案对教育机会均等现状进行调查的要求下产生的。报告对美国教育机会均等的现状和影响因素进行了科学的分析，认为校际差距对不同种族的学生有不同的影响，影响儿童学习水平的原因主要不是学校的物质条件，而是学校内的社会因素，包括学生家庭的社会经济背景、同学的社会经济背景以及不同社会经济背景的同学之间的相互影响。学校的成功只能从它减少学生对他们社会出身的机会依赖这一角度来评价，教育机会均等不仅仅意味着资源均等，而且意味着学校的效益均等。科尔曼（J. S. Coleman）认为学校不是被动地提供平等的教育资源的，而应解放孩子的潜能，使他们免于因为出身和社会环境而处于不平等的教育环境之中。因此，在政策操作层面上，“科尔曼报告”明确提出：与要求政府平等地提供财政资源相比较，确保学生的经济地位的融合更具有挑战性。①

（三）经济学依据：教育均衡发展的理论动力

教育均衡发展必然涉及教育资源配置等经济学问题。经济学依据是教育均衡发展的理论动力。

---

① 马晓强．“科尔曼报告”述评：兼论对我国解决“上学难、上学贵”问题的启示［J］．教育研究，2006（6）：29-33.

1. 国家干预主义：国家调配资源促进社会公平和经济增长

国家干预主义是一种主张发挥国家的主导作用的学派，它先后经历了四个阶段。① 第一，重商主义的原始国家干预主义。重商主义是欧洲资本主义原始积累时期代表了商业资本利益的经济思想和政策体系。重商主义者崇尚国家政权对经济发展的作用，代表人物有蔡尔德（J. Child）、托马斯·孟（T. Mun）和塞肯多福（V. V. Seckendorf）。其中，塞肯多福在1656年出版的《德意志王国论》中就提出了保护工商业、增加人口和就业、实施义务初等教育、建立以货物税为基础的税收制度等主张。重商主义的原始国家干预主义对以后的一些经济学说（包括凯恩斯经济学）都有所影响。第二，古典经济学时期的国家干预主义。随着产业革命的进行和资本主义经济的发展，资本主义生产关系的矛盾也日益暴露，竞争给社会带来的无政府状态、人民生活的悲惨境遇都促使一些经济学家进行新的思考。这一时期的代表人物是西斯蒙第（J. C. Sismondi）、马尔萨斯（T. R. Malthus）和密尔（J. S. Mill）。西斯蒙第从人民群众的利益出发，考虑通过国家干预来改善自由放任给社会带来的危害是有进步意义的。他的某些改良主义主张可看成后来的福利经济政策的先驱。马尔萨斯的国家干预主义政策包括扩大非生产性消费，这一类消费者包括官员、地主、军队、教师等。马尔萨斯的有效需求不足论对凯恩斯主义宏观经济理论的形成有着深刻的影响。密尔是19世纪中叶英国最著名的经济学家，他所构造的经济理论体系被视为经济思想史上经济自由主义和国家干预主义的第一次综合。密尔在维护自由竞争原则的同时无疑也看到了市场经济的诸多缺陷，这使他赞同采取适度的国家干预政策来保障经济稳定运行，但他的自由主义立场使他无法真正认识到市场失灵的原因，从而使他的国家干预论仅仅局限在提高社会福利上，而未能提出解决经济危机的办法。第三，李斯特的国家干预主义。弗里德里希·李斯特

① 欧阳红兵，叶蓓．国家干预主义的思想源流［J］．宁夏社会科学，1998（6）：22-26.

（F. List）是德国历史学派的先驱者。李斯特的代表作《政治经济学的国民体系》即体现了他以国家和民族为核心、通过贸易保护主义和国家干预政策尽快发展民族工商业的思想观点。李斯特将自己的经济学称为国家经济学，研究“某一个国家，处于世界目前的形势以及它自己的特有国际关系下，怎样来维持并改进它的经济状况”以及“国家为了改进它的经济状况应当遵循的政策”。李斯特认为，“财富的生产力比之财富本身，不晓得要重要多少倍，它不但可以使已有的和已经增加的财富获得保障，而且可以使已经消失的财富获得补偿”①。李斯特的理论过分强调了国家的作用而忽视了经济发展的自身规律。第四，现代经济学的国家干预主义。进入20世纪，随着国家垄断资本主义的发展，经济学领域也出现了一系列国家干预主义流派，包括瑞典学派、新制度学派和凯恩斯主义等，其中凯恩斯主义国家干预理论在实践中获得成功应用，影响也最大。凯恩斯主义的产生背景是20世纪30年代的大萧条，这场经济危机在现实中彻底否定了古典经济学关于经济能自动调节到充分就业均衡的说法。凯恩斯的国家干预政策有财政政策、货币政策、国有化政策、国家计划、产业政策和收入政策。财政政策包括税收政策与财政支出政策。财政支出政策包括政府购买、政府对公共事业的投资以及转移支付（政府对某些人的无偿支付，如政府支付的奖学金、失业救济金、物价补贴及其他补贴）。货币政策是由中央银行来执行的，包括调整法定准备率、调整贴现率与公开市场业务等。国有化是指政府通过高价收购或其他补偿办法把私人企业收归国有，或由国家投资创办新企业的过程。国家计划是政府遵循经济规律，在发挥市场机制作用的基础上，通过计划对社会经济活动进行指导、协调、控制与监督的过程。产业政策是指在规定的时期内提出的对产业结构的变动、发展次序及发展目标的设想以及相应的政策措施。收入政策是政府根据既定目标而规定个人收入总量与结构的变动方向以及政府调节收入分配的基本方针和原则。

---

① 李斯特．政治经济学的国民体系［M］．陈万煦，译．北京：商务印书馆，1991：118.

总结各学派的国家干预主义，我们可以看到国家干预的目的有两个：其一是消除竞争的负面影响，促进社会公平，增进社会福利；其二是促进经济增长，摆脱经济危机，增加就业。

2. 资源经济学理论：资源最优利用

美国资源经济学形成于20世纪20年代末、30年代初，以1929年出版的伊黎（R. T. Ely）和莫尔豪斯（E. W. Morehouse）合著的《土地经济学原理》为开端。之后，伊黎和魏尔万（G. S. Wehrwein）在《土地经济学》（1940）中第一次把土地当作一个整体来阐述有关的经济问题。哈罗德·霍特林（H. Hotelling）在《可耗尽资源的经济学》中提出了资源的保护和稀缺资源的分配问题，他认为经济学就是研究稀缺资源的利用和分配的学科。20世纪70年代末，随着生态保护主义运动的深入，资源经济学研究进入了一个辉煌时期。查尔斯·豪（C. W. Howe）的《自然资源经济学》是这一时期的代表作，重点论述了自然资源的经济问题，讲述了自然资源的属性、共享资源的管理、自然资源非市场效益的评价、稀缺度量、自然资源最优利用条件、项目经济分析、帕累托效率。进入20世纪80年代，资源经济学已经形成了完整的学科体系。美国学者阿兰·兰德尔（A. Randall）出版了著作《资源经济学：从经济角度对自然资源和环境政策的探讨》。他认为，资源经济学是微观经济学的一个分支，是研究自然资源和环境政策的一门应用经济学。它是利用经济学理论和定量分析的方法来揭示、分析、评价和指导制定关于自然资源和环境方面的政策。近年来，国外资源经济学开始从研究资源的经济问题转向研究资源的政策问题，在自然资源的政策方面强调公平、效率是可以统一的。[①]

3. “穷人的经济学”原理：改善贫困的关键因素是提高人口质量

“穷人的经济学”（the economics of being poor）是1979年底舒尔

---

① 楼惠新．资源经济学的几个基本问题［J］．中国农业资源与区划，1994（3）：11-15.

茨（T. W. Shultz）在领取诺贝尔经济学奖时发表的著名演讲的题目。他提出的“穷人的经济学”主要研究各类传统农业社会的经济特征，目的在于揭示传统农业社会在当代陷于落后、贫困的原因，并寻找推动这类社会发展、进步的关键条件和方法。舒尔茨强调，在传统的农业社会中，持续的经济增长只是一种近代现象。人类社会曾经在长达数千年的时间里处于近乎停滞的状态，仅仅在最近这不到两百年的时间里，人类社会才发现了实现经济持续增长的途径。经济发展不是一个增加投入的简单问题。因为，在一种生产模式中，如果技术前提不变，一种投入要素的使用量超过一定点之后，其边际产出将趋于下降。这就是现代经济学中所讲的“边际报酬递减法则”。这一法则相当残酷。任何社会，如果不能克服这一法则，将注定陷于贫困难以自拔。在舒尔茨看来，各类穷经济体都是受困于收益递减法则的社会。在穷经济体中，当资本、劳力、自然资源在技术条件不变的情况下被不断投入生产过程时，很快就会进入收益递减状态。低收入国家中的贫穷以及贫富差异并不是源于土地资源不够，也不是因为土地分配不均，舒尔茨认为，真正的原因在于缺乏激励和缺乏农业科技的投入。在改善穷人福利上的关键因素不是空间、能源和耕地，而是提高人口质量，提高知识水平。为此，舒尔茨主张，低收入国家应当将一切能够提高国民人口质量的措施视为促进经济发展的投资，这包括照顾儿童、发展教育和改善民众的健康等。[①]“穷人的经济学”原理告诉我们，要通过均衡发展教育来普遍提高农村的劳动力素质，从而改变农村的落后状态。

（四）法学依据：教育均衡发展的理论保障

任何一项革新都离不开法律的保驾护航。法学依据是教育均衡发展的理论保障，主要涉及如下几个方面。

① 韩朝华．何谓穷人的经济学？［EB/OL］．（2006-07-10）［2016-01-12］．http：//economist. icxo. com/htmlnews/2006/07/10/874499_ 0. htm.

1. 教育权利平等：公民的受教育权利得到统一的对待

教育权利平等是指公民的受教育权利得到统一的对待。公民的受教育权利包含利益、主张、资格等方面的要素。从利益的角度看，它意味着权利主体通过接受教育而获得某种利益，是否真的会获得利益或所获得的利益大小，将直接影响主体行使权利的积极性；根据权利的主张要素，受教育权利主体可以根据法律规定要求权利相对方为其接受教育提供一定的条件，并有在受教育权利受到侵害时申请保护的要求权；从权利的资格要素看，它可以转化为谁有权接受教育，谁就是受教育的主体。在我国，受教育权利是宪法赋予公民的一项基本权利。《宪法》第四十六条规定："中华人民共和国公民享有受教育的权利和义务"。这一规定使受教育权利成为宪法权利中经济、社会和文化权利的重要组成部分。受教育权利作为一项宪法性质的权利，不仅在宪法中有相关规定，而且也被具体的部门所内化。《教育法》第九条规定："中华人民共和国公民有受教育的权利和义务，公民不分民族、种族、性别、职业、财产状况、宗教信仰等，依法享有平等的受教育的机会。"其他相关条款也分别对公民受教育权利的内容和保障做了规定。《中华人民共和国义务教育法》（以下简称《义务教育法》）第四条规定："凡具有中华人民共和国国籍的适龄儿童、少年，不分性别、民族、种族、家庭财产状况、宗教信仰等，依法享有平等接受义务教育的权利，并履行接受义务教育的义务。"

2. 教育机会均等：个体在受教育过程中获得同样的受教育机会

教育机会均等是指个体在受教育过程中获得同样的受教育机会。1990年在泰国召开的世界全民教育大会通过了《世界全民教育宣言》和《满足基本学习需要的行动纲领》，文件着重指出：全民教育的最终目标是每一个人，无论是儿童、青年或成年人，均应受益于旨在满足其基本学习需要的教育机会。教育机会均等问题成为国际教育界和许多国家教育研究、教育改革运动中最关心的问题之一。教育机会均等是一个具有多层次内涵的概念，对此，不同的学者有不同的理解。日本学者友田泰正很精辟地指出了教育机会均等概念的本质内涵。他认为教育机会均等可以分为三种：一是效率的平等，即关注入学选拔考试，参加入学考试的机会须平等地开放给每一个人；二是形式的平等，即不论学生的能力及性向如何，应给所有国民以平等的教育机会，主张无限制扩大教育；三是实质的平等，即应保障每一个人有自我实现的教育机会。三者的区别在于：效率平等是社会本位的效率观念；实质平等较重视个人的需求与希望，是个人本位的效率观念；形式平等是效率平等和实质平等的过渡。根据友田泰正的观点，教育机会均等的理念是随着学校教育的扩展而变化的，变化主要是沿着从效率平等到形式平等再到实质平等的方向发展。①

3. 教育资源的均衡配置：人力、物力和财力资源的均衡

资源均衡是指人力、物力和财力资源的均衡。《义务教育法》在均衡配置教育资源方面发挥了重要作用。《义务教育法》第二条规定："义务教育是国家统一实施的所有适龄儿童、少年必须接受的教育，是国家必须予以保障的公益性事业"，"实施义务教育，不收学费、杂费"，"国家建立义务教育经费保障机制，保证义务教育制度实施"。第六条规定："国务院和县级以上地方人民政府应当合理配置教育资源，促进义务教育均衡发展，改善薄弱学校的办学条件，并采取措施，保障农村地区、民族地区实施义务教育，保障家庭经济困难的和残疾的适龄儿童、少年接受义务教育"，"国家组织和鼓励经济发达地区支援经济欠发达地区实施义务教育"。第二十二条规定："县级以上人民政府及其教育行政部门应当促进学校均衡发展，缩小学校之间办学条件的差距，不得将学校分为重点学校和非重点学校。学校不得分设重点班和非重点班。"第三十二条规定："县级人民政府教育行政部门应当

① 陈国维．从法学的视角看教育公平［J］．河南司法警官职业学院学报，2004（1）：118-120.

均衡配置本行政区域内学校教师力量，组织校长、教师的培训和流动，加强对薄弱学校的建设。”

三、促进教育均衡发展的现实意义

（一）促进教育均衡发展是教育改革的本质要求

教育属于社会公益事业，发展教育是政府的重要职责。“公益性是现代教育的一个基本特征。教育的公益性决定了它不可能像商品一样完全通过市场来提供，而必须通过市场以外的资源配置机制来提供，这就导致在现代国家中政府所提供的教育越来越具有举足轻重的意义。”① 与其他阶段的教育相比，义务教育更应该是政府首先予以保证的教育，应该是免费的教育，同时也是强迫的教育。不管是资本主义国家还是社会主义国家，不管是发达国家还是发展中国家，也不管是中央集权制国家还是分权制国家，对于义务教育的责任问题，政府都是不可以推卸也是推卸不掉的。我国是社会主义国家，社会主义的本质是解放生产力、发展生产力，最终实现共同富裕。我们党的根本宗旨和“三个代表”的核心是为最广大人民群众谋利益。满足人民群众受教育的需要首先要满足其接受义务教育的需要，满足人民群众接受较高质量的义务教育的需要是我们社会主义教育事业的根本任务之一，这也是社会主义本质的体现。《义务教育法》以法律的形式确定了各有关主体的责任，实质上也从法律的角度进一步明确了政府承担义务教育的责任。义务教育既然是政府的首要责任，既然是公民的基本权利，既然是每一个公民所必须接受的保底性的具有强制性、免费性和公益性的大众教育，那么，从其根本上讲，它必须是均衡发展的教育，否则就会造成明显的不公平。不论是社会主义制度还是资本主义制度，也不论是哪一个政党执政，政府存在的主要价值就是承担社会公共事

---

① 劳凯声．公共教育体制改革中的伦理问题［J］．教育研究，2005（2）：3-11.

务的管理责任，维持社会的公正、公平。作为主要由政府承担的教育，义务教育之所以要均衡发展，就是因为要追求公平性，以确保整个社会的公平公正。

（二）促进教育均衡发展是基本人权在教育上的体现

1948 年 12 月 10 日联合国大会通过的《世界人权宣言》第二十六条规定："（一）人人都有受教育的权利。教育应当免费，至少在初级和基础阶段应如此。初级教育应属义务性质。技术和职业教育应普遍设立。高等教育应根据成绩而对一切人平等开放。（二）教育的目的在于充分发展人的个性并加强对人权和基本自由的尊重。教育应促进各国、各种族或各宗教集团间的了解、容忍和友谊，并应促进联合国维护和平的各项活动。"① 1990 年 3 月 5 日至 9 日，在泰国宗迪恩召开的世界全民教育大会上通过了《世界全民教育宣言》，宣言指出："重申教育是全世界所有人的一项基本权利，不论他们是女性还是男性，不论他们的年龄如何；理解教育可以有助于确保一个更安全、更健康、更繁荣和环境更为美好的世界，每一个人，儿童、青年和成人，都应能够受益于旨在满足他们的基本学习需要的教育机会……要使基本教育做到公正，必须为所有儿童、青年和成人提供机会以达到和保持一个令人满意的学习水平。"② 我国《宪法》规定："中华人民共和国公民享有受教育的权利和义务。"义务教育均衡发展实质上是人权平等在教育上的体现。国家举办的义务教育是在每个纳税人的支持下发展起来的社会公益事业。政府作为资金的收集者和再次配置者应当考虑到最广大的社会人群的利益。罗尔斯曾提出公平的三个层次，一是教育权利公平，即确保人人都有受教育的权利与义务；二是教育条件和机会的公平，就是学生所接受的教学条件、教学内容、教育经费和教师水平大体持平；

---

① 联合国. 世界人权宣言［EB/OL］.（1948-12-10）［2015-06-16］. http：//www. un. org/zh/universal-declaration-human-rights/index. html.

② 世界全民教育大会. 世界全民教育宣言［EB/OL］.（1990-03-09）［2015-06-16］. http：//www. cnfirst. net/et/flwj/005221489. html.

三是教育结果的公平，其关注的是一种差异性的平等，即根据每个学生的能力和限度向他们提供一种他们所期望或适合于他们潜能的教育。要保证公民在接受义务教育方面的基本人权的平等，必须推进义务教育均衡发展，关键是解决儿童就学条件的严重不平等问题。

（三）促进教育均衡发展是实现社会公平、维护社会稳定的有力保证

教育公平是社会公平的要素之一，同时又是促进社会公平的途径。义务教育是旨在提高全民族素质的具有基础性、全局性和先导性作用的国民教育，其均衡发展对于推动当代社会结构的变革、促进社会稳定具有重要意义。教育公平之于社会稳定的作用主要通过两个方面来实现。一是让公民共享基本的知识和信念，降低彼此之间的陌生感，从而稳定社会秩序。哈耶克（F. A. Hayek）指出："在当代社会中，对于达到一定的最低标准的义务教育的争论有两个方面。有一种普遍的论点认为，如果我们的同胞与我们共享某些基本的知识和信念，我们所有的人都将面临较少的风险，我们便会从我们的同胞那里得到更多的益处。而在具有民主制度的国家，还有一个更加重要的考虑，那就是民主不大可能在部分文盲的人民中实现，除非在最小的地方范围内。"① 二是通过提供公平的教育，为进一步实现社会的合理分层奠定基础。从社会阶层分布上讲，橄榄型的社会结构（社会上中产阶级占人口的大多数）比较稳定，金字塔型的社会结构（贫困人口或社会下层占人口多数）属于极不稳定的。诺贝尔经济学奖获得者刘易斯（W. A. Lewis）曾指出，收入分配的变化是发展进程中最具有政治意义的方面，也是最容易诱发嫉妒心理和动荡混乱的方面。就我国现状来看，占人口大多数的是收入处于最底层的农民，如果不改变这种状态，长此以往必然会引起他们的不满，危及社会稳定。教育的一个属性就是面向未来。与社会出身相比，教育对实现

---

① 哈耶克．自由宪章［M］．杨玉生，等译．北京：中国社会科学出版社，1999：555-556.

人们在社会关系中的游移的作用是巨大而相对公平的，它能够给弱势群体一个向社会上层流动的机会，使他们寄希望于教育，相信个人努力与社会回报之间的正向关系，从而希望通过公平的教育使社会结构发生变化，维持社会的稳定。处在社会底层的弱势群体要求通过教育向上层游移的愿望是非常强烈的。如果由于人为因素，使得不同的人在义务教育阶段受到区别对待，导致最终收入分配的差异，在许多人看来显然是不公正的；通常来讲，认为自己受到不公正对待的人试图犯罪或者颠覆社会的概率更高。这样一来，不公正一方面会增加司法、警察等的公共支出，另一方面也会增加社会不安定的因素，最终就会造成社会总福利的减损，在极端情况下，甚至会令社会、经济发展严重倒退。

第二节 促进教育均衡发展的政策实践分析

改革开放以来，我国教育事业发展迅速，保障公民基本受教育权等教育政策实践达到了新的发展水平。但随着社会经济的发展，城乡之间、地区之间、学校之间仍存在明显的教育不均衡现象，而且在一些地区和有些方面还有扩大的趋势。这种教育的非均衡发展严重影响了教育的公平性，成为当前教育发展的主要矛盾。

一、当前我国教育非均衡发展的种种表现

长期以来，我国一直存在着教育发展的失衡现象，主要表现在：城乡差别，城市与农村在教育设施、教育质量和教育机会上的不均衡；地区差异，最典型的就是东部与西部教育发展水平的不均衡；阶层差别，即家庭经济状况不同所造成的教育机会不均等；教育类别差异，即重点学校与非重点学校、普通学校和职业学校、公办学校和民办学校的教育不均衡。就教育非均衡发展的要素而言，则具体表现为财政

投入与教育经费水平的差别、教师水平的差别、入学机会与受教育机会的差别、教育质量的差别与个体发展不均衡等方面。

（一）教育的城乡差别

教育的城乡差别是教育失衡最典型的方面。它主要表现在教育经费、教师水平、升学率、辍学率和流动人口子女的教育问题五个方面。

1. 教育经费差别

目前我国有70%的人口在农村，农村（含县、镇）义务教育阶段学生人数高达1.6亿。农村教育经费不足是长期困扰我国教育发展的根本问题，主要表现在以下几个方面。（1）生均教育经费的城乡差异。以2001年为例，我国城镇小学生均教育经费为1484元，农村为798元，城镇是农村的1.86倍；城镇初中生均教育经费为1995元，农村为1014元，城镇是农村的1.93倍。（2）生均预算内教育经费的城乡差异。2001年，城镇小学生均预算内教育经费是953元，农村是558元，城镇是农村的1.71倍；城镇初中生均预算内教育经费为1120元，农村为667元，城镇是农村的1.68倍。（3）生均预算内公用经费的城乡差异。2001年，我国城镇小学生均预算内公用经费为95元，农村为28元，城市是农村的3.39倍；城镇初中生均预算内公用经费为146元，农村为45元，城镇是农村的3.24倍。（4）学校危房主要在农村。1999年，我国农村中学、小学危房占学校校舍的比例分别为51.70%、80.88%，而城市中学、小学危房占学校校舍的比例分别为6.84%、19.34%。2000年，全国初中危房面积为627.1万平方米，其中农村为472.6万平方米，占75.36%；全国小学危房面积为1466.0万平方米，其中农村为1201.2万平方米，占81.94%。2001年全国中学、小学危房面积为3803.3万平方米，城市为188.3万平方米，占4.95%，农村为 3117.5 万平方米，占 81.97%，城乡差别进一步拉大。①

2. 教师水平差别

近年来，我国教师的专业化发展水平得到了大幅度提高，然而，在此大背景下，城乡教师水平的差距却日益拉大。农村教师的有效需求严重不足，年轻人从教的意愿明显下降。主要表现在：其一，农村教师学历明显偏低。城市小学、初中教师的学历水平明显高于农村教师。其二，农村教师有效需求严重不足。农村教师需求呈现一种悖论状态，一方面是合格教师严重不足，另一方面是合格的大学毕业生不去农村学校。其三，代课教师主要在农村。由于历史原因，到目前为止，我国还有部分没有列入正式教师编制的教学人员，他们不能享受正常的教师待遇，这些教师主要分布在农村。

3. 升学率差别

在基础教育阶段，城市小学生升入初中的比例已经达到 98.0%以上，而农村还有 10.0%左右的小学生由于各种原因不能或者不愿意升入初中；城市初中生升入高中的比例从 1985 年的 40.0%提高到了 1999 年的 55.4%，而同期农村的比例则从 22.3%下降到 18.6%，两者间的倍数差从 1.8 倍扩大到 3.0 倍，绝对差则从 17.7 个百分点扩大到 36.8 个百分点。

4. 辍学率差别

辍学率问题是个值得深思的问题。辍学既有经济上的原因，也有看不到读书希望的原因。辍学的问题主要出现在农村。袁桂林教授在 2001 年 9 月至 2003 年 10 月间组织了一项调查，得出的数据令人吃惊。在以乡镇为样本的抽样调查中发现，被调查的 17 所农村初中学

---

① 袁振国. 缩小差距：中国教育政策的重大命题［J］. 北京师范大学学报（社会科学版），2005（3）：5-15.

校辍学率参差不齐，差异较大，最高的为74.37%，平均辍学率约为43%，大大超过了“普九”关于把农村初中辍学率控制在3%以内的要求。①

5. 流动人口子女的教育问题

流动人口子女的教育问题是农村教育的问题，也是城市教育的问题。农村流动人口的教育状况关系着农村的兴旺，也关系到城市的繁荣。根据2000年第五次人口普查数据，全国大约有880万流动学龄儿童，总体而言，流动儿童基本能够接受基础教育，但是在接受教育的过程中遭遇到重重困难。原因主要在于三个方面：一是公立学校隐性费用高，流动儿童的教育费用负担重；二是流动儿童常常中断学习，流入地学校接收意愿低；三是流动儿童超龄就读现象普遍。虽然公立学校接纳了部分流动儿童，但在相当程度上，打工子弟学校仍扮演着重要角色。

（二）教育的地区差异

由于地区经济的发展不均衡，不同地区的教育发展状况差异很大。东部地区教育的各项指标平均是中西部地区的1—2倍；在各项指标中，教育公用经费差距最大。由于近年来西部大开发战略的实施，西部地区教育的发展有所加快，而中部地区的差距又凸显出来，有多项指标呈现“中部凹陷”现象。部分省、自治区过低的生均教育经费难以保证正常的教育运行和基本的教育质量。

1. 教育经费水平的地区差异明显

人均教育经费、生均教育经费、生均预算内教育经费和生均预算内公用经费是衡量教育经费水平的四个基本指标。这四个指标数值的

---

① 袁振国．缩小差距：中国教育政策的重大命题［J］．北京师范大学学报（社会科学版），2005（3）：5-15.

高低表明了不同地区对教育发展的经费保障水平。在人均教育经费方面，2001 年我国东部地区人均教育经费的平均值为 619 元，中部地区为 264 元，西部地区为 282 元；如果以东部地区为 1，中部地区则为 0.43，西部地区为 0.46。在中小学生均教育经费方面，2001 年，我国东部地区小学生均教育经费平均值为 2075 元，中部地区为 851 元，西部地区为 987 元；如果以东部地区为 1，中部地区则为 0.41，西部地区为 0.48。东部地区初中生均教育经费平均值为 2655 元，中部地区为 1165 元，西部地区为 1474 元；如果以东部地区为 1，中部地区则为 0.44，西部地区为 0.56。东部地区高中生均教育经费平均值为 5942 元，中部地区为 2822 元，西部地区为 2823 元；如果以东部地区为 1，中部地区则为 0.475，西部地区为 0.475。在中小学预算内公用教育经费方面，2001 年东部地区小学生均预算内公用经费平均为 200 元，中部地区为 31 元，西部地区为 50 元；如果以东部地区为 1，中部地区则为 0.16，西部地区为 0.25。东部地区初中生均预算内公用经费平均为 317 元，中部地区为 57 元，西部地区为 86 元；如果以东部地区为 1，中部地区则为 0.18，西部地区为 0.27。东部地区高中生均预算内公用经费平均为 681 元，中部地区为 142 元，西部地区为 217 元；如果以东部地区为 1，中部地区则为 0.21，西部地区为 0.32。[①]

2. 受教育程度和教育机会的地区差异

我国教育失衡的另一表现是不同地区人口的受教育程度存在显著差异。这种差异的基本原因是不同地区人口享有的受教育机会不均等。这种不均等源自不同地区的经济、文化历史和社会发展的差异。国家统计局发布的《中国统计年鉴 1999》表明：在全国 6 岁以上人口中，大专以上受教育程度者所占比例是 2.78%，高中受教育程度者所占比例是 11.15%，初中受教育程度者所占比例是 33.04%，小学受教育程

① 袁振国．缩小差距：中国教育政策的重大命题［J］．北京师范大学学报（社会科学版），2005（3）：5-15.

度者所占比例是 39. 79%，文盲所占比例是 13. 07%。[①] 北京和上海两地大专以上受教育程度者所占比例分别高出全国同一指标 13. 00 个百分点和 7. 12 个百分点；高中受教育程度者所占比例分别高出全国同一指标 14. 09 个百分点和 13. 56 个百分点；初中受教育程度者所占比例分别高出全国同一指标 0. 50 个百分点和 1. 92 个百分点；小学受教育程度者所占比例分别低于全国同一指标 17. 02 个百分点和 18. 50 个百分点；文盲所占比例分别低于全国同一指标 7. 83 个百分点和 4. 56 个百分点。而在贵州和云南两地，大专以上受教育程度者所占比例分别低于全国同一指标 0. 98 个百分点和 1. 65 个百分点；高中受教育程度者所占比例分别低于全国同一指标 5. 12 个百分点和 5. 56 个百分点；初中受教育程度者所占比例分别低于全国同一指标 10. 25 个百分点和 10. 75 个百分点；小学受教育程度者所占比例分别高出全国同一指标 4. 25 个百分点和 9. 11 个百分点；文盲所占比例分别高出全国同一指标 11. 43 个百分点和 8. 41 个百分点。这些数据表明，虽然在 20 世纪 90 年代末，地区之间 6 岁以上人口受教育程度差异略有缓和，但初中以上阶段的教育机会不均等现象仍然存在。不同民族地区人口在受教育程度上也存在显著差异，这是我国地区教育机会不均等的又一种表现。以西藏和广西这两个少数民族人口较多的地区为例，其 6 岁以上人口的受教育程度落后于经济比较发达的地区。西藏和广西是分别以藏族人口和壮族人口为主的居住区。人口抽样调查数据显示，这两个少数民族地区的教育发展指标皆明显落后于经济比较发达并以汉族人口为主的广东和江苏。1995 年，在广东和江苏 6 岁以上人口中，大专以上受教育程度人口所占比例分别是 2. 30%和 2. 87%，高中受教育程度人口所占比例分别是 10. 83%和 11. 56%，初中受教育程度人口所占比例分别是 29. 87%和 33. 58%，小学受教育程度人口所占比例分别是 44. 77%和 35. 53%，文盲人口所占比例分别是 11. 23%和 16. 46%。

---

① 国家统计局. 中国统计年鉴 1999［M］. 北京：中国统计出版社，1999：120-121.

3. 省内教育差距大于省际教育差距

比较而言，大多数地区的教育均衡发展报告都非常关注省内教育发展的失衡状态。如江苏的南北差距、山东的东西差距等。这些省内教育发展的差距限制了该省教育整体水平的提升，也成为民众关注的重要话题。以江苏为例，《江苏省义务教育均衡发展研究报告》指出：江苏义务教育发展的区域差异，最为直观地表现在苏南、苏中、苏北三个区域教育事业发展的水平上。据统计，江苏苏北农村小学和初中生均预算内教育事业费均低于全国平均水平，仅为苏南的1/2。苏北农村小学和初中生均预算内公用经费仅为苏南的1/6。苏北农村初中生均固定资产总值、生均专用设备费分别为1641元、137元，仅为苏南（4559元、683元）的1/3和1/5；苏北农村小学生均固定资产总值、生均专用设备费分别为1367元、99元，仅为苏南（4517元、610元）的1/3和1/6。相当一批农村中小学债务沉重，长期负债运营，不少农村地区的学校处于艰难维持的境地。[①] 农村教师的流失，主要是农村优秀教师的流失，优秀教师高度集中在县城以上的学校，高度集中在经济发达地区的学校，使教师资源配置严重失衡，导致农村中小学教师队伍年龄结构老化，教育教学水平和质量难以保证。

（三）教育的阶层差别

强势群体占有优质教育资源是世界各国的普遍现象，此现象在中国有加剧的趋势。据估计，在重点中学，干部、知识分子以及高收入家庭子女占学生总数的70%以上，在高等教育阶段亦有明显表现。教育的阶层差别具体表现在三个方面。

1. 家庭职业背景与受高等教育机会差别

不同的家庭职业背景影响高等教育入学机会。一项受到世界银行

---

① 杨九俊．江苏省义务教育均衡发展研究报告［R/OL］．［2016-01-12］．http：//www.jssghb.cn/ndlw/2005-1.htm.

和中国教育部资助的涉及 37 所不同层次的大学的 1994 级和 1997 级学生（近 7 万人）的调查表明，农民子女的比例随着院校层次的升高而降低；干部、企业管理人员和专业技术人员的子女比例则逐步升高。根据推算，在高等院校学生中，农民的子女与工人、干部、企业管理人员和专业技术人员的子女进入高等院校的可能性之比为 1：2.5：17.8：12.8：9.4。此外，这种差别还明显地表现在学生所学专业的分布上。①

2. 家庭文化背景与受高等教育机会差别

文化阶层的划分一般以社会成员的受教育程度即最终学历为依据。已有的调查资料表明，父亲受教育程度越高，其子女接受高等教育的可能性越大，具有高中（含中专）及以上受教育程度的社会成员的子女在高等教育机会的竞争中明显具有优势。由香港中文大学教育学院 1998 年实施的一项更广泛的调查所得出的结论也与此大致相近。这项调查涉及北京、南京、西安等地的 14 所不同层次的大学，有效样本量为 13511 人。其结论是，具有大专以上受教育程度者的子女接受高等教育的机会分别是不识字者的子女的 17.2 倍、具有小学受教育程度者的子女的 11.5 倍、具有初中受教育程度者的子女的近 10.0 倍、具有高中受教育程度者的子女的 3.6 倍，而具有高中受教育程度者的子女接受高等教育的机会则是前三者的 4.8 倍、3.0 倍和 2.7 倍。②

3. 家庭经济能力与受高等教育机会差别

高等教育收费对扩大教育资源、加速教育发展产生了巨大作用，但也对教育公平产生了新的威胁。改进高等教育的收费政策越来越为社会所关注。1994 年，国家开始实行高等教育收费政策。据测算，每生每年学费和其他各种费用合计在 10000 元左右，一名大学生完成本

① 曾满超. 教育政策的经济分析［M］. 北京：人民教育出版社，2000：268.

② 袁振国. 缩小差距：中国教育政策的重大命题［J］. 北京师范大学学报（社会科学版），2005（3）：5-15.

科四年的教育需花费40000元以上。[①] 但我国居民总体收入水平不高，大多数居民家庭收入水平与大学学费及其他开支总额差距悬殊，这势必影响经济困难家庭对子女接受高等教育的支持能力。

（四）教育的类别差异

教育的类别差异体现在三个方面。

1. 重点学校与非重点学校的差异

重点办好一些学校是我国一贯的教育政策。这对于集中有限资源确保优秀人才的培养起到了历史性的作用。但重点学校政策也是一把双刃剑，它在集中部分物力和财力培养部分优秀人才的同时，也相对减少了大多数人成才的机会。

2. 普通学校与职业学校的差异

虽然职业教育的宗旨是培养社会紧缺的人才，但是更多的家长还是倾向于把子女送往能够升入高等院校的普通高中而不是职业高中。当前，随着市场经济的不断完善，家长以顾客身份做出的选择在很大程度上影响着社会对职业学校的态度，间接影响着政府对职业学校的重视程度。职业学校在招生难的情况下，也难以获得政府充分的投资；这样一来，相当一部分职业学校为了生存下去，不得不招收普通班的学生，走着普通高中的路子。

3. 民办学校与公办学校的差异

虽然，2003年我国颁布了《中华人民共和国民办教育促进法》，以法律的形式确定了民办教育的性质、地位和作用，国务院批转的教育部《2003—2007年教育振兴行动计划》也强调要“大力支持和促进

---

① 袁振国. 缩小差距：中国教育政策的重大命题［J］. 北京师范大学学报（社会科学版），2005（3）：5-15.

民办教育持续健康协调快速发展”，但是，民办教育大发展的势头并没有出现。从根本上来讲，制约民办学校发展的瓶颈在于，民办学校教师无法得到与公办学校教师同等的“国民待遇”，从而导致民办学校教师队伍不稳定，进而影响着民办学校的生存与发展。

二、教育非均衡发展的归因分析

教育发展的失衡是多种社会因素相互作用的结果，但这些因素往往最终通过教育政策实践对教育事业发展产生影响。探讨教育发展的失衡问题，就必须对教育政策本身的失衡进行思考和清理。我们认为，教育的非均衡发展的原因既有政策环境方面的，主要是城乡二元体制和经济发展水平存在差异；也有政策主体方面的，主要是政府职能尚未实现完全转变。在这样的政策主体和政策环境下，就不难理解教育发展的失衡了。

（一）城乡二元结构影响下的教育政策城市偏向

教育既对城乡关系产生影响，同时自身又是城乡关系的一个重要方面。历史发展证明，教育可能对城乡关系的和谐起作用，也可能加剧城乡的矛盾与对立，甚至引起社会动荡。教育发展上的城乡差距是社会发展状况在教育上的反映。很长一段时间以来，政府的“城市偏好”倾向对教育事业发展造成了严重影响，教育政策的城市偏向只是其中之一。城市偏向的教育政策使教育资源的分配表现出相当大的不平衡。我国教育投资的总体规模仍然十分有限。而在发展战略的选择上，不论是早期的以充实物质资本为重点的经济发展战略，还是后来的以充实人力资本为特色的优先发展中高等教育的战略，都把农村教育的发展排斥在投资重点之外。而农村的乡镇财政基本上都属于“吃饭”财政，根本无力解决义务教育所需的大量资金，从而出现了农村办学条件恶化、拖欠教师工资等严重的教育问题。

农村教育经费短缺，教育机构不够健全，政府只承担教育事业费用的一部分，其余费用则由农村学生及家长、教师和校长筹措。而农村贫困现象较为普遍，即便家庭有些收入大多也只能维持温饱，根本不可能对教育进行大量投入。这表明，我国教育的城乡差距与不平等正在不断扩大。这种差距还进一步体现在教师配置、学校分布、学校物质条件、学生社会经济条件、学校管理水平与督导等方面。在高等教育优先发展的投资策略下，城乡教师资源配置与待遇的差异、城乡考试与招生制度的差异表现得尤为突出。

1. 高等教育优先发展的投资策略

总体上说，中国公共教育经费一直处于严重短缺之中，但处于短缺状态的教育经费并没有在教育内部实现均衡配置。在分级办学体制下，教育资金的流向体现的是一种典型的精英投资策略，中央政府的财政预算内经费绝大多数都投向了高等教育领域。南京大学社会学系张玉林教授的研究结果表明，2001 年全国生均预算内教育经费，小学为 645 元，初中为 817 元，高中为 1471 元，大学为 6816 元。大学生均经费是小学生的 10.5 倍，是初中生的 8.3 倍，是高中生的 4.6 倍。这与国际上大学生均经费一般是小学生均经费的 3—4 倍、中学生均经费的 2—3 倍出入较大。当年全国在校生总规模为 2.6 亿人，其中小学 12543 万人，中学 7836 万人（其中初中 6431 万人，高中 1405 万人），大学 719 万人，分别占受教育人口的 48.0%、30.0%、2.8%。小学、中学与大学教育经费占财政预算内教育经费的比例分别为 34.9%、35.9%、24.5%。① 显然，培养社会精英的高等教育在这种带有明显偏向性的教育投资政策中获得了大量的资源，而为大众所共享的基础教育领域则出现了严重的资金短缺。

2. 城乡教师资源配置与待遇的差异

城乡义务教育发展差距的一个重要表现是城乡教师水平的差距。

---

① 张玉林. 从数字看教育不公 [J]. 中国改革，2004 (12)：22-24.

目前，农村教师供给出现了有效需求不足的现象：一方面农村严重缺乏高学历、高水平的年轻专业教师；另一方面，一大批合格的大学毕业生不愿到农村学校任教。农村教师的综合素质与城市教师相差悬殊。从目前出台的一些重要的教师政策文本来看，由于城乡教师的生活条件与待遇差异较大，很难吸引优秀大学毕业生到农村任教，而且有可能进一步拉大城乡之间教师水平的差距。如《中华人民共和国教师法》（以下简称《教师法》）第二十八条规定："地方各级人民政府和国务院有关部门，对城市教师住房的建设、租赁、出售实行优先、优惠。县、乡两级人民政府应当为农村中小学教师解决住房提供方便"。由此说明城市教师的住房由国家规定标准并通过政府拨款予以资助或提供，而农村教师的住房一方面缺乏明确的标准，另一方面需要通过乡镇统筹由农民负担。税费改革前，农村教师的住房改造资金主要来源于农民所上缴的教育费附加和教育集资。而税费改革后，由于取消了这两项费用，农村教师住房改造基本处于停滞状态。除此之外，城乡义务教育阶段的教师在其他福利待遇，如医疗保险、职后培训等方面都存在较大的差距。这种城乡教师不同的待遇标准是导致目前大量乡村教师，尤其是农村年轻的骨干教师流入城市的一个关键性的政策因素。

2001 年，国务院办公厅转发中央编办、教育部、财政部《关于制定中小学教职工编制标准的意见》，按照在校学生数量核定中小学教师编制。初中阶段的生师比，农村为 18.0：1，县镇为 16.0：1，城市为 13.5：1；小学阶段的生师比，农村为 23.0：1，县镇为 21.0：1，城市为 19.0：1。该标准在很大程度上是一种"城市标准"。对于大多数农村学校而言，由于人口居住分散、交通不便等因素，其规模大多十分有限，因此，生师比是更小而不是更大。如果按照当前的生师比标准配置农村学校教师，许多农村学校难以开展正常的教学活动。近年来，农村学校代课教师增多、复式教学班增多等现象均与此密切相关。

3. 城乡考试与招生制度的差异

从教育公平的角度出发，入学机会的均等体现的是起点意义上的平等，没有这种公平，任何其他形式的公平都将无法实现。也就是说，入学机会的公平是实现教育过程公平和教育结果公平的前提。当前我国城乡教育差距的一个最为重要的体现就是没有给予城乡学生平等的受教育机会。这种不平等集中体现为城乡学生在各个阶段的入学机会存在差异，且这种差异随着教育层级的提高而扩大。更为严重的是，往往教育条件好的大城市的高等学校录取标准反而较低，比如上海、北京。全国高等学校的招生数在不同省份之间的分布是有较大差距的。根据计算，相对于人口比例的相对招生数据（即该省份的招生数占全国招生数比例除以该省份人口占全国人口的比例），云南和四川最低，分别为0.54和0.57，上海、北京和天津最高，分别为2.62、2.28和2.08。[①] 由于高等教育招生配额的影响，在全国统一高考的情况下，高等学校在不同地区的录取分数线存在显著的差距。2000年全国高考文科第一批录取分数线，山东是557分，北京是465分，二者相差192分；理科第一批录取分数线，山东是631分，北京是476分，二者相差155分。[②] 考试与招生制度的城乡差异直接导致了城乡学生受教育机会的不均等，而这种不均等会在代与代之间累积相传，使城乡学生受教育机会的差距越拉越大。而仅以总分作为唯一录取标准，也埋没了具有特长的人才，造成了学生的非正常发展。

（二）教育体制机制不完善带来的教育发展失衡

关于政府的义务教育责任，我国有明确的法律规定。《教育法》

---

① 朱晓刚. 我国高等教育发展差距的现状分析［J］. 辽宁教育研究，2005（6）：13-15.

② 根据北京、山东2000年高考录取线计算。详见：人民网. 北京专讯：北京公布高考各批录取院校的分数线［EB/OL］.（2000-07-24）［2015-06-21］. http：//www. people. com. cn/GB/channel1/12/20000724/156924. html；人民网. 山东省本科重点院校分数线划定，本科军事院校体检分数线同时公布［EB/OL］.（2000-07-25）［2015-06-21］. http：//www. people. com. cn/GB/channel1/12/20000725/158103. html.

《义务教育法》及《中华人民共和国义务教育法实施细则》（以下简称《实施细则》）对政府应采取的各种措施都有具体的规定。根据这些法律的规定，我国政府在义务教育阶段的责任可概括为：（1）政府必须为实施义务教育的学校提供符合规定的经费、教师与相关物质设施设备，保证所有适龄儿童少年有学可上；（2）根据社会经济发展的需要，政府必须在经费、教师与相关物质设施设备等方面不断提高对义务教育的投入水平，从而不断提高义务教育的整体水平。在这两项责任中，前一项属静态的、有客观标准的，责任要求较低，相对容易做到。这往往构成了政府在教育发展初级阶段的主要职责。后一项属动态的，标准不够明确，责任要求较高，需要长期的努力。简言之，政府在义务教育阶段的责任就是，按标准配置资源（办学条件标准化），并不断提高"标准"。从静态职能到动态职能的转变是一个内涵丰富、任务艰巨的过程。

我国当前的教育体制基本上是直线式的委任制，部门领导对上级负责，容易导致对任期内政绩的追求。这种体制容易产生以下问题：（1）弱势群体、中低收入阶层话语权与发展机会缺失，对包括教育在内的社会发展决策影响力太弱；（2）教育行政部门执掌教育评估权力，不仅缺乏第三方的监督保障作用，而且，在实践中，行政意愿往往成为下级的行为准则。这种体制容易导致教育行政管理的非法制化，教育发展的非均衡化。

1. 亟待法律保障的教育经费投入机制

政府是义务教育的投资主体。根据国务院发展研究中心的调查，自实施义务教育以来，在农村义务教育资金的投资比例中，中央政府负担的部分仅为2%，省（自治区、直辖市）和地区（包括地级市）负担的部分合计起来也只有11%，县和县级市的负担为9%，而乡镇则负担了78%。① 另据历年的《中国教育经费统计年鉴》所提供的资料，

---

① 王景英，耿得科. 当前我国农村义务教育投入体制局限性分析：以制度经济学为视角［J］. 教育理论与实践，2008（4）：31-34.

中央政府每年投入义务教育的预算内资金并不多，而我国大多数区县经济比较薄弱，可利用的财源有限。据国家统计局农村社会经济调查总队的有关调查，2002 年，在全国 2070 个县（市）中，财政总支出超过总收入 515 亿元，财政收支倒挂县占总数的 73%，其赤字总量占其财政总收入的 77%。[①] 在这种情况下，部分地区的政府对教育的投资就无法保障了，而且教育投入的多少还要取决于地方政府对教育的重视程度。

教育经费分配缺乏法制保障。在分配经费时，可能出现人为的重点与非重点之分。对学校没有明确的设置标准，校长与教师的收入就无法可依。教育投入的多少随领导人的意志而转移的现象屡有发生。不同区域、不同学校的教师实际收入差别很大。

促进教育均衡发展是政府发挥现代职能的重要标志之一。政府要发挥自身在社会发展中的主导作用，就要转变观念、转变职能。义务教育的均衡发展问题实际上是教育资源的均衡配置问题。安徽“铜陵经验”表明，遏止择校风，促进义务教育均衡发展，关键看政府的重视程度和执政能力。[②]

2. 效率优先价值主导下的重点学校制度

在过去的一段时期，学校被按照行政级别划分为国家重点、省市重点、区县重点和乡镇重点。客观地说，学校之间存在差异是很正常的，但问题是这些不同层次的重点学校是在行政干预下靠行政力量安排的，而不是自然地、历史地生成的。重点学校制度的产生与国民经济发展的社会背景紧密相关，它可以集中国家财力、人力，选择和培养优秀学生，为国家“快出人才、出好人才”。时至今日，重点学校建设却更多地表现出诸多问题与弊端。重点学校建设产生的后果之一是导致优秀教师资源相对集中。在某些区县，优秀青年教师往往集中在

① 王景英，耿得科．当前我国农村义务教育投入体制局限性分析：以制度经济学为视角［J］．教育理论与实践，2008（4）：31-34．

② 何聪．限期三年，消除择校［N］．人民日报，2006-09-13（11）．

一所学校，其他学校的教师队伍却相对薄弱，实验学校的窗口和示范作用也难以实现。在教育资源相对有限的情况下，立足“雪中送炭”（进行薄弱学校改造，促进所有学校均衡发展）还是“锦上添花”（重点投入建设重点学校、实验学校），似乎成为地方教育行政部门的两难选择。本来，从促进教育资源均衡配置以维持义务教育的公平和公正的角度来说，答案是不言而喻的；但是，以升学考试成绩为核心的单一政绩观正影响着地方教育行政部门的抉择，教育决策也面临不应有的困惑。

3. 教育法制不健全与教育政策执行不到位

我国业已颁布的教育法律对依法治教、推动教育事业的发展发挥了不可估量的作用。但相关教育法律、教育政策尚难以兼顾城乡差异，还未能从现实出发对农村教育发展及农村人口受教育权给予足够的关注和保障，这样在客观上就造成了农村教育与城市教育的不平等。

由于历史的原因，《教育法》和《义务教育法》未能把城乡教育差距作为必须公正调节的社会关系，未将城乡教育差距纳入教育改革与发展的视野。《实施细则》第三十条规定：“实施义务教育各类学校的新建、改建、扩建所需资金，在城镇由当地人民政府负责列入基本建设投资计划，或者通过其他渠道筹措；在农村由乡、村负责筹措，县级人民政府对有困难的乡、村或酌情予以补助。”城乡义务教育发展的不平等待遇被固定下来，进而使城乡教育失衡持续扩大。

教育法律在执行过程中表现出来的随意性，致使许多教育法律条文在处理教育内部矛盾以及教育领域与其他社会领域的矛盾时没能发挥应有的法律强制作用，教育相关主体的权益没能得到很好的法律保障。农村义务教育和农村受教育群体长期遭受的不公平待遇难以通过法律解决，从而导致全社会对农村教育发展恶劣状况的漠视。拖欠农村教师工资问题即是典型例证，这对农村义务教育产生了极大的负面影响。一方面，现有的农村教师士气低落，难以将主要精力投入到教学中去；另一方面，大批大学毕业生不愿到农村任教，农村年轻教师和高学历、高素质教师严重缺乏。

（三）社会转型期教育政策的不适应性

在社会转型期，教育环境正发生着急剧变化，一方面，教育政策与教育环境、教育问题之间存在严重的不均衡、不适应现象，在诸如城市农民工子弟教育等新发生的教育问题上，教育政策严重“缺位”；另一方面，环境的变迁则使得教育政策结果难以及时显现，面对不确定的政策结果，社会公众对整体的教育政策实践持保留态度，反对一切结果模糊的政策实践，从而使教育政策面临来自公众的阻力而难以施行。

三、当前我国促进教育均衡发展的政策实践

《义务教育法》《国务院关于进一步加强农村教育工作的决定》《教育部关于贯彻〈义务教育法〉进一步规范义务教育办学行为的若干意见》《教育部关于进一步推进义务教育均衡发展的若干意见》等一系列法律政策都明确规定促进义务教育均衡发展，要求各级政府合理配置教育资源，均衡安排义务教育经费，改善薄弱学校的办学条件，缩小学校之间办学条件的差距；提出在义务教育阶段不分重点学校和非重点学校、不得分设重点班和非重点班；特别强调了政府在保障农村、贫困和民族地区实施义务教育方面的责任；要求将义务教育均衡发展状况列入教育督导的内容之中；提出了发达地区支援欠发达地区、城镇教师支援农村学校等政策措施等。这些法律政策还体现了对社会弱势群体接受义务教育的特别关注和扶持。比如要求地方政府为流动人口子女提供平等接受义务教育的条件；为家庭经济困难的适龄儿童、少年提供免费教科书和寄宿生活费补助；为残疾儿童、少年接受义务教育提供必要条件等。这些法律政策将有助于实现更加公平公正的义务教育。

（一）促进教育均衡发展的政策实践：国家行动

为了全面贯彻科学发展观，构建和谐社会，国家和教育行政部门已将促进教育均衡发展提上议事日程。从教育政策实践的动向来看，《教育部关于进一步推进义务教育均衡发展的若干意见》、共商“基础教育均衡发展”大计的全国会议和《国家教育督导报告 2005》等为促进教育均衡发展奠定了政策基础。

1. 富有开创意义的《教育部关于进一步推进义务教育均衡发展的若干意见》

2005 年 5 月 25 日，《教育部关于进一步推进义务教育均衡发展的若干意见》（以下简称《意见》）出台。《意见》首先指出，“由于我国仍处于社会主义初级阶段，各地经济社会发展不平衡，城乡二元结构矛盾突出，尽管近年来各地义务教育都有了新的发展，但城乡之间、地区之间、学校之间的差距依然存在，在一些地方和有些方面还有扩大的趋势，成为义务教育发展中需要高度关注的问题。”《意见》进一步指出，“当前，要切实贯彻落实‘巩固、深化、提高、发展’的工作方针，把义务教育工作重心进一步落实到办好每一所学校和关注每一个孩子健康成长上来，有效遏制城乡之间、地区之间和学校之间教育差距扩大的势头，积极改善农村学校和城镇薄弱学校的办学条件，逐步实现义务教育的均衡发展”。《意见》还就进一步推进义务教育均衡发展提出了六个方面的意见，具体包括：“一、统一思想认识，把推进义务教育均衡发展摆上重要位置；二、采取积极措施，逐步缩小学校办学条件的差距；三、统筹教师资源，加强农村学校和城镇薄弱学校教师队伍建设；四、建立有效机制，努力提高每一所学校的教育教学质量；五、落实各项政策，切实保障弱势群体学生接受义务教育；六、建立监测评估体系，切实推进义务教育均衡发展。”可见《意见》在应对基础教育均衡发展问题时，比以往的政策文件更具体，更有针对性。通过《意见》，教育部的政策信号的强度升级。在最高权力机构讨论、在中央行政部门酝酿多年的基础教育均衡发展政策终于成形。

《意见》进一步明确了地方政府推进义务教育均衡发展的主要任务。一要制定符合当地实际的义务教育阶段办学条件的基本要求，并采取积极措施，逐步缩小学校之间办学条件的差距，保证辖区内薄弱学校逐年减少。二要加强县级政府对区域内教师资源的统筹，通过建立区域内骨干教师巡回授课、紧缺学科教师流动教学、城镇教师到乡村学校任教服务期等各项制度，加大城乡教育对口支援力度，强化对农村教师的培训。三要建立有效机制，努力提高每一所学校的教育教学质量。四要落实各项政策，切实保障弱势群体学生接受义务教育。

《意见》的出台是新时期推进义务教育均衡发展、进一步促进教育公平与公正、全面落实科学发展观的重要举措，是第一次以“教育均衡发展”命名的教育部文件。《意见》的出台使基础教育均衡发展作为新时期教育改革与发展的主要任务被重视起来，并且用独立的政策文本给全社会一个信号，即名副其实的基础教育均衡发展政策已经被提上议事日程。《意见》成为我国基础教育均衡发展历史上具有开创性意义的重要政策文献。

2. 共商“基础教育均衡发展”大计的全国会议

《意见》出台以后，政府和教育行政部门在具体工作的推动上做了大量工作，其中，组织召开全国性的推进教育均衡发展研讨会、经验交流会是重要举措之一。2005年10月25日，来自全国近30个省区的基础教育部门的有关负责人齐聚安徽省铜陵市，就推进义务教育均衡发展相互交流经验并展开研讨，共同探讨如何在推进义务教育均衡发展中进行策略创新。会上，专家学者们做了关于基础教育均衡发展的研究性报告，为进一步推进基础教育均衡发展提供了理论支持。各地相关负责人共同参与，为进一步推进基础教育均衡发展增添了变革力量。

2006年6月，为了全面贯彻落实科学发展观，总结交流各地推进义务教育均衡发展的经验和做法，进一步统一思想、明确目标，把区域内义务教育均衡发展引向深入，教育部在四川成都组织召开全国义务教育均衡发展经验交流现场会。会上，国务委员陈至立指出，要加快推进义务教育均衡发展，就要进一步提高认识，统一思想，深刻认识推进义务教育均衡发展的重要意义；把推进义务教育均衡发展作为“十一五”教育事业发展的一项战略性任务，摆上重要议事日程，切实抓紧抓好；进一步强化政府在推进义务教育均衡发展中的责任，树立科学发展理念和教育理念，把工作重点转到办好每一所学校、关注每一个学生上来；把推进义务教育均衡发展作为解决当前教育热点问题的一个有力抓手，积极调整和完善各项教育政策措施，建立健全群众认可的义务教育均衡发展监测评估机制。陈至立同志特别强调，要通过中央和地方各级政府的共同努力，力争用三到五年的时间，做到义务教育资源配置更加合理，体制机制更加完善；大中城市基本消除薄弱学校，学校之间差距明显缩小，义务教育阶段“择校”现象大大减少；广大农村地区学校普遍达到基本办学标准，贫困地区及其薄弱学校办学条件和弱势群体受教育的状况得到明显改善。教育部副部长陈小娅指出，要从九个方面具体推进教育均衡发展工作：树立科学发展观，把义务教育均衡发展摆上重要议事日程；制定标准，明确义务教育均衡发展目标；加强薄弱学校建设，切实缩小区域内义务教育阶段学校办学条件差距；加大教师对口支援力度，整体提升中小学教师队伍素质；加强信息化应用，普遍提高中小学教育教学质量；加快考试评价改革步伐，为义务教育均衡发展创造有利条件；完善政策制度，为义务教育均衡发展提供体制保障；进一步规范办学行为，认真解决群众关心的突出问题；加强督导评估。

3.《国家教育督导报告2005》：对公共教育资源配置状况的客观评估

2006年2月23日，国家教育督导团发布了《国家教育督导报告2005》（以下简称《报告》）[①]。《报告》对全国及省域内城乡间、县际

---

① 国家教育督导团. 国家教育督导报告2005：义务教育均衡发展［J］. 教育发展研究，2006（9）：1-8.

义务教育公共资源配置状况进行了全面分析。《报告》表明我国东、中、西部地区及城乡之间拥有的义务教育公共资源的差距正在缩小，义务教育正朝着均衡发展方向迈进。《报告》认为，“十五”期间，党中央、国务院高度重视农村教育，及时做出西部地区“两基”攻坚的战略部署，明确提出新增教育经费主要用于农村等重大政策，实施“国家贫困地区义务教育工程”“农村寄宿制学校建设工程”“农村中小学现代远程教育工程”等一系列重大工程，对义务教育均衡发展发挥了极其重要的作用，效果十分明显。《报告》也反映当前义务教育发展中不均衡的矛盾仍然突出。国家教育督导团提出，推进义务教育均衡发展、缩小差距是今后义务教育发展的重要任务。当前，要全面落实国务院关于农村义务教育经费保障机制改革的要求，尽快建立起义务教育公共财政体制，为公共教育资源均衡配置创造条件。要按照科学发展观的要求，把缩小义务教育差距列入政府教育工作的重要议事日程；在继续加大对西部地区义务教育扶持力度的同时，高度关注中部地区义务教育均衡问题；要积极探索缩小义务教育校际差距的新路子，把每一所学校都办成合格学校；切实解决农村教师数量不足、水平不高、骨干教师短缺问题；建立推进义务教育均衡发展的督导制度，每年选择教育工作的重点和人民群众普遍关注的热点问题进行监测和分析，发布国家教育督导报告，使之形成一项制度，以加强舆论监督，推动改进工作。此报告是国家教育督导团发布的第一部国家教育督导报告，是第一部以“教育均衡”为题的国家教育督导报告，也是对近年来教育均衡发展状况的首次客观评估。《报告》反映的是2000—2004年的教育发展动态过程，从中可以看出，政府正在努力推进教育均衡发展，教育发展差距正在逐步缩小。

4.《中华人民共和国国民经济和社会发展第十一个五年规划纲要》：确立教育均衡发展为基础教育发展的核心战略

2006年3月14日，第十届全国人民代表大会第四次会议通过《中华人民共和国国民经济和社会发展第十一个五年规划纲要》。其中，基础教育的发展规划体现为“重点加强农村义务教育，努力降低义务教育阶段农村学生特别是女性学生、少数民族学生和贫困家庭学生的辍学率，全国初中三年保留率达到95%。推进城乡、地区间义务教育均衡发展。各地政府要保证进城务工人员子女与当地学生平等接受义务教育”。从“大力推进素质教育”的原则性表述，到“十一五”规划的具体要求，表明教育均衡发展成为基础教育战略规划的重点内容，成为基础教育发展的核心战略。

5. 新《义务教育法》：确立基础教育均衡发展的法律保障

随着社会经济与教育事业的发展，《义务教育法》在很多方面已不适应我国基础教育发展的实际情况，要求修订《义务教育法》的呼声越来越高。2003年6月，十届全国人大常委会将修订《义务教育法》列入立法计划。此后，全国人大、教育部等组织了若干次调研活动以及修法代表会议。自2005年年初的“两会”开始，要求实行免费农村义务教育的呼声达到了新的高潮；2005年9月修订的草案内容，将原法的十八条增至九十三条，并且十分强调义务教育的均衡化原则，对影响当时义务教育均衡发展的重要热点问题也有所反映。2006年1月4日国务院常务会议讨论并通过了《义务教育法（修订草案）》，讨论重构义务教育公共财政体制，从而从体制上解决义务教育资源配置不均衡这一核心问题。最终，十届全国人大常委会第二十二次会议通过了修订后的《义务教育法》，2006年6月29日国家主席胡锦涛签署批准，2006年9月1日正式实施。新《义务教育法》落实以人为本的理念，将维护适龄儿童、少年受教育权利的平等作为立法的基本宗旨和价值取向。为了保证适龄儿童、少年在新时期接受到更为均衡、更为优质的义务教育，新《义务教育法》按照构建社会主义和谐社会的要求，凸显均衡发展的原则，建立了一系列促进义务教育均衡发展的制度与机制。新《义务教育法》第六条明确指出：“国务院和县级以上地方人民政府应当合理配置教育资源，促进义务教育均衡发展，改善薄弱学校的办学条件，并采取措施，保障农村地区、民族地区实施义务教育，保障家庭经济困难的和残疾的适龄儿童、少年接受义务教育。”“教育均衡发展”正式成为法律条文，从政策上升为法律，从根本上确立了促进基础教育均衡发展的法律保障。

（二）促进教育均衡发展的政策实践：区域差异分析

政府在义务教育方面的责任是促进机会公平和保障受教育机会均等。政府要深化行政体制改革，转变政府职能，在“社会管理、公共服务”方面负起更大责任。从教育领域来讲，衡量和评价政府教育责任的落实情况的重要标志之一是要看是否将国家和地方政府的义务教育责任理解到位，是否将义务教育置于公共财政保障范围之内，并贯彻到财政拨款、教师配置、教学条件改善等实践活动之中。义务教育均衡与否，成为检验政府责任是否到位的重要指标。所以，科学合理地制定教育政策，不仅是教育发展的重大问题，而且也是在社会主义市场经济条件下，公共服务型政府的一个重要任务。分析当前教育均衡发展政策的具体实践，有助于制定教育均衡发展政策时更好地平衡各种影响因素，保证政策得到更好的执行。

1. 教育均衡发展需要的区域差异分析

教育的效率与公平是教育发展中的两种价值取向。在教育发展的不同阶段，人们对教育发展价值取向的选择不同。教育均衡发展实质上是对教育公平的关注，通常是教育发展到一定阶段、产生悬殊差距时所表现出来的价值诉求。比较各地政府促进教育均衡发展的政策实践，我们发现，各地区对教育均衡发展的重视程度颇有差异。经济发达地区，如沿海的省份、城市非常注重制定教育均衡发展方面的政策和实施细则，实施的成效也比较理想。因为这部分地区是经济发展相对较快的地区，也可以说是区域性基尼系数比较大的地区，由于教育失衡是社会不稳定的具体表现之一，这些地区的政府本身也就非常关注教育失衡这个问题。相对而言，经济文化相对落后或欠发达的地区，教育均衡发展的需求尚不够强烈。就区域经济而言，由于社会发展总体水平比较低、经济文化相对落后的地区的基尼系数相对较低，政府最关心的问题往往不是教育均衡发展，而是如何提高教育效率与水平的问题。所以从需求的角度来说，国家层面和较发达地区对教育均衡发展的需求更为强烈。如果把教育均衡作为欠发达地区的政策性要求，教育均衡发展便是一种外源性的政策指导，而不是内生性的政策要求。欠发达地区对于教育均衡的理解与国家层面、较发达地区的理解是有差异的，这就必然影响到政策执行的有效性。处于不同经济发展水平的地区对教育公平和效率的选择不同，因此，需要重新定位教育均衡发展在不同地区的政策意义，以保证教育均衡发展政策的执行效果。

2. 基于不同经济发展水平的区域性教育均衡发展特点

经济发展水平不同的地区对教育均衡发展的保障也是不一样的，不同地区在促进教育均衡发展的过程中制定的政策和采取的措施也是不一样的，从而表现出不同的特色。东部经济发达城市，如北京、天津、上海等地，教育发展呈现出优质、快速的特点。这些城市除关注教育资源的均衡配置等问题以外，对教育均衡的关注主要集中在提供优质教育方面。同时，这些城市也是外来人口最为集中的区域，所以，为外来人口子女提供平等的教育也成为急需解决的问题。例如，民进上海市委在《上海义务教育：进一步推进标准化、均衡化发展》报告的“义务教育基本标准和均衡发展存在的若干不足之处”这一部分，已关注到中小学校舍建筑的教育文化元素问题。[①] 他们认为目前的中小学校舍建筑没有将建筑与教育的专业要求融合起来。国际上学校建筑所强调的共享空间原则、回归自然原则、聚落式教学空间布局原则、灵活教室原则、色彩张力原则、多重经验获得原则等，还没有被吸收到我国的学校建筑设计上。另外，该报告还关注到由于户籍适龄人口下降，公立中小学学位数趋于宽裕；外来常住适龄人口持续增加，校

---

① 民进上海市委. 上海义务教育：进一步推进标准化、均衡化发展［J］. 教育发展研究，2005（4）：15-24.

舍与设备配置问题突出，成为义务教育标准化、均衡化发展的突出问题。浙江、江苏、广东、山东等东部经济发达省份高度关注优质教育，教育均衡发展有着强有力的经济保障，但省内经济发达地区与欠发达地区的教育差异明显，城乡教育发展失衡的矛盾突出。据报道，从 2006 年秋季学期起，江苏省农村义务教育阶段学生将全部免收学杂费。[①] 江苏省财政 2006 年秋季学期安排免杂费补助资金达 5.2 亿元，已全部划拨到位，占免费额的 60%，对经济薄弱县的补助比例达到 90%。据介绍，南京、苏州、无锡、常州、南通、镇江等市已宣布义务教育阶段学生将全部免收学杂费。据测算，2006 年秋季江苏省预计有 806 万名学生享受免学杂费政策，约占全省义务教育阶段学生的 97%。为做好进城务工农民子女到城市学校就读免收学杂费的工作，江苏省对进城务工农民子女发放了“江苏省义务教育证”，凡符合流入地政府规定的，学生到流入地学校入学，凭证免收学杂费。据初步统计，2006 年秋季，“江苏省义务教育证”已发出 24 万张。浙江省人民政府于 2004 年教师节期间就向社会宣布：经过几代人的共同努力，浙江省基本普及了十五年教育，即在高质量、高标准实施九年制义务教育的基础上，学前三年的幼儿入园率和高中三年的入学率均达到 85% 以上。这在全国各省份中名列第一位。浙江省基本实现十五年普及教育，这既得益于该省经济快速发展所奠定的经济基础，也顺应了人民群众追求更好、更高教育的意愿，同时与该省积极探索教育改革与发展的新机制密不可分。安徽、吉林、湖北、河南等中部省份虽然面临经费资助的“中部凹陷”现象，但大多数都表现出较强烈的危机意识，在加强学校标准化建设、控制“择校风”、促进城乡教师交流与互助上采取了较为有力的政策和措施，取得了较好的效果，如安徽“铜陵经验”已成为全国教育均衡发展的典型。西藏、新疆、陕西、甘肃等西部地区在近年的西部大开发中获得了较多的经费资助，普及九年义务

① 姚东明，杨守华．江苏农村义务教育阶段学生将免除学杂费［EB/OL］．（2006-08-31）［2016-01-12］．http：//www. gov. cn/fwxx/sh/2006-08/31/content_ 374672. htm.

教育工作取得了较大进展，落后地区的教育获得了扶持和帮助，少数民族地区的汉族学校与民族学校的发展受到了同等重视。

（三）促进教育均衡发展的政策实践：政策举隅

当前，许多地方政府在建立和完善保障义务教育均衡发展的管理体制、认真组织实施国家义务教育工程项目、促进城乡义务教育整体发展的同时，把工作的着力点放在推进县（市、区）域内义务教育均衡发展上，认真制定义务教育均衡发展的近期的和长远的实施规划，针对其中的突出问题，采取切实有效的措施，做到分类指导，重点突破，因地制宜，分步解决。

1. 解决教育经费，保障教育均衡发展

目前我国人口的70%在农村，农村义务教育阶段学生人数高达1.6亿。农村教育经费投入不足是长期困扰教育发展的根本问题。我国教育经费特别是义务教育经费投入的主体是政府，财政拨款是教育经费的主要来源。地方财政只有进一步加大投入，切实落实教育经费“三个增长”，贯彻中央关于新增教育经费主要用于农村的要求，进一步调整支出结构，加强对薄弱学校的建设和改造，才能推动义务教育均衡发展。关注城乡教育的差距、保障农村教育的健康发展要实施教育投入的倾斜政策。例如，广西壮族自治区深化农村义务教育经费保障机制改革，进一步加大了对农村义务教育的投入力度。自治区政府决定，由地方分担的20%免学杂费补助资金、公用经费补助资金和应分担的50%校舍维修改造资金共4亿元全部由自治区本级财政承担。此外，农村税费改革转移支付的65%将全额用于农村教育，包括偿还“普九”欠债、改造中小学危房、改善基础设施和办学条件等，并强调不得挤占挪用来发放教师工资。同时要求，各级政府要调整财政支出结构，按照法律规定，将义务教育列入财政预算，安排到校，切实保障义务教育的正常运转和校舍安全，确保教职工工资按照规定发放，推进义

务教育健康发展。[①] 制定均衡的教育经费标准意味着教育投入的大幅度增加。2001 年北京市教委、北京市财政局重新修订了《北京市普通教育事业公用经费定额标准》，新标准对满足教学所需的正常运行经费做了明确规定，不再分为城镇、农村标准，实行统一的公用经费标准。为了解决农村地区“支付能力”不足的实际问题，市级财政还专门设立了农村义务教育专项资金，规定每年至少投入一亿元重点支持农村中小学布局调整、改善办学条件、消除危房、信息化建设、教师培训等项目，为“城乡统一标准办学”提供了资金支持和制度保证。事实证明，这项标准自实施以来，已经明显地缩小了北京市城乡之间、区域之间的预算内生均公用经费支出差距。

2. 统筹教师资源，提升农村教师水平

教师是教育改革和发展的关键。在我国教师总体水平大幅度提高的背景下，城乡教师水平的差距却在日益拉大。农村教师有效需求无法得到满足，而师范生到农村从教的意愿明显下降，农村学校的优秀教师严重流失。扭转教师资源的失衡状态、合理配置教师资源成为教育均衡发展的关键。在教师资源的统筹上，当前的政策实践主要有：(1) 农村学校与城市学校“手拉手”。例如，沈阳市教育局安排农村九年一贯制学校与城市优质初中小学结对互助[②]，对口支援不少于 6 年。互助活动主要以教育教学管理、干部教师交流、教师培训为主。2005 年 9 月，沈阳市教育局从城区选派了 42 名校长、教师进驻农村九年一贯制学校，保证每所九年一贯制学校都有一名优质初中的校级干部直接参与学校管理，有优质初中和小学骨干教师各一名直接从事一线教学。该市还启动了农村教师到城区学校“进修”计划。农村九年一贯制学校向城区对口“手拉手”学校派送校级干部一名、小学和初中教师各一名，进行为期一个学期的“进修”学习。(2) 城区教师到

① 周祖臣，李佳．新《义务教育法》今天正式实施，各地采取有力措施贯彻落实［N］．中国教育报，2006-09-01（1）．

② 刘玉．把教育“木桶”的短板加长［N］．中国教育报，2006-06-10（1）．

农村支教。许多城市在教师职称的评定上附加了到农村支教的条件，并运用各种形式组织教师到农村支教。如山东省德州市德城区出台《城区教师支教管理办法》，按互动计划需要可因人因校选择不同方式：①离岗支教：教师个人申请，学校根据工作需要安排，离开工作岗位直接到农村任教，也可由教育局根据需要选调；②兼职支教：因学校工作无法离开的，可由学校安排实行兼职支教，期间可在两校同时任教，并完成相应的教学任务；③挂职支教：根据工作需要，教育局从城区学校选拔骨干教师、中层干部到农村学校任职、任课，具体组织学校互动计划的实施；④农村教师到城区学习：根据学校实际情况，农村学校可选派部分教师到城区对口学校采取任职、任课等不同形式进行学习、锻炼。[①]（3）促进教师流动，合理配置教师资源。促进教师流动是解决教师资源配置不均衡的重要举措。在大连，不论是名师还是普通老师，都要进行流动，而且，“交流”带着“关系”走。[②] 不同学校的理念、氛围差别很大，教师流动使教育思想和理念经常发生碰撞，相互学习提高，“交流”的教师往往能沟通两个学校，甚至多个学校。如今由“交流教师”牵线搭桥自发进行的校际教研活动非常活跃。但是，大连的做法也遇到了一些现实问题。“我们已经发现这种带着‘关系’走的方式有弊端，有些教师算着马上要被‘交流’了，工作积极性有所下降，有些得过且过的情绪。”而在一些校长眼中，把学校的骨干教师“交流”出去，实在有些舍不得。大连市教育行政部门认为，当下最重要的是先把教师“交流”起来，下一步再准备利用评估手段更科学地把握教师流动。

3. 取消重点校重点班，严控“择校风”

没有学校之间的平等就不可能有学生之间的平等。政府可以通过

---

① 德州市人民政府. 德城区教育局出台《城区教师支教管理办法》[EB/OL].（2011-08-28）[2015-06-20]. http://www.dezhou.gov.cn/n1403/n6329/n6928/n7086/c357624/content.html.

② 王友文. 十年砥砺铺就均衡坦途 [N]. 中国教育报，2006-06-17（1）.

政策调节来实现学校资源之间的平等。政府应该平等对待学校以保障和促进学生享有平等发展的条件。重点和非重点学校的存在是教育非均衡发展的主要标志。这两种学校的差距首先是经费的差距。重点学校得到的实际经费往往比其他非重点学校多得多，甚至是其他所有学校经费的总和。这提高了重点学校收费和吸引优秀教师的能力，强化了它们的“造血”功能，使得重点学校与非重点学校之间的差距越来越大。在取消重点学校、促进教育均衡方面，“铜陵经验”得到了广泛的传播。安徽省铜陵市用了10年时间基本消除了学校差距，推行的做法包括均衡配置教育资源、斥巨资扶持弱校，先后在人口密集区新建5所中小学，改造和扩建了17所学校，从而满足了每个学生都能在规定的服务半径内就近入学的需要；改革高中招生办法，将优质高中入学指标平均分配到各初中，分配比例从1997年的40%提高到2005年的60%，从根本上消除了家长的“择校”心理。同时在招生制度上实行透明化，招生信息完全向民众公开，将教育公平置于社会的刚性监督之下。① 铜陵市的实践说明，实现义务教育均衡化、促进教育公平不是遥不可及的梦想。铜陵市能够做到的，别的城市也能够做到。当前，在落实取消重点学校政策的基础上，许多地区进一步加强了薄弱学校的更新和改造。如河南省郑州市推行薄弱学校“更新工程”，加大投入，用于缩小校际差距，缓解“择校”矛盾。② 据介绍，“更新工程”就是要扶持弱校，推行基础教育均衡发展。首先，政策向弱校倾斜，尽快改变弱校现状；然后通过教育资源平均分配，促进教育均衡发展，使每所学校都为群众接受，让“择校风”无容身之地。郑州通过完善小学、初中、高中三方面的招生政策，力求实现生源公平分配；通过缩减薄弱学校数量，使优质学校的分布趋于均衡；通过对教师的流动建立控制机制，消除校际教师差异；通过提供奖学金和减免杂费、书本费等办法，保证困难群体子女平等受教育的权利。此外，郑州十几

① 周金燕. 均衡发展：义务教育的大趋势［N］. 学习时报，2006-01-09（6）.

② 王明浩. 郑州推行薄弱学校“更新工程”［N］. 人民日报，2005-12-30（11）.

所中学面向全市公开招聘了校长、副校长，师范学校分别与1—2所薄弱学校建立了对口关系，谋求共同发展。

4. 制定基本办学标准，走内涵发展之路

促进教育均衡发展最为有效的措施之一是制定义务教育国家标准，即义务教育的底线标准。没有义务教育的底线标准，就没有缩小教育差距的明确指标，就无法明确缩小教育差距的责任，不能形成缩小差距的紧迫感和责任感。教育均衡发展的“成都经验”最主要体现的就是学校的标准化建设工程。[①] 成都市规划到2006年底完成投资10亿元，实现全市农村中小学校点布局调整和400多所农村中小学标准化建设任务。校点布局规划充分考虑初中、九年一贯制学校、中心校、村小配置的比例。小学布局原则上保证小学的服务半径在3公里以内，尽可能建完全小学，对偏远山区保留必要的小规模学校或教学点，防止因布局调整造成学生上学不便或辍学。在建设资金投入与建设项目确定方面向经济发展相对落后的远郊区（市）县倾斜，确保远郊区（市）县农村中小学优先发展。2005年，全市正式开工建设的项目学校有112所，其中33所农村中小学已完成标准化建设并投入使用，远郊地区的蒲江县将于2006年基本完成标准化建设工程。[②]

当前达成基本办学标准、推进教育均衡发展的政策实践主要有以下两个方面。（1）学校硬件条件的标准化。没有一定的硬件条件，学校办学质量无从谈起。要实现义务教育区域均衡发展，首先必须实现中小学办学设施的标准化。例如，《广东省义务教育规范化学校标准（试行）》规定：学校要有独立的校园；学校生均占地面积小学不低于

---

① 成都市发展改革委社会发展处．成都市农村中小学标准化建设的调查研究［EB/OL］.（2007-04-12）［2016-01-12］. http：//shs. ndrc. gov. cn/shfzdt/t20070412_ 128733. htm.

② 佚名. 以人为本，城乡一体：成都市促进市域内义务教育均衡发展［EB/OL］.（2005-12-12）［2015-06-20］. http：//www. snsedu. gov. cn/snedu2/html/jyyw/snjyxx/9007. html.

$18m^2$，初中不低于 $23m^2$；市中心城区小学不低于 $9.4m^2$，初中不低于 $10.1m^2$。① “十五”期间，大连中小学计算机配置数量由 7300 台增加到 63000 台，生机比也由 104∶1 提高到 11∶1。10 年来，市内 4 区所有义务教育阶段学校 100%实现了办学设施标准化。为此，仅“十五”期间，市、区两级政府至少投入了 10 亿元资金。在学校硬件设施的标准化上，整合是一条有效的思路。大连市沙河口区教育局决定将大连市 79 中与学校西边的区教师进修学校以及东边的联合路小学合并，使学校面貌大为改观，整个学校风格统一，宛如一座城堡，艺术教室、阅览室、手工制作室等多达几十间。② （2）学校管理、教师队伍结构等“软件资源”的标准化。这主要通过薄弱学校的校长公开招聘、城乡教师的流动来实现。例如，沈阳市教育局通过教师流动确保各学校起始年级的教师配备，使各学校在教师学历结构、教师职称结构及骨干教师数量方面达到基本均衡。从 2006 年秋新学期开学的第一天起，沈阳市有 1977 名教师在新学校里的新教学岗位上开始了新的教学生涯。此番交流的教师大多是学校的业务骨干。沈阳市教师交流的目标是：经过 3 至 6 年的滚动，力争中小学教师资源基本实现均衡配置。③

5. 关心弱势群体，妥善安置城市农民工子弟入学

在国家进一步加大对农村、对弱势群体救助的政策方针的指导和支持下，各地积极筹措资金，以农村义务教育阶段家庭贫困学生为重点，努力扩大贫困学生的资助面，提高资助标准和资助质量。进城务工农民子女和留守儿童的教育问题得到了全社会高度关注，相关教育

---

① 广东省教育厅．关于印发《广东省义务教育规范化学校标准（试行）》的通知[EB/OL]．(2006-08-10) [2016-01-12]．http://news.vcmedu.com/jydt/article.jsp? art_id=10119.

② 大连市教育局．大连市教育事业“十一五”规划（2006 年 3 月）[EB/OL]．(2006-03-10) [2016-01-12]．http://www.edu.dl.gov.cn/info/167397_167454.vm? did=102356&id=167397.

③ 周祖臣，李佳．新《义务教育法》今天正式实施，各地采取有力措施贯彻落实[N]．中国教育报，2006-09-01 (1)．

工作取得了较大进展。不因弱势而被忽视，不因贫困而遭放弃，当教育公平的阳光普照到每一个儿童、少年身上时，就更加彰显了教育均衡发展的重要意义。在解决流动人口子女的教育问题上，一些城市制定了相关政策，积累了较多的经验，这主要包括：（1）将流动人口子女的义务教育纳入城市教育发展整体规划，统筹安排。例如，北京建立了相应的准入制度，依法设置独生子女、监护人资格审查等入学条件，还按照“扶持一批、审批一批、取缔一批”的工作思路，制定管理办法，逐步规范或取缔流动人员自办学校。开展非义务教育阶段适龄流动人口就学问题的专题研究。① 再如，福建省教育厅要求农民工输入地政府要将农民工子女义务教育纳入当地普及九年义务教育工作规划，确保农民工子女义务教育的普及程度达到当地的平均水平。各地教育行政部门要按照免试就近入学的原则，安排农民工子女就读公办学校，且一律按照当地政府规定的项目和标准收费；农村公办学校的农民工子女，要与当地学生一样免除学杂费。家庭经济困难的农民工子女要纳入“两免一补”范围。同时，要维护农民工子女在入队入团、评优奖励、课外活动等方面的正当权益。福建省教育厅还要求，各级政府要在教育经费、基础设施建设、教职工编制等方面对农民工子女就读的公办学校予以扶持。福建省教育厅还将加强对以接收农民工子女为主的民办学校的扶持和管理。② （2）在城郊建立新学校，使流动人口子女集中就学。例如，无锡市在2002年提出各区确定接收农民工子女的定点学校，按就近入学的原则，不得推诿、拒收。南长区按东、西、南、北、中的布局，选择5所小学作为接纳外来流动人口子女就读的学校。区教育局在政策上给予倾斜，加大投入力度，扩大规模，改善办学条件，真正实现流动人员子女与本地学生一样享受优质教育。

---

① 北京市教育委员会. 北京市教育委员会关于加强流动人口自办学校管理工作的通知［EB/OL］.（2007-09-29）［2015-06-20］. http：//www. chinalawedu. com/falvfagui/fg22598/108908. shtml.

② 福建省教育厅. 关于进一步加强农民工子女义务教育工作的通知［EB/OL］.（2007-04-12）［2008-12-9］. http：//www. fjjcjy. com/WebJcjy/ShowLast. aspx？new_ id＝8c6338bb1691461280e7a6731c8a2fd2.

惠山区、滨湖区等地利用布局调整后闲置的校舍，由教育部门直接举办公办性质的吸纳农民工子弟的学校，加大资金投入，精心选配校长、教师，确保教育教学质量。2004 年，无锡市启动“新市民安居乐业工程”，凡就读公办学校的农民工子女，学校收费项目和标准与当地学生一视同仁，不再收取借读费、择校费、捐资助学费等，对家庭经济困难的学生酌情减免杂费，还设立专项奖学金。2004 年仅小学阶段的流动人员子女的公用经费支出就达 5500 万元。①

6. 建立督导评估体系，加强学业质量监测

建立督导监测机制和评估制度是保障义务教育均衡发展必不可少的环节。没有科学的标准就不能衡量是否真正做到了均衡，没有有效的督导就难以真正推进工作，科学的督导监测机制和评估制度为教育均衡发展护航。许多地方政府对此项工作进行了积极探索和研究，加强了督导监测工作，对各地依法推进义务教育发展起到了有效的监督和激励作用。（1）完善义务教育教学质量报告制度。北京市建立了义务教育均衡发展督导评估制度，对全市义务教育均衡发展状况进行评估。发挥教育督导部门对教学质量的监督作用，建立对教学领域重大事项的教育督导评估制度。将评估检查结果作为评价地方教育工作的重要指标，切实推进义务教育均衡发展。逐步完善北京市义务教育教学质量年度报告制度。定期向社会公布教学质量报告，引导社会和学校树立全面的教学质量观，促进基础教育的健康发展。强化教育质量的过程管理，借鉴基础教育学生成绩和能力的国际测评体系经验，运用现代化的评价手段和评价工具，开展对学校办学效益和教育附加值的评估，促进学校不断发展。②（2）加强对教育均衡督导评估体系的

---

① 戴嵩松，周向明. 让“新无锡人”沐浴爱的阳光［N］. 中国教育报，2006-06-19（1）.

② 参见：北京市人民政府办公厅. 北京市教育委员会、北京市人民政府教育督导室关于印发北京市义务教育均衡发展状况督导评价方案（试行）的通知［Z］. 2008；北京市教育委员会，北京市人民政府教育督导室. 北京市区县人民政府落实义务教育均衡发展责任情况督导评估办法（暂行）［EB/OL］.（2012-04-12）［2015-06-20］. http://govinfo. nlc. gov. cn/bjfz/xxgk/bjsjw/201204/t20120421_ 1423179. html? classid=423.

研究。如大连市考察各区推进教育均衡的进展时主要看两个值：均衡度和离散度。均衡度是通过对区县内资源配置情况、学校办学状况等一系列指标进行计算得出来的，这个值是全区所有学校的办学状况的一个均值，一般说来一个区的分值高就代表其总体均衡度较好。离散度是较差学校和相对较好学校与平均值的差距，它能清晰地反映出这个区教育均衡发展的内在质量。大连市教育局长刘文健认为，“测算是建立在很多数值的统计之上的，一级指标之下，还包括办学条件、教师队伍、教学质量等二级指标，各个二级指标下又会分诸如生均活动面积、生机比、教学仪器设备率、教师交流的比率、骨干教师拥有量、学生对学校满意程度等一系列三级指标”①。在大连，这种精心评估并不是仅仅通报一番了事，而是与绩效、激励挂钩，即不但要将评估结果通报市政府、各区政府，还要将其与财政性激励经费挂钩。这样，推进均衡发展不力的区不但会被通报，还要失去数目不菲的发展经费。(3) 进行义务教育均衡发展先进县（市、区）的评比。例如，江苏省教育厅发布了《江苏省义务教育均衡发展先进县（市、区）评选办法》，在评选条件和标准里提出了五个要求。② 第一，要求高度重视义务教育均衡发展；县（市、区）政府及教育行政部门对义务教育均衡发展工作有明确的规划和具体的实施方案；扶持义务教育阶段农村学校和薄弱学校发展的措施有力，并取得明显成效。第二，要求办学条件均衡，所有义务教育阶段学校的办学条件均达到或超过省颁基本办学条件标准，区域内城乡之间、校际的办学条件大体均衡。第三，要求教师队伍均衡，公办学校教师由县（市、区）教育行政部门统一管理，工资待遇实行“一县一标”。建立骨干教师到农村学校和薄弱学校支教的制度，建立并实施有利于义务教育阶段学校均衡发展的县（市、区）内教师定期流动制度。城乡学校之间的教师队伍差距明显缩小。第四，要求受教育机会均衡，建立健全对残疾儿童和家庭经济困难学

---

① 王友文. 十年砥砺铺就均衡坦途［N］. 中国教育报，2006-06-17（1）.

② 江苏省教育厅. 江苏省义务教育均衡发展先进县（市、区）评选办法［EB/OL］.（2008-04-06）［2016-01-12］. http：//www.jsjyt.gov.cn/newsfiles/25/2008-04/9693.shtml.

生的资助体系，没有适龄儿童少年因家庭经济困难而失学。进城务工就业农民子女接受义务教育以公办学校为主，交费与当地学生一视同仁。义务教育阶段适龄普通儿童少年入学率达100%，残疾儿童少年入学率在95%以上。控制辍学率工作卓有成效，小学、初中巩固率都在99.5%以上。第五，要求管理水平均衡。普遍建立和实施城市学校与农村学校、优质学校与薄弱学校对口帮扶制度，并取得明显成效。义务教育阶段学校之间的管理水平趋于均衡，区域内择校现象逐年减少。(4) 加强对义务教育均衡发展的监督监测。山东省从2005年开始，组织评估组分别到各地进行检查督导，每市督查10天，每市抽查2个县，每县抽查2所学校，对农村义务教育的投入和义务教育发展等情况进行深入细致的检查督导，并将督查结果进行公布，按督查情况进行排名。福建厦门思明区制定了《教育均衡发展监测方案》，开展了各项监测工作的尝试，从省均定额教育经费、骨干教师队伍、办学条件和办学质量等四个方面对部分学校进行了抽检与差距分析，将校际差距通过关键抽测点的数据直观地呈现出来，为教育决策提供了很好的依据。①

第三节　走向内涵式教育均衡发展

促进教育均衡发展，不仅是我国教育政策面临的重大课题，也是世界各国教育政策面临的重大问题。通过对教育均衡发展理论的梳理，我们对教育均衡发展的思想有了更为深刻的认识；通过对教育均衡现状的分析，我们对教育均衡有了具体的认识；通过对我国教育均衡政策、策略的归纳，我们对各级政府应对教育均衡问题的方法有了总体的认识；通过对世界各国教育均衡政策的比较，我们对国内教育均衡问题的研究有了国际化的框架与视野。

① 续梅. 办好每所学校，关注每个孩子 [N]. 中国教育报，2006-06-08 (1).

一、关于教育均衡发展的基本判断

第一，目前教育发展的不均衡是国家教育跨越式发展必然经历的发展阶段，追求教育均衡发展并不意味着否定前期教育发展所取得的成绩，也无意于否定国家前期教育政策的功效，而是重新确定教育发展的模式。

第二，满足人民日益增长的教育需求始终是国家教育政策的终极目标。教育均衡发展是当前国家教育发展模式新的选择，国家需要调整相关的教育政策，并在教育制度上有适度的创新，来认可、适应与推动这种新的发展模式。国家选择这种发展模式的目的，仍然是为了满足人民的教育需求。

第三，教育政策对教育均衡发展具有引导与保障的功能。从政府的角度来看，分析当前的教育政策、根据教育实践的情况来选择并创新教育制度是推进教育均衡发展的主要途径。我们主要从政策角度分析教育均衡发展，但并不意味着我们认为教育均衡发展完全是政府的事，而是认为，政府可以从教育政策的角度来引导与保障教育均衡发展。

第四，借鉴国外成功的教育政策经验，尤其是借鉴与我国经济和教育发展水平相当的国家的教育政策经验，有助于我们制定科学合理的教育政策。但是，在比较与借鉴国外教育政策经验时，更要充分地了解、调查和分析我国当前的教育改革实践，从我国现实的教育发展水平出发来规划与设计国家教育政策。

二、教育事业发展的战略转型

“跨越式”发展与“均衡”发展在这里是一组相对的概念。“跨越式”发展是指政策的制定者遵循客观规律，坚持有所为有所不为，集中人力、物力、财力，在基础好、具备发展条件的重点领域、重点产业、重点区域重点突破的发展过程。而“均衡”发展是指政策的制定者将人力、物力、财力用于更为广阔的领域，以最大限度地缩小差距为目标的发展过程。“跨越式”发展是“均衡”发展的根本前提，只有在经济现代化释放出社会强大的生产力，并由此创造和积聚了一定的物质财富和精神财富之后，才能谈得上真正的社会公正，才能为“均衡”发展奠定坚实的物质基础；而“均衡”发展是“跨越式”发展的有力保障，只有在获得广泛的社会认同和社会公正之后，社会才能稳定和谐，才能为新一轮的“跨越式”发展培育良好的社会环境。可以说，“跨越式”发展和“均衡”发展是不同历史时期的战略选择。教育的发展也不例外。教育“跨越式”发展是一种重点发展的过程，而教育“均衡”发展则是一种共同发展的过程。这两种发展战略的更替，具有一定的经济和政治背景。

就经济背景而言，十一届三中全会的召开标志着我国逐步告别国民经济的萧条状态，并开始实施“跨越式”发展的战略。这是一条以不均衡作为“发展起点”和“发展代价”的现代化发展路径。它能够在物质极度匮乏的不利条件下，通过利益分配调动生产积极性和创造性，起到短时间内释放生产力的积极作用，以生产力的不平衡发展对抗“短缺社会”生产力的停滞。① 从战略的角度来看，我国实施让一部分地区、一部分人先富起来的政策，是对新中国成立以来的分配平均主义的调整，它既考虑到社会主义的本质要求是实现共同富裕，同时也清醒地认识到实行同步发展、同步富裕，不仅中国的国力难以承受，而且也违背了经济和社会发展的一般规律。新中国成立后的发展实践实际上已经证实，同步发展的结果只能是低水平的自我循环。② 社会主义的根本任务是解放生产力，发展生产力，最终实现共同富裕。但共同富裕并不意味着同步富裕，必须采取优先发展的战略，才能为共同富裕打下基础。这是一种渐进式的发展道路。然而，在“跨越式”

① 胡位钧．均衡发展的政治逻辑［M］．重庆：重庆出版社，2005：99.

② 胡位钧．均衡发展的政治逻辑［M］．重庆：重庆出版社，2005：93.

发展的过程中，也出现了一些问题，造成了地域之间、群体之间的收入差距拉大，低收入者的利益受到了不同程度的损害，反映在教育上就是供养子女上学的负担加重，部分低收入者家庭出现了子女中途辍学以协助养家糊口的现象。作为对以往“跨越式”发展战略的调整，十六届三中全会通过了《关于完善社会主义经济体制若干问题的决定》，提出了“五个统筹”，即按照统筹城乡发展、统筹区域发展、统筹经济社会发展、统筹人与自然和谐发展、统筹国内发展和对外开放的要求，首次强调了经济、社会的协调发展。这为教育从“跨越式”发展到“均衡”发展的转变定下了基调。

就政治背景而言，十一届三中全会的召开标志着“以阶级斗争为纲”的结束，也标志着全体公民在政治平等基础上可以自由竞争，这大大地调动了全民投入经济建设的积极性。鼓励群众自由竞争的政策让一部分基础条件好的地域和群体获得了充分发展的机会，但也出现了由于基础条件较差而落后的地域和群体。随着先富地域和群体与后富地域和群体之间距离的拉大，社会上出现了一些不和谐的因素。鉴于此，中共中央第十六届四中全会颁布的《中共中央关于加强党的执政能力建设的决定》首次完整地提出了构建社会主义和谐社会的概念，对构建社会主义和谐社会做出了四条原则性的界定：全面贯彻尊重劳动、尊重知识、尊重人才、尊重创造的方针，增强全社会的创造活力；妥善协调各方面的利益关系，正确处理人民内部矛盾；加强社会建设和管理，推进社会管理体制的创新；健全工作机制，维护社会稳定。和谐社会是公平的社会。公平既包括机会公平、标准公平、分配公平，还包括起点公平、过程公平和结果公平。党中央要求在发展中保护弱势群体利益，调动全体公民的参与热情，实现社会和谐共治。和谐社会体现了党中央严格保护人民群众利益的政策取向。

教育受到政治经济的制约，必须与经济和政治发展的主旋律相一致，必须从以往的“跨越式”发展转向当今的“均衡”发展。只有如此，才能保护最广大人民群众的根本利益，才能从根本上维护国家利益，才能确保教育政策的公信力。

教育的“均衡”发展集中表现为两个阶段：一是外延式的“均衡”，二是内涵式的“均衡”。外延式的“均衡”主要指国家在硬件设备上对落后地域教育的投资补偿，使得这些地域的教育教学所必需的基础设施达到一定的标准。这种均衡也就是人们通常所说的均衡。而这种均衡往往是一种横向的和静态的均衡。当落后地域的教育设施达到一定的标准，或者说与发达地域的教育设施之间的距离缩小到一定限度时，便意味着国家扶持的暂时完成。而内涵式的“均衡”却是另一种状态。单就教师资源配置而言，内涵式“均衡”发展，强调以师资的培养为重心，为相对落后的地域培养或提供合格教师。国家一方面鼓励高等师范院校通过合同的方式免费录取落后地域的学生，并使其毕业后回生源所在地工作一定年限，另一方面，更加鼓励地域之间或地域内部的教师流动，使不同地域或整个地域共享优秀教师资源。从长远来看，内涵式“均衡”要比外延式“均衡”具有更大的社会效果。我国地域辽阔，不同地域之间的教育基础设施水平差距很大。国家每出台一项缩小教育基础设施差距的政策，就意味着数额巨大的教育成本的投入。社会主义国家既关注公平，也关注效率。国家在预算投资的同时，还要综合考虑落后地域的人口出生率和人口流动率等因素。如果一个地域的人口出生率降低或者人口外流量增大，当地的儿童就学率明显下降，那么国家再加大投入就会造成不必要的成本浪费。在就学人数特别少的地域，国家可以考虑实施教师走课制，即让教师送教到儿童居住的场所。鉴于此，整体来看，内涵式的教育均衡发展要比外延式的教育均衡发展更加符合我国当前的实际情况。当然，这也不意味着对外延式的教育均衡发展的否定，在综合考虑各方面的因素之后，落后地域的教育基础设施最起码应具备基本的教育教学条件。总之，教育均衡发展是时代主流，但也要因地制宜，采取更加机动灵活的措施，让群众得到最多的福祉，而不是停留于形式主义的做法上。

三、内涵发展：教育均衡发展的新趋向

当前，教育均衡发展日益成为我国教育改革的焦点问题，而随着教育改革的不断深入，教育均衡发展正从外延式发展逐步走向内涵发展。[①] 外延式发展主要依靠追加外部教育资源投入[②]的方式来促进教育均衡；而内涵发展主要依靠充分挖掘内部潜力的方式来促进教育均衡。外延式发展是一种宏观的国家行为，而内涵发展则是微观的地方行为、学校行为、教师行为。无论是外延式发展还是内涵发展，最终都要落实到具体的操作方面。也就是说，国家的投资效果如何，最终还要看地方能否有效地利用投资。因此，从这种意义上来讲，内涵发展是促进教育均衡的着力点。

（一）促进教育均衡发展的内涵发展特征分析

教育均衡是为了让全体受教育者获得相对均等的受教育机会和受教育权利。这些机会与权利的获得，从根本上来讲，离不开具体层面的科学操作，也就是说，操作得当，方能保障教育均衡的真正实现。鉴于此，作为促进教育均衡发展的重要元素，内涵发展指的是地方教育行政部门和学校在教育资源相对不足甚至短缺的前提下，依靠结构优化、资源共享、效能提高和制度保障来促进教育均衡发展的过程。

---

① 谢仁业．中国高等教育内涵发展：价值、问题及趋势［J］．教育发展研究，2006（13）：7-10.

② 全国教育投入的总量分为三部分：国家财政拨款、社会办学资金（包括社团、个人、企业办学等）、学生家庭教育支出，简称国家投入、社会投入、个人投入。参见：国家统计局城调总队．我国教育经费投入知多少［EB/OL］．（2005-06-16）［2016-01-12］．http：//news. xinhuanet. com/report/2005-06/16/content_ 3093744. htm. 而本处所涉及的外部投入以及下文中出现的教育总量投入主要指国家投入。

内涵发展的本质是一种“自组织”[①] 过程。这种“自组织”形式表现在内涵发展不是依靠外部力量，而是依靠自身的力量来达到某种平衡状态上。换句话说，内涵发展不为国家增添新的财政负担，而依靠地方教育行政部门和学校发挥主观能动性，因地制宜，充分挖掘现有资源的最大潜力，改革教育教学过程，以实现教育均衡的目的。内涵发展有助于解决资源有限和需求不足的矛盾，有助于提升资源的利用效率，也有助于巩固新获得资源的利用效果。

内涵发展的特征主要表现在如下四个方面。第一，作为一种节约型发展的内涵发展。内涵发展追求的是资源利用的实效性，并以此为基础实现低成本运作。当一个地域人口出生率下降或儿童外流量增加的时候，国家对这个地方的投入会因为闲置不用而造成资源的浪费。为了避免这种浪费、降低成本，地方教育行政部门需恰当整合所在地域的人力、物力和财力资源，实施优势资源共享和劣势资源共扶的策略，让所在区域的受教育者获得区域内均衡的教育资源。[②] 第二，作为一种创新型发展的内涵发展。内涵发展探究的是新的变革策略，这意味着为了学校教育的变革与发展，学校在学校管理、课程与教学、德育与学生管理、学校教育科研、教师专业发展等方面打破旧有传统，以提高学校管理效能和教育教学质量为核心，提高学校管理者的治理能力，提高广大教师的专业素养与教学水平，着力夯实学校管理和教育教学的能力基础，创造性地解决学校变革与发展过程中面临的各种新问题，提升学校持续发展的能力。内涵发展力求通过对管理、课程、教学与评价的革新，使受教育者获得更多的优质教育机会，从

---

① “自组织”是复杂科学中的术语。协同学的创始人哈肯（H. Haken）给“自组织”下了个经典性定义：“如果系统在获得空间的、时间的或功能的结构过程中，没有外界的特定干预，我们便说系统是‘自组织’的。这里‘特定’一词是指，那种结构和功能并非外界强加给系统的，而且外界实际是以非特定的方式作用于系统的。”（孙志海．自组织的社会进化理论方法和模型［M］．北京：中国社会科学出版社，2004：22.）赵凯荣认为：“自组织指的是不需要外部指令，而在一定条件下自行产生特定有序结构的过程。”（赵凯荣．复杂性哲学［M］．北京：中国社会科学出版社，2001：71.）鉴于此，自组织是主体进行自我优化完善的过程。

② 本处所指的区域主要以县（区）为主。

而实现不同个体的均衡发展。第三，作为一种互补型发展的内涵发展。内涵发展体现的是非平衡向平衡的流动。在区域内部，每一所学校未必在所有方面都处于劣势状态。在资源共享的条件下，一所学校在使用其他学校的优势资源的同时，也向其他学校提供了自己的优势资源。区域内的学校在互补的状态下，互相学习和互相促进，最终获得共同发展。一所学校某方面的优势，能够成为其他学校的榜样和动力；一所学校在某方面的劣势，也能成为其他学校的参照和镜鉴。第四，作为一种持续型发展的内涵发展。内涵发展强调的是区域内部教育资源潜力的挖掘和利用，并以此为基础实现各区域的独立自主和区域内的团结合作。区域的独立性有助于各个区域减轻对国家的依赖程度，增强自身的生存能力和适应能力，从而获得教育发展的活力；区域内的团结合作有助于本区域内的学校避免彼此之间为了抢占有限的教育资源而进行残酷竞争的局面，有利于区域内的和谐发展。

（二）促进教育均衡发展的内涵发展政策选择

教育均衡需要足够的资源来做支撑。改革开放以来，我国已经积累了一定的物质基础，经济总量排在世界前几位，但由于我国人口众多，人均国内生产总值的世界排名仅在100位左右，这在发展中国家序列里，也算不上佼佼者。① 因此，我们没有理由单独依赖于外部的资源供给，而必须设法挖掘内部资源的潜力，做到最大限度地促进教育均衡。

教育投入总量有限催生了内涵发展。教育投入总量有限主要是指国家的财力投入虽然不断上升但仍无法满足人口众多带来的教育实际需求的一种状态。近年来，国家教育投入总量持续增加，年均增长近

① 楚东．中国人均GDP世界排名100位，总量大仅代表速度［EB/OL］．（2006-02-10）［2016-01-12］．http：//news. xinhuanet. com/politics/2006-02/10/content_ 4160431. htm.

17%。[①] 然而，由于我国人口众多，群众对于优质教育的需求和优质教育资源的供给之间存在着一个较大的反差，当前教育面临的最大困难仍是教育投入不足。2005 年我国的教育投入约占国内生产总值的 3%，而世界平均水平是 5%。[②] 国家投入不足已经造成了教育经费的捉襟见肘，甚至存在如此有限的经费仍不能如数为学校所用的情况。在一些地区，特别是贫困地区，国家的教育拨款常常被视为地方财政的重要收入而被挪作他用，由地方承担的部分更难以保证。在这样的教育投入总量有限的情况下，地方教育行政部门应做的事情不是消极等待，而是另寻出路，以内涵发展作为促进教育均衡的切入点。

教育投入结构不合理推动了内涵发展。教育投入结构的不合理主要是指在教育类型、城乡和软硬件等三个层面的投入比例不恰当的一种状态。从公平类型来讲，教育投入结构不合理表现为对基础教育与高等教育的投入有失公平的状态。教育经费投入呈现“倒金字塔型”，即教育经费投入在基础教育和高等教育之间的分配上出现了“倒挂”。公共教育资源向高等教育过分倾斜，而基础教育的公共投入严重不足。高等教育经费占教育经费的比重在 2003 年上升到 24%（通常为 20%左右）[③]，而基础教育特别是农村基础教育却面临危机。教育投入结构不合理还表现为城乡教育投入悬殊。“2004 年，全国农村小学高级教师的比例为 35. 9%，农村初中一级及以上职务教师的比例为 32. 3%，分别比城市低 8. 9 个百分点和 14. 5 个百分点。”“小学高级教师的比例东部地区为 43. 9%、中部地区为 41. 0%、西部地区仅为 32. 3%，东、西部地区相差近 12 个百分点；初中一级及以上职务教师的比例，东部地区为 44. 2%、中部地区为 41. 4%、西部地区仅为 32. 6%，东、西部地区

---

① 孙宇挺. 中国教育投入总量持续增加，年均增长近 17% [EB/OL]. (2003-10-23) [2016-01-12]. http://www. chinanews. com. cn/n/2003-10-23/26/360101. html.

② 王东仁. 义务教育的关键是投入结构问题 [N]. 人民日报 · 华南新闻，2005-08-22 (2).

③ 卢中原. 国研中心：“十一五”规划思路和 2020 年远景目标研究 [EB/OL]. (2005-05-09) [2015-06-20]. http://www. ce. cn/new_ hgjj/hgplun/more/200505/09/t20050509_ 3780192. shtml.

相差近 12 个百分点。”[①] 此外，软硬件投入有落差也是教育投入结构不合理的表现。教育硬件方面投入多，教育软件方面投入较少，增加的教育财政支出较多地投向校舍、设备等方面的建设，对教师素质提升方面的投入重视不够。[②] 教育投入的这三个层面的不合理结构表明，促进教育均衡还需要优化教育投入结构。地方教育行政部门应着手协调基础教育与非基础教育、乡村与城市以及软件与硬件之间的关系，做好资源的均衡配置。

教育资源利用效率不高强化了内涵发展。教育资源利用效率不高主要是指教师资源、课程资源、经费资源以及校舍、仪器设备与图书资源等方面的利用不足并造成隐形浪费的一种状态。就教师资源而言，利用效率不高主要是因为教师工作量不足、专业特长与所教专业不相匹配、优秀教师的单位用人制度不健全等。这些因素致使教师无法充分发挥自我潜力，不利于其工作绩效最大化，不利于区域内教学效果的整体提高。就课程资源而言，利用效率不高主要是因为教师课程资源意识和开发能力欠缺，课程资源的开发与利用仍然倾向于结构单一化，已开发的课程资源未能在教学中得到很好的利用[③]，以及课程资源的重复开发[④]等。这些因素导致了大量作为课程要素来源的课程资源被埋没，课程资源不能及时地进入实际的中小学教学活动中，课程不能为学生提供丰富的学习环境，还导致了大量人力、物力和财力的浪费。就经费资源而言，利用效率不高主要是因为教育经费支出中人头经费所占比例较高，而公用经费所占比例较低。[⑤] 这导致了课程与教学改革方面资金的匮乏。就校舍、仪器设备与图书资源而言，利用效率不高

---

① 国家教育督导团. 国家教育督导报告 2005：义务教育均衡发展［J］. 教育发展研究，2006（9）：1-8.

② 周会韬，黄强. 中国教育投入政策反思［J］. 四川教育学院学报，2006（1）：21-24.

③ 何军华. 课程资源开发与利用中存在的问题及对策［J］. 当代教育科学，2003（6）：25-26.

④ 课程资源的重复开发在这里指的是同一个区域内的学校在相同或类似的文化环境下开发出的课程资源有着诸多重复之处。该区域内的地方教育行政部门应做好沟通与协调，以避免不同学校为了一个类似的主题而共同耗费资源。

⑤ 黄吉秀，陈黔蓉，文娟. 财政教育投入问题思考［J］. 四川财政，2000（5）：8-10.

主要是因为"普九"期间建设了大量校舍①、购买了一定数量的仪器设备与图书，但由于学龄人口的变化、技术人员的缺乏以及应试压力，仪器设备闲置、无人使用，图书馆也成了被人遗忘的角落②，一些"空校"出现，仪器设备和图书价值耗损。

四、促进教育均衡发展的策略建议

我国是教育大国，各地区经济发展水平很不平衡，教育所依赖的文化传统差异很大，这些都使得教育均衡发展面临严峻挑战。通过对教育均衡发展的理论、现状以及国内外教育政策实践的梳理，结合我国经济发展与教育发展的实际情况，现就我国促进教育均衡发展提出如下政策建议。

建议一：建立"教育财政成本分担"机制。

教育要素成本主要包括学校办公经费、学校维修经费、学校建设经费和教师工资四大部分。任何一项教育要素成本，尽管其投入具有长效的经济回报，但短期来看仍属消费，所以，当教育投入与其他经济投入发生冲突时，教育投入势必会受到影响。目前的教育财政拨款体制并没有对这些要素成本进行分类、分担，教育经费主要由县级财政予以承担，只是在学校使用这些经费时受不同分类的限制。为此，建议逐步建立省、市与县的教育要素财政成本的分担机制，确定学校办公经费、学校维修经费、学校建设经费和教师工资由不同层级政府分担相应的比例，并由此建立不同层级政府分担教育成本的相互制约与监督机制。

建议二：逐步建立中央与省级政府对地方的"基准补助"模式。

缩小省际教育差异的责任在中央政府，缩小省内教育差异的责任

---

① 朱晟利，张子照．农村"空校"现象原因与对策分析［J］．当代教育论坛，2005（8下）：9-10.

② 杨咏梅．别让中小学图书馆成为"角落"［N］．中国教育报，2003-03-06（5）．

在省级政府。为了缩小省际教育差异，中央政府可以根据各省份的经济与教育发展实际情况，设置一个与各省份教育发展实际情况相符合的基本标准（各省份的基本标准并不是统一的，在绝对数额上是不同的）。对于通过本省力量可以达到或超过基本标准的省份，中央政府不再予以财政资助；对于通过本省力量无法达到基本标准的省份，由中央政府予以财政资助。为了缩小省内不同区域间的教育差异，省级政府可以根据不同区域的经济与教育发展实际情况，设置一个与区域教育发展实际情况相符合的基本标准。对于通过区域自身力量可以达到或超过基本标准的区域，省级政府不再予以财政资助；对于通过区域自身力量无法达到基本标准的区域，由省级政府予以财政资助。

建议三：在教育达标区域允许“良性教育选择行为”存在。

政府的重要任务就是为国民获得最为基本的教育提供保障，而市场的重要任务就是促进教育品质的不断提高。国民不但想获得最基本的教育服务，还想获得更高品质的教育服务。为此，省级政府可以在综合分析本省教育实际情况的基础上，确定本省教育的基本标准。当区域内所有学校的教育品质都超过基本标准时，就允许“良性教育选择行为”存在，因为前者确保了区域内国民的基本受教育权，后者则可以吸引更多资源进入教育领域，从而进一步提高区域教育质量。

建议四：在教育弱校试点“特许学校”制度。

随着受教育人口的变化，部分办学质量低下的薄弱公办学校面临严重的生存危机。这部分学校难以完全依靠政府财政来生存，而完全依靠学校自身力量改善教育质量也很困难。为此，可以考虑将这些学校“特许”或委托给公司或个人，通过引进外部资源改造这些教育弱校。通过签订协议，具体规定政府与受托方的权利与义务，避免国有资产的流失和国家教育秩序的混乱。

建议五：设立“教育特区”。

边远山区与农村的学校教育很难实现规模效应，这些地区的学校即使获得同样的生均教育财政拨款，也难以取得与其他区域的学校相同的教育效果。为此，省级政府与辖区的市级政府可以建设若干“教育特区”，针对“教育特区”的实际情况，给予“教育特区”多种优惠条件，如设立教师特区津贴、特区教育财政拨款等，从而促进当地教育的持续发展。

建议六：建立“国家教师”制度。

目前每年都有一定比例的大学毕业生难以就业，而边远山区与农村的学校却无法招到合适的教师。为此，建议建立“国家教师”制度，每年由教育部或各省教育厅以协议方式为边远山区或农村学校招录一定数额的教师，这些教师的户籍和工资都由教育部或各省教育厅负责解决，并统一调配，安排教学岗位；“服役”一定年限后，允许转岗或换岗，或回到城市生活与就业。这些教师的管理部门不是当地学校，而是教育部或各省教育厅的人事部门。事实上，这些教师并不是特定学校的教师，而真正地成了类似于军人的“国家教师”。

建议七：建立“边远教师基金”。

目前的教师流动主要是单向流动，即优秀教师从农村流向城镇、从内地流向沿海、从弱校流向强校。这种单向流动正好与国家促进教育均衡发展的政策相违背。这种教师流动是一种基于市场选择的流动，虽然政府可以采用强制手段禁止这种流动，但并不利于教育的持续发展。要想引导优秀教师到薄弱学校或贫困学校任教，就必须提高这些学校对优秀教师的吸引力。为此，中央政府或省级政府可以为相对贫困落后甚至无法达到基本教育条件的边远地区或农村地区的学校设立“边远教师基金”，鼓励优秀教师到这些地方任教，从而保证这些学校或区域的教育质量。

建议八：逐步试点农民工子女“定向培养制度”。

随着农民工子女在流入地接受义务教育的实现，农民工子女义务教育之后的教育就成为大家关心的问题。受户籍制度的影响，农民工子女并不能在流入地参加高考，这使得农民工子女很难在流入地接受高中及以上的教育。为此，建议在经济发达地区逐步试点农民工子女的“定向培养制度”，即：第一，人口流入的城市将农民工子女集中在特定的高级中学，按照户籍所在地学校采用的教材进行教学，为他们将来参加户籍所在地的高考进行定向教育；第二，为农民工子女开放部分职业教育学校，为当地企业定向培养所需人才。这两项定向培养制度，可以解除农民工子女因无法接受高中教育而影响前途与未来的困境。

第四章

普通高中教育现代化发展

《国家中长期教育改革和发展规划纲要（2010—2020年）》提出“到2020年基本实现教育现代化”，教育现代化成为现阶段我国教育事业发展的重要目标。作为我国学校教育体系的重要组成部分，普通高中教育现代化是教育现代化的题中应有之义。本章通过对普通高中教育特殊性质的分析，建构了普通高中教育现代化指标体系，从学校外围支持系统、学校自身建设和学校内部建设三个维度，细化了政府、社会、家庭、学校办学条件、教育质量、教育公平、教育效率、教师、学生、课程、教学和学校管理等二级指标。在促进普通高中教育现代化的过程中，要进一步转变政府职能，优化普通高中教育结构，丰富普通高中教育内涵建设，加强与校外机构的合作和交流，为实现普通高中教育健康持续发展提供有力保障。①

---

① 部分内容以“普通高中教育现代化发展指标的价值选择与建构思路”为题发表于《教育发展研究》2015年第1期。

当代中国社会正处在全面建成小康社会、建设富强民主文明和谐的社会主义现代化国家、实现中华民族伟大复兴“中国梦”的历史进程中。教育是民族振兴、社会进步的基石，“中国梦”的关键是“教育梦”。在国家的改革与发展过程中，需要优先发展教育、提高教育现代化水平；在教育的改革与发展过程中，需要坚持以人为本的核心价值体系，全面提高全体国民的现代化素养，使整个国家从人口大国转变为人力资源大国，迈向人力资源强国，建设富强民主文明和谐的社会主义现代化国家。如今，《国家中长期教育改革和发展规划纲要（2010—2020 年）》（以下简称《规划纲要》）已确定 2020 年我国教育事业的发展目标：“到 2020 年，基本实现教育现代化，基本形成学习型社会，进入人力资源强国行列”。一些经济发达地区纷纷加快了教育现代化建设的步伐，明确提出了 2020 年实现教育现代化的战略目标和指标体系，教育现代化建设成为统领各地教育改革和事业发展的主旋律。面对我国教育事业在教育投入、教育成本、教育产出、教育消费、教育国际化等方面与世界教育强国的差距以及国际教育综合竞争的压力，面对国家现代化建设过程中的经济发展需求与全面提高国民素养、提升国家创新能力等多重任务，为保证国家宏观教育发展目标的全面落实，亟须深化教育改革，促进教育系统的开放化、教育制度的民主化、教育对象的普及化、教育内容的科学化、教育方式的信息化，并最终实现人的现代化发展。在国家教育现代化的大系统中，普通高中教育现代化是重中之重。本章通过对普通高中教育特殊性质的分析，建构了普通高中教育现代化指标体系，从学校外围支持系统、学校自身建设和学校内部建设三个维度，细化了政府、社会、家庭、学校办学条件、教育质量、教育公平、教育效率、教师、学生、课程、教学和学校管理等二级指标。在促进普通高中教育现代化的过程中，要进一步转变政府职能，优化普通高中教育结构，丰富普通高中教育内涵建设，加强与校外机构的合作和交流，为实现普通高中教育健康持续发展提供有力保障。

第一节　普通高中教育现代化的意蕴

一、为什么要提出普通高中教育现代化？

首先，新世纪新阶段，我国基础教育的外部条件得到了极大改善，教育在我国经济和社会建设中的战略地位日益突出，各级政府都重视将教育放在先导性和战略性的地位，教育投入大幅增加，基础教育办学条件日益改善。普通高中教育作为义务教育的延伸，愈加受到国家的重视，也成为现在人们关注的焦点。数据显示，2005 年全国普通高中教育经费总投入为 1087 亿元，比 2000 年增加 698 亿元，增长近 2 倍；2010 年全国普通高中教育经费总投入为 2003 亿元，比 2005 年增加 916 亿元，增长近 1 倍。[①] 两个五年相比，尽管增长幅度有所减小，但是投入总额在逐渐增加。可以说，单从经费投入上看，普通高中的硬件建设得到了极大的充实。尤其是中、东部省份的普通高中，不仅外部条件基本达到发达水平，学校内涵发展也走在全国前列。更主要的是，当下我们面临着一个以高新科技、知识经济、数字终端和网络技术为特征的社会，它们正深刻地改变着整个世界和每个人的工作方式、思维方式，甚至是生存方式。在这样的背景下，如何让它们作用于教育系统尤其是普通高中教育、促进普通高中教育现代化发展，成为政府和学校面临的大课题。

其次，2010 年《规划纲要》颁布，标志着我国普通高中教育改革进入了关键时期。作为我国新世纪教育规划的战略纲领，《规划纲要》提出了未来 10 年普通高中教育改革和发展的任务：加快普及高中阶段教育，全面提高普通高中学生综合素质，推动高中多样化发展。普通

① 教育部财务司，国家统计局. 中国教育经费统计年鉴 2005［M］. 北京：中国统计出版社，2006：11；教育部财务司，国家统计局. 中国教育经费统计年鉴 2010［M］. 北京：中国统计出版社，2012：9.

高中教育不再被视为谁的延伸和谁的预备，它作为人的整体受教育过程中的一个特定时期的教育，已经为越来越多的人所认识和重视。普通高中教育必须坚持“以人为本”，处理好大众教育与精英教育的关系，更加强调学生的公民责任、健康人格、民主平等意识、创新和实践能力等素质，在多样化发展和特色发展的道路上凸显自身特点。

最后，长期以来，我国普通高中教育在应试教育的背景下，奉行精英主义的教育路线，使得普通高中教育似乎成为大学教育的预科，造成高考“千军万马过独木桥”的局面。新世纪以来，普通高中教育以前所未有的速度向前发展。2010 年高中阶段在校生有 4677. 3 万人，2011 年达到 4686. 6 万人。2010 年普通高中在校生有 2427. 3 万人，2011 年达到 2454. 8 万人。2011 年，全国高中阶段教育招生 1664. 6 万人，其中普通高中招生 850. 8 万人，占总招生人数的 51. 0%；高中阶段升学率从 2000 年的 51. 2%增长到 2005 年的 69. 7%，2011 年进一步增长到 88. 9%。[①] 可见，大众化已成为当代中国普通高中教育的鲜明特征。在大众化背景下，精英主义——“少数学生升学，绝大多数学生陪读”的现象将不复存在。普通高中教育事业的迅速发展，一方面有力地巩固了我国义务教育的普及成果，为高等教育提供了良好的生源；另一方面，普通高中教育由精英教育转向大众教育，成为整个社会的“基本学力”之后，普通高中教育在培养模式和发展方向等方面也必须实现根本的转变。

二、普通高中教育现代化意味着什么？

对于什么是现代化，很难找到一个明确的答案。学者们基于不同的立场、从不同的学科视角出发可以得出不同的结论，形成不同的认识。《辞海》对“现代化”的解释是：“不发达社会成为发达社会的过

① 教育部财务司，国家统计局. 中国教育经费统计年鉴 2011［M］. 北京：中国统计出版社，2012：13.

程和目标。作为过程，其首要标志是用先进科学技术发展生产力，生产和消费水平不断提高，社会结构及政治意识形态也随之出现变化；作为目标，它一般指以当代发达社会为参考系的先进科学技术水平、先进生产力水平及消费水平。"[①] 一般认为，现代化并非出自教育领域，而是起源于大工业运动，即由传统的农业社会向现代化工业社会转变的进程。现代化潮流起始于第二次世界大战之后，尤其是 20 世纪 60 年代后期，西方国家涌现出一大批有关现代化的论著，形成研究现代化的一个热潮，其中最引人注目的是美国人，他们活跃的身影让人印象深刻。这种现象的出现是与当时社会发展背景密切相关的，美国当时社会科学的主流思潮是力图把新兴民族独立国家的现代化引向"西化"甚至"美国化"的轨道。[②] 正是在这样的背景下，他们中的许多人把现代化等同于资本主义化，认为现代化是一种"体制转变"的过程，并建构了一套现代化的指标体系，譬如，社会结构、政治、经济、文化领域的现代化，等等。[③] 事实上，现代化是一个复杂的历史过程，一般人们所认为的"现代化"有广义和狭义之分。从广义上讲，现代化作为世界历史进程，是指工业革命以来人类社会所经历的一场急剧变革，这一过程以工业化为推动力，导致传统农业社会向工业社会进行全球性的大转变，它使工业主义渗透到经济、社会、政治、文化、思想等各个领域，引起深刻的变化。从狭义而言，现代化又不是一个自然的社会变迁过程，它是落后国家采取高效率的途径（包括可利用的传统因素），通过有计划的经济技术改造和学习世界先进科学技术，带动广泛的社会变革，以迅速赶上世界先进工业国和适应现代世界环境的发展过程。[④] 中国语境下的现代化既非广义上的现代化，也不是严格意义上的狭义的概念，而是带有"从动"意义的时代转型，它不仅

① 夏征农．辞海［M］．上海：上海辞书出版社，2007：1458.

② 亨廷顿．现代化：理论与历史经验的再探讨［M］．张景明，译．上海：上海译文出版社，1993：2.

③ 亨廷顿．现代化：理论与历史经验的再探讨［M］．张景明，译．上海：上海译文出版社，1993：30-32.

④ 罗荣渠．现代化新论［M］．北京：北京大学出版社，1993：16-17.

仅表现为经济和技术的发展，而且意味着社会的整体变动。它包含着从“传统”到“现代”的转型性变化，几乎涵盖了社会整体系统，包括人类的活动和思想，是由一种范式向另一种范式的转型。

教育现代化是社会现代化的有机组成部分，如果将现代化的概念迁移到教育领域，那么教育现代化就意味着发生在教育领域的从“传统”到“现代”的转型性变化。诚如有研究者所认为的那样，教育现代化是以现代信息社会为基础，以先进教育观念为指导，运用先进信息技术的教育变革的过程，是传统教育向现代教育转变的过程。① 教育现代化的内容包括教育观的现代化、教育目标的现代化、教育体制的现代化、教育内容的现代化、教学手段和方法的现代化、教育理论和教育研究方法的现代化等。② 当然这些也并不完全，有研究者从教育观念上归纳了教育现代化的特征，即教育的民主性和公平性、教育的终身性和全时空性、教育的生产性和社会性、教育的个性和创造性、教育的多样性和差异性、教育的信息化和创新性、教育的国际性和开放性、教育的科学性和法制性。③ 也有研究者描述了教育现代化的过程：(1) 教育现代化是改革进程，是从旧教育模式向新教育模式的转变，需要不断革除旧教育观、旧教育制度及方法，制定新的教育目标、教育观和教育体制，赋予教育新的职能和作用机制；(2) 教育现代化是复杂的系统进程，包含人类教育思想和教育行为的一切方面，而不是某一方面；(3) 教育现代化是全球进程，代表人类走向美好的趋势；(4) 教育现代化是整体演进进程，是一个综合的整体社会进化进程，而不仅仅反映为入学人数的增加；(5) 教育现代化是长期进程，需要制定长期发展规划；(6) 教育现代化是不可逆进程，是现代化中最基础、最本质的要素，是最难实现因而也是最后实现的关键要素；(7) 教育现代

---

① 顾明远. 试论教育现代化的基本特征［J］. 教育研究，2012（9）：4-10，26.

② 顾明远. 教育大辞典（增订合编本）（上）［M］. 上海：上海教育出版社，2002：783.

③ 顾明远. 关于教育现代化的几个问题［J］. 中国教育学刊，1997（3）：10-15；顾明远. 教育现代化的基本特征及实施策略［J］. 人民教育，2007（13/14）：8-12；顾明远. 试论教育现代化的基本特征［J］. 教育研究，2012（9）：4-10，26；等等。

化是进步进程，是人类的进步；（8）教育现代化是适切化进程，需要推进模式转型，建立多元、多样、多层次、多规格的教育体系，适应多样化的经济和人才发展需要；（9）教育现代化是循环递进进程，而不是直线发展的。[①] 这些阐述或是基于理念的表达，或是基于内容的描述，虽关注角度未必一致，但都或多或少、或直接或间接地关涉到教育现代化的核心：源于对传统的思考，以教育中保守、落后的因素为对立面。我们认为，教育现代化是对保守的、落后的教育现象和教育事实进行全方位的、系统的变革，以适应现代社会的一种教育形式。带着这样一种思考，我们把分析的触角引向高中教育现代化。

普通高中教育现代化是教育现代化在高中教育阶段的反映，是普通高中教育时代精神的表达。要实现高中教育现代化，就要反对落后的、不合理的因素。在讨论高中教育现代化之前，有必要思考以下几方面问题。这些都是有争议的问题，同时也是讨论高中教育现代化必然要涉及的问题。

（一）普通高中教育的培养目标

《规划纲要》颁布以来，普通高中教育改革再次进入教育理论和教育实践者的视线，尤其是在普通高中教育进入大众化阶段之后，怎样定位普通高中教育的培养目标成为人们关注的焦点。当下各国高中教育改革呈现出以下共同趋势：一是站在国家发展战略高度重新审视高中教育的价值；二是对高中教育质量和内涵发展给予极大的关注；三是更加强调培养学生的公民责任、批判思维、人生规划、民主平等、合作的意识，以及国际理解、实践和创新能力等；四是强调高中教育以人为本，多样发展。[②] 这些新趋势说明各个国家都开始重新审视高中教育的特点，发掘高中教育对学生发展的重要价值，而这其中的首要任务就是定位普通高中教育对人的发展的规定性。一直以来，在这一

① 冯增俊．论教育现代化的基本概念［J］．教育研究，1999（3）：12-19.

② 朱益明．普通高中学生发展指导研究［M］．上海：华东师范大学出版社，2013：4.

问题上人们有不同的认识。譬如有研究者认为，普通高中应该培养未来型人才[①]；也有研究者认为，普通高中培养目标应该定位为提高素质、全面发展、发展学生的个性和特长、培养社会主义事业的建设者和接班人[②]；还有研究者认为普通高中毕业生应成为一个既有丰富知识、健康体魄、高尚道德，又具有鲜明个性的人[③]；等等。尽管认识不一致，但其总的趋势是更加重视"人"的内在价值追求，以"为……服务""为……准备"为特征的工具性价值观逐渐失去市场，高中教育的"过渡"型特征逐步得到纠正。在教育现代化背景下，普通高中教育应该培养怎样的人？这是首先应该回答的问题。

（二）普通高中教育的定位

在普通高中教育的功能定位上，一直以来人们有较为一致的看法，即"升学"和"就业"，而且这种认识有其独特的发展轨迹。[④] 随着普通高中教育大众化的实现，人们开始认识到普通高中教育不仅要为今后的继续教育做准备（升学）、为未来的生活做准备（就业），更要注重培养"完全人格的人"（全人）。[⑤]

---

① 胡俊泽．对高中教育性质、任务和培养目标的探讨［J］．中国教育学刊，1993（1）：33-34.

② 张济正．对普通高中培养目标的几点认识［J］．课程·教材·教法，1997（1）：3-9.

③ 崔允漷，周海涛．试论普通高中的独立价值：性质、任务和培养目标［J］．全球教育展望，2002（3）：7-11；钟启泉，崔允漷，吴刚平．普通高中新课程方案导读［M］．上海：华东师范大学出版社，2003：85.

④ 1954年1月，教育部召开的全国中学教育会议上正式确定中学教育的"双重任务"是"不仅供应高等学校以足够合格的新生，并且还要供应国家生产建设以足够的具有一定政治觉悟、文化教养和健康体质的新生力量"。1963年3月公布的《全日制中学暂行工作条例（草案）》规定中学教育的任务是为社会主义事业培养合格的新生。1978年1月教育部颁发的《全日制十年制中小学教学计划试行（草案）》中，对中学任务的规定仍然是"为国家培养合格的劳动后备力量和为高一级学校培养合格新生"。1996年颁布的《全日制普通高级中学课程计划（试验）》规定要"有侧重地对学生实施升学预备教育和就业预备教育，为高等学校输送合格的新生，为社会各行各业输送素质较高的劳动后备力量，为培养社会主义现代化建设所需要的各类人才奠定基础"。参见：钟启泉，崔允漷，吴刚平．普通高中新课程方案导读［M］．上海：华东师范大学出版社，2003：78-79.

⑤ 卢立涛．全球视野下高中教育的性质、定位和功能［J］．外国教育研究，2007（4）：35-38.

在普通高中教育的性质定位上，则有比较多的争论。从正式进入学制一直到20世纪90年代末，普通高中教育一直履行着职业准备和大学预科的功能，在这一点上并无太大争论，有的只是关于任务类型的争论。当时对普通高中教育的定位是义务教育阶段之后更高层次的“基础教育”[①]，此后也并无太多争论。2003年，新修订的《普通高中课程方案（实验）》明确指出：“普通高中教育是在九年义务教育的基础上进一步提高国民素质、面向大众的基础教育。”这时，人们开始对高中教育性质有了新的认识。譬如，有研究者认为，普通高中教育兼具按层次分的“中等教育”与按类别分的“普通教育”双重性质。[②]与之遥相呼应的观点认为，普通高中教育是基础教育中的最高学段，它的基本性质仍然是基础性和普遍性，但这种基础性不仅强调知识技能的获得，也强调学生在过程与方法以及情感、态度和价值观方面的发展，特别是学生在创新精神、实践能力和健全人格等方面的发展，更强调为学生的多样化发展提供平台。[③] 2010年《规划纲要》提出推动高中教育多样化发展，又引发了人们重新定位普通高中教育的兴趣，并引发了争论。譬如，有研究者认为，高中教育越来越具有高等教育或者大学预科的特点，因此应该将高中教育的定位从基础教育的一部分转变为大学预科。[④] 这一观点一经发出便很快引来质疑，质疑的声音认为，高中教育的性质应该取决于学生的内在价值，用“基础+选择”来概括可能更准确。[⑤] 对于上面的争论，有研究者直言，高中教育是一种非常复杂的教育形态，表现为众多因素的相互作用及其发展的多样

---

① 安效珍．试谈普通高中的性质和任务［J］．人民教育，1991（1）：16-17．

② 崔允漷，周海涛．试论普通高中的独立价值：性质、任务和培养目标［J］．全球教育展望，2002（3）：7-11．

③ 吴刚平．反思普通高中课程：功能期待与结构设计［J］．全球教育展望，2002（6）：33-36．

④ 谢维和．从基础教育到大学预科：新时期高中教育的定位及其选择［N］．中国教育报，2011-09-29（3）．

⑤ 霍益萍．高中：基础+选择：也谈高中教育的定位与选择［N］．中国教育报，2012-03-09（6）．

性与不确定性，对高中教育的简单定位背离了高中教育的复杂本性。[①]可见，对于普通高中教育的定位并非一劳永逸的，而是需要不断调整的。如果说高中教育现代化是一个不断变化的过程，那么对普通高中教育的性质定位也是一个复杂的进程。

（三）普通高中教育的特点

普通高中教育是我国教育体系中位置比较特殊的一个教育阶段，它处在九年义务教育之后，又是高等教育的前奏，这样的位置正如有研究者所描述的那样："作为我国学校教育体系中承上启下的'后期中等教育'，普通高中有两个衔接点：上接'高等教育'，下接'前期中等教育'。"[②]尽管国家把高中教育和九年义务教育合在一起，都称为基础教育，但是普通高中教育并非义务教育的自然延伸，它与义务教育有着完全不同的内涵。从学生角度来讲，普通高中教育处在我国教育体制关键的中腰，高中阶段是学生价值观形成和思维发展的关键时期。高中生思维活跃，接受能力强，可塑空间大，处于人生的金色年华，是奠定可持续学习基础和描绘生命底色的重要阶段，可以说高中生的素质决定着未来中华民族的整体素质。从普通高中教育本身来讲，它承担着多重使命，在国民教育体系中处于承上启下的关键位置，既能带动基础教育质量的提升，又能保持高等教育的发展后劲，它的质量将决定其他学段的供应和完成，影响整个社会人力资源系统的生产。[③]也许，正是因为这种特殊性，才产生了只有在普通高中教育阶段才有的困境。譬如，有研究者认为，普通高中教育产品属性不清，示范性高中教育角色认定不准[④]；普通高中教育在教育对象、目标、任务、处

---

① 程斯辉．简单定位背离了高中复杂本性［N］．中国教育报，2012-08-31（6）．

② 钟启泉，崔允漷，吴刚平．普通高中新课程方案导读［M］．上海：华东师范大学出版社，2003：12．

③ 霍益萍．普通高中现状调研与问题讨论［M］．上海：华东师范大学出版社，2010：26-27．

④ 邬志辉．普通高中教育发展战略需要重新定位［N］．中国教育报，2007-12-04（5）．

境、受关注度、办学类型等方面表现出很大的复杂性，办学上存在简单化倾向，教学以考试为目的，评价以升学率为标杆，等等，这些都是普通高中教育所特有的困境①。在这样的格局下，普通高中教育应该采取怎样的发展战略，是应该着力思考的大课题。

（四）普通高中教育的改革动力

如果把普通高中教育现代化视为一种全方位转型，那么，促发这种转型的动力是什么呢？一般来说，有“自然演进”与“理性构建”两种。② 所谓“自然演进”主要是指教育实践者在深刻把握教育规律的基础上，通过相互间行为的调适，自然而然地实现某种转型。所谓“理性建构”是指任何教育变革都凝聚着特定主体的价值和利益需要，体现这类主体的主动精神和理性能力。

一方面，我国普通高中教育现代化的推进体现了国家的理性设计。譬如，教育部网站上公布了改革开放以来的部分重要教育文献（表 4.1），其中 13 份文件中有 9 份带有“决定”“计划”“规划”字样，另外 4 份文件也在一定程度上体现了国家对教育（人）的理性期待，强调教育为社会主义现代化建设服务，重视人力资源强国建设，为经济持续快速发展和参与国际竞争提供人力保障与智力支持。虽然政策文本没有直接对高中教育现代化进行规定，但其内容都涉及高中教育。而且《规划纲要》颁布之后，各级地方政府也根据自身特点制定了各自的教育规划纲要，并由此出现了一些地方改革的亮点。譬如在创新人才培养上，北京市的“翱翔计划”、上海市的“校际走班”、天津市的“六年一贯制”、江苏省的“班级导师制”、陕西省的“春笋计划”等探索；在课程改革上，浙江省的选修课改革确立了“简总量、调结构、优方法、改评价、创条件”的思路，江苏省的课程基地建设提出了“加强课程和教材建设，精选课程内容，优化课程结构，提高教师

---

① 邬志辉．普通高中教育发展战略需要重新定位［N］．中国教育报，2007-12-04（5）．

② 邵泽斌，张乐天．教育政策：一个结构主义的分析视角［J］．教育理论与实践，2007（6）：14-18．

教学能力”的思想，等等。①

表 4.1　改革开放以来的重要教育文献

序号	文献名称	发布时间
1	教育信息化十年发展规划（2011—2020 年）	2012-03-30
2	全国教育人才发展中长期规划（2010—2020 年）	2011-06-15
3	国家中长期教育改革和发展规划纲要（2010—2020 年）	2010-07-29
4	2003—2007 年教育振兴行动计划	2004-02-10
5	全国教育事业第十个五年计划	2002-06-06
6	关于教育问题的谈话	2000-02-01
7	中共中央国务院关于深化教育改革全面推进素质教育的决定	1999-06-13
8	面向 21 世纪教育振兴行动计划	1998-12-24
9	全国教育事业“九五”计划和 2010 年发展规划	1996-04-10
10	中共中央关于进一步加强和改进学校德育工作的若干意见	1994-08-31
11	国务院关于《中国教育改革和发展纲要》的实施意见	1994-07-03
12	中国教育改革和发展纲要	1993-02-13
13	中共中央关于教育体制改革的决定	1985-05-27

另一方面，普通高中教育现代化的动力也有“自然演进”的成分，这种动力主要源于各级各类学校实践者的主动变革及其在变革中形成的各种实践性知识。许多学校都在教育实践中进行了一系列探索，譬如杭州九中的“综合高中”办学模式②、青岛综合高中办学模式③、安

① 霍益萍，朱益明. 中国高中阶段教育发展报告 2012［M］. 上海：华东师范大学出版社，2013：53-56.

② 刘洪法. 学会选择：杭州九中“综合高中”办学模式的探索与实践［J］. 教育探索，2004（3）：41-44.

③ 刘森. 高中新模式：脚踩两只船：青岛综合高中办学模式走笔［N］. 青岛日报，2006-05-23（7）.

徽省宣城市第三中学的“多维空间”办学模式[①]等。近些年也有学校在自主调适与环境的关系，一些问题并不适合通过集中统一的方式来解决。

两种动力都是高中教育现代化过程中产生的，是顶层的“理性建构”更有效还是“自然演进”的崛起更适合？这是需要我们思考的问题。

三、普通高中教育现代化要实现怎样的转型？

（一）相对于规模发展的质量发展

2003 年至 2011 年，普通高中学校规模逐步扩大，如表 4.2 所示。从学校数量上看，完全中学数量呈减少趋势，从 2003 年的 9911 所减少至 2011 年的 6357 所，减少了 35.8%；高级中学数量在 2006 年之前都是逐年增长的，从 2006 年后开始有所下降，总体来说从 2003 年至 2011 年，高级中学数量从 5868 所增加至 6532 所；2003 年至 2011 年，我国普通高中的平均在校生数增长了 53.1%，专任教师数量也从 2003 年的 107.1 万人增加到 2011 年的 155.7 万人，增长了 45.4%。与此同时，尽管从 2004 年以来一直呈下降趋势，生师比还是偏高，2011 年为 15.8，但与 2001 年中央编办、教育部、财政部《关于制定中小学教职工编制标准的意见》[②] 中所确定的城市、县城和农村的普通高中生师比的 12.5、13.0 和 13.5 相比还有差距。与中西部地区相比，东部地区普通高中生师比为 14.2，中西部地区分别是 16.7 和 17.1。[③]

---

① 王飞，辛治洋，陈永忠. 普通高中“多维空间”办学模式与实践探索：以安徽省宣城市第三中学特色办学为例 [J]. 教育研究，2012 (12)：140-143.

② 国务院办公厅. 关于制定中小学教职工编制标准的意见 [EB/OL]. (2001-10-08) [2016-01-12]. http：//www. gov. cn/gongbao/content/2001/content_61159. htm.

③ 教育部发展规划司. 2011 全国教育事业发展简明统计分析 [Z]. 北京：教育部发展规划司，2012：66.

表 4.2　2003—2011 年全国普通高中学校数、学生数、专任教师数和生师比

年份	完全中学数（所）	高级中学数（所）	在校生数（万人）	平均在校生数（人）	专任教师数（万人）	生师比
2003	9911	5868	1964.8	1245	107.1	18.3
2004	9837	6161	2220.4	1388	119.1	18.7
2005	9639	6453	2409.1	1497	130.0	18.6
2006	9659	6494	2514.5	1557	139.0	18.1
2007	15681		2522.4	1609	144.3	17.5
2008	15206		2476.3	1628	148.0	16.8
2009	8131	6476	2434.3	1667	149.3	16.3
2010	7597	6461	2427.3	1727	151.9	16.0
2011	6357	6532	2454.8	1905	155.7	15.8

数据来源：霍益萍．普通高中现状调研与问题讨论［M］．上海：华东师范大学出版社，2010：12；中华人民共和国教育部．2009 年普通高中校数、班数［EB/OL］．（2010-12-31）［2014-10-09］．http：//www.moe.gov.cn/s78/A03/moe_560/s4958/s4961/201012/t20101231_113642.html；中华人民共和国教育部．2009 年普通高中学生数［EB/OL］．（2010-12-31）［2014-10-09］．http：//www.moe.gov.cn/s78/A03/moe_560/s4958/s4961/201012/t20101231_113640.html；中华人民共和国教育部．2009 年普通高中专任教师专业技术职称、年龄结构情况［EB/OL］．（2010-12-31）［2014-10-09］．http：//www.moe.gov.cn/s78/A03/moe_560/s4958/s4961/201012/t20101231_113637.html；中华人民共和国教育部．2010 年普通高中校数、班数［EB/OL］．（2012-01-17）［2014-10-09］．http：//www.moe.gov.cn/s78/A03/moe_560/s6200/201201/t20120117_129577.html；中华人民共和国教育部．2010 年普通高中学生数［EB/OL］．（2012-01-17）［2014-10-09］．http：//www.moe.gov.cn/s78/A03/moe_560/s6200/201201/t20120117_129576.html；中华人民共和国教育部．2010 年普通高中专任教师专业技术职称、年龄结构情况［EB/OL］．（2012-01-17）［2014-10-09］．http：//www.moe.gov.cn/s78/A03/moe_560/s6200/201201/t20120117_129573.html；中华人民共和国教育部．2011 年普通高中校数、班数［EB/OL］．（2013-05-29）［2014-10-09］．http：//www.moe.gov.cn/s78/A03/moe_560/s7382/201305/t20130529_152524.html；中华人民共和国教育部．2011 年普通高中学生数［EB/OL］．（2013-05-29）［2014-10-09］．http：//www.moe.gov.cn/s78/A03/moe_560/s7382/201305/t20130529_152523.html；中华人民共和国教育部．2011 年普通高中专任教师专业技术职称、年龄结构情况［EB/OL］．（2013-05-29）［2014-10-09］．http：//www.moe.gov.cn/s78/A03/moe_560/s7382/201305/t20130529_152520.html．

普通高中大班容量的现象比较突出，如表 4.3 所示。数据显示，2003—2011 年，56—65 人以上班级占班级总数的 31%左右，66 人以上的占 27%左右。每年这两个比例的上下浮动都不是很大，说明班级规模已经趋近饱和，但这类班级占到总班级的一半，意味着普通高中大部分班级依然保持着 56 人以上的班额，远没有达到国家颁布的每班

45—50人的标准①。可喜的是，36—45人班级和46—55人班级数量逐年增多，表明普通高中班额在朝着合理的方向发展。

表4.3 普通高中班级数量和不同班额所占比例

班额	年份	2003	2004	2005	2006	2007	2008	2009	2010	2011
	班级总数（个）	344059	381113	410822	430472	434827	431840	428577	428941	435449
25人以下班额	班级数（个）	—	3783	4014	4247	4099	4592	4668	—	—
	比例（%）	—	1.0	1.0	1.0	1.0	1.0	1.0	—	—
26—35人班额	班级数（个）	—	9702	10468	11429	12729	13749	14450	—	—
	比例（%）	—	2.6	2.5	2.7	2.9	3.2	3.4	—	—
36—45人班额	班级数（个）	—	33327	35033	39719	44063	44906	46481	—	—
	比例（%）	—	8.7	8.5	9.2	10.1	10.4	10.8	—	—
46—55人班额	班级数（个）	—	110555	118702	122776	126028	130727	138799	—	—
	比例（%）	—	29.0	28.9	28.5	29.0	30.3	32.4	—	—
56—65人班额	班级数（个）	—	121003	129829	136096	136811	137114	134235	—	—
	比例（%）	—	31.7	31.6	31.6	31.5	31.8	31.4	—	—
66人以上班额	班级数（个）	—	102743	112776	116205	111097	100752	89944	—	—
	比例（%）	—	27.0	27.5	27.0	25.5	23.3	21.0	—	—

数据来源：霍益萍. 普通高中现状调研与问题讨论［M］. 上海：华东师范大学出版社，2010：13；中华人民共和国教育部. 2004年普通高中班额情况［EB/OL］.（2007-03-20）［2014-10-09］. http：//www. moe. gov. cn/s78/A03/moe_560/moe_1389/moe_1390/moe_1395/201002/t20100226_20254. html；中华人民共和国教育部. 2005年普通高中班额情况［EB/OL］.（2009-12-24）［2014-10-09］. http：//www. moe. gov. cn/s78/A03/moe_560/moe_1651/moe_1654/201002/t20100226_27618. html；中华人民共和国教育部. 2006年普通高中班额情况［EB/OL］.（2007-10-10）［2014-10-09］. http：//www. moe. gov. cn/s78/A03/moe_560/moe_1659/moe_1662/201002/t20100226_27236. html；中华人民共和国教育部. 2007年普通高中班额情况［EB/OL］.（2009-08-05）［2014-10-09］. http：//www. moe. gov. cn/s78/A03/moe_560/moe_2896/moe_2905/201001/t20100129_50608. html；中华人民共和国教育部. 2008年普通高中班额情况［EB/OL］.（2009-12-24）［2014-10-09］. http：//www. moe. gov. cn/s78/A03/moe_560/s4628/s4629/201010/t20101021_110031. html；中华人民共和国教育部. 2009年普通高中班额情况［EB/OL］.（2010-12-31）［2014-10-09］. http：//www. moe. gov. cn/s78/A03/moe_560/s4958/s4961/201012/t20101231_113641. html；中华人民共和国教育部. 2010年普通高中校数、班数［EB/OL］.（2012-01-17）［2014-10-09］. http：//www. moe. gov. cn/s78/A03/moe_560/s6200/201201/t20120117_129577. html；中华人民共和国教育部. 2011年普通高中校数、班数［EB/OL］.（2013-05-29）［2014-10-09］. http：//www. moe. gov. cn/s78/A03/moe_560/s7382/201305/t20130529_152524. html.

---

① 教育部. 教育部关于贯彻《国务院办公厅转发中央编办、教育部、财政部关于制定中小学教职工编制标准意见的通知》的实施意见［EB/OL］.（2002-06-26）［2016-01-12］. http：//www. moe. gov. cn/publicfiles/business/htmlfiles/moe/moe_26/200206/316. html.

综上所述，普通高中教育的规模发展取得了一些成绩，但是普通高中教育不应该仅停留在规模发展的路子上。普通高中教育现代化必然指向教育质量，需要不断提高办学水平，提高学生综合素质，促进办学规模、质量和效益的有机统一。提高普通高中的教育教学质量，除了需要教师教学能力的提高和学生学习的投入之外，也需要学校提供良好的环境，即需要加强学校的硬件建设和文化建设。

（二）相对于精英教育的大众教育

早期的中等教育或高中教育主要是作为高等教育的预科阶段存在的，更多的是精英教育取向的。无论是在外国还是在我国，都存在这样的事实。1949 年我国高中在校学生仅为 31.8 万人，1997 年高中在校生也只有 850.07 万人，招生数仅为 322.61 万人。而到 2011 年我国高中在校生有 4686.6 万人，招生数为 1664.6 万人，其中普通高中在校生人数为 2454.8 万人，招生数为 850.8 万人，分别占高中在校生总数和招生数的 52.4%和 51.1%（表 4.4）。尽管总量很大，但我国普通高中教育普及率仍与发达国家有一定差距，譬如，据统计，中学净入学率最高的国家为比利时，达到 98%，日本、韩国、瑞典并列第二，达到 96%。[①] 但是从整个发展趋势来看，我国普通高中教育已经进入从精英教育阶段到大众教育阶段的过渡期，如表 4.4 所示。

表 4.4　2003—2011 年全国普通高中发展规模统计

年份	高中阶段招生总数（万人）	普通高中招生总数（万人）	普通高中招生数所占比例（%）	高中阶段在校生总数（万人）	普通高中在校生总数（万人）	普通高中在校生数所占比例（%）	初中毕业生升学率（%）	高中阶段毛入学率（%）
2003	1267.9	752.1	59.3	3221.6	1964.8	61.0	59.6	43.8
2004	1387.8	821.5	59.2	3629.6	2220.4	61.2	63.8	48.1
2005	1533.4	877.7	57.2	4009.1	2409.1	60.1	69.7	52.7

① 金梁. 中国教育离现代化还有多远？[J]. 教师博览，2002（8）：8-10.

续 表

年份	高中阶段招生总数（万人）	普通高中招生总数（万人）	普通高中招生数所占比例（%）	高中阶段在校生总数（万人）	普通高中在校生总数（万人）	普通高中在校生数所占比例（%）	初中毕业生升学率（%）	高中阶段毛入学率（%）
2006	1619.0	871.2	53.8	4324.4	2514.5	58.2	75.7	59.8
2007	1650.2	840.2	50.9	4527.5	2522.4	55.7	80.5	66.0
2008	1649.1	837.0	50.8	4576.1	2476.3	54.1	82.1	74.0
2009	1698.7	830.0	48.9	4640.9	2434.3	52.5	85.6	79.2
2010	1706.6	836.2	49.0	4677.3	2427.3	51.9	87.5	82.5
2011	1664.6	850.8	51.1	4686.6	2454.8	52.4	88.9	84.5

数据来源：教育部发展规划司. 2011全国教育事业发展简明统计分析［Z］. 北京：教育部发展规划司，2012：56；中华人民共和国教育部. 2003年普通高中班额情况［EB/OL］.（2003-05-10）［2014-10-09］. http：//www. moe. gov. cn/s78/A03/moe_560/moe_564/moe_595/201002/t20100226_2705. html；中华人民共和国教育部. 2004年普通高中学生数［EB/OL］.（2007-03-21）［2014-10-09］. http：//www. moe. gov. cn/s78/A03/moe_560/moe_1389/moe_1390/moe_1395/201002/t20100226_16140. html；中华人民共和国教育部. 2005年普通高中学生数［EB/OL］.（2007-03-21）［2007-10-16］. http：//www. moe. gov. cn/s78/A03/moe_560/moe_1651/moe_1654/201002/t20100226_27642. html；中华人民共和国教育部. 2006年普通高中学生数［EB/OL］.（2007-03-21）［2007-10-10］. http：//www. moe. gov. cn/s78/A03/moe_560/moe_1659/moe_1662/201002/t20100226_27404. html；中华人民共和国教育部. 2007年普通高中学生数［EB/OL］.（2007-03-21）［2009-08-05］. http：//www. moe. gov. cn/s78/A03/moe_560/moe_2896/moe_2905/201001/t20100129_50609. html；中华人民共和国教育部. 2008年普通高中学生数［EB/OL］.（2007-03-21）［2009-08-05］. http：//www. moe. gov. cn/s78/A03/moe_560/s4628/s4629/201010/t20101021_110029. html；中华人民共和国教育部. 2009年普通高中学生数［EB/OL］.（2009-12-24）［2014-10-09］. http：//www. moe. gov. cn/s78/A03/moe_560/s4958/s4961/201012/t20101231_113640. html；中华人民共和国教育部. 2010年普通高中学生数［EB/OL］.（2012-01-17）［2014-10-09］. http：//www. moe. gov. cn/s78/A03/moe_560/s6200/201201/t20120117_129576. html；中华人民共和国教育部. 2011年普通高中学生数［EB/OL］.（2013-05-29）［2014-10-09］. http：//www. moe. gov. cn/s78/A03/moe_560/s7382/201305/t20130529_152523. html.

近年来，普通高中教育的规模不断增加，其中普通高中招生人数由2003年的752.1万人增加到2011年的850.8万人；2011年普通高中在校生人数达到2454.8万人，比2003年的1964.8万人增加了25.0%；初中毕业生升学率从2003年的59.6%上升到2011年的

88.9%，高中阶段毛入学率也从 2003 年的 43.8%提高到 2011 年的 84.5%。这些数字表明，我国高中阶段教育的普及水平有了进一步提高，较好地满足了初中毕业生接受高中教育的需求，具备了向现代化迈进的基础。

（三）相对于同质发展的多样发展

在高考制度的指挥棒下，普通高中教育出现了“唯成绩马首是瞻”的现象，这也是在当前追求功利的社会背景下迫不得已的选择，这种选择逐渐累积成了一种单一的、固化的模式。这种单一的、固化的模式是为了某种目的而建构的，一般比较稳固，除非某种目的或某种标准骤然坍塌，否则一般不容易转变。普通高中教育正处在这样一个尴尬境地：一是培养目标单一，没有较好地落实国家设定的普通高中教育的培养目标，片面追求升学率；二是办学模式单一，普通高中高度趋同，只有录取分数之异，没有培养模式之别，综合高中较少，即便有也往往是借“特色”曲线升学；三是课程内容单一，集中设置高考拿分的课程，少开或者不开与高考无关的课程，也时常会把规定开设三年的课程压缩至两年甚至更短的时间内完成；四是培养方式单一，教师缺少对学生原有基础和接受能力的关注，课堂教学方法、组织形式、教学进度整齐划一；五是评价内容和方式单一，学校、社会和家长只凭借高考升学率来评价普通高中教育成果，学校又以升学率和考试成绩来考核教师的工作业绩，这种评价反过来又作用于培养目标，产生恶性循环。①

现代化背景下的普通高中教育必然具有灵活、多样的教育形式。普通高中多样化发展首先需要目标的多元化，只有目标多元化才能让在考试之外还有兴趣和余力的学生发展自己的兴趣，拓展自己的能力，形成独立的个性。其次，多元化的目标需要多样化的课程作为支撑。

---

① 霍益萍，黄向阳，李家成．多样、开放、灵活：普通高中教育体系的建构［J］．教育发展研究，2009（18）：15-18；霍益萍．普通高中现状调研与问题讨论［M］．上海：华东师范大学出版社，2010：166.

通过设置多样化的课程，让学生选择喜欢的、擅长的、适合自己的课程，在课程的学习中提高综合素质。目前世界各国和地区都开设了多样化的课程：美国实行“必修+选修+计划”的课程；德国为学生提供多样化的必修课程、必选课程和选修课程，让学生形成自己独特的课程表；法国高中三个年级都开设共同教育课程、决定教育课程和自由选修教育课程，对学生进行专业引导；韩国开设了国民共同基本课程和中心课程，中心课程分为一般选修科目和深化选修科目，学生可自由选择修满204学分；我国香港地区高中也通过设置语文科目、数学科目、理科科目、人文及社会科目，以及实用及工艺科目，为学生提供多样化选择。[①] 再次，普通高中多样化发展需要评价的多元化。评价具有导向性，多元化的评价能够促进课程目标的多元化，从而培养出多样化的人才。

（四）相对于“工具价值”的“内在价值”

一直以来，人们对普通高中教育的任务有比较一致的看法，即所谓“升学”和“就业”的双重任务论。国家也从政策上确立并不断强化这种功能，尤其是在1995年5月10日，时任国家教委主任的朱开轩在全国高中教育工作会议报告中提出在“双重任务”基础上增加“两个侧重”[②] 的观点之后，普通高中教育在具体实践中被升学教育“绑架”，普通高中教育实际上成了大学的“预科教育”。无论是“升学”还是“就业”，其实体现的都是把人视为一种“工具”或是“手段”的思想，客观上反映出人们对普通高中教育价值的认识存在偏差。且不说这两种观点都只是围绕社会和国家发展的需要考虑而忽视了人的价值，就其观点来说，也说明人们混淆了社会对教育的选择功能和教

---

① 李其龙，张德伟．普通高中教育发展国际比较研究［M］．北京：教育科学出版社，2008：62.

② 朱开轩．认真贯彻《纲要》精神，大力办好普通高中教育［J］．课程·教材·教法，1995（10）：1-7.

育的育人功能。[①] 这就警示我们要重新厘定现代化背景下普通高中教育的任务。

普通高中教育应该真正地关注“人”本身，而不是为了某种“目标”来培养人。我们不能简单认为普通高中教育是“为了某一阶段而准备”的过渡，更不能完全忽视这一阶段的教育价值。诚如卡尔（D. Carr）多次强调的那样，教育关心的是引领（initiation）受教者，使之具有理性能力、价值与德行，以确保他们“位格存有者（person）”的地位。[②] 他还认为，“受过教育的标准就是要能了解并珍惜各种不同形式的知识、学问与技能的非工具性或目的论的（也就是本有价值的）特征。”[③] 也就是说教育不仅仅在于提供儿童未来生活中所需要的各种知识、技能，它所扮演的角色更多的是引领学生去认识人类文化中最精华的部分，也就是教育内容的内在价值。高中教育阶段是学生个性养成和才能显现的关键阶段，又是学生进行人生选择和职业生涯规划的关键阶段，这一阶段学生的素质与能力直接决定着他们未来人生以及社会的发展。普通高中教育不排斥升学和就业，也不排斥学生为了某种实用价值或工具性价值而学习某些东西，但是我们必须思考如何让学生实现精神的满足和愉悦，如何让学生个体潜能得到充分发挥，如何让学生多元发展，如何提高学生的人文素养、民主意识、公民意识和创新精神。在现代化背景下一味地强调普通高中教育的考试、准备功能，把学生囿于狭窄的书本知识中，很有可能带来教育的危机。

---

① 钟启泉，崔允漷，吴刚平．普通高中新课程方案导读［M］. 上海：华东师范大学出版社，2003：80.

② 卡尔. 教育意义的重建：教育哲学暨理论导论［M］. 黄藿，但昭伟，等译．台北：学富文化事业有限公司，2007：6.

③ 卡尔. 教育意义的重建：教育哲学暨理论导论［M］. 黄藿，但昭伟，等译．台北：学富文化事业有限公司，2007：18.

第二节　普通高中教育现代化要素分析

普通高中教育现代化涉及校内外诸多因素，在建构普通高中教育现代化指标体系、促进普通高中教育现代化发展的过程中，需要选择其中的核心要素进行国内外比较，从而发现问题，揭示原因，促进学校的改革与发展。

一、普通高中教育相关指标的比较

（一）普通高中教育规模比较

1. 在校生规模比较

2003年到2011年的9年间，我国普通高中在校生规模不断增加，但在高中总人数中的比例逐年降低，如表4.5所示。

表4.5　2003—2011年全国普通高中在校生统计

年　份	普通高中在校生总数（万人）	普高生比例（%）	增减数（万人）	增减比例（%）
2003	1964.8	61.0	—	—
2004	2220.4	61.2	255.6	13.0
2005	2409.1	60.1	188.7	8.5
2006	2514.5	58.2	105.4	4.4
2007	2522.4	55.7	7.9	0.3
2008	2476.3	54.1	−46.1	−1.8
2009	2434.3	52.5	−42.0	−1.7
2010	2427.3	51.9	−7.0	−0.3

续　表

年　份	普通高中在校生总数（万人）	普高生比例（%）	增减数（万人）	增减比例（%）
2011	2454.8	52.4	27.5	1.1

数据来源：中华人民共和国教育部. 2003 年普通高中学生数［EB/OL］.（2004-05-10）［2014-10-09］. http：//www. moe. gov. cn/s78/A03/moe_560/moe_564/moe_595/201002/t20100226_2705. html；中华人民共和国教育部. 2003 年普通高中专任教师专业技术职称、年龄结构情况［EB/OL］.（2004-05-10）［2014-10-09］. http：//www. moe. gov. cn/s78/A03/moe_560/moe_564/moe_595/201002/t20100226_2709. html；中华人民共和国教育部. 2004 年普通高中学生数［EB/OL］.（2007-03-20）［2014-10-09］. http：//www. moe. gov. cn/s78/A03/moe_560/moe_1389/moe_1390/moe_1395/201002/t20100226_16140. html；中华人民共和国教育部. 2004 年普通高中专任教师专业技术职称、年龄结构情况［EB/OL］.（2007-03-20）［2014-10-09］. http：//www. moe. gov. cn/s78/A03/moe_560/moe_1389/moe_1390/moe_1395/201002/t20100226_20283. html；中华人民共和国教育部. 2005 年普通高中学生数［EB/OL］.（2007-10-29）［2014-10-09］. http：//www. moe. gov. cn/s78/A03/moe_560/moe_1651/moe_1654/201002/t20100226_27642. html；中华人民共和国教育部. 2005 年普通高中专任教师专业技术职称、年龄结构情况［EB/OL］.（2007-10-29）［2014-10-09］. http：//www. moe. gov. cn/s78/A03/moe_560/moe_1651/moe_1654/201002/t20100226_27645. html；中华人民共和国教育部. 2006 年普通高中学生数［EB/OL］.（2007-10-12）［2014-10-09］. http：//www. moe. gov. cn/s78/A03/moe_560/moe_1659/moe_1662/201002/t20100226_27404. html；中华人民共和国教育部. 2006 年普通高中专任教师专业技术职称、年龄结构情况［EB/OL］.（2007-10-12）［2014-10-09］. http：//www. moe. gov. cn/s78/A03/moe_560/moe_1659/moe_1662/201002/t20100226_27412. html；中华人民共和国教育部. 2007 年普通高中学生数［EB/OL］.（2009-08-06）［2014-10-09］. http：//www. moe. gov. cn/s78/A03/moe_560/moe_2896/moe_2905/201001/t20100129_50609. html；中华人民共和国教育部. 2007 年普通高中专任教师专业技术职称、年龄结构情况［EB/OL］.（2009-08-06）［2014-10-09］. http：//www. moe. gov. cn/s78/A03/moe_560/moe_2896/moe_2905/201001/t20100129_50613. html；中华人民共和国教育部. 2008 年普通高中学生数［EB/OL］.（2009-12-24）［2014-10-09］. http：//www. moe. gov. cn/s78/A03/moe_560/s4628/s4629/201010/t20101021_110029. html；中华人民共和国教育部. 2008 年普通高中专任教师专业技术职称、年龄结构情况［EB/OL］.（2009-12-24）［2014-10-09］. http：//www. moe. gov. cn/s78/A03/moe_560/s4628/s4629/201010/t20101021_110024. html；中华人民共和国教育部. 2009 年普通高中学生数［EB/OL］.（2010-12-31）［2014-10-09］. http：//www. moe. gov. cn/s78/A03/moe_560/s4958/s4961/201012/t20101231_113640. html；中华人民共和国教育部. 2009 年普通高中专任教师专业技术职称、年龄结构情况［EB/OL］.（2010-12-31）［2014-10-09］. http：//www. moe. gov. cn/s78/A03/moe_560/s4958/s4961/201012/t20101231_113637. html；中华人民共和国教育部. 2010 年普通高中学生数［EB/OL］.（2012-01-17）［2014-10-09］. http：//www. moe. gov. cn/s78/A03/moe_560/s6200/201201/t20120117_129576. html；中华人民共和国教育部. 2010 年普通高中专任教师专业技术职称、年龄结构情况［EB/OL］.（2012-01-17）［2014-10-09］. http：//www. moe. gov. cn/s78/A03/moe_560/s6200/201201/t20120117_129573. html；中华人民共和国教育部. 2011 年普通高中学生数［EB/OL］.（2013-05-29）［2014-10-09］. http：//www. moe. gov. cn/s78/A03/moe_560/s7382/201305/t20130529_152523. html；中华人民共和国教育部. 2011 年普通高中专任教师专业技术职称、年龄结构情况［EB/OL］.（2013-05-29）［2014-10-09］. http：//www. moe. gov. cn/s78/A03/moe_560/s7382/201305/t20130529_152520. html.

具体来看，东、中、西部地区普通高中在校生人数差异较为明显。与2008年相比，2010年东部和中部地区普通高中在校生人数都有所减少，分别降低了1.8%和6.1%，而西部地区则增加了21.1万人，增长了3.1%，如表4.6所示。这也就意味着西部普通高中正面临着前所未有的发展机遇。

表4.6　2008年、2010年全国普通高中在校生数变化统计表

区　域	2008年在校生数（万人）	2010年在校生数（万人）	2010年比2008年	
			增减数（万人）	增减比例（%）
全国	2476.3	2427.3	-49.0	-2.0
东部	943.4	926.1	-17.3	-1.8
中部	863.2	810.4	-52.8	-6.1
西部	669.7	690.8	21.1	3.1

数据来源：霍益萍，朱益明．中国高中阶段教育发展报告2012［M］．上海：华东师范大学出版社，2013：8．

校均规模逐渐扩大，但规模不一。完全中学数从2003年开始呈递减趋势；高级中学则表现出明显的递增趋势，只是偶有波动。其中，2010年全国共有普通高中学校14058所，其中东部地区5320所，中部地区4452所，西部地区4286所。从校均规模看，2005年到2010年，东、中、西部地区都有所增加，但是从横向上看，中部地区校均规模最大，东部地区次之，西部地区最小，如表4.7所示。

表4.7　2005年、2010年全国普通高中校均规模统计

区　域	在校生数（万人）		学校数（所）		校均规模（人）	
	2005年	2010年	2005年	2010年	2005年	2010年
全国	2409.1	2427.3	16092	14058	1497.1	1726.7
东部	960.2	962.1	6181	5320	1553.5	1740.8
中部	830.2	810.4	5124	4452	1620.2	1820.4
西部	618.7	690.8	4787	4286	1292.4	1611.7

数据来源：霍益萍，朱益明．中国高中阶段教育发展报告2012［M］．上海：华东师范大学出版社，2013：11．

2. 招生规模与普及水平比较

就招生规模来看，2003 年到 2005 年招生规模呈现明显的递增趋势，从 2006 年开始回落，2011 年招生数量达到 850.8 万人；高中毛入学率从 2003 年的 43.8%增加到 2011 年的 84.5%，增长了 40.7 个百分点。

但是区域间普通高中招生规模却呈现出不同的发展态势，如表 4.8 所示。从表中可以看到，东部地区和中部地区在招生规模上都有不同程度的下降，中部地区下降最多，降低了 10.9%；相比之下，西部地区在全国招生规模减少的情况下依然保持了增长，招生规模增长了 7.1%。2011 年，全国有 10 个省（自治区、直辖市）高中阶段教育招生规模比上年有所增加，其中增幅在 5%以上的有宁夏、重庆、贵州、福建、安徽、江西、北京、山东；有 20 个省（自治区、直辖市）招生规模减少，降幅达到或超过 10%的有天津、河北、广东、江苏、湖北、山西、云南、广西、河北、陕西、甘肃、青海、内蒙古。[①]

表 4.8　2005 年、2010 年全国普通高中招生规模统计

区　域	2005 年招生数（万人）	2010 年招生数（万人）	2010 年比 2005 年	
			增减数（万人）	增减比例（%）
全国	877.7	836.2	-41.5	-4.7
东部	341.1	316.7	-24.4	-7.2
中部	306.1	272.7	-33.4	-10.9
西部	230.5	246.9	16.4	7.1

数据来源：霍益萍，朱益明．中国高中阶段教育发展报告 2012［M］. 上海：华东师范大学出版社，2013：11.

尽管西部地区招生规模不断扩大，但是高中阶段毛入学率并不高，和东、中部地区相比还有很大差距。

① 教育部发展规划司. 2011 全国教育事业发展简明统计分析［Z］. 北京：教育部发展规划司，2012：57.

与国际发达国家相比，我国普通高中毛入学率较低。譬如，早在 2008 年，美国高中阶段毛入学率已经达到 88%，韩国达到 95%，新西兰、日本、法国和德国等国家毛入学率均超过 100%，如表 4.9 所示。

表 4.9　2008—2009 年度部分经合组织国家高中阶段教育毛入学率

国　别	毛入学率（%）
澳大利亚	166
加拿大	105
法国	117
德国	102
日本	101
新西兰	153
韩国	95
英国	96
美国	88

数据来源：教育部发展规划司. 2011 全国教育事业发展简明统计分析［Z］. 北京：教育部发展规划司，2012：17.

（二）普通高中教师队伍比较

1. 教师数量比较

数据显示，2003—2011 年，全国普通高中专任教师队伍不断扩大，师生比配置逐步提高，如表 4.10 所示。专任教师数量由 2003 年的 107. 1 万人增加到 2011 年的 155. 7 万人，增加了 45. 4 个百分点；生师比由 2003 年的 18. 3 变为 2011 年的 15. 8，也就是说，在学生人数不断增加的情况下，教师数量也在同步增加。

表 4.10　2003—2011 年全国普通高中学生数、专任教师数和生师比

年　份	在校生数（万人）	平均在校生数（人）	专任教师数（万人）	生师比
2003	1964.8	1245	107.1	18.3
2004	2220.4	1388	119.1	18.7
2005	2409.1	1497	130.0	18.6
2006	2514.5	1557	139.0	18.1
2007	2522.4	1609	144.3	17.5
2008	2476.3	1628	148.0	16.8
2009	2434.3	1667	149.3	16.3
2010	2427.3	1727	151.9	16.0
2011	2454.8	1905	155.7	15.8

数据来源：中华人民共和国教育部. 2003 年普通高中学生数［EB/OL］.（2004-05-10）［2014-10-09］. http://www.moe.gov.cn/s78/A03/moe_560/moe_564/moe_595/201002/t20100226_2705.html；中华人民共和国教育部. 2003 年普通高中专任教师专业技术职称、年龄结构情况［EB/OL］.（2004-05-10）［2014-10-09］. http://www.moe.gov.cn/s78/A03/moe_560/moe_564/moe_595/201002/t20100226_2709.html；中华人民共和国教育部. 2004 年普通高中学生数［EB/OL］.（2007-03-20）［2014-10-09］. http://www.moe.gov.cn/s78/A03/moe_560/moe_1389/moe_1390/moe_1395/201002/t20100226_16140.html；中华人民共和国教育部. 2004 年普通高中专任教师专业技术职称、年龄结构情况［EB/OL］.（2007-03-20）［2014-10-09］. http://www.moe.gov.cn/s78/A03/moe_560/moe_1389/moe_1390/moe_1395/201002/t20100226_20283.html；中华人民共和国教育部. 2005 年普通高中学生数［EB/OL］.（2007-10-29）［2014-10-09］. http://www.moe.gov.cn/s78/A03/moe_560/moe_1651/moe_1654/201002/t20100226_27642.html；中华人民共和国教育部. 2005 年普通高中专任教师专业技术职称、年龄结构情况［EB/OL］.（2007-10-29）［2014-10-09］. http://www.moe.gov.cn/s78/A03/moe_560/moe_1651/moe_1654/201002/t20100226_27645.html；中华人民共和国教育部. 2006 年普通高中学生数［EB/OL］.（2007-10-12）［2014-10-09］. http://www.moe.gov.cn/s78/A03/moe_560/moe_1659/moe_1662/201002/t20100226_27404.html；中华人民共和国教育部. 2006 年普通高中专任教师专业技术职称、年龄结构情况［EB/OL］.（2007-10-12）［2014-10-09］. http://www.moe.gov.cn/s78/A03/moe_560/moe_1659/moe_1662/201002/t20100226_27412.html；中华人民共和国教育部. 2007 年普通高中学生数［EB/OL］.（2009-08-06）［2014-10-09］. http://www.moe.gov.cn/s78/A03/moe_560/moe_2896/moe_2905/201001/t20100129_50609.html；中华人民共和国教育部. 2007 年普通高中专任教师专业技术职称、年龄结构情况［EB/OL］.（2009-08-06）［2014-10-09］. http://www.moe.gov.cn/s78/A03/moe_560/moe_2896/moe_2905/201001/t20100129_50613.html；中华人民共和国教育部. 2008 年普通高中学生数［EB/OL］.（2009-12-24）［2014-10-09］. http://www.moe.gov.cn/s78/A03/moe_560/s4628/s4629/201010/t20101021_110029.html；中华人民共和国教育部. 2008 年普通高中专任教师专业技术职称、年龄结构情况［EB/OL］.（2009-12-24）［2014-10-09］. http://www.moe.gov.cn/s78/A03/moe_560/s4628/s4629/201010/t20101021_110024.html；中华人民共和国教育部. 2009 年普通高中学生数［EB/OL］.（2010-12-31）［2014-10-09］. http://www.moe.gov.cn/s78/A03/moe_560/s4958/s4961/201012/t20101231_113640.html；中华人民共和国教育部. 2009 年普通高中专任教师专业技术职称、年龄结构情况［EB/OL］.（2010-12-31）［2014-10-09］. http://www.moe.gov.cn/s78/A03/moe_560/s4958/s4961/201012/t20101231_113637.html；中华人民共和国教育部. 2010 年普通高中学生数［EB/OL］.（2012-01-17）［2014-10-09］. http://www.moe.gov.cn/s78/A03/moe_560/

s6200/201201/t20120117_129576. html；中华人民共和国教育部. 2010年普通高中专任教师专业技术职称、年龄结构情况［EB/OL］.（2012-01-17）［2014-10-09］. http：//www. moe. gov. cn/s78/A03/moe_560/s6200/201201/t20120117_129573. html；中华人民共和国教育部. 2011年普通高中学生数［EB/OL］.（2013-05-29）［2014-10-09］. http：//www. moe. gov. cn/s78/A03/moe_560/s7382/201305/t20130529_152523. html；中华人民共和国教育部. 2011年普通高中专任教师专业技术职称、年龄结构情况［EB/OL］.（2013-05-29）［2014-10-09］. http：//www. moe. gov. cn/s78/A03/moe_560/s7382/201305/t20130529_152520. html.

其中，西部地区专任教师数量得到补充，增长较快，如表4.11所示。与2005年相比，2011年西部地区普通高中专任教师数量增长了26.4%，高于全国19.9%的平均水平，东部地区增长了17.8%，中部地区增长了17.4%。而且，全国普通高中专任教师数量每年保持1.5%—3.5%的增长速度。

表4.11　2005年、2010年、2011年普通高中专任教师数量及增长比例

区　域	专任教师数量（万人）			2011年比2005年增长比例（%）
	2005年	2010年	2011年	
全国	129.9	151.8	155.7	19.9
东部	55.6	63.7	65.5	17.8
中部	41.4	47.9	48.6	17.4
西部	32.9	40.2	41.6	26.4

数据来源：霍益萍，朱益明．中国高中阶段教育发展报告2012［M］. 上海：华东师范大学出版社，2013：26；教育部发展规划司. 2011全国教育事业发展简明统计分析［Z］. 北京：教育部发展规划司，2012：66.

与国际水平相比，我国普通高中生师比偏高，如表4.12所示。

表4.12　2008—2009年度部分经合组织国家高中生师比

国　别	生师比
法国	11
德国	16
日本	11
新西兰	14
波兰	10
韩国	16

续 表

国 别	生师比
美国	14
巴西	15
墨西哥	15

数据来源：教育部发展规划司. 2011 全国教育事业发展简明统计分析［Z］. 北京：教育部发展规划司，2012：84.

从 2007—2011 年的统计数据来看，我国普通高中专任女教师和少数民族教师的数量都有所提升，如表 4.13 所示。女教师在普通高中专任教师中的比例逐年上升，而且 5 年内女教师数量增加了 10.1 万人，增长了 15.5%；少数民族教师数量也逐年增加，由 2007 年的 9.3 万人增长到 2011 年的 10.7 万人，增长了 15.1%。

表 4.13 2007—2011 年我国普通高中专任女教师和少数民族教师数量及比例

年 份	女教师数（万人）	所占比例（%）	少数民族教师数（万人）	所占比例（%）
2007	65.2	45.2	9.3	6.5
2008	68.0	46.1	9.7	6.5
2009	70.0	46.9	10.0	6.7
2010	72.4	47.7	10.3	6.8
2011	75.3	48.4	10.7	6.9

数据来源：中华人民共和国教育部. 2007 年普通高中专任教师专业技术职称、年龄结构情况［EB/OL］.（2009-08-06）［2014-10-09］. http：//www. moe. gov. cn/s78/A03/moe_560/moe_2896/moe_2905/201001/t20100129_50613. html；中华人民共和国教育部. 2008 年普通高中专任教师专业技术职称、年龄结构情况［EB/OL］.（2009-12-24）［2014-10-09］. http：//www. moe. gov. cn/s78/A03/moe_560/s4628/s4629/201010/t20101021_110024. html；中华人民共和国教育部. 2009 年普通高中专任教师专业技术职称、年龄结构情况［EB/OL］.（2010-12-31）［2014-10-09］. http：//www. moe. gov. cn/s78/A03/moe_560/s4958/s4961/201012/t20101231_113637. html；中华人民共和国教育部. 2010 年普通高中专任教师专业技术职称、年龄结构情况［EB/OL］.（2012-01-17）［2014-10-09］. http：//www. moe. gov. cn/s78/A03/moe_560/s6200/201201/t20120117_129573. html；中华人民共和国教育部. 2011 年普通高中专任教师专业技术职称、年龄结构情况［EB/OL］.（2013-05-29）［2014-10-09］. http：//www. moe. gov. cn/s78/A03/moe_560/s7382/201305/t20130529_152520. html.

2. 师资结构比较

数据显示，我国普通高中专任教师的学历也在不断提高，结构趋向合理。2007—2011 年，具有硕士研究生学历和本科学历的普通高中教师数量逐年增加，2011 年具有硕士研究生学历的教师数为 66976 人，占普通高中教师总数的 4. 3%，本科学历教师为 1423405 人，占普通高中教师总数的 91. 4%，比 2007 年分别比增长了 16. 2%和 12. 7%；专科和高中及以下学历的教师数量逐年递减，2011 年比 2007 年分别减少 86734 人和 1285 人，分别降低 57. 2%和 44. 6%；教师学历合格率不断提高，2011 年教师学历合格率为 95. 7%，比 2007 年提高了 6. 4 个百分点，如表 4. 14 所示。

表 4. 14　2007—2011 年全国普通高中专任教师学历统计

学历＼年份	2007	2008	2009	2010	2011
硕士研究生（人）	25547	32520	42015	55151	66976
本科（人）	1263090	1318341	1355809	1384203	1423405
专科（人）	151583	122055	93476	77116	64849
高中及以下（人）	2884	2617	2013	1724	1599
总人数（人）	1443104	1475533	1493313	1518194	1556829
合格率（%）	89. 3	91. 6	93. 6	94. 8	95. 7

数据来源：中华人民共和国教育部. 2007 年普通高中分课程专任教师学历情况［EB/OL］.（2009-08-06）［2014-10-09］. http：//www. moe. gov. cn/s78/A03/moe_560/moe_2896/moe_2905/201001/t20100129_50611. html；中华人民共和国教育部. 2008 年普通高中分课程专任教师学历情况［EB/OL］.（2009-12-24）［2014-10-09］. http：//www. moe. gov. cn/s78/A03/moe_560/s4628/s4629/201010/t20101021_110026. html；中华人民共和国教育部. 2009 年普通高中分课程专任教师学历情况［EB/OL］.（2010-12-31）［2014-10-09］. http：//www. moe. gov. cn/s78/A03/moe_560/s4958/s4961/201012/t20101231_113638. html；中华人民共和国教育部. 2010 年普通高中分课程专任教师学历情况［EB/OL］.（2012-01-17）［2014-10-09］. http：//www. moe. gov. cn/s78/A03/moe_560/s6200/201201/t20120117_129574. html；中华人民共和国教育部. 2011 年普通高中分课程专任教师学历情况［EB/OL］.（2013-05-29）［2014-10-09］. http：//www. moe. gov. cn/s78/A03/moe_560/s7382/201305/t20130529_152521. html.

分区域看，2010 年，东部地区普通高中专任教师的学历合格率最高，达到了96.28%；中部地区次之，为94.24%；西部地区最低，为93.15%。在具有研究生学历的专任教师的比例上，东部地区最高，为4.4%，中部地区次之，为3.5%，西部地区最低，为2.6%；在增长速度上，东部地区较中西部地区快，比2005年提高了3.3个百分点，西部地区增速较慢，比2005年提高1.5个百分点。①

从全国普通高中专任教师的学科分布看，语文、数学、外语三门学科的专任教师比例均超过15%，分别为15.8%、15.7%和15.2%，其他学科专任教师比例超过5.0%的有思想品德（政治）（6.2%）、物理（8.9%）、化学（8.5%）、生物（5.7%）、地理（5.1%）、历史（5.6%）。除此之外，信息技术、通用技术、体育与健康、音乐、美术和综合实践活动等学科的专任教师数相对较少，如表4.15所示。

表4.15 2010年、2011年全国普通高中专任教师学科分布统计

学科	2010年		2011年	
	教师数（人）	占比（%）	教师数（人）	占比（%）
思想品德（政治）	94535	6.2	96368	6.2
语文	242350	16.0	246583	15.8
数学	238956	15.7	243993	15.7
外语	231885	15.3	237008	15.2
物理	135543	8.9	137481	8.9
化学	130117	8.6	131897	8.5
生物	84558	5.6	89303	5.7
地理	76856	5.1	79888	5.1
历史	85022	5.6	87547	5.6
信息技术	38106	2.5	37993	2.4
通用技术	9493	0.6	11152	0.7
体育与健康	73321	4.8	74792	4.8
艺术	1910	0.1	2376	0.2

① 霍益萍，朱益明．中国高中阶段教育发展报告2012［M］．上海：华东师范大学出版社，2013：28-29.

续 表

学 科	2010 年		2011 年	
	教师数（人）	占比（%）	教师数（人）	占比（%）
音乐	24726	1.6	25990	1.7
美术	26774	1.8	27946	1.8
综合实践活动	2086	0.1	2909	0.2
其他	972	0.1	10503	0.7
当年不任课	12161	0.8	13100	0.8

数据来源：中华人民共和国教育部. 2010 年普通高中分课程专任教师学历情况［EB/OL］.（2012-01-17）［2014-10-09］. http：//www. moe. gov. cn/s78/A03/moe_560/s6200/201201/t20120117_129574. html；中华人民共和国教育部. 2011 年普通高中分课程专任教师学历情况［EB/OL］.（2013-05-29）［2014-10-09］. http：//www. moe. gov. cn/s78/A03/moe_560/s7382/201305/t20130529_152521. html.

（三）普通高中教育经费比较

数据显示，随着我国中央和地方各级政府预算内教育拨款和预算内教育经费占财政支出比例的不断增长，普通高中生均预算内公用经费、生均预算内事业费均同步增长，如表 4.16 所示。虽然财政预算内教育拨款占各级各类教育预算内拨款的比例逐年递减，但是财政预算内拨款数额逐年递增。然而与世界一些国家和地区的水平（表 4.17）相比，还是存在差距。

表 4.16　2001—2011 年财政预算内教育经费统计

年份	中央和地方各级政府预算内教育拨款（不包括城市教育费附加）（亿元）	预算内教育经费占财政支出比例（%）	普通高中生均预算内公用经费（元）	普通高中生均预算内事业费（元）
2001	2582.38	14.31	237.98	1471.12
2002	3114.24	14.76	231.79	1565.25
2003	3453.86	14.68	264.83	1606.58
2004	4027.82	14.90	290.31	1758.63

续 表

年份	中央和地方各级政府预算内教育拨款（不包括城市教育费附加）（亿元）	预算内教育经费占财政支出比例（%）	普通高中生均预算内公用经费（元）	普通高中生均预算内事业费（元）
2005	4665. 69	14. 58	363. 54	1959. 24
2006	5795. 61	15. 18	449. 15	2240. 96
2007	7654. 91	16. 26	509. 96	2648. 54
2008	9685. 56	16. 32	698. 28	3208. 84
2009	11419. 30	15. 69	831. 59	3757. 60
2010	13489. 56	15. 76	1071. 78	4509. 54
2011	16804. 56	16. 31	1687. 54	5999. 60

数据来源：教育部、国家统计局、财政部发布的2001—2011年全国教育经费执行情况统计公告，引自教育部官方网站。

表 4. 17　一些国家和地区公用教育支出占政府支出总额的比例（%）

国家和地区名称	2008 年	2009 年	2010 年	2011 年	2012 年
中国澳门特别行政区	14. 0	13. 0	15. 3	—	—
中国香港特别行政区	22. 9	24. 0	20. 2	20. 1	—
丹麦	15. 0	15. 1	—	—	—
以色列	13. 3	13. 6	—	—	—
伊朗伊斯兰共和国	20. 0	20. 9	19. 8	18. 7	—
俄罗斯联邦	11. 9	—	—	—	—
南非	16. 2	16. 9	19. 2	—	—
印度	—	10. 0	10. 5	—	—
古巴	18. 5	17. 5	18. 3	—	—
大韩民国	15. 8	—	—	—	—
奥地利	11. 2	11. 4	—	—	—
巴西	17. 4	16. 8	18. 1	—	—
德国	10. 4	10. 5	—	—	—

续 表

国家和地区名称	2008 年	2009 年	2010 年	2011 年	2012 年
意大利	9.4	9.1	—	—	—
挪威	16.1	15.7	15.2	—	—
捷克共和国	9.5	9.8	9.7	—	—
新加坡	22.6	21.2	20.3	21.4	22.7
新西兰	16.1	—	—	—	—
日本	9.4	—	—	—	—
智利	17.5	17.1	17.8	—	—
比利时	12.9	12.2	12.5	—	—
沙特阿拉伯	19.3	—	—	—	—
法国	10.5	10.4	—	—	—
波兰	11.8	11.4	11.4	—	—
泰国	20.5	20.3	22.3	29.5	—
澳大利亚	13.5	—	—	—	—
爱尔兰	13.3	13.3	—	—	—
瑞典	13.1	13.2	13.4	—	—
瑞士	16.7	16.2	—	—	—
美国	13.8	13.1	—	—	—
英国	11.1	11.3	—	—	—
荷兰	11.9	11.5	11.6	—	—
西班牙	11.2	10.8	10.9	—	—

数据来源：教育部发展规划司，2011 全国教育事业发展简明统计分析［Z］．北京：教育部发展规划司，2012：291；联合国教科文组织统计研究所．世界发展指标［EB/OL］．［2015-06-20］．http：//data. worldbank. org. cn/indicator/SE. XPD. TOTL. GD. ZS.

从表 4.17 中的数据可以看到，一些国家和地区公用教育支出占政府支出总额的比例大部分都在 10.0%以上，部分国家超过了 20.0%，我国与它们还存在差距。

二、普通高中教育存在的问题

（一）教育经费短缺

教育经费始终是影响教育发展的首要因素。长期以来，我国普通高中教育形成了以县级政府承担为主、学生缴纳学杂费次之、多渠道筹措教育经费的教育财政体制。由于普通高中教育既非义务教育也非高等教育，因此国家给予普通高中教育的投入是有限的，同时，地方财政又要首先保证义务教育阶段免费教育的实施，因此大多数高中的办学经费主要靠收费维持。[①] 由于投入少，我国政府分担教育经费的比例不高，低于经济发展水平较高的经合组织国家[②]，这样，普通高中学校的办学经费就成为政府、社会、家庭之间相互博弈的重要阵地。在普通高中教育经费投入上，政府应该扮演怎样的角色？虽然普通高中教育不属于义务教育阶段，但是不是就意味着政府不需要成为经费投入的主要责任人？这是我们迫切需要思考与解决的问题。

（二）政府导向偏差

在普通高中教育逐步普及和实现大众化的今天，如何定位普通高中以及普通高中教育成为普通高中教育现代化的一个重要议题。一直以来，片面追求升学率是我国普通高中教育的“鲜明特色”，我国普通高中教育也因此备受非议。在追求升学率的问题上，东、中、西部地区的普通高中似乎没有显著差异，甚至东部地区的问题会更突出。普通高中更是因为其特殊性而成为素质教育的“禁区”。对升学率的关注并非只是学校的“一厢情愿”，而是其与政府、社会、家庭、高校等“合谋”的结果，其中政府对学校影响最大。[③] 网络媒体“善意”的渲

① 霍益萍．普通高中现状调研与问题讨论［M］．上海：华东师范大学出版社，2010：23.
② 刘泽云．我国普通高中经费政府分担比例问题研究［J］．教育与经济，2009（1）：5-9.
③ 霍益萍．普通高中现状调研与问题讨论［M］．上海：华东师范大学出版社，2010：17.

染、家长“成龙成凤”的期待、高校“三六九等”的诱惑，都使得“升学”成为获得“成功”的唯一途径，同时，升学率一直也是一些地方政府考核学校的重要指标，甚至在有些地方，升学率还成为地方政府的某种“政绩”。所以在普通高中片面追求升学率的问题上，整个社会都扮演着一定的负面角色，尤其是在政府“强势”的引导下，学校不得不背上沉重的升学包袱。

普通高中的发展不仅仅表现在学校的硬件建设和规模发展上，更表现在学校内涵、学校文化和学生综合素质的提升上。在很长一段时期内，政府都在强调建设“重点高中”“示范高中”等，但是在办学定位、办学目标、课程教学和学生指导上的指引却没有及时跟进，尤其缺少对学校内涵发展的关注，以至于普通高中出现“千校一面”的现象。尤其是在普及义务教育的背景下，大量生源涌入普通高中，更会把政府和学校的注意力引向学校数量扩大和学校规模扩张这一道路上来。

（三）教育教学单一

首先，普通高中教育目标单一。“升学”和“就业”一直以来都是普通高中教育追求的目标，随着高等教育大众化的到来，普通高中教育更是把主要精力放在了“升学”上，缺乏对学生多样化发展和个性化成长的有效关注，更谈不上对学生公平意识、民主意识等的培养。其次，课程设置单一。课程理念仅仅停留在口头上，没有转化到课堂教学中。学校课程开发涉及课程资源、教学设施、教师能力、学校支持等多个方面，但是目前相关配套措施没有完全落实，尤其在高考指挥棒下，课程改革难上加难。在“升学目标”的影响下，学校的课程设置也有功利化的倾向，除了必修课，特别是要考试的科目，其他科目都不同程度地被轻视、忽视甚至无视。再次，教学方法、手段单一。日常教学普遍为教师讲授，高强度的教学安排使得教师的教学方法、教学手段也比较单一。

(四) 校外资源利用不足

一般而言，普通高中出于管理和安全的需要，会对学生采取“关闭”策略[①]，使得普通高中学生很难有时间走出校门，参与到社会实践和锻炼中去。除少数城市高中外，一般普通高中学生几乎没有参与校外活动的时间，对社会、对职业都知之甚少。其实学校之外有很多可供学生学习和实践的机构，如少年宫、科技馆、博物馆、文化宫、公园等，这些机构理论上可以和校内教育形成互补，为普通高中多样化发展和学生的个性化发展提供机会。但是由于现有的管理体制、对校外机构教育价值的认识、收费、内容开发、学生活动的实践和空间等问题，校外教育的宝贵资源很难被纳入普通高中教育的视野，发挥其应有的作用。[②] 在各种可能会促进学生综合素质提高的选择面前，普通高中教育还是选择了保守的以“升学”为目标的教育教学，客观上造成大量社会资源的闲置和浪费。普通高中教育当下的教育观念和培养模式还是以培养“知识精英”为目的的，还是在为未来的某个并不确定的目标做“准备”的。

(五) 教师面临挑战

近几年，普通高中的师资在数量、学历、年龄以及学科配置上都取得了极大的进步，但是教师在日常教育教学中遭遇到了不小的挑战。首先是评价标准。教师的发展和学校的生存都系于学生的成绩，尤其是在各级政府都把升学率视为某种“政绩”的背景下，教师感受到了极大压力。其次是课程与教学的改革。这些改革本身是为了改进学生学习，提高综合素质发展，但在实施过程中，由于这些改革与高考存在一定程度的不协调，尤其是课程内容改革和结果评价改革与现实高考的需要不相适应，迫使教师不得不在日常教学之外进行新课程的实

① 霍益萍．普通高中现状调研与问题讨论［M］．上海：华东师范大学出版社，2010：22.

② 霍益萍．普通高中现状调研与问题讨论［M］．上海：华东师范大学出版社，2010：25.

践，这就增加了教师的负担。课程和教学改革，尤其是校本课程建设对教师素质提出了新的要求，因而也对教师提出了挑战。再次是学生管理。高中是学生思想比较活跃的阶段，学生的多样化要求教师不能进行统一管理，与此同时，学生“越来越难教”的现象日益突出。最后，学校教育科研日益成为学校改革和发展的动力，也对教师构成了一定的挑战。

（六）学生指导欠缺

学生指导是现代高中教育必备的职能。普通高中学生接受的是普通教育和预备教育，他们的发展方向尚未确定，在完成人生首次重大抉择的时候，需要一种指导。学生指导与管理是密切相关但又有严格区分的两项工作：管理旨在制止学生的不当行为，指导却旨在给学生指引正确的方向和方法；管理发生在问题出现的场合，预防性问题和思想或心理问题则只能用指导的方式解决；指导不仅适用于解决学生内部思想问题，也适用于解决其外部行为问题；指导和管理都具有预防功能，管理是通过惩罚的威慑作用来预防的，而指导则是通过正确方向的引导来避免过错的。[①] 尽管我国普通高中对学生学业指导比较重视，但依旧存在很多问题，譬如，教师能否有效指导？大众化教育背景下如何让学生享受不同的指导？等等。当下，普通高中主要是基于管理的理念，通过对学生时间和空间的控制实现对学生的管理的，这样的方式已经不能适应大众化教育阶段普通高中学生的多样需求和个性化要求，大多数教师也都认识到了学生发展指导的重要性，学生有被指导的需要，因此，建立学生发展指导制度迫在眉睫。

---

① 朱益明．普通高中学生发展指导研究［M］．上海：华东师范大学出版社，2013：36.

第三节　普通高中教育现代化指标体系建构

普通高中教育现代化决不能仅仅停留在理论的探讨上，更需要在实践中解决改革的实际问题。普通高中教育现代化的发展目标是一个综合性的目标，涉及学校各个方面的内容，因此不是一两个指标，而是一组指标。从上述现代化所涉及的问题来看，普通高中教育现代化需要把握以下几点。

一、普通高中教育现代化发展的方向

从中国期刊网上以“普通高中”和“多样化”为主题进行搜索，相关文章数量达 422 条之多，从 2001 年到 2012 年逐年增多，尤其是《规划纲要》颁布之后，相关文章迅速增加，可见在政策的导向下，多样化日益成为高中教育的热点问题，如表 4. 18 所示。

表 4. 18　2001—2012 年“高中多样化”主题研究的文献统计

年份	2001	2002	2003	2004	2005	2006	2007	2008	2009	2010	2011	2012
篇数	4	5	9	9	24	21	20	34	37	42	79	82

如果按照《规划纲要》中对多样化的描述，那么多样化就是指在办学体制、培养模式、办学特色、课程设置以及综合高中上的多选择性。多样化一直以来都是世界各国普通高中的一致选择和基本特征。无论是在课程设置上，还是课程实施、课程评价以及办学模式上，各国都做了有益的探索，并取得了良好的效果。然而在我国，长期以来普通高中的办学定位基本是“双重任务”指向，导致学校同质化非常严重，办学模式单一，特色不明显，课程设置单调。普通高中教育现代化发展，必然追求办学的多样化发展，就要求从学校类型的多样化入手，举办多种类型、特色各异的普通高中，然后学校从课程设置入

手，通过开设基础课、选修课、特长课、特色课等，增加学生的可选择性，达到课程的个性化。普通高中学校应该将多样化纳入学校的办学理念之中，让这种理念在学校师生心中扎根，成为学校日常管理和教师教育教学实践的行动指南。所以，“根据全民终身教育的理念，多样化本质上是要从制度层面建构一个多样、开放、灵活、互通的普通高中教育体系，满足不同学生的要求”①。

二、普通高中教育现代化发展的根基

学校的基础建设至关重要，没有一定的硬件和软件，学校就无法开展正常的教育教学。就普通高中学校的自身建设而言，首先，学校要有良好的办学条件，包括学校的基础设施建设和文化建设，譬如应该有温馨的教室、健康的环境、良好的学校文化等。其次，要把握教育质量，教育质量是学校的生命线，没有较高的教育质量，普通高中就难以适应现代化要求。关注教育质量也并非关注人们所说的升学率，而要把重心放在学生的综合素质的提升上。再次，要保障教育公平，社会公平是现代社会的本质要求，教育公平是社会公平价值观念在教育系统中的延伸和体现，被视为社会公平的重要指标之一，它直接反映和影响着社会公平。② 普通高中学校应该在办学过程中合理配置教育资源，保障每一位学生的受教育权利平等和受教育机会均等，尤其要关注由于性别、民族、文化、经济条件等原因造成的不公平。政府也要完善学校救济制度，保障困难学生接受高中教育的权利。

三、普通高中教育现代化发展的核心要素

普通高中作为一级学校组织，具有不同于一般社会组织的核心

① 朱益明．普通高中学生发展指导研究［M］．上海：华东师范大学出版社，2013：13.
② 范国睿．教育公平与和谐社会［J］．教育研究，2005（5）：21-25.

要素，而普通高中多样化发展必然需要这些核心要素作为支撑，只有各个要素表现出多样化，学校才能表现出多样化的品质。也正是由于课程这样一个独特的载体的存在，由于教学这样一个学校最基本的细胞的存在，由于包含教师和学生这两种角色的教育活动的存在，学校才成为学校。普通高中教育现代化的发展，就是要从这四个方面着手。

首先，课程是教育领域所独有的要素，也是学校教育的核心，它在学校改革和发展中的位置举足轻重。换句话说，如果离开了课程的现代化去提普通高中教育的现代化，那无异于缘木求鱼。普通高中教育现代化发展，从课程上来看，主要是课程理念与课程设计的现代化，而且要将校长的课程领导、教师参与课程以及校本课程开发落到实处。课程理念、课程目标、课程内容、课程组织、课程实施、课程管理、课程评价、课程开发都要渗透并体现出社会发展的现代化进程。作为课程实施主体的校长、教师要将每一次课程（改革）视为自己的一次课程开发，在课程开发中践行现代化理念。课程现代化是一个由许多方面的内容构成的统一体，现代化过程是一个由许多个子过程构成的总体性过程，应该从以下四个层面来把握：一是工具层面，主要指课程的物化形态，即教学大纲和教材；二是制度层面，主要指有关课程管理的一系列法规和文件，它们为课程现代化提供了保障；三是价值层面，它包含课程目标的确定、课程内容的选择、课程评价的标准等，它决定着课程的体系和培养的人的规格；四是主体层面，它既有受现存课程制约的一面，又有能动性、创意性的一面。[①] 普通高中课程的现代化也不例外。

其次，教学是课程实施最基本的途径，也是学校区别于其他组织的一种最为外显的特征。如果说课程现代化是教育现代化的核心的话，那么教育现代化的成果最终要反映在教学上。教学的现代化不仅表现

---

① 陈旭远．论课程现代化的四个层面与时序模式［J］．东北师大学报（哲学社会科学版），2000（6）：96-100.

为教学模式、教学知识、教学技能、教学方法和手段的现代化，更体现为教学理念、教学评价和教学哲学的现代化。不涉及教学的现代化不是真正的教育现代化，没有引发学生对现代化理解的教育现代化是“蜻蜓点水”式的现代化，因此有研究者特别强调教学制度创新的重要性①。当下中小学课堂教学变革呈现出新旧杂陈、文化转型、模式转换、流程再造、攻坚破难等特征②，普通高中教育现代化发展的重中之重是要把内核放在教学上，把教学现代化理念转化为具体的教学行为，提升为教学智慧或实践智慧，最重要的是要让学生感受到现代化的理念。总之，普通高中教育的现代化需要教学的现代化，只有教学真正变化了，才是真正的现代化。

再次，课程与教学都是学校教育的载体，而教师与学生则是学校中的人的因素。教师是教育活动的组织者和引导者，没有合理的师资结构和具备较高素质的教师，就谈不上普通高中教育的现代化。这里主要是从两个方面来认识，一是教师专业发展，二是普通高中师资队伍建设。普通高中教育的现代化发展既要为每一位教师的专业发展创设良好的条件和空间，使教师在教育理念、知识结构、教育教学技能、现代化技术应用和教研组合作等方面都能适应新形势下普通高中的发展要求，又要注意建设一支素质优良、结构合理的教师队伍。其中，教师持有什么样的教育理念，不仅直接关系着教师的教育行为，而且还间接地影响着未来教育的性质与状态③，现代化的教育理念必须通过一个由外到内的转化环节，才能内化为教师的个体哲学和实践自觉。

最后，普通高中教育现代化发展的落脚点是学生，这也是各级各类学校改革和发展的终极目标。通过现代化发展，扩大学生受教育面，满足全民的基本教育需求，培养学生民主意识和个性品质，关注学生

① 徐继存．教学制度创新与基础教育课程改革［J］．教育研究，2004（7）：78-79.

② 吕洪波，郑金洲．中小学课堂教学变革的基本认识［J］．教育研究，2012（4）：87-91.

③ 邬志辉．教师教育理念的现代化及其转化中介［J］．东北师大学报（哲学社会科学版），2000（3）：80-86.

的多元选择。近来，学生的学习生活质量也受到关注①，绿色学习逐渐进入人们的视线②。普通高中教育现代化发展中，与学校教育有关的人员都应该更多地走进学生，了解学生特征，掌握学生生存状态，关心学生生活，建构一个全方位关护学生的体系，使学校真正成为学生的家园，使课堂更具创造性和生命性，使课程更能贴近学生的实际需求，使师生交往与对话更加深入。

四、普通高中教育现代化的学校治理机制

普通高中教育现代化发展需要形成一套行之有效、运行良好、快捷高效的治理机制，这是普通高中教育现代化发展的前提和基础。学校管理首先要基于一定的理念，在理念的引领下建立一定的管理制度，包括教师管理制度、学生管理制度、教学管理制度、考试管理制度、考核制度，等等，在制度的规范下，建立不同的管理机构来保障制度运行。也就是说，学校管理既包括管理理念，也包括管理的运行过程，以及运行所依赖的组织机体。理念、制度、机构和方式成为学校管理的几个关键概念。从理念上讲，尽管人们提出了诸多管理理念，譬如“尊重的教育”理念③、“以人为本”的管理理念④、“人性化”管理理念⑤、“教师权力主导”理念⑥等，它们都很有价值，也都有值得借鉴的地方。普通高中需要将“以学生发展为本”的理念放在突出位置，将学生的全面发展、个性发展、主动发展和终身发展作为所有教育教

---

① 唐荣德. 学习生活质量：学生发展的本质与路径［J］. 教育研究，2012（11）：16-21.

② 桑新民，谢阳斌. 21世纪：学习向何处去：绿色学习研究论纲［J］. 开放教育研究，2011（2）：10-16.

③ 王逢贤. 学校管理与教育理念的选择：兼议“尊重的教育”理念［J］. 东北师大学报（哲学社会科学版），2001（5）：11-12.

④ 黄焰烘，邓云洲. 学校管理应贯穿“以人为本”的管理理念［J］. 江西社会科学，1999（12）：126-129.

⑤ 魏敦淑. “人性化”的学校管理理念的若干思考［J］. 社科纵横，2009（10）：155-156.

⑥ 丛文君. 教师权力主导：学校管理的新理念［J］. 淮北煤炭师范学院学报（哲学社会科学版），2006（5）：148-151.

学行为的基本理念。无论是日常教育教学工作，还是服务于日常教育教学工作的行政管理工作，都需要以这些理念为指导并将之落到实处。从制度上讲，普通高中作为一个社会系统，其正常运作需要一系列制度作为保障，以制度促进建设，以制度促进改革。普通高中教育现代化主要是通过课程、教学、教师和学生来实现，这就需要检视这些制度，贯彻好的制度，改革运行不畅的制度，扔掉不好的制度。从机构上讲，普通高中教育现代化需要建设哪些机构、改革哪些机构、撤销哪些机构、机构与机构之间沟通怎么样、效率怎么样、学生是否满意等都需要考虑。从方式上讲，学校管理定位要准确，要明确是“管理”还是“服务”，是“管理”还是“管制”？教学管理要注重实效，要保证教学质量，防止教学事故；要组织教研组活动、教师教育科研、教师参与课程，等等。再如学生管理、考试管理，甚至宿舍管理，诸如此类的设计都是普通高中教育现代化发展的前提。

五、普通高中教育现代化发展的支持条件

普通高中教育现代化发展不仅仅是学校自身的事情，而是需要学校以外的包括政府、社会和家庭在内的各种力量的参与和支持。普通高中教育的办学和发展正在逐渐走进社会，成为基础教育中与社会联系最多、依赖度最大的学段。普通高中教育发展的学校外围资源主要有五类：一是高等学校和科研院所；二是科技馆、图书馆、博物馆等校外教育场所；三是电视、电台、报刊、网络等舆论宣传机构；四是企事业单位和政府机关；五是学生家长。① 如果将他们按照主体类型划分的话，则可分为三个方面：政府机构、社会机构和家庭。尽管上述主体都有能力支持普通高中发展，但在现实中由于体制机制的缺陷，也由于人们在职业伦理观念上的淡薄以及某种功利思想的影响，没有

① 朱益明．普通高中学生发展指导研究［M］．上海：华东师范大学出版社，2013：14.

形成促进普通高中发展的正向的合力。譬如，一些地方政府在经费支持上不达标、支持和服务体系没有跟进，宣传舆论不支持，家长与学校合作不顺畅，学校自身盲目追求好生源、升学率，等等，这些问题都在一定程度上限制了普通高中教育的现代化发展。未来的发展不能盯住眼前的利益不放，而要把教育放到培养“人”的高度，通过建立相关机制，形成一个由政府、社会和家庭共同参与的学校外围支持系统。

到这里，普通高中教育现代化所涉及的四方面问题已经确定。我们试图做的是：沿着这些问题的脉络，分析每个问题的构成以及其所指涉的普通高中教育现代化的含义，有根据地建构一些指标，并尝试提出一个能够反映普通高中教育现代化发展水平的指标体系。

首先，以学校空间为标准，区分学校外围支持系统、学校自身和学校内部、学校管理四个维度。这是第一个层次。

其次，以学校外围支持系统为标准进一步分类，这是在第一层次标准上按不同主体性质来划分的，分为政府部门、社会部门和家庭三类；学校自身由学校的价值理念构成，分别是办学条件、教育质量、教育公平、教育效率；学校内部由学校区别于其他组织的要素组成，分别是教师、学生、课程、教学。这是第二个层次。

最后，对以上指标进一步分类，构成指标体系。这是第三个层次。

这样，普通高中教育现代化指标的架构基本成形。

根据上述分析，可以建构一个普通高中教育现代化指标体系，如表 4. 19 所示。

表 4.19　普通高中教育现代化指标体系

<table>
<tr><th></th><th>一级指标</th><th>二级指标</th><th>三级指标</th><th>四级指标</th></tr>
<tr><td rowspan="32">普通高中教育现代化指标体系</td><td rowspan="9">学校外围支持系统</td><td rowspan="5">政府部门</td><td>“三个增长”</td><td></td></tr>
<tr><td>教育经费</td><td></td></tr>
<tr><td>生均经费</td><td></td></tr>
<tr><td>教师培训经费</td><td></td></tr>
<tr><td>政策支持</td><td></td></tr>
<tr><td rowspan="3">社会部门</td><td>校外教育机构</td><td></td></tr>
<tr><td>社区支持</td><td></td></tr>
<tr><td>社会实践</td><td></td></tr>
<tr><td>家庭</td><td>家校合作</td><td></td></tr>
<tr><td rowspan="19">学校自身</td><td rowspan="19">办学条件</td><td rowspan="9">普及程度</td><td>毛入学率</td></tr>
<tr><td>升学率</td></tr>
<tr><td>毕业率</td></tr>
<tr><td>辍学率</td></tr>
<tr><td>留级率</td></tr>
<tr><td>在校生人数</td></tr>
<tr><td>入学人数</td></tr>
<tr><td>班级数量</td></tr>
<tr><td>生师比</td></tr>
<tr><td rowspan="7">硬件建设</td><td>学校布局</td></tr>
<tr><td>校园面积</td></tr>
<tr><td>学校操场</td></tr>
<tr><td>班级规模</td></tr>
<tr><td>教学基本设备</td></tr>
<tr><td>体育设施</td></tr>
<tr><td>生活设施</td></tr>
<tr><td rowspan="3">学校文化</td><td>办学理念</td></tr>
<tr><td>校训</td></tr>
<tr><td>校园文化</td></tr>
</table>

续　表

<table>
<tr><th></th><th>一级指标</th><th>二级指标</th><th>三级指标</th><th>四级指标</th></tr>
<tr><td rowspan="26">普通高中教育现代化指标体系</td><td rowspan="10">学校自身</td><td rowspan="4">教育质量</td><td>学生综合素质</td><td></td></tr>
<tr><td>学业成绩</td><td></td></tr>
<tr><td>创新能力</td><td></td></tr>
<tr><td>道德发展</td><td></td></tr>
<tr><td rowspan="3">教育公平</td><td>困难学生就学状况</td><td></td></tr>
<tr><td>同龄困难学生就学状况</td><td></td></tr>
<tr><td>学校对困难学生的支持系统</td><td></td></tr>
<tr><td rowspan="3">教育效率</td><td>仪器设备使用率</td><td></td></tr>
<tr><td>图书馆使用率</td><td></td></tr>
<tr><td>信息技术普及率</td><td></td></tr>
<tr><td rowspan="17">学校内部</td><td rowspan="14">教师</td><td rowspan="5">教师能力</td><td>教育理念</td></tr>
<tr><td>教师知识结构</td></tr>
<tr><td>教育教学技能</td></tr>
<tr><td>教师合作水平</td></tr>
<tr><td>教研组活动情况</td></tr>
<tr><td rowspan="6">师资结构</td><td>教师年龄结构</td></tr>
<tr><td>教师数量</td></tr>
<tr><td>教师性别结构</td></tr>
<tr><td>教师学历结构</td></tr>
<tr><td>教师培训情况</td></tr>
<tr><td>名师指标</td></tr>
<tr><td rowspan="3">专业发展</td><td>继续教育</td></tr>
<tr><td>教育科研</td></tr>
<tr><td>教师培训</td></tr>
<tr><td rowspan="3">学生</td><td rowspan="3">教育参与</td><td>教学参与</td></tr>
<tr><td>学业情况</td></tr>
<tr><td>学习兴趣</td></tr>
</table>

续 表

<table>
<tr><th></th><th>一级指标</th><th>二级指标</th><th>三级指标</th><th>四级指标</th></tr>
<tr><td rowspan="24">普通高中教育现代化指标体系</td><td rowspan="19">学校内部</td><td rowspan="6">学生</td><td rowspan="3">学生地位</td><td>学生的创新性</td></tr>
<tr><td>学生的民主意识</td></tr>
<tr><td>学生的个体差异</td></tr>
<tr><td rowspan="3">学习生活质量</td><td>对教师的满意度</td></tr>
<tr><td>对班级的满意度</td></tr>
<tr><td>对学校的满意度</td></tr>
<tr><td rowspan="7">课程</td><td>课程理念</td><td rowspan="13"></td></tr>
<tr><td>课程内容设置</td></tr>
<tr><td>课程实施</td></tr>
<tr><td>课程评价</td></tr>
<tr><td>校长课程领导</td></tr>
<tr><td>教师参与课程</td></tr>
<tr><td>校本课程开发</td></tr>
<tr><td rowspan="6">教学</td><td>教学理念</td></tr>
<tr><td>教学内容</td></tr>
<tr><td>教学方法</td></tr>
<tr><td>教学手段</td></tr>
<tr><td>教学评价</td></tr>
<tr><td>教学制度</td></tr>
<tr><td colspan="2" rowspan="5">学校管理</td><td>管理理念</td><td rowspan="5"></td></tr>
<tr><td>管理定位</td></tr>
<tr><td>管理内容</td></tr>
<tr><td>管理手段</td></tr>
<tr><td>管理效率</td></tr>
</table>

需要指出的是，普通高中教育现代化指标体系的建构并不要求面面俱到，而是要关注焦点，关注核心。当然，一个好的指标体系应该具有科学性、可测性、可比较性和实用性的特征，这也是人们不断追求的目标。

第四节　推进普通高中教育现代化的策略建议

没有超前意识和长远眼光，以及对未来形势的预测能力，人们就只会被动地应付危机，而不是主动干预危机。只有进行充分的理论准备，并进行大胆的制度创新和结构性的变革，普通高中教育才有可能实现现代化。面对普通高中教育发展中的种种困境，国家应该科学、合理地制定发展普通高中教育的策略。本文在此提出以下六个方面的建议。

一、完善财政投入体制

调整财政支出结构，逐年加大对教育，尤其是对普通高中教育的财政投入，明确政府在普通高中教育经费投入中的主体地位，强化政府对普通高中教育经费的分担，至少将政府分担比例提高到80%以上。[①] 可考虑将普通高中教育投入和普通高中发展等纳入对政府的考核内容。在长期缺乏对普通高中发展的“针对性”支持的背景下，应该出台一个普通高中发展方案，对普通高中办学体制、办学特色、课程建设等领域予以重点支持；尤其是对中西部地区的普通高中教育，应该出台专项投资计划，加强普通高中基础设施建设，有计划地引进一批高素质教师，以及加强学校文化建设。

制定和完善普通高中教育的相关体制，疏通普通高中与社会资源的关系，尤其在经费上，尽早确立实质意义上的以政府财政拨款为主、多种渠道筹措办学经费的机制。除了多渠道“开源”外，还要“节流”，进一步规范普通高中财务监管制度，确保有限的经费用在合理的地方。

---

① 刘泽云．我国普通高中经费政府分担比例问题研究［J］．教育与经济，2009（1）：5-9；刘建民，刘建发，吴金光．强化普通高中教育经费政府投入责任的路径探讨［J］．教育研究，2012（9）：44-48.

除此之外，还要加大对贫困学生的帮扶力度，降低农村地区学生学费，在今后一段时期内，至少做到普通高中教育个人分担的教育成本低于25%。[①] 中西部偏远地区和“老少边穷”地区应该建立专项补贴，保障学生在学校的基本生活质量。

二、发挥政府的监管与服务作用

政府在普通高中教育改革和发展中起着至关重要的作用。除了在经费上提供保障以外，各级政府要减少对普通高中日常教学的干扰，减少各式各样的检查评比，淡化追求“升学率”的观念；在校长任命和教师招聘中要秉持公正、开放的理念，真正做到选贤任能，发展一方教育。

政府也要控制普通高中的恶性竞争。“升学率”不应该成为普通高中向政府寻求支持和投入的主要依据，更不是各级政府相互比较普通高中发展水平的“指标”。教育中存在竞争是无可厚非的事情，但是不能搞恶性竞争。近年一些高校之间的“生源大战”已经直接波及普通高中。

政府还要努力形成有利于普通高中发展的舆论环境和社会环境。政府应该用正确的舆论引导整个社会以宽容、理性的态度来看待和支持高中改革，形成对学校、教师和学生合理健康的评价体系，不排名次，不炒作高考状元，促成社会的理解和家长的平和心态。[②]

三、优化教育结构

加强研究，科学把握普通高中教育层次、类型与课程结构，尽快确立一个具有中国特色的普通高中分类结构体系。

---

① 李亚勍，沈百福．公办普通高中教育投入的地区差异分析［J］．教育科学，2009（6）：16-20.

② 朱益明．普通高中学生发展指导研究［M］．上海：华东师范大学出版社，2013：13.

多样化是普通高中教育现代化的形态之一。要实现普通高中教育多样化发展，首先要促进办学体制多样化，举办多种类型的普通高中，如科技高中、外语高中、综合高中，等等；扶持民办高中建设，处理好政府财政资助与民办高中营利的关系，引导民办高中正确处理应试教育与素质教育的关系。

推进培养模式多样化，主要是保证课程的多样化和选择性。譬如，韩国建立了“以学习者为中心”的课程体系，美国高中阶段开设了丰富多彩的选修课程，等等。国外扩大课程选择性的做法主要有三种：一是专业性选择，即在高中阶段进行专业定向；二是综合性选择，即不在高中阶段进行专业定向；三是菜单式选择，即学校把各种课程组合成若干菜单以供学生选择，满足不同潜质学生的发展需要。①

四、推进学校与社会的实质性合作

加强普通高中与高等教育院校和科研院所的合作，普通高中可以为高校提供教育教学实践或就业机会，高校可以派遣相关专家指导和培训普通高中教师，传递新的教育理念。通过建立长期合作机制，实现大学与中小学合作（“U-S”合作）及其文化互补。强化图书馆、科技馆、博物馆、电视电台、报刊网络等校外机构对普通高中的连带责任，建立政府对校外相关教育机构投资与普通高中人才培养责任挂钩的机制，鼓励校外机构参与和支持高校科学研究和研究生培养。政府可以分出一部分款项，以财政补贴的形式拨给校外教育机构，前提是其给部分特长学生或有明确意向的学生创造实习机会。

五、加强师资队伍建设

在教师引进方面，普通高中应着力引进优秀教师。鉴于高校扩招

---

① 李其龙，张德伟. 普通高中教育发展国际比较研究［M］. 北京：教育科学出版社，2008：17-18.

带来的就业压力，尤其是较高学历毕业生的就业压力，高校毕业生进入基层从事教育教学工作的现象有可能在未来几年内出现。政府需要未雨绸缪，进一步制定和完善切实可行的基层就业政策和社会保障机制，特别是户籍、工资待遇、职业发展等关键性政策，引导大学生到基层就业。政府应继续推进和完善西部志愿者计划、特岗教师计划、“三支一扶”计划等项目，充实西部地区的中小学师资。中西部地区的普通高中尤其要利用好师范生免费教育政策，吸引优秀师范生到中西部地区的学校就业。

普通高中要为中青年教师营造良好的工作和发展环境，鼓励新进教师结合大学或研究生阶段的学习内容，积极投入学校科研、文化建设、课程开发、教学改革和学校管理。学校应充分挖掘年轻教师潜力，提高中青年教师工作的积极性，防止师资力量耗散、结构浪费和人员外流，支持中青年教师参与教师培训，促进教师专业发展。

进一步扩大普通高中教师与兄弟学校、高等学校以及科研院所的交流与合作，特别是在学校科研和课程开发上的合作。通过合作更新知识结构，提升普通高中教师的教育理念，培育其科研能力。

六、加强学生指导

普通高中教育的现代化发展，需要建立完善的学生指导制度。可以预见，未来几年内普通高中教育必将更加普及，学校特色和多样化发展更加明显，但是这还远远不够，普通高中发展应该更加凸显育人功能。指导作为促进学生全面发展的手段之一，其价值愈加受到重视。学生指导制度主要在于引导和促进高中学生的全面发展，帮助他们对自身发展的学业、生涯和生活等各个方面形成正确的认识和做出合理的选择。[①] 高中学生正处在世界观、人生观和价值观形成的关键期，逐

① 霍益萍，朱益明．中国高中阶段教育发展报告 2012［M］．上海：华东师范大学出版社，2013：250.

步开始独立面临人生的选择。学生不仅要在就业和考大学之间做出抉择，还要进一步思考自己的人生以及走什么样的道路的问题。教育的连续性使得未来的选择和当下的学习紧密相连，因此他们在自身尚未成熟而又不得不做出关乎人生发展的第一个选择的时候，就迫切需要成年人的帮助和指导。如果能对学生进行恰当的指导，可以帮助学生有重点、有倾向地坚定自己的选择，也可以让学生少走弯路，避免青春苦闷。得到恰当指导的学生更有可能从事自己喜欢的工作或学习，从而发展得更顺利。从这个意义上说，普通高中的指导不仅是关乎学校发展的重要举措，更是关乎学生人生发展的大事。因此，建议普通高中适当增设专门的职能部门负责学生指导工作，由专职人员从事指导工作，逐步健全学生指导体制，完善专职人员的业务标准、专业知识、职业技能、工作规程等，将指导与课程、教学、管理一道视为学校不可或缺的一部分。鼓励不同省份、不同地区、不同层次的普通高中在学生指导制度上加强合作，相互借鉴，共同提高我国普通高中的办学水平，缓解学生对指导的强烈需求与学校指导不足之间的矛盾。

第五章

农村中小学布局调整

自2001年开始至2012年暂时中止的我国农村中小学布局调整政策，大概经历了“酝酿—启动—调整—中止”四个阶段。政策的实施在取得明显成效的同时，也产生了一系列问题。本文在仔细梳理农村中小学布局调整政策历程的基础上，归纳总结了该政策对我国农村义务教育的积极作用与消极影响；在深入分析农村中小学布局调整政策制定的动因、对政策的认识以及政策的价值取向的基础上，提出了一系列政策建议，以期理性推进我国农村中小学布局调整工作。①

① 部分内容以“我国农村中小学布局调整：历程、影响与对策”为题，发表于《教育政策观察（第4辑）》（华东师范大学出版社2013年版），收入本书时已经作者修订。

新世纪以来，我国城镇化速度大大加快，与此相伴的是教育的城镇化。自2001年开始，我国农村中小学布局结构经历了一场“运动式”变革，有意无意地朝着“小学进乡镇，中学进县城”的战略预期大踏步前进，即便在“校车事故”频发并引起广泛的社会反思的2011年，农村学校的撤并进程也并未减速。这种大规模、快速度的学校布局结构调整在世界范围内都是罕见的。然而，这一“事关7亿多农民、1.27亿农村义务教育在校生、752万农村专任教师”① 的学校布局调整政策在推进过程中产生了种种教育问题，越来越为人诟病，2012年9月，《国务院办公厅关于规范农村义务教育学校布局调整的意见》颁布，农村中小学布局调整政策暂告一段落。农村中小学布局调整的最初动因是什么？这当中有多少成分是城镇化的客观需求，又有多大成分是地方教育行政部门不恰当的政绩观所致？为何在多方质疑的情况下还能延续10年之久？本章拟在还原农村中小学布局结构调整发展历程的基础上，深刻反思和总结政策实施的积极作用与消极影响；在对相关政策进行理性分析的基础上，提出理性推进我国农村中小学布局调整工作的相关政策建议。

第一节　政策历程

“农村中小学布局调整”是指自20世纪90年代末已经存在、2001年正式启动的一场针对全国农村中小学布局结构的“教育改革”，特指我国为了优化农村教育资源配置，对农村教育资源进行整合，对临近的学校进行资源合并所采取的一系列措施。具体说来，就是大量撤并农村原有的中小学，使学生集中到小部分城镇中心学校，即民间所谓的“撤点并校”。同时，农村中小学布局调整政策不是一项单行、明

---

① 邬志辉，史宁中．农村学校布局调整的十年走势与政策议题［J］．教育研究，2011（7）：22-30.

确、具体的公共政策，而是涉及农村学校布局调整的一系列措施和相关政策的概括与统称，该政策大概经历了“酝酿—启动—调整—中止”四个阶段。

一、政策酝酿

1986 年，我国颁布实施了《中华人民共和国义务教育法》，其中规定义务教育事业在国务院领导下，实行地方负责、分级管理的体制，地方各级人民政府应当合理设置小学、初级中等学校，使儿童、青少年就近入学。基于此，我国针对农村中小学进行了第一次成规模的布局调整，期间撤并了一批“麻雀学校”和“教学点”。然而，此后由于面对沉重的“扫盲”和“普及九年义务教育”任务，以“撤并学校”来提高教学质量并没有成为当时教育工作的重点。况且，当时计划生育政策正处于初期阶段，国民生育观念的变迁也才刚刚开始，“此前所累积的人口压力并没有在短时期内消化，因此，客观上农村中小学所需要承载的生源量是非常庞大的。也正是基于这种考虑，20 世纪 80 年代末以来到农村中小学布局调整政策实行以前，农村中小学校一直不断膨胀与扩张以适应生源压力的需要。应该说，这在一段时期内确实缓解了教育资源不足与空间狭窄的问题”①。在国家、社会各界的努力之下，“镇办初中，村办小学”的地方分管体制由此而生，一些大的村落甚至拥有自己的九年一贯制学校。在这个基础上，20 世纪 90 年代中后期，我国基本完成了“扫盲”和“普及九年义务教育”的任务。

也正是在这个过程中，我国社会结构发生了深刻的变化。农村城镇化水平的迅猛提高、计划生育政策和生育观念变迁下适龄入学儿童数量的急剧减少、农村税费制度改革下乡村学校办学经费的持续紧张、

① 王晓慧．农村中小学布局调整的三个问题：一种教育社会学分析的视角［J］．长春市委党校学报，2011（1）：28-31.

农民在实现“有学上”基础上对于“上好学”的强烈需要，都催促着地方政府和国家着手新一轮的农村学校布局调整，以改变学校遍地开花、教育资源粗放分配所造成的严重浪费，实现资源的集约、优化配置，提高教育效益。事实上，从1998年起，大多数省份都陆续开展了以“并乡、并村、并校”和“减人、减事、减支”为核心内容的乡镇机构改革。[①] 同年，教育部出台了《关于认真做好“两基”验收后巩固提高工作的若干意见》，其中明确提到了要“遵循方便学生就近入学和充分利用教育资源，提高办学规模、效益原则，合理调整中小学校布局”。

2001年3月，《国务院关于进一步做好农村税费改革试点工作的通知》在将农村教育财政与管理体制改为“以县为主”的同时，提出“要进一步优化教育资源配置，合理调整农村中小学校布局。根据实际情况适当撤并规模小的学校和教学点，提高农村办学效益”。由于农村教育财政与管理体制的改革，“撤点并校”对于财政吃紧的地方政府，尤其是县级政府来说，能极大地减轻财政压力。于是，很多地方开始了自发的“撤点并校”。

二、政策启动

2001年5月，《国务院关于基础教育改革与发展的决定》颁布，其中规定：“因地制宜调整农村义务教育学校布局。按照小学就近入学、初中相对集中、优化教育资源配置的原则，合理规划和调整学校布局。农村小学和教学点要在方便学生就近入学的前提下适当合并，在交通不便的地区仍需保留必要的教学点，防止因布局调整造成学生辍学。学校布局调整要与危房改造、规范学制、城镇化发展、移民搬迁等统筹规划。调整后的校舍等资产要保证用于发展教育事业。在有需要又

---

① 崔多立．应重新评估农村“撤点并校”的实效：黑龙江省农村学校布局调整后的调查［J］．教育探索，2012（3）：86-87.

有条件的地方，可举办寄宿制学校。”这标志着我国新一轮大规模农村中小学布局调整政策正式启动。从上文分析可以看出，此政策在启动之初，便考虑到了布局调整的一些基本标准，比如明确提出农村小学和教学点要在“方便学生就近入学”的前提下适当合并，并且要在“交通不便”的地区“保留必要的教学点”，“防止因布局调整造成学生辍学”。但是，当时没有给出具体的“督导条例”与“撤并程序”，导致该政策在执行时出现了一系列本可避免的问题。

2002年4月，国务院发布《国务院办公厅关于完善农村义务教育管理体制的通知》，明确规定“县级人民政府负责制定本地区农村义务教育发展规划，组织实施农村义务教育；从实际出发，因地制宜，逐步调整农村中小学布局”，但是随着农村税费改革试点的逐步扩大，县级财政的压力日增，大批撤并村小和教学点、优化教育投资效益成为许多地方政府的不二选择。2003年6月，财政部发布《中小学布局调整专项资金管理办法》，中央财政为促进和引导全国基础教育事业的改革和发展，推动、支持和鼓励中小学布局调整，设立“中小学布局调整专项资金”，重点支持农村地区中小学。专项资金对于捉襟见肘的县级财政无疑是“雪中送炭”，促使地方政府加快制定农村中小学布局调整规划，以便申领这笔专项资金。

2003年9月，《国务院关于进一步加强农村教育工作的决定》颁布，继续推进农村中小学布局结构调整，努力改善办学条件，重点加强农村初中和边远山区、少数民族地区寄宿制学校的建设。2004年，教育部、财政部印发了《教育部财政部关于进一步加强农村地区“两基”巩固提高工作的意见》，要求稳步推进农村学校布局结构调整工作，提高办学规模和效益，中央财政将视各地中小学布局调整工作的开展情况，给予适当的奖励和支持。2005年，教育部出台了《教育部关于进一步推进义务教育均衡发展的若干意见》，要求各地统一思想，把推进义务教育均衡发展摆到重要位置上，积极采取措施，逐步缩小学校发展中的差距。“义务教育均衡发展”成为继“两基”之后的全新战略目标。面对区域、城乡、学校，尤其是城乡之间巨大的差距，大多数地区采取的不是双向一体化推进的策略，而是单向发展的方针，让教育薄弱地区、乡村学校向教育发达地区、城镇学校全面靠拢。由此，针对农村学校，尤其是农村薄弱学校的大规模撤并也就自然成为许多地区“促进义务教育均衡发展”的重要措施。

另外，随着《国家西部地区“两基”攻坚计划（2004—2007年）》的实施，许多地区开始实施农村寄宿制学校建设工程。从2004年到2007年的4年时间内，中央财政投入资金100亿元，在中西部地区修建寄宿制学校，以实现和巩固“两基”目标。义务教育阶段寄宿制学校的大量修建，客观上加大了农村中小学布局调整的力度，也加快了农村中小学撤并的速度。2006年，全国共有673个项目县启动了该建设工程，但是每个项目县只有5所学校的建设资金。[①] 可见，在建设资金之外，地方政府仍有强大的学校撤并动力，借助撤点并校，地方政府可以聚集财政资源、树立形象工程等。

三、政策调整

“发展”农村义务教育不是彻底将其“消灭”。在学校布局调整的过程中，有些地区采取“一刀切”的方式，盲目撤并农村中小学，以致各种问题相继暴露出来，其中最主要的是很多地区产生了新的“上学难，上学远”问题。“其实，从2006年起，农村学校布局调整带来的系列问题已经引起了中央和教育部的重视，并先后发出通知、意见、工作要点等，对此进行有意识的政策纠偏。”[②]

2006年6月，教育部先后公布《教育部办公厅关于切实解决农村边远山区交通不便地区中小学生上学远问题有关事项的通知》和《教育部关于实事求是地做好农村中小学布局调整工作的通知》，试图对布局调整政策做出适当的完善。这两个文件指出，“各地教育行政部门要

① 胡荣．农村学校布局调整的政策过程［J］．生活教育，2013（1）：16-19.

② 胡荣．农村学校布局调整的政策过程［J］．生活教育，2013（1）：16-19.

进一步加强对农村边远山区、交通不便地区中小学校布局调整、寄宿制学校建设等方面的调查研究工作，慎重对待撤点并校，确保当地学生方便就学”，同时要对本地区的实际情况进行细致的统计与分析，“避免因决策的失误、工作简单化和‘一刀切’造成新的学生上学远问题的发生”，要求“各地教育行政部门在保证学生就近入学的前提下进行农村中小学布局调整，在交通不便的地区仍须保留必要的小学和教学点”，防止因过度调整造成“学生失学、辍学和上学难问题”。在实施布局调整方案之前，“对群众反映强烈的问题要认真做好解释工作，并及时修改、完善方案，不得简单从事，强行撤并”。同年，国家出台了新修订的《中华人民共和国义务教育法》以及一系列促进义务教育均衡发展的政策法规，进一步明确了各级政府的责任，要求其“合理配置教育资源，促进义务教育均衡发展”。

种种迹象表明，2006 年国家对农村中小学布局调整政策进行了反思，试图对其进行完善。尽管强大的撤并惯性依然促使农村中小学不断消失，但是，“一些地方政府对城乡教育一体化方针的执行出现偏差，出现以撤点并校拉动城镇化的功利追求，布局调整逐渐演化为‘学校进城’的目标，在城市化动机下，违背教育规律的学校高度集中，甚至以城市教育取代农村教育成为一种潮流”①。经过政策反思，“2007 年，就部分网友反映布局调整导致部分学生上学难的问题，教育部在回复中要求：今后农村中小学布局调整要按照实事求是、稳步推进、方便就学的原则实施，农村小学和教学点的调整，要在保证学生就近入学的前提下进行，在交通不便的地区仍须保留必要的小学和教学点，防止因过度调整造成学生失学、辍学和上学难问题。这被舆论解读为，国家在叫停‘强行撤并’”②。由此，虽然没有正式宣布，农村学校布局调整进入了事实上的政策中止阶段。

---

① 胡荣．农村学校布局调整的政策过程［J］．生活教育，2013（1）：16-19.

② 王宏旺，蒋哲，何薇，等．农村中小学“撤点并校”的八年之痛［EB/OL］．（2009-04-02）［2015-11-28］．http：//news. ifeng. com/society/5/200904/0402_ 2579_ 1088958_ 3. shtml.

四、政策中止

2008 年 10 月，十七届三中全会通过了《中共中央关于推进农村改革发展若干重大问题的决定》，提出“坚持以人为本，尊重农民意愿，着力解决农民最关心最直接最现实的利益问题”。针对布局调整过程中出现的一系列“强制撤并”现象，2009 年 5 月，国务院召开全国中小学校舍安全工程电视电话会议，国务委员、全国中小学校舍安全工程领导小组组长刘延东强调，要以规划为先导，特别是对农村“撤点并校”，要注意从实际出发，防止“一刀切”或“一哄而起”。要根据城镇化发展和人口流动变化的趋势，促进学校的合理布局和结构优化。涉及农村中小学布局调整的，要在深入调查研究和广泛听取群众意见的基础上进行。2010 年，教育部颁发《教育部关于贯彻落实科学发展观进一步推进义务教育均衡发展的意见》，要求地方各级教育行政部门在调整中小学布局时，“对条件尚不成熟的农村地区，要暂缓实施布局调整，自然环境不利的地区小学低年级原则上暂不撤并”。

2011 年，甘肃校车事件①使社会对于农村中小学布局调整政策的反思达到一个高潮，温家宝总理在国务院常务会议以及在各地调研教育状况时，多次对规范农村义务教育学校布局调整提出意见要求。2012 年 1 月，教育部发布《教育部 2012 年工作要点》，提出审慎推进义务教育学校布局调整，坚持办好必要的村小和教学点。2012 年 4 月，国务院签发了《校车安全管理条例》，有效降低了学生上下学的交通风险。2012 年 7 月 22 日，教育部发布《〈规范农村义务教育学校布局调

① 2011 年 11 月 16 日 9 时 15 分许，甘肃省庆阳市正宁县榆林子镇小博士幼儿园一辆号牌为甘 MA4975 的运送幼儿的校车（核载 9 人、实载 64 人），由西向东行驶至正宁县正（宁）周（家）公路榆林子镇下沟村一组砖厂门前路段时，与由东向西行驶的号牌为陕 D72231 的重型自卸货车发生正面相撞，造成 21 人死亡（其中幼儿 19 人）、43 人受伤。事故原因是甘 MA4975 小客车严重超员，在大雾天气下逆向超速行驶。该事故暴露出一些地区存在车辆违法严重超载以及有关部门在校车安全管理方面责任不落实、措施不到位、监管有漏洞等突出问题，也被指系农村学校布局调整造成农村儿童上学难所致。

整的意见（征求意见稿）〉公开征求意见的公告》，面向社会公开征求意见。2012 年 8 月，国务院下发《国务院关于深入推进义务教育均衡发展的意见》，指出要“总体规划，统筹城乡，因地制宜，分类指导，分步实施，切实缩小校际差距，加快缩小城乡差距，努力缩小区域差距，办好每一所学校，促进每一个学生健康成长”。同年 9 月，国务院出台了正式的《国务院办公厅关于规范农村义务教育学校布局调整的意见》，提出了农村义务教育学校布局的总体要求：“农村义务教育学校布局，要适应城镇化深入发展和社会主义新农村建设的新形势，统筹考虑城乡人口流动、学龄人口变化，以及当地农村地理环境及交通状况、教育条件保障能力、学生家庭经济负担等因素，充分考虑学生的年龄特点和成长规律，处理好提高教育质量和方便学生就近上学的关系，努力满足农村适龄儿童少年就近接受良好义务教育需求”，“县级人民政府必须严格履行撤并方案的制定、论证、公示、报批等程序”，“通过举行听证会等多种有效途径，广泛听取学生家长、学校师生、村民自治组织和乡镇人民政府的意见，保障群众充分参与并监督决策过程”。同时，也提出了“严格规范学校撤并程序和行为”的相关规定，如“学校撤并应先建后撤，保证平稳过渡”“撤并方案要逐级上报省级人民政府审批”“在完成农村义务教育学校布局专项规划备案之前，暂停农村义务教育学校撤并”以及“坚决制止盲目撤并农村义务教育学校”等要求。至此，自 2001 年始，持续了十余年的农村中小学布局调整政策，即“撤点并校”政策“暂时”落下帷幕。农村中小学布局调整相关政策文件见表 5.1。

表 5.1　农村中小学布局调整相关政策文件一览

时　间	颁布单位	文件名称	主要内容
1998-08-03	教育部	教育部关于印发《关于认真做好“两基”验收后巩固提高工作的若干意见》的通知（教基〔1998〕8 号）	遵循方便学生就近入学和充分利用教育资源，提高办学规模、效益原则，合理调整中小学校布局。

续　表

时　间	颁布单位	文件名称	主要内容
2001-03-24	国务院	国务院关于进一步做好农村税费改革试点工作的通知（国发〔2001〕5号）	要进一步优化农村教育资源配置，合理调整农村中小学校布局。根据实际情况适当撤并规模小的学校和教学点，提高农村办学效益。
2001-05-29	国务院	国务院关于基础教育改革与发展的决定（国发〔2001〕21号）	因地制宜调整农村义务教育学校布局。按照小学就近入学、初中相对集中、优化教育资源配置的原则，合理规划和调整学校布局。农村小学和教学点要在方便学生就近入学的前提下适当合并，在交通不便的地区仍需保留必要的教学点，防止因布局调整造成学生辍学。学校布局调整要与危房改造、规范学制、城镇化发展、移民搬迁等统筹规划。
2002-04-14	国务院办公厅	国务院办公厅关于完善农村义务教育管理体制的通知（国办发〔2002〕28号）	县级人民政府负责制定本地区农村义务教育发展规划，组织实施农村义务教育；从实际出发，因地制宜，逐步调整农村中小学布局。
2003-06-11	财政部	财政部关于印发《中小学布局调整专项资金管理办法》的通知（财教〔2003〕47号）	为促进和引导全国基础教育事业的改革和发展，推动、支持和鼓励中小学布局调整，加快中小学规范化、标准化建设，改善地方基础教育办学条件，提高办学质量和效益，中央财政设立“中小学布局调整专项资金”。 布局调整专项资金的补助范围是地方各级政府教育部门主办的普通中学（包括初级中学、高级中学和完全中学）和小学，重点支持农村地区中小学。布局调整专项资金主要用于支持标准化、具有示范效应的中小学校的改扩建和教学用图书、仪器设备的购置。

续 表

时 间	颁布单位	文件名称	主要内容
2003-09-17	国务院	国务院关于进一步加强农村教育工作的决定（国发〔2003〕19号）	继续推进中小学布局结构调整，努力改善办学条件，重点加强农村初中和边远山区、少数民族地区寄宿制学校建设，改善学校卫生设施和学生食宿条件，提高实验仪器设备和图书的装备水平。
2004-02-12	教育部、财政部	教育部财政部关于进一步加强农村地区“两基”巩固提高工作的意见（教基〔2004〕4号）	各地要遵循“小学就近入学，初中相对集中”的原则，稳步推进农村学校布局结构调整工作，提高办学规模和效益。要根据当地实际，重点加强农村寄宿制初中建设，有条件的地方可以建设九年一贯制的农村寄宿制义务教育学校。为避免因就学路程较远造成小学生失学、辍学，对于地处偏僻的教学点应予以保留。中央财政将视各地中小学布局调整工作的开展情况，给予适当的奖励和支持。
2004-02-16	国务院办公厅	国务院办公厅关于转发教育部等部门《国家西部地区“两基”攻坚计划（2004—2007年）》的通知（国办发〔2004〕20号）	新建、改扩建一批以农村初中为主的寄宿制学校，保障“两基”攻坚县扩大义务教育规模的需要，安排好西部地区新增130万初中生和20万小学生的学习和生活条件；加大对西部地区现有学校的改造力度，使确需寄宿的山区、牧区、高原和边远地区学生能进入具备基本办学条件的寄宿制学校学习。
2005-05-25	教育部	教育部关于进一步推进义务教育均衡发展的若干意见（教基〔2005〕9号）	要适应各地加快推进城镇化建设、调整乡村建制和人口变动等新的形势，合理配置好公共教育资源，在新建、扩建和改建学校时，适当调整和撤销一批生源不足、办学条件差、教育质量低的薄弱学校，并解决好人口集中的乡镇、县城及周边学校的大班额问题。

续　表

时　间	颁布单位	文件名称	主要内容
2006-06-07	教育部	教育部办公厅关于切实解决农村边远山区交通不便地区中小学生上学远问题有关事项的通知	各地教育行政部门要进一步加强对农村边远山区、交通不便地区中小学校布局调整、寄宿制学校建设等方面的调查研究工作，慎重对待撤点并校，确保当地学生方便就学。各地要对本行政区域内农村边远山区、交通不便地区的教育发展状况、人口变动情况和人民群众的承受能力进行全面、细致、深入地调研，对中小学校的布局、学生的分布情况、道路交通、学生的需求、群众关注的问题等要做到心中有数。
2006-06-09	教育部	教育部关于实事求是地做好农村中小学布局调整工作的通知（教基〔2006〕10号）	各地教育行政部门要会同当地发展改革、建设、财政等部门，将农村中小学布局调整纳入当地教育发展规划，充分论证、统筹安排，稳妥实施。农村小学和教学点的调整要在保证学生就近入学的前提下进行，在交通不便的地区仍须保留必要的小学和教学点，防止因过度调整造成学生失学、辍学和上学难问题，并积极运用现代远程教育手段，满足教育教学的需求。县级教育行政部门要合理确定小学生的就学路程，并做出明确规定；对确因布局调整造成学生入学难、群众反映强烈，而寄宿制学校建设不能满足需求的，要采取切实措施予以解决。正处于初中适龄人口高峰期的地方，要本着“先建设、后撤并”的原则，实施初中布局调整，避免出现由于布局调整造成学校班额过大、教育教学资源和条件全面紧张的问题；条件不具备的地方可暂不调整。要严格防止以布局调整为名减少教育投入。

续 表

时　间	颁布单位	文件名称	主要内容
2010-01-04	教育部	教育部关于贯彻落实科学发展观进一步推进义务教育均衡发展的意见(教基一〔2010〕1号)	地方各级教育行政部门在调整中小学布局时，要统筹考虑城乡经济社会发展状况、未来人口变动状况和人民群众的现实需要，坚持实事求是，科学规划，既要保证教育质量，又要方便低龄学生入学，避免盲目调整和简单化操作。对条件尚不成熟的农村地区，要暂缓实施布局调整，自然环境不利的地区小学低年级原则上暂不撤并。对必须保留的小学和教学点，要加强师资配备，并充分利用现代远程教育手段传送优质教育资源，保证教育教学质量。对已经完成布局调整的学校，要改善办学条件特别是寄宿条件，保障学生的学习生活。要进一步规范学校布局调整的程序，撤并学校必须充分听取人民群众意见，避免因布局调整引发新的矛盾。
2012-09-05	国务院	国务院关于深入推进义务教育均衡发展的意见（国发〔2012〕48号)	总体规划，统筹城乡，因地制宜，分类指导，分步实施，切实缩小校际差距，加快缩小城乡差距，努力缩小区域差距，办好每一所学校，促进每一个学生健康成长。
2012-09-06	国务院办公厅	国务院办公厅关于规范农村义务教育学校布局调整的意见(国办发〔2012〕48号)	农村义务教育学校布局的总体要求：农村义务教育学校布局，要适应城镇化深入发展和社会主义新农村建设的新形势，统筹考虑城乡人口流动、学龄人口变化，以及当地农村地理环境及交通状况、教育条件保障能力、学生家庭经济负担等因素，充分考虑学生的年龄特点和成长规律，处理好提高教育质量和方便学生就近上学的关系，努力满足农村适龄儿童少年就近接受良好义务教育需求。 严格规范学校撤并程序和行为：规范农村义务教育学校撤并程序。确因生源减少需要撤并学校的，县级人民政府必须

续　表

时　间	颁布单位	文件名称	主要内容
2012-09-06	国务院办公厅	国务院办公厅关于规范农村义务教育学校布局调整的意见（国办发〔2012〕48号）	严格履行撤并方案的制定、论证、公示、报批等程序。要统筹考虑学生上下学交通安全、寄宿生学习生活设施等条件保障，并通过举行听证会等多种有效途径，广泛听取学生家长、学校师生、村民自治组织和乡镇人民政府的意见，保障群众充分参与并监督决策过程。学校撤并应先建后撤，保证平稳过渡。撤并方案要逐级上报省级人民政府审批。在完成农村义务教育学校布局专项规划备案之前，暂停农村义务教育学校撤并。 坚决制止盲目撤并农村义务教育学校。多数学生家长反对或听证会多数代表反对，学校撤并后学生上学交通安全得不到保障，并入学校住宿和就餐条件不能满足需要，以及撤并后将造成学校超大规模或“大班额”问题突出的，均不得强行撤并现有学校或教学点。已经撤并的学校或教学点，确有必要的由当地人民政府进行规划、按程序予以恢复。

第二节　政策影响

新世纪以来，这场大规模的学校布局调整给农村基础教育带来了深远的影响。一项公共政策的导向作用的发挥万分重要，因为它能为各种客观与主观因素所促发的行为提供合法依据，而这种合法性又会激发种种自发行为。农村中小学布局调整就属于这种公共政策，它使各地自发的学校布局调整具备了合法性，由此所带来的正面与负面影响都是巨大的。据统计，2000 年到 2010 年，我国“农村小学减少 22.94 万所，减少了 52.1%”，“教学点减少 11.1 万个，减少了 6 成”，

“农村初中减少 1.06 万所，减幅超过 1/4”，也就是说，“平均每一天，就要消失 63 所小学、30 个教学点、3 所初中，几乎每过 1 小时，就要消失 4 所农村学校”。①

一、积极影响

从 1986 年《中华人民共和国义务教育法》颁布实施，到 2001 年政府正式宣布完成“两基”的战略任务，我国基本形成了“村村办小学，乡乡办初中”的布局形态，但客观上存在教育资源分散、配置不合理、无法形成规模效益的现象，一定程度上导致了农村中小学教育质量的低下。这也是城乡教育差距形成的一个重要原因。自 2001 年开始的这场农村中小学布局调整改革，虽然存在种种问题，但是不能否认其取得了一系列积极的成效。一方面，它提高了教育城镇化与农村城镇化水平；另一方面，它促进了教育资源的优化配置，实现了集中办学的规模效益，推动了区域教育的均衡发展。

（一）提高了教育城镇化与农村城镇化水平

我国农村的快速城镇化是促进教育城镇化的重要因素，教育城镇化反过来又会加快农村城镇化水平的提高。农村城镇化是国家现代化的重要趋势和标志。2011 年末，我国城镇人口占总人口的比重达到了 51.3%，首次超过了农村人口。这标志着我国从此进入以城市社会为主的新发展阶段。国际发展经验表明，这一阶段的城镇化一般会呈现城市区域不断向郊区扩展和城镇群大量涌现的特征。我国人口规模巨大，只靠几个城市圈和少数经济发达地区不可能全面完成人口的城镇化，所以在城镇化上，我国与发达国家还有很大的差距。但差距就是潜力，是我国未来几十年社会与经济发展的希望所在。农村城镇化是

---

① 齐国艳．21 世纪教育研究院发布《农村教育布局调整十年评价报告》［N］．社会科学报，2012-12-11（3）．

一个复杂的工程，必须有效地引导相关产业进行合理的布局调整，以促使农村人口向城镇转移。暂且搁置教育是否是“产业”的争论，不可否认它是极其重要的社会资源，所以教育城镇化无疑是农村城镇化的一个重要方面。

农村中小学布局调整对教育城镇化与农村城镇化产生了积极影响。“人口迁徙的目的是为了改善生活条件，由此，流入地的那些使移民改善生活条件的因素就成为拉力，而流出地的那些不利的社会经济条件就成为推力。人口迁徙的发生就是因为流出地的推力和流入地的拉力两种强力造成的。”① 一直以来，“民工流”和“学生流”都是促进农村人口城镇化迁移的两股重要力量。撇去“民工流”所带动的子女随迁不说，无论是“学生流”导致的父母陪读甚至举家搬迁，还是主动追求优质教育资源所导致的教育移民，都是教育城镇化带动农村城镇化的重要表现。新世纪以来的农村中小学布局调整无疑会促进教育资源的城镇化集聚，而教育资源的城镇化集聚，无疑会在客观上“推拉”农民的城镇化，虽然这个过程伴随着许多有待解决的困难与问题。

（二）促进了教育资源的优化配置

实现教育资源的合理配置本来就是农村中小学布局调整的重要目标。资源的优化配置旨在原来资源总量的基础上，实现学校硬件和软件质量的提升。教育资源的硬件主要指学校的基础设施，软件主要指师资队伍。在学校基础设施建设上，通过农村中小学布局调整，大部分农村地区新布点的学校在硬件设施上都有所提高。通过撤并一大批薄弱的“麻雀学校”，地方会节省一大批教育资金，可以直接用来改善新布点学校的办学条件，更新教学设备。“与 2001 年相比，2010 年全国农村小学生均教学及辅助用房面积从 2.8 平方米提高到 3.5 平方米，体育场馆面积和教学自然实验仪器达标学校分别从 46.8%、45.5%提

① 胡俊生．农村教育城镇化：动因、目标及策略探讨［J］．教育研究，2010（2）：89-94.

高到 54.6%、50.4%。”[①] 在这个过程中，“撤并学校的动产向布点的中心学校集中，中心学校增加部分投入完善了教学实验设备和文体设施；布局调整与危房改造相结合，节约了大量的修缮费用。同时，布局调整精简了部分教师，节省了财政支出，这样使有限的财政支出得以集中，教师的工资能够及时发放”[②]。许多地方在学校布局调整之后，利用集中的教育资源，打造了一大批设施先进的中小学。例如，河南省济源市在世纪之初刚刚开始农村学校布局调整时就成效显著。2001 年济源市在原来的基础上撤销了 56 个教学点，合并到位小学 57 所，超额完成了年度计划，布局调整到位后，济源市的学校发生了明显变化，首先便是办学条件改善了，据统计，2001 年小学布局调整中，全市新建校舍 4.2 万平方米，投资 2600 万元；新增图书 14 万册，新增实验仪器和体音美器材 1.6 万件，价值 800 余万元；新装备多媒体教室 36 个，投资 280 万元。[③]

教师是教育资源中最为宝贵的财富。但是在农村中小学布局调整前，很多农村学校，尤其是教学点规模过小，“部分学校只能开语数两门课程，其他的课则由语数老师兼任，有些甚至是包班上课，缺少专职的英、音、体、美和计算机老师，师资呈现严重的结构性短缺，教育质量难以保证。布局调整后精简了部分不合格的教师，提高了教师队伍的整体素质。通过教师队伍的优化组合，各门学科基本上都有了专职教师”[④]。一项针对中西部 6 省区的调查印证了这个观点。调查对象之一的云南省楚雄州禄丰县，在“九五”期间先后撤并了 4 所中学和 95 个小学校点（平均每年撤并 20 个），减少教学班 114 个。学校的撤并使教学点数量减少，被撤并学校的教师向中心学校集中，被撤并

---

① 刘利民．城镇化背景下的农村义务教育［J］．求是，2012（23）：12-14.

② 郭清扬．我国农村中小学布局调整的具体成效：基于中西部 6 省区的实证研究［J］．教育与经济，2007（2）：45-49.

③ 周宝荣，高军红，赵旭东，等．向规模办学迈进：济源市农村小学布局调整工作写真［J］．河南教育：基教版，2002（7）：12-14.

④ 范先佐．农村学校布局调整与教育的均衡发展［J］．教育发展研究，2008（7）：55-60.

学校的学生接受专任教师授课的情况得到极大改善，从根本上改变了布局结构调整前很多教学点一名教师带一个或几个班全部课程的状况。而且，由于代课教师减少，布局调整后教师的学历等整体素质得到较大提升。2006 年禄丰县小学教师具有中专以上学历的达 99.86%，其中本科学历的占 62.72%；初中教师具有大专以上学历的达 99.35%，其中本科学历的占 36.01%；高中教师具有本科以上学历的达 75.95%。①

（三）形成了集中办学的规模效益

农村学校布局调整不仅可以促进教育资源的优化配置，而且有利于形成集中办学的规模效益。撤并部分规模较小、教学条件相对落后的村小和教学点，使农村学校的校均规模扩大，从而重新整合了教育资源。在教育资源一定的情况下，学校数量减少，意味着每所学校可以支配利用的教育资源增加、教育资源利用效率相应提高，形成了农村中小学集中办学的规模效益。例如，广西壮族自治区桂林市龙胜各族自治县因境内有苗、瑶、侗、壮等多个少数民族聚居而得名，该县素有“九山半水半分田”之称，学校规模普遍较小。三门镇中心小学本来是一所服务范围只有 2 个村的小学，2003 年该校合并了附近村的一所学校，服务范围扩大为 5 个村。学校合并以后，中心学校对这两所学校原有的师资和可支配的教育经费进行了合理的安排，从整体上提高了学校的教学质量。合并以后的学校开设了二胡、篮球、书法等免费特长班。只有学校达到一定的规模，才能更加充分地集中和利用各种教育资源。由此可见，通过几年的调整，农村中小学布局比以往更加合理。②

① 郭清扬．我国农村中小学布局调整的具体成效：基于中西部 6 省区的实证研究［J］．教育与经济，2007（2）：45-49.

② 郭清扬．我国农村中小学布局调整的具体成效：基于中西部 6 省区的实证研究［J］．教育与经济，2007（2）：45-49.

（四）促进了区域教育均衡发展

2001年，我国政府正式宣布完成“两基”任务，此后，“义务教育均衡发展”便成为我国基础教育发展的新目标。义务教育均衡指的是义务教育在教育机构、教育群体、教育区域之间，公平地配置教育资源，以达到教育需求与教育供给的相对均衡。在农村中小学布局调整之后，一些基础设施较好、教学质量较高的农村中心校，由于投入加大、资源集中，其办学条件在当地农村学校就处于一流水平，其基础设施、师资、教学仪器设备、管理水平等与城镇学校的差距也在不断缩小。在这种情况下，农村学龄儿童可就近接受高质量、高水平的教育，从长远来看，这对缩小区域内、城乡之间的教育差距，对推进区域内、城乡间的教育均衡起到了积极作用。例如，广西柳州市鹿寨县通过农村中小学布局调整，许多乡村中心小学新建了教学楼、学生公寓楼、学生食堂等，微机室、仪器室及自然实验室等一应俱全。各村教学点的设备全部集中到乡中心校，学校图书及各种配套教学仪器设备均达到国家二级配备标准。此外，学校还配备了彩电、背投及电脑等教学设施，每个教室都装上了多媒体教学设备。鹿寨县集中财力，集中办学，使学校教育设施不断完善，缩小了城乡教育硬件的差距，为孩子们创造了良好的学习条件，让农村孩子读上书、上好学，使城乡学子站在了同一起跑线上。①

二、消极影响

2012年，国务院出台《国务院办公厅关于规范农村义务教育学校布局调整的意见》，提出“坚决制止盲目撤并农村义务教育学校”，“在完成农村义务教育学校布局专项规划备案之前，暂停农村义务教育

---

① 李旭东，赖建辉．吹响城乡教育均衡发展“集结号”：鹿寨县整合资源集中办学纪实［N］．广西日报，2011-02-07（2）．

学校撤并”，“已经撤并的学校或教学点，确有必要的由当地人民政府进行规划、按程序予以恢复”。之所以这样规定，原因在于布局调整过程中，很多地区存在“一刀切”和“盲目撤并”的现象，给农村基础教育造成了许多消极影响。这些消极影响涉及的对象众多，对农村学生、学校以及家庭来说，伤害尤为巨大。

（一）对学生发展的影响

“对学生而言，主要是学校服务半径过大，农村中小学生遭遇‘上学难’。一般来讲，服务半径越大，服务人口相对越多，学校的办学规模就越大，办学效益就越高。但当前农村中小学学校服务半径普遍过大，给学生带来不便。”① 华中师范大学“中西部地区农村中小学合理布局结构研究”课题组 2008 年对中西部 6 省区农村中小学进行调研，收集针对各类人员的问卷共 109598 份，结果显示，74. 0%的行政人员、77. 5%的学校校长、70. 5%的学校中层干部、69. 8%的教师和 62. 1%的教辅人员认为，学生上学路程太远是当地农村中小学布局调整后存在的最主要问题。② 从另一份针对我国东中西 6 省代表学校的调查可知，在所调查的 700 位小学生中，有 412 位学生上学距离变远，平均变远了 9. 19 公里，总体学生平均变远了 4. 05 公里；在所调查的 911 位初中生中，有 424 位上学距离变远，平均变远了 10. 83 公里，总体学生平均变远了 4. 64 公里。③ 另外，北京师范大学庞丽娟教授披露的数据显示，苏北 3 县 15 个乡镇的 1200 名小学生中，每天往返路程超过 5 公里的约占 40%，超过 10 公里的有近 10%；贵州、宁夏、甘肃等地有近 1/3 的学生每天上学单程超过 3 公里，近 1/8 的学生上学单程在 5—10

---

① 褚卫中，张玉慧．农村义务教育“撤点并校”负面影响分析［J］．教学与管理，2012（7）：10-12.

② 范先佐，郭清扬．我国农村中小学布局调整的成效、问题及对策：基于中西部地区 6 省区的调查与分析［J］．教育研究，2009（1）：31-38.

③ 刘善槐．我国农村地区学校撤并的问题与对策研究：基于东中西六地的调查分析［J］．湖南师范大学教育科学学报，2011（5）：52-55.

公里。①

学生“上学远”本身就是一个问题，但因为“上学远”导致的问题更多，首当其冲的便是安全问题，而安全问题又涉及交通安全、饮食安全和住宿安全等。其中，以交通安全为例，因为增加了上学距离，所以交通工具的配备迫在眉睫。而近年来频频发生的校车事故中始终难以解决的悖论在于，即便是那些乘坐“劣质校车”、严重超员甚至非法运营校车的孩童，也要远比那些没有校车可坐甚至需要徒步跋涉、溜索的儿童幸运得多。上海申银万国证券研究所有限公司曾按美国校车案例测算，中国专用校车的需求空间为 80 万—100 万辆；按单个省的需求量推导，全国专用校车的需求量为 70 万辆左右，而现实情况是，中国在校中小学生约 2.33 亿人，保守按 1.5 亿中小学生计算，当前符合标准的专用校车仅为 1 万辆左右，学生千人保有量仅为 0.12 辆。② 残酷的现实导致了儿童上下学路上事故频发，迫使国家出台了《校车安全管理条例》。另外，远离家庭的寄宿生活也让学生缺乏来自父母的情感关怀，心理问题日益增多，具体表现为有些学生产生厌学情绪，早恋现象比较普遍，打架斗殴现象时有发生。

除了安全问题，辍学率增高也是上学远带来的问题之一。河北省教育厅巡视员、中国教育学会农村教育分会理事长韩清林透露，近 4 年来，全国小学辍学率大幅度回升，2008 年辍学生 63.3 万人，辍学率 5.99‰，到 2011 年辍学生已经达到 88.3 万人，辍学率 8.8‰，这与 1997 年、1998 年、1999 年的辍学水平大体相当。10 年间，辍学的主体已经由高年级迁移到小学一、二年级。2007 年、2008 年、2009 年、2010 年小学一年级到二年级辍学学生分别为 51.08 万人、55.86 万人、64.28 万人、51.81 万人，辍学率分别为 29.18‰、31.71‰、37.35‰、31.16‰，占年辍学学生的 60%—80%，为历史最高峰。经过十几年的努力，在全面普及九年义务教育的情况下，特别是在全面实现免费义

① 庞丽娟．农村中小学布局调整应因地制宜［N］．人民日报，2006-03-16（13）．

② 申银万国．国内校车需求存在大量缺口［N］．东方早报，2011-11-22（A26）．

务教育的新形势下，全国小学生辍学率却倒退到1999年以前的水平。[①] 农村学校布局调整的初衷是提高农村教育质量，让农村学生都"有学上""上好学"，如果导致大量学生辍学就违背初衷、得不偿失了。

（二）对学校发展的影响

21世纪教育研究院在《农村教育布局调整十年评价报告》中提出了"撤并系数"的概念，该报告指出"2001年至2011年，全国历年的撤并系数平均为5.63，也就是说，平均下来，每年小学减幅超过小学在校生减幅的5.63倍"。[②] 农村中小学布局调整的本意是通过合理的撤并，适应生源减少的趋势，提高中心学校的办学质量，但很多地方政府不顾实际情况，盲目撤并，使得有些农村小学和初中不仅没有因为合并而实现教育质量的提升，反而因为学校学生人数的急剧增加，出现各种问题，使得学校的教育质量难以保障，具体表现有三点。一是班额严重超标，教学条件未得到及时改善。通过撤并大批的村小和教学点，学生大量集中在一些城镇或中心学校，但城镇学校或中心学校的扩建或新建速度往往跟不上撤并的速度，导致学校班额严重超标，教学设备也因此显得捉襟见肘。许多被撤并学校的学生在超大班额下，得不到在小规模村小或教学点学习时老师的关注，学习成绩反而下降。二是教师工作任务繁重，自身素质无法得到提高。"撤点并校"后，班额的陡增不仅加重了教师的工作负担，同时也加大了教师的身心压力。三是大部分学校寄宿条件差，配套设施滞后，管理比较混乱。大部分农村学校的学生宿舍不附带卫生间和浴室，有的农村学校学生住的是大通铺，许多学校无力配备合格食堂。大多数学校专职管理人员偏少，由班主任和科任教师来兼职担任学生的住宿管理工作，他们缺乏必要

---

① 庄庆鸿，刘丹．十年"中国式撤点并校"，农村教育出路何在［N］．中国青年报，2013-01-04（3）．

② 李靖．"后撤点并校时代"，农村教育何去何从？［N］．燕赵都市报，2012-11-19（7）．

的培训和经验，学校的住宿管理比较混乱，存在一定的安全隐患。[①]

（三）对家庭的影响

目前，一些地方不合理的“撤点并校”与广大农民子女接受优质教育的愿望形成了鲜明的对比，使这些地区的农民家庭对农村中小学布局调整产生了怀疑、不满，导致当地干群关系紧张。具体影响有两方面。一是家庭教育成本增加，经济负担加重。因为不合理的“撤点并校”，离学校相对较近的农村家长只能让孩子搭车上学，离学校较远的学生不得不寄宿在学校，这都使原来就不宽裕的家庭经济情况更加拮据，尤其对农村多子女家庭来说，教育开支的骤增极大地增加了其经济负担。例如，根据2011年国家统计局黑龙江调查总队在方正、阿城、宁安、同江、爱辉等县（市、区）对农村中小学布局调整情况调查的结果表明，小学生在原所在地上学每人每年的费用为894元，学校布局调整后，集中到乡镇或县城上学，每年每名小学生仅伙食费一项就增加1111元，总费用达到2000多元。另外，有部分学校缺乏寄宿条件，学生每人每年在校外租房费用就增加772元。这对于一些收入较低的农民家庭来说，负担很重。[②] 二是“陪读”现象普遍存在。中小学生的安全意识和自我保护能力都相对欠缺，出于对孩子安全的考虑，很多父母不得不背井离乡，陪同孩子到中心学校所在地租房陪孩子读书，这种“陪读”现象在一些偏远山区比较突出。这样的家庭一般是父亲在外面打工，母亲在学校所在地陪孩子就读。这些都对农村家庭造成了极大的困扰。

---

① 褚卫中，张玉慧．农村义务教育“撤点并校”负面影响分析［J］．教学与管理，2012（7）：10-12.

② 崔多立．应重新评估农村“撤点并校”的实效：黑龙江省农村学校布局调整后的调查［J］．教育探索，2012（3）：56-87.

第三节 政策分析

我国农村中小学布局调整虽然在过程中出现了很多问题，并被暂时叫停，但是作为一项顺应农村城镇化大潮的公共政策，其出现自有历史合理性与必要性。值得注意的是，国务院在2012年《国务院办公厅关于规范农村义务教育学校布局调整的意见》中，只是要求在完成农村义务教育学校布局专项规划备案之前，“暂停”农村义务教育学校撤并，而不是“彻底”停止或者废除这一公共政策。这就需要我们对农村中小学布局调整政策进行理性分析，以便提出更好的政策建议，促使这项公共政策发挥正面的导向作用，服务于我国“新型城镇化”和“新农村建设”的大局。

对农村中小学布局调整政策应怎样认识？政策的价值取向是什么？动因是什么？利弊怎么来权衡？这些都是政策分析需要涉及的问题。只有对农村中小学布局调整政策有了正确的认识，明确了政策的价值取向，了解了布局调整的动因，才能更好地提出政策建议，从而使农村中小学布局调整顺利推进。

一、政策制定的动因

我国农村中小学布局调整的动因众多。从宏观上讲，动因包括教育管理体制变革、教育由普及向提高转型、农村城镇化水平不断提高，以及农村生源总量快速减少等因素。[①] 首先，“以县为主”的义务教育管理体制以及农村税费改革导致地方财政压力陡增，农村中小学布局调整无疑可以集中教育资源、减轻地方财政负担。其次，教育由普及

① 邬志辉，史宁中. 农村学校布局调整的十年走势与政策议题 [J]. 教育研究，2011 (7)：22-30.

向提高转型。随着“两基”任务的完成，农村学生的教育需要由“有学上”向“上好学”转变，这为布局调整提供了政策基础。再次，城镇化水平的不断提高所造成的人口集聚，以及农村生源总量减少引发的教育资源浪费也是农村中小学布局调整的重要动因。另外，新世纪以来，义务教育均衡化与教育城乡一体化成为新的奋斗目标，农村学校布局调整既是二者发展需要的结果，也是二者实现的前提条件。从微观上讲，农村中小学布局调整可以优化教育资源，形成农村办学的规模效益，方便教育管理，提高教学质量。当然，也可以把农村中小学布局调整的动因分为主观动因和客观动因两种。主观动因包括追求办学的规模效益，提高教学质量，促进教育均衡发展，以及减轻财政压力等；而客观原因则包括教育管理体制改革，城镇化水平提高，农村生源数量减少，随迁子女增多等。

无论是宏观维度与微观维度，还是主观原因与客观原因，政策的制定与实施都应该围绕一个目标，即“提高农村中小学教育质量，实现城乡义务教育均衡发展”。如果脱离这个最终目标，那么农村中小学布局调整的合法性就会受到质疑，被叫停也就在情理之中了。这提醒我们在制定和执行公共教育政策的时候，只有实事求是，围绕合理的目标，才能经得起时间与实践的检验，才能“办人民满意的教育，办学生满意的教育”。说到底，公共教育政策是为人民服务的，更是为学生服务的，这也是政策的合法性所在。

二、对政策的认识

首先，通过研究国际经验和国内现实状况可以发现，学校布局调整是一个不可逆转的趋势。从宏观层面的社会发展来看，中国农村中小学布局分散，教育资源配置极不合理，与农村人口的快速城镇化以及适龄入学儿童数量的减少十分不匹配，农村学校布局调整的趋势还将保持一段时间。农村学校布局调整过程中出现了许多问题，比如农村学生新的上学难、上学远、上学安全问题等，我们应该正视这些问题，想办法加以解决。但是这些问题都是发展中的问题，不能因为这些问题就否定发展本身。从微观层面的学校发展来看，如果不进行学校布局调整，许多分散的村小会因为教育资源稀缺、招生困难而逐渐凋敝。目前虽然农村中小学布局调整因为种种问题，迫于舆论压力被叫停，社会舆论甚至还有许多“全面恢复撤并学校”的呼声，但这是不理性的，也是不可取的。应该认识到，农村中小学布局调整是社会发展的客观需要，在反思调整之后仍需推进，而不是畏缩不前，坐视包括教育在内的城乡差距不断拉大。

其次，农村中小学布局调整不仅仅是“撤点并校”。虽然社会舆论往往因为各地大规模的撤并学校，把农村中小学布局调整称作“撤点并校”，但是它的内涵要比“撤点并校”丰富得多。农村中小学布局调整，不是简单地撤并学校和改变上学地点，不是学校空间格局的简单变化，因为仅是简单的空间变化对农村学校教育发展是没有什么意义的。伴随着空间变化，农村中小学布局调整必须促进教育资源的更加合理的分配。布局调整的过程中，之所以在许多地区出现这样那样的问题，就是因为思维简单，采取“一刀切”的政策，盲目“撤点并校”，使得空间的变化没有带来教育资源的优化配置，反而大大降低了教育质量。所以，农村中小学布局调整的目的不是“撤点并校”，甚至在必要的地区要加盖新校，目的是提高教育质量。

再次，“要把农村学校布局调整过程看成是一个兼顾认知、利益和传统惯习情感等因素和维度的过程”①。农村中小学布局调整是一个资源配置的过程，也是一个利益博弈的过程，它涉及政府与家长之间、家长与学校之间、学校与学生之间等多主体间的博弈，博弈的结果无非是在个人利益与公共利益之间、效率与公平之间形成均衡，在提高农村整体教育质量的同时，维护好不同主体的合理利益，促进教育公平。同时，农村中小学布局调整也涉及传统惯习和情感。学校撤并后，

---

① 秦玉友．农村学校布局调整的认识、底线与思路［N］．东北师大学报（哲学社会科学版），2010（5）：150-155.

乡村文化与习俗的传承可能会受到极大的冲击，调整的过程要适当考虑这些因素，做好宣传、解释与抚慰工作，这样才能使农村中小学布局调整顺利进行。

三、政策的价值取向

“以人为本”的价值取向是农村中小学布局调整所应遵循的基本原则和首要价值取向。但是“以人为本”是指以“政府人员”“学校人员”为本还是以“学生”为本？这是一个不得不细究的问题。2006 年《教育部关于实事求是地做好农村中小学布局调整工作的通知》中明确指出，“要坚持以人为本，以学生为本，以方便和满足学生和家长的需求为出发点，合理规划，统筹安排学校的布局和建设”①。同时，以学生为本，就是以学生的生命、健康、安全和教育需要为本。在布局调整的过程中，一切威胁学生的生命、健康、安全和教育需要的行为都应该得到矫正。例如，因为上学远引发的交通安全问题，因为寄宿引发的学生饮食和心理问题，因为撤并学校引发的隐性的学生辍学问题等都会直接或间接地威胁到学生的生命、健康、安全和教育需要，所以必须加以重视。农村中小学布局调整客观上虽然是政府、学校、学生以及家长等多主体之间的利益博弈，但是目标应该是面向学生的，尤其是学生教育需要的利益最大化。

“教育中心”的价值取向。农村中小学布局调整的过程中经常出现“城市取向”与“乡村取向”的价值取向之争。“城市取向”者认为城镇化是未来发展的大趋势，农村教育城镇化自然是农村城镇化的一个必要组成部分，甚至会成为农村城镇化的一个重要助推力，所以提倡“小学进乡镇，初中进县城”，甚至“消灭农村教育”的运动，认为规模越大越好，速度越快越好。但是，在政策推行的过程中，他们往往忽略了一些偏远地区教育的特殊性，轻视微型学校或小规模学校，以

---

① 徐国英．农村中小学撤点并校政策价值分析［J］．教育理论与实践，2012（31）：21-24.

及复式教学的作用。盲目“撤点并校”导致学生“上学难、上学远、上学贵”现象时有发生。“乡村取向”者认为农村中小学布局调整是为了“发展”农村教育，而不是“消灭”农村教育，所以重要的是国家加大投入，保留并发展乡村学校，并以乡村学校为中心和纽带保存乡土文化，培养具有乡土情感的乡村少年，而不是一味地使农村教育城镇化，毁灭乡村文化。这两种取向都把重点放在“城市模式”还是“乡土模式”上，忽略了学生真正的“教育需要”，无论是“城市模式”还是“乡土模式”，都应该为教育需要服务，真正应该树立的是“教育中心”的价值取向。所以，“撤并学校”和“恢复撤并学校”都应该是为学生的教育需要服务的。

“公平”与“效率”相均衡的价值取向。“公平与效率问题是一个经典的公共政策目标的权衡问题。农村中小学布局调整尽管不是解决教育公平与效率问题的唯一途径，但公平与效率是政府在政策选择上的主要依据或追求目标。因此，如何正确处理公平与效率的关系，是农村中小学布局调整过程中必须高度注意和慎重处理的问题。”① 农村中小学布局调整是一个“教育资源”优化配置的过程，所以涉及“效率问题”，但是教育不仅仅是一个“效率问题”，同时也是一个“公平问题”。大规模、快速度地撤点并校，也许提高了教育资源的利用效率，但是在这个过程中，许多特殊地区因为新的“上学难、上学远、上学贵”导致了明显的教育不公平现象，甚至有的地区教育质量比调整之前有所下降。所以在注重教育资源利用效率提升的同时，要特别注意过程中出现的种种问题，从而保持农村中小学布局调整“效率”与“公平”价值取向的相对均衡。

新世纪以来的农村中小学布局调整取得了一系列明显的成效，也存在众多难以解决的问题。前文已经梳理过这项公共教育政策所带来的积极与消极影响，这里毋庸赘言。但是，伴随这些影响出现的是社

---

① 范先佐．农村中小学布局调整过程中的公平与效率问题［M］//袁振国．中国教育政策评论 2008．北京：教育科学出版社，2008：393．

会舆论对于此政策的“毁誉参半”，甚至“无情谩骂”。上至国务院总理、教育部部长，下至地方官员都在承受着巨大的民意压力，尤其是在特大校车事故频繁发生的2011年。2012年的政策叫停也与舆论压力密切相关。但是如果我们理性分析一下农村中小学布局调整的利弊得失，就会发现农村学校布局调整仍然有存在的合理性与必要性。

第四节　农村中小学布局结构优化

农村中小学布局调整过程中出现的种种问题虽然应该得到正视和解决，但是不能成为彻底否定布局调整政策的充分条件，应该否定的是对于政策本身的错误认识，以及价值取向和动因的偏差。2012年《国务院办公厅关于规范农村义务教育学校布局调整的意见》出台，暂时中止了农村中小学布局调整政策，责成各地完成自己的专项规划方案，但是该文件还隐含了一个信息，那就是国务院并不认为布局调整本身是一个错误的政策，并且会继续推进农村中小学布局调整，前提是制定完整方案，并且督导各地严格执行。也只有这样，才能在解决之前出现的种种问题的同时缓解舆论压力。有鉴于此，提出合理的政策建议和解决问题的方案，从而为推进还未完成的农村中小学布局调整提供理论支撑就显得尤为必要。

一、统筹考虑相关因素，科学制定布局标准

《国务院办公厅关于规范农村义务教育学校布局调整的意见》要求“在完成农村义务教育学校布局专项规划备案之前，暂停农村义务教育学校撤并”。该文件一是叫停了各地盲目、一刀切式的“撤点并校”；二是责成各地反思调整自己的学校布局措施与方案，切实解决过程中出现的种种问题；三是缓解了巨大的社会舆论压力，顺应民情、民意。当然，最重要的还是督促各地，因地制宜，合理确定县域内教学点、

村小、中心小学、初中的布局标准，并在布局标准的基础上确定寄宿制学校和非寄宿学校的比例，保障学校布局与村镇建设和学龄人口居住分布相适应，明确学校布局调整的保障措施。但在制定学校布局标准的过程中，要统筹考虑相关因素，比如入学距离、覆盖人口、生源数量、文化多样性等。

农村中小学布局调整要考虑两个问题：一是便于学生入学，二是有利于提高教育资源利用效率。但现实中，这二者似乎存在着矛盾：从学生入学方便的角度考虑，学校越分散越好；从提高效率来看，学校应具有一定的规模，过小的学校应当被撤并。[①] 怎样解决这对矛盾就涉及学校布局标准的问题。首先是学生上学的距离。儿童上学距离可以用三种方法衡量：一是物理距离（physical distance），即实际的空间距离，用公里来衡量；二是文化距离（cultural distance），即当儿童不得不离开自己的社区到另一个把他们当作外人并对他们不友好的社区上学，从而导致辍学的距离；三是时间距离（time distance），即由于诸如山地、河流、森林等自然条件的阻碍而延长的上学途中的时间。[②] 其次是学校覆盖的服务人口数量。事实上，有许多国家和地区在制定农村中小学布局标准的时候，考虑的是学校覆盖的服务人口数量，有些地方也会出现由偏远地区人口稀疏而造成的学生上学远问题。再次是学校生源人数。例如，美国亚利桑那州就制定了“学校生存能力标准”，该标准规定，从学前教育阶段到小学六年级，每个年级的人数达到20人时方可认定该学校有生存能力，若全校人数少于140人，则被视为无生存能力，学校将成为关闭或合并的目标。学区布局调整大都以学区能否提供完整的基础教育来确定学区是否被纳入合并计划。[③] 最后是文化多样性。“撤点并校”不仅涉及乡土文化与城市文化的冲突，

① 范先佐，郭清扬．我国农村中小学布局调整的成效、问题及对策：基于中西部地区6省区的调查与分析［J］．教育研究，2009（1）：31-38.

② Lehman D. Bringing the school to the children：shortening the path to EFA［R/OL］.［2015-11-12］. http：//siteresources. worldbank. org/EDUCATION/Resources/Education-Notes/EdNotesRuralAccessInitiative. pdf.

③ 李新翠．国外农村学校布局调整提示我们什么［N］．中国教育报，2012-01-17（3）.

而且涉及草原文化与农耕文化、少数民族文化与汉族文化之间的冲突，怎样在文化多样性保护和科学布局调整之间进行沟通协调，也是接下来的工作中我们要勇于面对的问题。

二、严格规范撤并程序，积极获取民意支持

“撤并程序”问题是专项规划方案中很重要的一点，也是引发社会舆论压力的“元凶”。2010 年 10 月发布的《国务院关于加强法治政府建设的意见》明确指出，要把公众参与、专家咨询论证、风险评估、合法性审查和集体讨论决定作为重大决策的必经程序。对于社区居民来说，学校撤并是一个事关社区居民利益的重大决策，社区有没有学校不仅决定着社区的居住适宜性，还代表着社区的社会福利水平。①

从程序公正标准看，受到农村中小学布局调整影响的主体要实质性参与，这些主体包括政府、学校、学生以及家长等。同时，学校布局调整过程要理性化，要科学制定布局标准，不能“拍脑门”、盲目撤点并校。要建立决策实施的纠错机制，即使公共决策的制定经过了有关各方的同意，但是仍然不能保证政策实施过程中不会出现种种问题。建立动态的决策纠错机制，会获得更多的民意支持，对于继续推进农村中小学布局调整有百利而无一害。

我国可以借鉴新西兰的经验，组建专业“评估委员会”，采取“网络评估”模式，民主参与、及时反馈、反复协商，依据农村学校特点，制定多样化的学校评价标准。由教育部代表、学校董事会成员、校长及政府专门任命的调解员组成的“网络”能在全面分析和民主参与的基础上制订改革计划。② 鉴于此，我国在进行某一农村地区中小学布局调整之前，应该由教育部主导组建一支由教育部专家、学校校长、家

① 邬志辉，史宁中．农村学校布局调整的十年走势与政策议题［J］．教育研究，2011（7）：22-30.

② 王建梁，陈瑶．21 世纪新西兰农村学校布局调整的反思及启示［J］．外国教育研究，2011（6）：73-78.

长以及学校代表组成的“专业评估委员会”，定期举行多方参与的学校布局调整听证会，广泛征集布局调整各利益相关者的意见和建议，尽量做到民主参与、全面考虑、合理规划。只有这样才能获取广泛的民意支持，促进我国未来的农村中小学布局调整工作。

三、适度控制办学规模，新建校舍分流生源

农村中小学布局过于分散，无法集中教育资源、形成办学的规模效益，这是新世纪以来农村中小学布局调整的一个重要原因。从国际经验来看，通过“撤点并校”形成办学的规模效益，一直以来就是中小学布局结构调整的“重头戏”。况且我国农村中小学布局调整工作并没有完成，所以笔者相信，大趋势是农村中小学的数量还会继续减少，直至达到教育资源优化配置的目的为止。但是，学校规模也并不是越大越好，事实上，美国飞翼研究所提供的大量实证研究数据①也没有支持“学校规模大，学生学业成绩就高”“学校规模大，教育支出就少”的假设。虽然这一观点有些偏激，但至少说明，学校规模要控制在一定限度之内，否则不但形不成规模效益，而且会产生一系列负面效应，如巨型学校的出现，以及由此带来的班额陡增、管理压力增大等问题。

因此，一定要适度控制合并学校的办学规模，规模的大小要以教育资源的优化配置、教育质量的提高为标准。对于布局调整过程中已经形成的“大规模”或“超大规模”学校，地方政府要提供便利条件，新建校舍分流生源，切实解决这些大型学校所引发的一系列问题。学校布局调整的本意不只是“撤点并校”，而是重新调整原有学校不合理的布局现状，撤并覆盖范围过于重叠的学校，加盖人口覆盖盲区的新学校，以此达到优化教育资源、提高教育质量的目的。在布局调整

① The Wing Institute. Does school size effect student performance?［R/OL］.（2010-11-10）［2015-09-28］. http：//www. winginstitute. org/Graphs/Systems/Does-School-Size-Effect-Student-Performance/.

过程中，部分地区一味撤并学校，却不加盖新校，自然造成巨型学校林立、辍学率居高不下的怪现象。当然，在加盖新校舍、分流生源的过程中，要科学规划、合理布局，保证新建学校覆盖人群的科学性，切实起到教育资源优化的作用。

四、慎重恢复撤并学校，着手微型学校或小规模学校研究

2012年《国务院办公厅关于规范农村义务教育学校布局调整的意见》出台，社会舆论普遍认为，我国农村中小学布局调整进入了“后布局调整时代”。但理性分析一下政策文本以及社会发展态势会发现，农村中小学布局调整的任务远未完成，而所谓“后布局调整时代”之说言之过早。所以，虽然《国务院办公厅关于规范农村义务教育学校布局调整的意见》认为撤并学校确有必要的可以恢复，但是一定要慎重对待“恢复问题”。因为它涉及“究竟什么样的学校需要恢复”“恢复撤并学校，原有的矛盾如何解决”“恢复撤并学校，如何避免出现‘官满为患’的现象”三大问题。[①] 如果不能解决这三大问题，学校布局调整所做出的努力将付之东流，学校布局调整也会从“盲目撤并”走向“盲目恢复”的极端。不是所有的撤并学校都要予以恢复，只有那些经过深入调查、科学论证、广征民意后认为确有必要，并且恢复后更有利于所在区域教育的学校才能恢复。同时，务必要优化地方师资配置，避免学校恢复后随之而来的“官满为患”、浪费教育资源的现象。当然在这三个问题中，最重要的还是如何解决被恢复的微型学校或小规模学校在撤并之前所存在的种种问题。

解决上述问题的途径是积极着手微型学校或小规模学校研究。在特殊地区，比如偏远山区，微型学校或小规模学校自有其存在的价值和必要性。它们不仅可以解决农村地区，特别是农村偏远地区学生上

---

① 姜伯静．恢复撤并学校当科学谨慎［N］．西安晚报，2012-08-06（18）．

学远、上学难的问题，为偏远地区儿童提供更便利的入学机会，而且可以防止因上学远、上学难问题而导致的辍学现象，进而避免新的教育不公平现象的发生。这也是国家责成部分盲目撤并地区恢复部分村小和教学点的原因所在。英国20世纪70—80年代的大规模合并学校并没有完全消除微型学校或小规模学校。这种微型学校或小规模学校由于学生人数较少，一般采用垂直分组的方式组织教学，即将不同年龄、不同能力的儿童安排在同一个教室里接受教育，根据能力进行分组。学校一般采用小组活动和个人活动的教学方式，并实施一种相当灵活的时间表，这种教学方式使教师的时间得到了合理的利用。为适应学生数量少的特点，学校的校舍也做了相应的变化。教室在设计上越来越趋于开放型。① 这表明，发展农村教育不仅仅只有规模办学一种方式，还需要微型学校或小规模学校作为补充。所以，对待这些微型学校或小规模学校不是“盲目撤并”后“盲目恢复”那么简单，要针对微型学校或小规模学校的管理模式、教学模式、师资培训等展开研究，切实提高微型学校或小规模学校的教育质量。

五、共享农村教育资源，重点优化师资队伍

无论是布局调整后成规模的中心学校，还是被保留或被恢复的微型学校或小规模学校，都要认真探究布局范围内农村教育资源的共享模式，以期实现教育资源利用效益的最大化。我国大部分地区的农村中心学校具有“统筹管理服务区内其他学校的职能，教育资源也集中于中心学校，但其他学校却很难共享中心学校的教育资源。中心学校往往利用其管理、资源上的优势，在办学条件、教学质量等方面领先于其他学校……教育资源无法共享导致了巨大的校际差距，阻碍了农村教育的均衡发展”②。这就需要我们反思如何以中心学校为管理中心，建立教育设备和师资

① 石人炳．国外关于学校布局调整的研究及启示［J］．比较教育研究，2004（12）：35-39.

② 赵丹，吴宏超．发展中国家农村教育资源共享模式的设计与应用［J］．外国教育研究，2010（2）：82-86.

队伍的“储备库”，在布局范围内实现资源共享、师资流动，保证偏远村小和教学点的师资与硬件配备。这种模式的探索，对于教育资源的有效利用和区域范围内实现教育均衡有重大实践意义。

在农村教育资源中，教师队伍是最珍贵的资源，提高教师素质是巩固农村中小学布局调整成果的根本所在，因此，要重点优化农村中小学师资队伍。同时，要坚持在农村区域内共享优秀教师资源的基础上，采取“送过去”和“引进来”两种模式。所谓“送过去”指的是城乡区域内建立教师定期交流轮岗制度，“交流重点是由城市向农村、由强校向弱校、由超编校向缺编学校定期流动。在部分地区已经探索的基础上，可进一步探索建立一定数量的流动编制以保障教师流动任教；尽快建立城镇教师到农村任教服务期制度，并以此作为教师职务晋升和评优的重要条件”①。所谓“引进来”，指的是国家建立健全农村中小学教师激励保障制度，鼓励城镇教师到农村支教，鼓励他们当中的优秀者去最艰苦的地区工作；对支教教师给予必要的交通、食宿等补贴，“按《教师法》规定，在待遇上建立面向农村、边远和艰苦地区中小学教师优惠制度。可参照国家对农林、卫生等行业的优惠政策，设立农村、边远和艰苦地区中小学教师特殊津贴制度，以吸引和稳定教师在该地区任教”，要抓住“我国中小学教师供求关系正在发生变化和农村中小学布局调整的契机，加大农村中小学人事制度改革，优化、调整农村教师队伍结构”②。当然，无论是“送过去”，还是“引进来”，最终的目标都是要形成一支稳定的、高素质的农村中小学教师队伍。

六、完善校车安全保障，加强寄宿学校建设

农村中小学布局调整后，很多地方出现了学生“上学远”的现象，

---

① 范先佐，郭清扬．我国农村中小学布局调整的成效、问题及对策：基于中西部地区6省区的调查与分析［J］．教育研究，2009（1）：31-38.

② 范先佐，郭清扬．我国农村中小学布局调整的成效、问题及对策：基于中西部地区6省区的调查与分析［J］．教育研究，2009（1）：31-38.

“上学远”导致的“上学安全”问题也很快显现出来。尤其是在 2011 年发生的一系列特大校车事故后，国家与社会各界陷入了全面反思。2012 年 3 月，国务院颁布了《校车安全管理条例》，在很大程度上降低了农村学生上下学的风险。但是，2011 年全国有学生上下学接送车辆 28.5 万辆，其中符合国家标准的校车只有 2.9 万辆，占 10.2%。[①] 有了法律依据之后，解决问题的关键是实施。校车安全问题涉及的部门众多，要加强政府的统筹作用，切实督导《校车安全管理条例》的执行与落实。对于校车标准的问题，因为城市与农村，甚至农村之间存在很多地理差别，所以校车标准在统一化还是多元化上要征求各方意见，切实做到因地制宜。

要解决“上学远”问题，从而保证农村中小学布局调整顺利实施，除了不断完善校车保障系统之外，加强农村寄宿制学校建设也是一种好的选择。各地政府，尤其是中西部和偏远山区政府要因地制宜，在国家和省级资金的统筹资助和制度便利下，努力建设寄宿制学校。同时，要在做好基础设施建设的同时，探索寄宿制学校的管理机制，不能忽略寄宿学校学生和教师工作与生活的特殊情况。针对寄宿学校教师，要适当放宽教师编制，“根据中小学生（主要是小学低年级学生）年龄小、生活自理能力差的特点，应按一定比例（小学低年级最好按 1∶30 或 1∶40 的比例）给寄宿制学校配备专门的生活教师和适当数量的后勤人员，并对生活教师和其他相关后勤人员的素质提出相应要求”[②]。针对寄宿学校学生，要充分挖掘利用寄宿学校的独特优势，例如研究学习英国全寄宿学校的办学理念和机制，培养学生独立自主的能力。根据不同年龄阶段学生的心理特点，开展丰富多彩的活动，营造温馨和谐、团结向上的校园氛围，以尽量弥补寄宿学生远离家庭后的亲情缺失。

---

① 刘利民．城镇化背景下的农村义务教育［J］．求是，2012（23）：12-14.

② 范先佐，郭清扬．我国农村中小学布局调整的成效、问题及对策：基于中西部地区 6 省区的调查与分析［J］．教育研究，2009（1）：31-38.

第六章

师范生免费教育

中国师范教育的百年发展历经了从免费教育到收费教育、从封闭式办学到开放式办学的转变。进入新世纪以来，师范生免费教育的实施旨在引导各地建立鼓励优秀人才从教的机制。但是，在政策实施过程中，仍充满着种种矛盾，其原因既有政策设计的不足，又有时代变迁的挑战。逐步完善师范生免费教育制度，不仅涉及教师教育体系改革，更涉及中国基础教育的未来发展。[1]

---

① 本文部分内容以“免费师范生教育：回归抑或超越”为题，发表于《教育政策观察（第1辑）》（华东师范大学出版社2009年版），收入本书时已经作者修订。

2007年高等院校招生时节，重新获得免费身份的师范生群体吸引了全社会的目光。人们为重新“回归”的师范生免费教育政策而惊喜，也为新政策附加的若干条款而困惑。自实施以来，师范生免费教育政策经历着考验，六所部属师范大学通过教师教育模式的创新回应人们的疑问。师范生免费教育政策也在进一步拓展、修正和完善。作为我国高等教育改革、教师教育改革、高考招生制度改革的一个重要尝试，师范生免费教育政策值得我们认真关注。

第一节　历史与困境

中国师范教育的百年发展历经了从免费教育到收费教育、从封闭式办学到开放式办学的转变，师范教育政策的变迁与时代相关，与当时人们对教育发展趋势的判断和对师范教育的认识相关。变迁的过程充满了成功和失败、经验与困惑。不同时期的师范教育对当时的教育发展起着促进或阻碍的作用。考察今天的师范生免费教育政策，再一次要求我们对历史、对当代社会背景做一个客观公正的回顾与分析。

一、中国师范教育的历史变迁[①]

师范教育政策，通常包含着免费教育、从教义务、师范教育的独立性、教师岗位的国家分配与市场配置等方面的问题。通常，免费与否又与其他问题相关联。

（一）20世纪上半期的师范教育形态

中国的师范教育始于清朝末期。1897年建立的南洋公学师范院和

① 本部分内容主要参考：喻本伐．中国师范教育免费传统的历史考察［J］．湖北大学学报（哲学社会科学版），2007（3）：43-45.

1902年建立的京师大学堂师范馆，是我国最早的师范学校。1904 年 1 月推行的“癸卯学制”中制定的《奏定初级师范学堂章程》规定：“师范学生毋庸纳费”，但“许设私费生”。其中，享受了公费或补助的学生毕业后须承担从教义务 3—6 年。《奏定优级师范学堂章程》则规定：“公共科及分类科学生在学费用，均以官费支给。”至于从教义务，则“年限暂定为六年”。同时还明确规定：“毕业生有不尽教育职事之义务，或因事撤销教育凭照者，当酌令缴还在学时所给学费以示惩罚。”① 应该说，在中国师范教育制度刚刚建立之时，师范生享受免费教育并应从事教职的原则便已明确。

1912 年中华民国成立后，颁行了“壬子癸丑学制”，并陆续制定了《师范学校规程》《高等师范学校规程》和《女子高等师范学校规程》。这类法规对清末的教育制度未做根本性改革，沿袭了清末师范教育制度，师范生免费的传统得以传承。具体而言，中等师范学生分公费生、半费生和自费生三种，服务年限分别为 7 年、5 年和 3 年。高等师范学生分公费生、自费生两种，服务年限分别为 6 年和 3 年。中等师范学生和高等师范学生中均以公费生为主。毕业生不从教者，按规定须偿还培养费。

新文化运动兴起后，美国“进步主义教育”被引入中国，“仿美”成为此时期教育制度的主要特征。源自美国的“开放式师范教育”体制——不依托师范院校培养教师，而是通过综合大学或专门学院所附设的教育学院或教育系科对具有一定专业知识和技能的学生提供教育专业训练——使中国原有的“封闭式师范教育”体制受到很大冲击：原有的六所高等师范学校，除北京高等师范学校升格为北京师范大学外，其他五所高等师范学校纷纷改办或被编入综合性大学；原有中等师范学校，或与普通高中合并，由高中设师范科，或在中等教育阶段单独设三年制的师范学校。1904 年“癸卯学制”以来奠定的师范院校

---

① 魏峰，张乐天．师范教育免费政策的历史考察：1897—1949［J］．教育与经济，2007（4）：52-56.

的独立性丧失。

1927 年南京国民政府成立后，要求恢复师范教育独立地位的呼声不绝于耳。1932 年南京国民政府通过了《关于教育之决议案》，明确提出，“师范学校应脱离中学单独设立，现有之师范大学应力求整顿与改善，以别于普通大学”。该决议还明确表示，师范生公费制度应予以恢复。同年颁布的《师范学校法》和次年颁布的《师范学校规程》正式恢复了师范学校独立设置的建制，并规定“师范学校学生一律免收学费。各省市应斟酌情形免收学生膳费之全部或一部……师范毕业生服务年限，须照其修业年限加倍计算……对不尽毕业服务义务者，除追缴费用外，如已升学者，则须勒令退学”。师范教育又一次脱离普通教育而自成一体。1938 年，南京国民政府教育部颁布的《师范学院规范》规定师范教育实行独立设立和附属于大学之内的双轨并行体制。

这样一个“封闭—开放—封闭—开放”的师范教育制度变革过程，显示了不同的师范教育理念在不同的教育背景中的应时而变，也反映出师范教育的开放办学与独立办学的历史之争。

（二）新中国成立后师范教育的免费时代

这样的轮回在 1949 年中华人民共和国成立后又以另外的形式呈现。随着政治制度的巨变，教育制度也随之发生改变。1951 年《中央人民政府政务院关于改革学制的决定》使得新中国师范教育的方针和内容全面社会主义化。1952 年的院系调整是以专业化发展为战略的，原综合大学中的各专业学院纷纷分离出去重组新的专业院校，师范学院（或教育学院）也纷纷独立出来。当时所有的大学教育都具有免费性质，但师范教育在免学费、学杂费、住宿费等费用之外，还享受本科生每人每月 14 元、中师生每人每月 10 元的“人民助学金”。对于从教义务，当时的《师范学校暂行规定》要求：“师范学校毕业生，至少服务教育工作三年。”《关于高等师范学校的规定》同时确立了“高等师范学校毕业生，由人民政府教育部门分配工作”的原则。

此后，由于不断的政治运动和思想改造运动，新中国成立以来的师范教育并没有完成应有的使命，尤其是在“文化大革命”的 10 年间，师范教育的发展遭遇了停滞。

恢复高考后，教育事业进入了“调整、发展、突破、创新”的新阶段。1980 年第四次全国师范教育工作会议上，作为发展教育事业的战略措施，师范教育的地位、作用和任务得以明确，我国师范教育迎来了良好的发展机遇。作为我国高等教育系统中历史最悠久、发育最成熟的专业院校，师范院校为改革开放后的中国培养了大批基础教育一线教师，同时，师范教育体制改革也在逐步进行，师范教育体系由封闭逐步走向开放。1986 年 7 月，国务院转批了国家教育委员会、财政部《关于改革现行普通高等学校人民助学金制度的报告》，将“人民助学金制”改为奖学金制和贷款制，全部师范生均享受额度不等的“专业奖学金”，金额足以维系师范生在校的一般生活费用，因此，师范院校一向是众多寒门子弟的首选院校。

免费是和国家分配工作联系在一起的。“文化大革命”结束后，百废待兴，人才匮乏，作为社会公共基础性事业的教育更是面临着师资短缺、教学无人的困境。可以说，师范生的免费制度和助学金制度是当时能保证人才分配到“祖国最需要的地方”的重要手段。

（三）师范教育免费时代的终结和综合性大学的建设

随着经济体制改革的步步深入，教育体制也发生了一系列的深刻变革。首先，人才分配制度改变了，过去的定向分配开始变为人才和市场的双向选择。与此相对应的，收费制度也逐渐松动了。1993 年，《中国教育改革和发展纲要》提出非义务教育阶段学生培养收取一定比例的费用；1996 年 12 月，教育部颁发《高等学校收费管理暂行办法》，确立了“根据年生均教育培养成本的一定比例”收取学费的原则，但规定师范生依旧“免缴学费”（农林、师范、体育、航海、民族专业等享受国家专业奖学金的高校学生免缴学费）。1997 年大学扩招后，大多数师范院校开始征收部分学费。2000 年 6 月 5 日，教育部、国家计委和财政部联合下发《关于 2000 年高等学校招生收费工作的若干意见的通知》，指示对享受专业奖学金的大学生亦可收取学费。此后，师范生与非师范生开始并轨收费，师范教育的免费待遇最终被取消。师范院校普遍实行收费政策以后，市场竞争、调节机制被引入教师教育，师范生招生规模计划性减弱，毕业以后也不再包分配。

随着大学招生规模的扩张，中国高等学校兴起合并、扩张、升级之风，中专升大专、大专升本科、学院改大学，各个学校都在原有基础上增加学科点，设置新专业，追赶综合性大学之潮流。各级师范院校改旗易帜成为一种潮流：部属师范大学大多都瞄准“211 工程”和“985 工程”；省属师范大学大都瞄准“综合大学”；各地的“师专”也不甘落后，纷纷升格为“综合学院”；曾被社会各界公认为“全国各级各类学校中办得最好的学校”“全面实施素质教育典范”的中等师范学校，也不得不改弦更张……师范院校教学改革发生转向，各师范大学纷纷设置非师范类专业，特别是一些应用型专业，并将师范专业与非师范专业进行交叉互动、综合化的改革，将以非师范专业促进师范专业作为学校发展的重要手段。如：陕西师范大学共有 31 个本科专业，其中非师范专业 9 个，师范兼非师范专业 3 个，纯粹师范专业 19 个，前二者共占 38.7%；原西南师范大学共设 29 个本科专业，其中非师范专业 13 个，占 44.8%；东北师范大学 2000 级设置 39 个本科专业，其中非师范专业 19 个，占 48.7%；华东师范大学有 46 个本科专业，非师范专业 26 个，占 56.5%；北京师范大学本科设 40 个专业，非师范专业 18 个，占 45%。[①] 在这种情况下，师范专业在一些大学中逐渐演变成不被重点投入、重点建设的“非主流”专业，优质教师教育资源大量流失。

二、当代教育发展中的教师困境

师范教育被完全推向市场，在很长时期内被认为是理所当然的。

---

① 朱新梅．论我国部属师范大学的现状、问题及发展［J］．高等师范教育研究，2002（1）：1-9.

人们基于这样的假设：中国高等教育资源长期处于供不应求的卖方市场，师范教育是中国高等教育中历史悠久、办学成果斐然的一块，中国历来有着尊师重教的优良传统，教师职业具有工作稳定、收入平衡的优势……种种优势将确保师范教育的质量与地位。但是，社会发展之快超出人们的想象，经济高速发展、人们生活水准不断提高的同时，社会差距、职业差距也在迅速地拉大，不到几年，师范教育的变化以及由其引发的教师问题就成为教育事业发展的重要瓶颈，引起人们的高度关注。具体有以下几点表现。

（一）收费教育下的师范生生源质量下滑

虽然在今天，师范教育的收费标准仍是偏低的，在大学各专业平均学费标准达到5000元的情况下，师范院校的收费标准依旧普遍比同地区的其他大学专业的收费标准低1000元至2000元。但是，大学师范生免费教育传统的打破、师范院校学费优惠的锐减使得报考师范院校的优秀生源大幅减少，其中部属师范大学和省属师范大学虽然生源质量有所保障，但师范生毕业后从事教学工作的人数却并不可观。而占了80%的师范专业招生计划的地方普通师范院校生源质量严重滑坡，师范专科学校和中等师范学校更从以往的生源充足滑落至无人报考的境地。以山东省淄博市小学和幼儿教师培养、培训的唯一机构淄博师范高等专科学校为例，“并轨”前的1993年，该校招收五年一贯制“小教大专”新生60人，几乎囊括了淄博市中考前60名的学生；2000年，该校新生入学成绩最低分与淄博市普通中学相近，但高分段的学生已经很少；2003年，报考该校的新生基本上都是淄博市中考成绩较差的学生，但仍能完成招生计划；到了2006年，该校五年一贯制“小教大专”几乎招不到合适的学生了。2004年，该校升格，但招生批次为高考录取最后一个批次，高考成绩300分左右就能录取。①

---

① 秦克铸．“师范生免费教育”政策回归：新时期教师教育政策的重大调整［J］．当代教育科学，2007（8）：3-8.

（二）综合性大学建设中教师教育削弱

师范大学走综合性大学之路，对于学校的发展是利是弊尚需探索，但对于师范教育的削弱却是必然的。在多方利益的博弈下，学校大幅扩招，但师范生招生计划却在逐渐缩小，不到总招生计划的一半；学校大力开发新学科、新专业，但师范学科建设却止步不前，课程设置、进度安排上的特色被弱化；在热门专业满天飞、学生趋之若鹜的情况下，师范专业往往不是优秀学生的首选。

师范教育的削弱必然带来教师质量的下降。2006 年，山东省东营市教育局曾将 2000 年以后的高等师范学校毕业生与有 10 年以上教龄的教师进行比较，发现 2000 年以后的高等师范学校毕业生对教育的理解比较肤浅、简单，除普通话外基本功都较差，不喜欢研读且比较浮躁。他们建议师范院校要有明确的培养目标，要及时了解中小学教育的实际，要加大教育类课程所占的比重，特别要组织好教育实习。[①]

（三）教师资源不均衡状态下农村师资遇到困境

与收费教育相连的是开放的就业制度，师范院校毕业生可以不受限制、自由就业，原来“上学，国家财政包揽；毕业，行政强制分配”的师范教育模式无法再维持下去。很多师范生不愿从事教育工作，即使在一些旨在培养基层中学教师的省属普通本科师范院校，也有将近一半的毕业生宁愿留在大城市里找不到合适的工作，也不愿深入基层学校做老师。而集中了最优秀的师范生源的部属师范院校，毕业后从事教育工作的学生也越来越少，几乎没有多少人坚守教师岗位。

而对于进入教师岗位的师范生，日益加大的城市教育与农村教育、大城市教育与小城市教育、东部教育与中西部教育的差距，让他们不可避免地从农村走向城市、从贫困地区走向发达地区、从一般学校走

---

① 秦克铸．“师范生免费教育”政策回归：新时期教师教育政策的重大调整［J］．当代教育科学，2007（8）：3-8.

向重点学校，教师资源分布不均衡现象越来越严重。

这个问题有多严重？可以看看教育部师范司提供的数字：截至2005年，我国普通中小学共有专任教师1036.38万人，其中农村小学和初中的教师数量合计为510.23万人，占全国小学和初中专任教师的56.29%。①

这样一个庞大的农村教师队伍，长期以来没有足够的优秀师资力量补充。据记者在红安县的调查，当地平均每年有150名教师退休，麻城平均每年有500名教师退休，而近5年来，这两地的乡镇初小和教学点几乎没有引进一位大学生。② 因为缺少教师，实行新课程教学后，许多农村小学仍是一位老师教两三个科目，国家课程设定的信息技术、英语，甚至体育、音乐、美术等课程也难以开展，严重影响了学生的全面发展。也因为这些农村教师本身处在一个工作压力大、工作待遇低、工作环境恶劣的境况下，优秀教师资源流失严重。

在这样的师资困境中，农村教育不仅深陷应试教育的泥潭，而且许多教师连应试之道都难以应对，将活生生的教学带进一种无比乏味且无效的状态，教育失去应有的活力与希望，学生的创造力、生命力被扼杀。这种情况是当今中国教育的严重问题，在农村教育中又表现得更加突出。

近年来，中央政府和国家教育行政部门极为关注教育问题、教师问题，在政策上向弱势的农村教育和职业教育倾斜。以农村教师队伍建设为例，近年来，国家通过实施西部计划、支教计划等，鼓励和引导大学生面向西部和基层就业。农村教师资助行动计划、农村教师素质提高工程、农村中小学现代远程教育工程等相继启动，为农村中小学教师队伍建设注入了新的活力。但是，这些措施只是在一定程度上缓解了农村义务教育的师资困境。培养能理解农村教育、献身教育事

---

① 吕诺，王娅妮．教育部最新统计：我国教师总数逾1300万人［EB/OL］．(2006-09-10)［2015-03-13］．http：//edu. sina. com. cn/l/2006-09-10/1225135256. html.

② 廖君，王骏．保障基层师资还需制度创新［EB/OL］．(2007-03-12)［2015-04-10］．http：//nmcz. xhedu. sh. cn/cms/data/html/doc/2007-03/21/25775/.

业、专业优异的教育家型优秀教师和管理者，成为师范生免费教育政策的初衷。

第二节　时代的呼唤

2007 年重新提出的师范生免费教育政策，不是以往免费师范教育的简单回归，它是在新的历史时代背景下，结合当代中国教育的问题和困境，以及时代对当代教育家的诉求而提出的。因此，与历史上的师范生免费教育政策相比，2007 年开始的师范生免费教育改革有着更为丰富的内涵和更加深远的意义。

一、中国教育的教育家诉求

"有价值的教育必须由教育家来引领和推进"，"有价值的教育必定会孕育、催生出教育家"。[①] 中国教育正面临着改革开放后社会所赋予的机遇，越来越多的教育人重新认识到教育家的价值，教育家成长的土壤得以悄然培育。

随着全球化、信息化进程的加快，知识经济的到来，教育在当代社会中与经济发展、科技创新、社会进步、国家安全、个人发展和幸福的关系越来越密切。教育的外延大大扩展，教育的内涵越来越丰富，教育的目的发生了深刻的变化，教育的功能越来越强大。世界各国的有识之士都认识到，21 世纪综合国力的竞争，归根到底是人才的竞争，是教育的竞争。谁能在教育上领先一步，谁就能在未来的竞争中占据主动地位。我国当前正在建设创新型国家、构建社会主义和谐社会、实现民族振兴，教育越来越发挥着基础性、先导性、全局性的作用。正如温家宝同志曾指出的：有一流的教育，才能有一流的国家。

① 时晓玲．"浙派教育家共同体"思想从这里出发［N］．中国教育报，2008-02-26（5）．

教育是有其客观规律的，青少年也有其身心发展的特殊规律。如今，教育越来越复杂，转型之际的中国教育，面临着许多积重难返的老问题和前所未有的新课题，如素质教育、教育管理体制与机制创新、教育公平与教育均衡发展、优质教育、课程开发和建设以及教育评价多元化等，教育的专业性越来越凸显。这就需要让懂教育的人来办教育，不仅在形式和内容上，更要在认识和观念上，突破传统应试教育的桎梏，开创适应21世纪新教育的理论、技术和方法，从而实现现代教育的本质追求——让生命充满灵动与激情。

历史上，陶行知、蔡元培、晏阳初、梁漱溟等伟大的教育家们曾对中国教育产生过深远的影响。现时代，社会发生了巨大变迁。虽然现代社会的教育以公立教育为主体，政府在教育资源分配和教育制度建设中发挥着重要作用，但教育家个人的专业影响力仍不可或缺。随着经济的发展和社会分层的出现，我们看到民间有一股新生的教育力量正在崛起，他们以自成一派的教育思想坚定不移地进行着教育改革实践。他们当中有像钱理群、叶澜、朱永新这样从学院走向基础教育实践的学术精英，也有像于漪、魏书生、斯霞这样用一生的教育信念在各自教学岗位创造出非凡成就并成为教师楷模的一线教师，更有一批富有独立思想的办学者，在有限的办学条件下用自己的教育理想探索当代中国教育的发展道路，实践着他们的教育梦想。涓涓细流，必成江河。如今，人们对教育家的描画越来越清晰，一个新的教育家群体正涌入当代人的视野。

二、师范生免费教育政策的提出

师范生免费教育政策的提出，是中国政府的民生政策与教育家情结的具体体现。从政策酝酿到提出，前后有一年时间，在这个过程中，国家领导人多次与教育专家座谈，在多个场合发表言论，“要大张旗鼓地讲教育家，宣传教育家，中国得有成千上万杰出的教育家来办学”①。《教育部2007年工作要点》中明确提出，要“加强教师教育改革和发展，开展师范生免费教育的试点，引导各地建立鼓励优秀人才当教师的新机制”。而其正式进入政策程序，是在十届全国人大五次会议上。

（一）酝酿

2007年3月5日，国务院总理温家宝在十届全国人大五次会议上做政府工作报告时说，为了促进教育发展和教育公平，将采取重大举措：在教育部直属师范大学实行师范生免费教育，并建立相应的制度。教育部部长周济3月8日在新华网回答网友提问时表示，国家下决心采取这一优惠措施，主要目的是“让最优秀的人当老师，培养一批优秀教师”。② 教育部副部长吴启迪在接受记者采访时说，教育部直属师范大学师范生免费教育将从2007年开始实施，教育部正在制定相关配套措施并将举行发布会通报详细情况；六所教育部直属师范大学作为实行师范生免费教育的试点，将会带动地方师范院校的师范生免费教育进程。她表示，制定配套措施是要保证享受到该举措的学生在毕业后至少到西部农村工作三年。她希望将来这些学生中能出现教育家，更希望到基层工作三年的教师能最终选择继续任教，为中国的义务教育贡献一份力量。③

随后，六所部属师范大学参与了免费师范生培养方案的设计。当时媒体宣传的政策内容包括：入学后，学生可以自愿选择是否参加师范生免费教育；如果选择参加师范生免费教育，学生需要与学校签约，承诺毕业后到农村学校服务三年；报考非师范专业的学生，在入学后一年内也可以转为免费师范生等。

---

① 郑燕峰，原春琳．要让最好的学生当老师［EB/OL］．（2007-03-05）［2015-04-11］．http：//edu. people. com. cn/GB/5441508. html.

② 崔静，吕诺．周济：师范生免费教育意在让最优秀的人当老师［EB/OL］．（2007-03-09）［2015-04-11］．http：//news. xinhuanet. com/politics/2007-03/09/content_ 5820504. htm.

③ 杜燕．教育部：享受免费教育师范生至少到西部工作3年［EB/OL］．（2007-03-08）［2015-04-11］．http：//news. xinhuanet. com/edu/2007-03/08/content_ 5815446. htm.

（二）提出

2007年5月9日，国务院常务会议讨论并通过了《教育部直属师范大学师范生免费教育实施办法（试行）》。此文件明确六所部属师范大学实行师范生免费教育。免费师范生入学前与学校和生源地省级教育行政部门签订协议，承诺毕业后从事中小学教育工作十年以上。免费师范毕业生一般回生源所在省份中小学任教。相关的具体规定如下。

目的：

就是要进一步形成尊师重教的浓厚氛围，让教育成为全社会最受尊重的事业；就是要培养大批优秀的教师；就是要提倡教育家办学，鼓励更多的优秀青年终身做教育工作者。要通过部属师范大学的试点，积累经验，建立制度，为培养造就大批优秀教师和教育家奠定基础。

免费师范生的权利：

免费教育师范生在校学习期间免除学费，免缴住宿费，并补助生活费。

有志从教并符合条件的非师范专业优秀学生，在入学二年内，可在教育部和学校核定的计划内转入师范专业，并由学校按标准返还学费、住宿费，补发生活费补助。免费师范生可按照学校规定在师范专业范围内进行二次专业选择。

免费师范生的义务：

免费师范毕业生一般回生源所在省份中小学任教。免费师范生入学前与学校和生源所在地省级教育行政部门签订协议，承诺毕业后从事中小学教育十年以上。到城镇学校工作的免费师范毕业生，应先到农村义务教育学校任教服务两年。免费师范毕业生在协议规定服务期内，可在学校间流动或从事教育管理工作。免费师范毕业生未按协议从事中小学教育工作的，要按规定退还已享受的免费教育费用并缴纳违约金。

免费师范生毕业前及在协议规定服务期内，一般不得报考脱产研究生。免费师范毕业生经考核符合要求的，可录取为教育硕士专业学位研究生，在职学习专业课程。

大学的责任：

部属师范大学要抓住实行师范生免费教育的良好机遇，围绕培养造就优秀教师和教育家的目标，大力推进教师教育改革，特别要根据基础教育发展和课程改革的要求，精心制订教育培养方案。要安排名师给免费师范生授课，选派高水平教师担任教师教育课程教学，建立师范生培养导师制度。按照学为人师、行为世范的要求，加强师范生师德教育。强化实践教学环节，完善师范生在校期间到中小学实习半年的制度。要通过培养教育，使学生树立先进的教育理念，热爱教育事业，具有长期从教的职业理想，为将来成为优秀教师和教育专家打下牢固的根基。

政府的责任：

免费教育师范生在校学习期间……所需经费由中央财政安排。

对在实施师范生免费教育工作中做出积极贡献的部属师范大学给予政策倾斜，进一步加大对师范教育的支持力度。中央财政对接收免费师范毕业生的中西部地区给予一定的支持。教育部、财政部、人事部、中央编办应结合各地实际，细化实施办法，把师范生免费教育各环节各方面的工作抓紧抓实抓好。

有关省级政府要统筹规划，做好接收免费师范毕业生的各项工作，确保每一位到中小学校任教的免费师范毕业生有编有岗；省级教育行政部门负责组织用人学校与毕业生在需求岗位范围内进行双向选择，切实为每一位毕业生安排落实任教学校。各地应先用自然减员编制指标或采取先进后出的办法安排免费师范毕业生，必要时接收地省级政府可设立专项周转编制。各级政府要采取有力措施，对长期从事中小学教育的免费师范毕业生给予积极的鼓励和支持。地方政府和农村学校要为免费师范毕业生到农村任教服务提供必要的工作生活条件和周转住房。

2007年7月23日，温家宝总理在北京师范大学给总理的报告上做出重要批示，要求进一步组织专家论证和完善师范生免费教育改革方案；要求学校用最好的师资、教学条件来落实师范生免费教育政策；要求教育部、财政部等有关部门一定要高度重视，加强指导，大力支持，努力把这项改革搞好；要求在全社会真正形成尊师重教的浓厚氛围，让教育真正成为最受尊重的事业，鼓励更多的优秀青年终身做教育工作者。①

第三节 政策实施与初步结果

作为一项重大的教育政策，师范生免费教育政策实行以来，各个环节都在有条不紊的进行之中。各方利益相关者都在尽其所能，确保政策的有效实施。师范生免费教育政策初步取得了预期效果。

一、政策实施

新的历史时期下提出的师范生免费教育政策，不是过去免费生政策的简单实施，它在解决一部分学生学费问题的同时，对高等学校和免费师范生自身都提出了在市场经济社会中不是那么“理所当然”的政策要求。可以说，师范生免费教育政策执行的有效性，与三方协议签订有关，更与免费师范生的培养过程、免费师范生最终的去向落实相关。这一过程从一开始就面临着种种不确定性，政策实施中的每一步都显得无比小心。

① 教育部．部属师范大学师范生免费教育工作汇报［R］．2007.

（一）不确定的等待：有多少人会选择师范生免费教育

首次招生事关改革全局，社会各界广泛关注，按照中央领导提出的“自愿、择优、公开、改革”的要求，教育部和六所部属师范大学及省级教育部门认真组织实施免费师范生招生工作。从政策宣传到媒体报道，努力营造师范生免费教育的良好舆论氛围。同时，各师范大学及时细化实施办法，做出具体部署。

六所部属师范大学的领导高度重视，亲自带队，分赴招生省份，深入中小学校，积极开展招生宣传，鼓励和吸引优秀学生报考免费师范生。北京师范大学 7 位校领导先后带队到 17 个省份开展招生宣传。华东师范大学 6 位校领导带队深入西部 6 个省份进行调研宣传。东北师范大学 5 位校领导和 30 多个工作组深入东北地区所有县级中学进行宣传。华中师范大学 10 位校领导分别带队到省内外近 50 所重点中学进行宣传。陕西师范大学发表校长致考生的“一封充满深情的信”，多家网站对其进行转载。西南大学 6 位校领导和 50 多名优秀师范生组成宣讲团，深入三峡库区进行宣传。

六所部属师范大学还充分利用各种媒体，采取各种措施，广泛深入地开展招生宣传。各校普遍开发师范生免费教育网页，开通热线电话，举办专场招生咨询和校园开放日活动，建立优质生源基地学校，印发宣传材料，为广大考生和家长做好咨询服务。招生宣传力度之大、范围之广前所未有。

各省教育部门和招生机构大力支持，在较短时间内及时完成免费师范生提前批次录取、签订三方协议等各项工作。①

尽管各校做了最充分的准备，在 2007 年招考季节，各招生点教师对招生结果仍感到惴惴不安。从公开舆论到具体的招生咨询，人们表现出的最大顾虑是：有人愿意以四年免费换取十年教师生涯吗？很多师范大学的招生老师为可能存在的生源危机而深感不安。

---

① 教育部．部属师范大学师范生免费教育工作汇报［R］．2007.

（二）首次招生的三大意外

出乎各招生单位的意料，六所部属师范大学的免费师范生招生工作进展顺利，生源质量突出。以下是教育部《部属师范大学师范生免费教育工作汇报》的描述。

——招生计划顺利完成，向中西部倾斜得到落实。2007 年六所部属师范大学免费师范生提前批次录取 10933 人。北京师范大学和东北师范大学计划将在两年内从非师范专业优秀学生中选拔 900 人，加入师范生免费教育计划。六所部属师范大学共计招收免费师范生 11833 人，比 2006 年增招 1154 人。

免费师范生来源地区，中西部 20 个省份占到 90.8%。其中：西部占 58.0%，比 2006 年提高了 17.8 个百分点。中部占 32.8%，比 2006 年降低了 8.7 个百分点。东部 11 个省份占 9.2%，比 2006 年降低了 9.1 个百分点。实现了招生向中西部倾斜的要求。

——生源数量充足，考生报考踊跃。重点线上报考免费师范生人数大大超出计划招生数，六校均达到数倍以上，尤其对西部省份，报考考生更是高分者云聚，报录比较高省份如贵州是 44∶1，新疆是 15∶1，广西是 13∶1。

——生源质量良好，中西部地区更为明显。六所部属师范大学免费师范生在各地的提档线平均高出省重点线约 30 分，比 2006 年提高 6 分。提档线与重点线差值，理科生平均比 2006 年提高 10.2 分，文科生提高 1.6 分（北京师范大学、华东师范大学文科生提档线比 2006 年稍有下降）。六所部属师范大学免费师范生平均成绩高出省重点线约 41.7 分，比 2006 年提高 0.64 分，其中理科提高 3.9 分，文科减少 2.6 分。

——生源结构得到改善，农村优秀生源比例提高，男生比例增加。此次招收的免费师范生中农村户口生源占 60.2%，比 2006

年增加16.3个百分点。其中，华东师范大学和北京师范大学增加幅度明显，华东师范大学比2006年增加34个百分点，北京师范大学比2004—2006年平均数增加25.5个百分点。生源性别比也有变化，男生比例占38.7%，比2006年增加5个百分点。华东师范大学和陕西师范大学增幅较大，华东师范大学比2006年增加了26.1个百分点，首次实现了男生比例超过女生。陕西师范大学增加了7个百分点。生源结构的积极变化，有利于免费师范生毕业后回所在省份任教，有利于提高农村教育质量，推进义务教育均衡发展。

通过对几个学校具体招生数据的分析，可以更加明显地看到免费师范生的招生效果。这里仅以陕西师范大学为例，数据主要反映出2006年与2007年的以录取最低分表示的生源状况，以及2007年招生中免费师范生和非免费师范生的对比招生数和对比分数。

陕西师范大学是2007年免费师范生招生中最大的赢家。2007年，陕西师范大学在全国招收2600名免费师范生，生源质量与生源结构有了较大的改善。根据表6.1，2007年，陕西师范大学在各省招收的师范类专业文理科平均分别超重点线约14分和20分，而非师范类专业文理科超重点线5分和6分。对比2006年的数据，这种变化更加显著。2006年，在几乎所有的招录省份中，作为部属重点大学的陕西师范大学的录取分数线均在重点线以下。这所位于西部的教育部直属师范大学多年以来的师范教育地位在此次政策实施过程中得到进一步的确认。

在各师范院校和各地招考部门的合作下，2007年师范生免费教育政策在招生环节获得了成功，并且在后续的补充政策中，根据自觉、自愿、鼓励等原则，各师范院校进行了免费师范生和非免费师范生的部分调整。

表 6.1　陕西师范大学 2006 年和 2007 年新生录取情况比较（单位：分）①

省份		安徽	北京	福建	甘肃	广东	广西	贵州	海南	河北	河南	黑龙江	湖北	湖南	吉林	江苏	江西
2007	师范（文）	19	6	7	24	2	20	14	24	12	15	20	11	0	25	16	3
	师范（理）	18	2	4	29	0	27	28	63	14	21	13	11	0	29	16	19
	非师范（文）	1	3	0	7	0	1	1	6	12	0	1	0	0	25	1	3
	非师范（理）	2	2	0	1	1	10	7	0	14	0	0	0	0	29	1	19
2006	文	-1	0	—	-10	0	-1	-4	-42	0	-1	-1	-5	0	-24	0	-7
	理	0	-3	—	0	-3	0	-6	-46	-10	0	0	0	0	-32	0	-23
省份		辽宁	内蒙古	宁夏	青海	山东	山西	陕西	上海	四川	天津	西藏	新疆	云南	浙江	重庆	北京
2007	师范（文）	10	15	0	16	19	17	8	12	5	16	5	29	27	5	10	6
	师范（理）	18	11	19	56	19	21	27	5	17	14	9	50	28	0	20	2
	非师范（文）	0	18	0	—	4	10	0	0	0	0	14	21	1	0	10	3
	非师范（理）	1	12	0	—	0	6	1	9	10	4	—	14	6	0	20	2
2006	文	-18	-5	0	-17	-1	-12	-14	9	-11	-3	—	-37	-7	0	-9	0
	理	-12	-1	-7	-13	0	-14	-15	2	-19	-2	—	-21	0	-1	-17	-3

① 根据陕西师范大学招生网的统计数据整理，表中数据为超一本分数线情况。

招生前期，或因地处偏远信息不畅，或因忙于复习考试没有关注，或因不了解师范生免费教育政策，一些学生没有报考。针对这一情况，多数学校提供了后续政策，即在在校非免费师范生中再次进行选拔。如东北师范大学针对一年级新生在2007年秋季学期和2008年春季学期各组织了一次选拔，最后退还了239名学生已交的学费和住宿费。华中师范大学开学之后对145名有志从教并符合免费师范生条件的非师范专业学生，按照学校规定将其转入师范专业学习，享受师范生免费教育待遇。华东师范大学开学之后在2007级新生中展开了选拔部分学生转入免费师范专业学习的工作，在规定期限内，总共有近70名新生提交转专业申请，最终有50名学生如愿以偿。引人注目的是，在此次转专业申请的学生中，上海籍学生占到了七成。等到第一学年结束，华东师范大学将再一次为2007级非免费师范生提供转专业的机会，届时大一学年的成绩将成为主要的选拔依据。经过一年的观望和思索，校方认为能够再招到适合的“未来教育家”。[①]

后续的政策，以及将在二年级再度进行的免费师范生的调整，考验着师范生免费教育的意义，同时，也使这个政策成为一个开放性的政策，表现了政策的人性化特点。

（三）入学教育——为未来教师奠基

相对于招生工作，免费师范生的入学教育显得更加充满挑战。毫无疑问，首批免费师范生被赋予了深厚的社会期望和政治含义。大部分学生从农村来到城市，从不发达地区来到发达地区，从对师范生免费教育政策的朦胧认知到产生政策与自己责权相连的切身体悟，从个体的独立决策到免费生群体的朝夕相处，他们不可避免地产生了思想波动，这可能会影响到他们对政策和未来生活的认知。因此，各校的入学教育方案都旨在引导免费师范生初步形成稳定的职业信念与职业期望，增强其从事教师职业的光荣感、责任感和使命感，增强其服务

① 数据来自相关学校网站。

基础教育和农村教育的感情，激励他们为长期从教和终身从教努力学习。

各校的入学教育活动方式多种多样，内容丰富，形式新颖，特色鲜明，具体如下。

第一，组织校长论坛、开设名师讲座。各校利用本校的名师资源、校友资源，开展系列教师教育报告活动。一些教育名家、一线校长和优秀教师们就中国教育现状、基础教育课程改革、教师的责任和使命等主题为免费师范生们做了一场场睿智激情的报告。

第二，编发宣传刊物、观看教育电影。一批反映教师生活的优秀影视作品，如《冯志远》《美丽的大脚》《我的教师生涯》《一个都不能少》《山村女教师》《凤凰琴》等在各校免费师范生中放映。华东师范大学每月一期的内容丰富的孟宪承书院电子刊，西南大学的“未来教育家联盟”社团和《青春杏坛》刊物，真实反映了免费生们多姿多彩的学习生活，加强了免费师范生群体的凝聚力。

第三，展开职业生涯指导。职业生涯指导对大多数初次步出家门的大学生们来说非常重要，这些已有就业保障的免费师范生们，同样有着提升自我的空间和需求。东北师范大学分学校、学院、班级三个层次组织新生职业生涯指导，开展“体验式”职业生涯指导，帮助新生分享彼此的入学体验、发现和设定人生设计中的动力和目标、认识本学科就业前景及方向、明晰专业与职业的概念。①

第四，组织中小学实地学习考察。华东师范大学面向所有免费师范生的“素质拓展计划”中包括“走进中小学”活动；东北师范大学实施“每班一校”结对工程，组织每个免费师范生班与东北地区一所基层中小学结成对子。2007 年“十一”黄金周的 7 天假期，第一批学生就来到一所农村小学支教，他们看到了农村教育教学的实际情况，“200 多名孩子当中，绝大多数都很有天赋，男孩子喜欢踢球，女孩子

---

① 刘志．东北师范大学多维度开展免费师范生生涯指导［EB/OL］．（2007-09-19）［2014-09-28］．http：//info. nenu. edu. cn/newsdetail. php? id=8462.

喜欢画画和唱歌，但由于没有经历过启蒙课程，所以都被耽误了”。这样的教育现实使他们不无忧虑：“别看他们在玩耍时看上去无忧无虑，但他们中的大部分都在担心自己能否继续学习。”[①] 免费师范生们深深地感受到自己责任的重大。

通过一系列的入学教育活动，免费师范生了解和熟悉了我国基础教育特别是西部基础教育的现状，理解了新时期国家在教育部直属师范大学重新实施师范生免费教育的重大意义，明确了免费师范生的权利与义务，很大程度上消除了入学初期的不适应状况，逐步确立了新的学习目标，明确了大学生的行为准则，和刚入学相比，新生们已经发生了很大的变化，自主学习、创新学习、自我管理、自我约束的意识和能力都得到一定的提升。在华东师范大学孟宪承书院的电子刊上，很多学生表达了这样的感受：

> 来到这里以后，学校搞了很多活动，像参观孟宪承生平展，播放教育电影，还有参加优秀教师的专题讲座，渐渐地，我感觉到当老师需要肩负很多重任。你不仅要当一个老师，而且一定要当一个好老师，甚至当一个教育家，这样才能更好地发展我们中国。所以我觉得无论做什么样的工作，都需要认认真真地做，并不能因为你是免费师范生、以后做老师，就可以懈怠；并不能因为你以后有一个稳定的工作，就可以懈怠。
>
> 一个对“协议条款”心有“疙瘩”的女生说：
>
> 我看了电影《冯志远》及通过学校和学院各种各样的入学教育，心里的想法一步一步地转变。首先我冷静下来，从现实和客观的角度分析，当老师也是一个不错的职业。因为一方面在现在竞争日趋激烈的社会中，一个相对稳定的环境对我的发展是有好处的；但是另外一方面我也想到，我是来自重庆的，当地的教育我也深有感触，感觉有很多弊端，如果将来的我能够改变这些弊

---

① 窦仲．免费师范生下乡支教：大学生度过充实黄金周［EB/OL］．（2007-10-07）［2014-09-28］．http：//enews. xwh. cn/html/2007-10/07/content_ 61878. htm.

端、能够教育我们的下一代，能够为我们祖国更加强大做一点事情，也是有意义的，它带给我的快乐会超过我能得到的年薪。我就这样从心理上暗示自己，这就是我把心里的疙瘩慢慢解开的心路历程。

（四）培养方案：创新教师教育模式

国家出台师范生免费教育政策，同时从政策上、经费上支持和鼓励师范院校建设教师教育创新平台，成为师范教育创新的契机。各校根据免费师范生的定位，制定全新的培养方案。

1. 课程体系创新

学校根据师范生免费教育政策的培养目标，制定了面向基础教育改革发展的创新课程体系。不论是华东师范大学提出的“通识教育、专业教育和教师教育三大板块”的课程体系，华中师范大学提出的“主修专业课程+教师教育课程模块”的“3+1”模式，西南大学提出的“通识教育课程、学科基础课程、专业发展课程、教师教育课程、实践教学环节、自主创新学习”六类课程体系，陕西师范大学提出的“通识模块+学科基础模块+专业课程模块+教师教育模块+实践模块”的课程内容和体系建设，还是东北师范大学的“3+0.5+0.5+2”① 的“教育家培养工程”，都体现了教师教育中通识课程、专业课程、专业技能课程和教育实践课程授课方式的改进和授课份额的重布。其中特别引人注目的有，在教育专业课程中设置由多模块课程组成的教育研究与拓展类课程。这类课程以“案例学习”“任务驱动”“教育见习”构建的教育实践与技能类课程为基础，积极构建起“见习、研习和实习一体化”的实践教学体系。

此外，各校根据自身的生源特点和培养目标，在培养方案上各有

① “3”指的是本科前3年的基础学习阶段；前一个“0.5”指的是教育实习阶段，后一个“0.5”指的是反思性学习阶段；“2”指的是教育专业硕士的学习阶段，单位均是年。

侧重。北京师范大学明确提出，将选拔部分优秀学生到海外（境外）学习或见习，以拓展国际教育教学新视野。西南大学提出开展免费师范生的农业科技知识教育，提高免费师范生建设社会主义新农村的能力。华中师范大学则在学科群建设上，力图培养宽口径、厚基础、高素质、强能力的创新型师资，建设教师教育学科群，增强学科之间的交叉和融合。为此，华中师范大学着手开展教师教育与脑认知研究，构筑相关研究平台，确立将教育心理学与脑认知和可塑性研究、记忆与脑认知研究等问题作为重点研究领域，着重在大学生心理健康的认知神经机制、教师人格特征的建立与脑认知机制等方向开展研究，以科学理论指导教师教育的改革与发展。

2. 师资力量配备

在教学上，各校普遍建立了教育学专业教师、学科专业教师、中小学一线优秀教师及其他优秀教育工作者相结合的教师教育师资队伍。而在学生学习生活指导中，各校普遍采用了“双导师制”，在实行本科生导师制的同时，聘请国内知名的优秀中小学教师担任导师，指导免费师范生的学习、实践与研究。例如，陕西师范大学为每10—15名本科生选配一名导师；华东师范大学聘任50名基础教育领域特级教师担任兼职教授，聘任100名见习、实习基地骨干教师担任免费师范生兼职导师；东北师范大学的“三维辅导制”为每个班级配备一名学科专业教师、一名专职辅导员、一名课外辅导员，学生从生活到学业都有专业人员指导。

3. 教育教学创新

在具体的教育教学活动中，各师范大学突出教师教育特色，加强师范专业学科的实验教学中心和教育教学技能训练中心的建设，通过建设设计理念先进、仪器设备配置合理的专业实验室及体现教师教育特色的实验教学中心，培养师范生扎实的教学基本功、现代教育技术运用能力、教育研究能力和创新能力；通过师范生实践基地建设，为免费师范生实习、支教工作的开展提供良好的条件，加强教育资源的开发、整合与共享；通过建立教育资源共享平台，为免费师范生的培养和继续教育提供保障。华东师范大学配合“见习、研习和实习一体化”实践教学体系的建设，在整合“211工程”建设的“未来教师空间站”、微格教学中心和物理、化学、生物等专业的特色教学技能实验室的基础上，本着“理念领先、技术厚实、统筹规划、资源共享”的原则，组建教师教育教学技能实训中心，力争通过重点建设成为国家级实验教学示范中心。在与课程建设建立适当关联的同时，华东师范大学还在实训中心系统地为见习、研习和实习中的研究、实验和教学技能训练提供支持，促进学科的交融和发展，提升师范生的综合能力。陕西师范大学着力创建“教师职业技能训练中心”和“教师教育资源中心”。“教师职业技能训练中心”全面开展师范生综合能力培训，培养师范生的语言表达能力、文字表达能力、书写基本功、普通话基本功、演讲基本功、沟通和交流能力、课堂组织能力和班级管理能力、课件制作能力以及基础教育教学研究能力等。该中心还将建设一批微格教学实验室、教师专业发展实验室、学习共同体互动室，形成国内外教师教育合作交流网络。“教师教育资源中心”则立足于完善教师教育基础设施建设，建立教师教育资源研发、利用、服务的平台和基地，保证师范生培养质量，为今后实施“农村学校教育硕士师资培养计划”创造有利条件。该中心还将建设教师教育文献阅览室，丰富教师教育文献资料，特别加大基础教育改革文献资料、教育科学与教学研究文献资料的收藏与建设，尽可能为免费师范生的学习研究提供便利的条件。

长期以来，师范院校对教育学等核心学科本身的建设关注较多，而对于辅助学科、基础学科与核心学科的交叉融合重视不够。基于这种现状，华中师范大学尝试以“教师教育创新”为纽带，选择若干个具有鲜明特色的方向，以一个或若干个重点学科为核心，以学校相关的研究中心、实验室和工程中心以及待建的实验区为依托平台，集聚具有一定内涵联系的相关学科，共同组建“教师教育创新特色学科群体”，以提高教师教育的教学水平、科研能力为目标，进行学术间的相互渗透，技术上的互补增强，集约现有的软硬件效能，通过科学合理的组合调整，提高学科的综合实力和竞争力，从而更好地服务于教师教育的发展。

4. 实习与支教

为强化免费师范生的教育教学实践，学校修改制定师范生教育教学实践条例，落实师范生在校期间的半年中小学实习制度，拓展建立一批教育教学实习实践基地，以满足免费师范生的实践教学需要，提高师范生的从教能力。北京师范大学正在北京及邻近省份建立地域相对集中、数量充足、条件完善的教育教学实践基地，并选择有代表性的中小学开展师范生实践基地建设。东北师范大学与东北三省教育厅分别签订协议，合作实施“优秀教师与教育家培养工程”，为免费师范生共建“教师教育创新东北实验区”。[①] 华中师范大学筹备“中部地区教师教育创新与服务综合改革实验区”，集实践教学、科研实验、咨询服务、信息平台于一体。华东师范大学在现有 122 个教育实习基地的基础上，选择确定一批条件适中、集中成片的中小学作为实习基地，特别在西部农村地区重点建设一批实习支教基地，设立“华东师范大学基础教育改革与教育实习开放基金”，与实习支教基地学校建立互惠互助的合作双赢的伙伴关系。此外，各师范院校都尝试将专题见习、课题研习和教育实习循序渐进地贯穿在免费师范生四年的专业学习中，为免费师范生营造一个优质的开展中小学教育教学实践的校内外教学环境。

5. 教师职业养成教育

经过了入学阶段的集中教育，如何将连续进行四年的教师职业养成教育以春风化雨、润物无声的方式渗透到这些预定了职业前途

---

① 邵方超，彭冰. 东三省建实验区培养免费师范生［N］. 中国青年报，2008-01-04.

的学生心中，如何让免费师范生们在四年的学习中愈来愈靠近培养目标，对于六所部属师范大学来说，是一个前所未有的德育挑战。东北师范大学在立足原有的职业生涯指导工作的基础上，依托“六段式”职业生涯指导工作体系，在以教育学生长期从教、终身从教为根本的一以贯之的德育主张下，将第一阶段与中学教育相衔接、第六阶段与社会发展相贯通，用中间四个阶段集中解决免费师范生的职业意识、职业价值观、职业理想和职业生涯规划等问题。即：第一阶段实施适应教育；第二阶段实施转换教育；第三阶段实施选择教育；第四阶段实施分流教育；第五阶段实施实践教育；第六阶段实施体验教育。各个阶段实施灵性与人性、智育与德育、做事与做人、知识与能力并重的“四维并重教育”，并在每个阶段对学生成长状况进行跟踪调查，确保新生职业生涯指导的质量和效率。华东师范大学成立由知名教育学家领衔的孟宪承书院，加强课堂内外各类教育活动的结合，探索四年一贯、循序渐进的免费师范生职业养成教育模式，增强免费师范生的使命感和社会责任感，实现师范生“综合素质、个人形象、专业情谊、事业追求”等职业素养的全面提升。可以说，六所部属师范大学的领导和广大教师为首届免费师范生的成长倾注了大量的心血。他们创造性地将免费师范生的培养与学校教师教育特色的建设结合在一起，使得师范生免费教育政策在执行的第一年就赢得了良好的社会声誉，为后续的政策执行提供了诸多宝贵经验。

二、初步成果

尽管现在还无法对师范生免费教育政策进行一个科学的评价，从政策执行的第一阶段来看，师范生免费教育政策直接或间接地促成了以下几个目标的实现。

(一) 教育公平的推进

师范生免费教育政策是国家关注教育的普惠性，积极促进教育公平，推动公共教育资源向农村地区、中西部地区、边疆地区和民族地区倾斜的现实体现。6 所部属师范大学 2007 年招收的 1 万余名免费师范生中，农村生源占 60.2%。按照国家对免费师范生“免学费、免住宿费，补助生活费”的政策，大学 4 年间，每个学生可得到约 4 万元的国家资助，中央财政为每届学生投入将近 5 个亿的经费。据此计算，资助首批免费师范生的 5 亿元中，有近 3 亿元投放在了农村。众所周知，部属师范大学是国家最优质的教育资源之一。正如东北师范大学副校长刘益春所言：“这意味着，中国广大农民开始更充分地分享国家改革发展的成果，分享高等教育改革的成果。”①

师范生免费教育政策体现了政府的宏观调控职能。在市场经济条件下，尤其是在我国各地区间经济和社会发展不平衡状况长期存在，教育发展不均衡、不公平的现象比较突出的情况下，如果把教师培养看作纯粹的市场行为，教师队伍的整体优化和全面提升将是一个缓慢的自发过程。国家通过公共财政干预机制来调控教师教育的发展，提高教师的地位和职业吸引力，有利于保障教育的公共产品属性，促进教育均衡发展和教育公平。

而对来自农村贫困家庭的优秀学生来说，学费导致的家庭背负债务的压力，使他们不得不把赚钱当成择业的首要目标。此次师范生免费教育政策将在很大程度上解决家庭贫困学生的后顾之忧，促使他们投身教育事业。陕西师范大学甘肃籍学生刘文国说：“我来自农村，爷爷和爸爸都是人民教师。2007 年，国家宣布免除教育部直属六所高等师范院校师范专业学生的学费和住宿费，并且补助生活费，这一政策的实施对于我们这些家庭条件不宽裕的学生来说无疑是雪中送炭，也

---

① 彭冰，邵方超．分享国家改革发展成果：农民家长喜送免费师范生入学［N］．中国青年报，2007-09-06.

坚定了我们投身教育事业的信念。”①

（二）坚定免费师范生的教育职业理想

从2007年免费师范生生源结构来看，报考师范生免费教育的学生主要有三类：特别有志于当教师的学生；特别贫困的学生；生活在城市、出生在教师之家的学生。可以看到，2007年的免费师范生队伍，确实是一支相对纯粹的未来教师人选队伍。

东北师范大学副校长刘益春曾说：“原来我们担心要不要降分，现在看来，免费师范教育确实吸引了一大批优秀的高中毕业生。”② 一位坚定地从新闻系转入师范专业中文系的上海籍学生说：“从小我把当老师作为梦想。老师这个职业对于我来说是一种很纯粹的心无旁骛的理想职业。我觉得能够站在讲台上，将我的知识挥洒下去，感觉非常好。”当终于通过入校后的重新申请进入中文系时，这位同学的感受是“内心很踏实”，因为“心中有个理想驱使我去做”。

（三）政策推广

《国务院办公厅转发教育部等部门关于教育部直属师范大学师范生免费教育实施办法（试行）的通知》中提到：“要通过部属师范大学的试点，积累经验，建立制度，为培养造就大批优秀教师和教育家奠定基础。”这一表态昭示了新时期师范教育的发展趋势：既然有所谓“试点”，该政策就有推广的可能性，就意味着部属师范大学现在实施的师范生免费教育政策是预备推广到更多师范院校的。

免费师范生政策在2008年得到了进一步的推广。2008年2月25日，在教育部的例行新闻发布会上，教育部师范司副司长宋永刚透露，

---

① 教育部．陕西师范大学关于开展免费师范生教育活动及其成效的情况汇报［R/OL］．［2011-10-12］．http：//www.moe.gov.cn/publicfiles/business/htmlfiles/moe/moe_1724/200710/27551.html.

② 彭冰，邵方超．在免费师范生中培养教育家［N/OL］．中国青年报，2007-09-12［2009-04-24］．http：//zqb.cyol.com/content/2007-09/12/content_ 1890611.htm.

教育部已经将支持有条件的地区实施师范生免费教育列入工作日程。全国大概有8个省区市和相关地区正在酝酿实施师范生免费教育的政策。[①] 上海师范大学2008年恢复招收免费师范生，名额在100名左右，成为师范生免费教育政策发布之后全国首个开始恢复师范生免费教育的地方性大学。[②] 甘肃省从2008年开始启动实施师范生免费教育试点工作，对2008年及以后从省属大学毕业、到乡镇中小学任教的师范类本科毕业生实行以奖代补政策，分期补助上学期间的学费和住宿费，以鼓励和吸引师范类本科毕业生到农村中小学任教。[③] 2008年，广东省推出大学毕业生到农村从教"上岗退费"政策，凡是到广东欠发达地区农村中小学任教的大学毕业生，均可享受"上岗退费"政策，按每人每年6000元的标准退还大学学费，服务期为5年，每年计划名额为1万名，其中专科生6000名，本科以上（含本科）学历毕业生4000名。[④] 福建省在福建师范大学等大学开展农村师资紧缺专业师范生免费教育试点，积极引导大学毕业生到农村学校任教，使农村学校逐步形成稳定、规范的师资补充渠道。[⑤]

第四节　过程中的矛盾

师范生免费教育政策是对原有教师培养模式的创新，难免会引起人们的广泛关注，人们在肯定、赞许、期待的同时，也有质疑、担忧，甚至是反对。那么，这一政策设计能否达到预期的政策目标？在政策

---

① 吴晶，崔静．全国8个省区市酝酿实施师范生免费教育［EB/OL］．（2008-02-25）［2014-09-28］．http：//news. xinhuanet. com. /newscenter/2008-02/25/content_ 7668859. htm.

② 董川峰．上海师范大学今年将首度恢复招收免费师范生［N］．新闻晨报，2008-02-29.

③ 牛喜林．甘肃推进师范生免费教育试点工作［N］．中国教育报，2008-01-19（1）．

④ 张景华，吴春燕．广东：毕业生农村从教可退学费，每人每年6000元［N］．光明日报，2008-04-13.

⑤ 龙超凡．福建将在农村紧缺专业开展师范生免费教育试点［N］．中国教育报，2008-03-23.

执行过程中还有哪些不稳定因素？会遇到哪些困难？会产生哪些矛盾？带着这些问题，我们从政策关系的角度出发进行分析，诊断问题，提出改进建议。

一、师范生免费教育政策关系解析

在师范生免费教育政策中，主要的政策利益相关者有中央政府、地方政府、免费师范生、六所部属师范大学四方。中央政府是政策的提出者，中央政府需确定政策目标、制定政策方案、确定规章制度、协调政策各方关系、为政策运行提供各种资源保障、监控评估政策效果。政策执行者是六所部属师范大学和生源所在地省级政府，六所部属师范大学接受政府相关资金与制度的支持，承担师范生的培养任务；生源所在地省级政府需要在本区域范围内做好免费师范生招生工作，并在免费师范生毕业后，负责其工作安排和人事管理。免费师范生是这个政策的目标群体，他们享受政府的“两免一补”待遇和优质的高等师范教育，同时需履行完成学业、毕业后返回生源地从教十年的义务。此外，非免费师范生、地方师范大学等也都会受到这一政策的间接影响，他们是该政策的间接利益相关者。

根据政策要求，免费师范生入学时需要签订一份以所在大学为甲方、自己为乙方、生源地省级政府为丙方的三方协议，以确定三方在政策中的权利与义务。[①] 根据这一合同，中央政府、地方政府、免费师范生、六所部属师范大学这四个主要政策利益相关者形成了如图 6.1 所示的法律关系。

---

① 教育部办公厅．教育部办公厅关于做好 2007 级免费教育师范生签订协议工作的通知［Z］．2007.

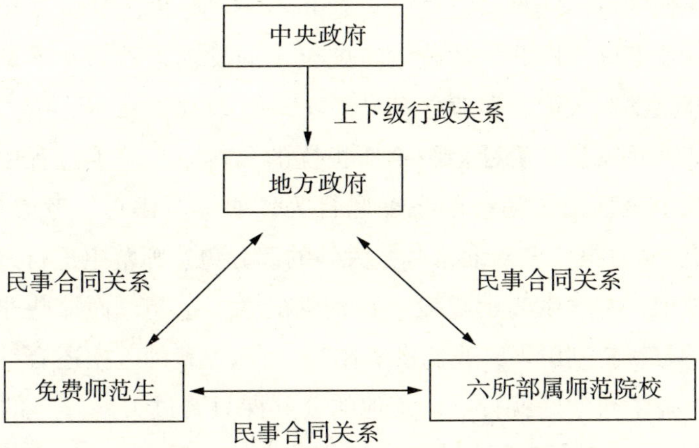

图 6.1 师范生免费教育政策中主要政策利益相关者的法律关系模式图

需要明确的是，图 6.1 所示的因师范生免费教育政策而产生的法律关系与各方之间原有的法律关系、法律地位并不矛盾，也不排斥：从大学作为法人的独立性上看，师范生免费教育政策为其带来的是民事上的委托培养关系，而非行政上的强制命令，因此从法律关系上看并未侵犯其招生、教学、管理等方面的自主权①；从大学与学生间的关系看，双方所签订的民事合同也并不妨碍二者在学籍管理、处分奖励及颁发学位证书等活动中所具有的内部行政法律关系的实现②。

二、协议要求与个人利益的冲突

师范生免费教育政策为那些热衷于教育事业、渴望成为优秀教师的学生提供了优厚的待遇。然而，虽然签订协议、选择成为免费师范

① 在我国，大学和政府存在着两种法律关系：行政法律关系和民事法律关系。从《中华人民共和国高等教育法》的法条规定看，国家是高等教育的举办者和管理者，国家与大学间存在行政法律关系，同时，法条也明确规定高等学校具有法人资格，在招生、教学、科研和社会服务等具体工作方面具有自主权。因此大学可以以独立的法人身份参与涉及人身和财产的民事活动，当大学和政府以平等的民事主体身份发生关系时，二者间是民事法律关系。

② 1999 年，“刘燕文诉北京大学”一案以案例形式确立了大学与学生间内部行政法律关系的存在。

生是学生们的自主选择，但这一选择并不一定等价于学生真实的职业偏好或就业偏好。因此，从政策实施至今的反馈来看，并不是所有的免费师范生都对政策非常满意。

正如在政策公布后社会舆论所担忧的那样，在培养过程中，一些免费师范生表现出了消极的态度和行为，如学习懈怠、考虑违约等。《民主与法制时报》曾对北京师范大学的部分免费师范生进行过访谈调查，调查中，有学生表示“没有特别强的学习欲望，而那些非免费师范生的学习就特别厉害，我们没法比”，有些免费师范生还有一种“把自己的专业学科学好就行了，其他的公共课只要过关就好”的心态。[①]《北京青年报》对北京师范大学免费师范生的一项调查显示，约 60% 的免费师范生都问过有关毁约后果的问题。虽然这并不代表一定会有这么高比例的学生有违约打算，但至少说明，不少免费师范生对今后的去向还是心存顾虑的。

（一）政策导向与个人职业选择

能上怎样的大学、读怎样的专业，甚至能否上得了大学，不仅是一个分数的问题，还是一个关于选择能力的问题。在我国，一名大学生的年均开销往往在万元以上。而根据财政部公布的数据，2007 年我国农民人均年收入仅 4140 元[②]，而且在不少老少边穷地区，农民收入还远不能达到这个平均数值。对于家庭贫困的学生来说，上大学的花费无疑是巨大的压力甚至是其上大学的直接阻碍，经济能力不足限制了个人自由选择的权利。在这样的情况下，一些来自贫困家庭的学生很自然地会选择不仅不收费而且国家还给生活补贴的师范生免费教育。因此，成为免费师范生往往并不是出于个人意志的自由选择，而是无奈于现实约束的折中办法，牺牲的是个人真实的专业志愿。在华东师范大学孟宪承书院与教育部师范司组织的一次免费师范生座谈

① 李梦娟．免费师范生的现实与无奈［N］．民主与法制时报，2008-01-21.

② 陈锡文．2007 年农民人均纯收入达到 4140 元［EB/OL］．（2008-01-31）［2011-11-29］．http：//news. xinhuanet. com/video/2008-01/31/content_7532159. htm.

中，某免费师范生就诉说了自己的这一经历：“高考结束报志愿的时候，免费师范生是我的选择，但不是我特别心甘情愿的选择，主要是家庭的客观原因让我做了选择。”[①] 而从教育部统计的 2007 年全国免费师范生“农村生源约占 60%，比 2006 年增加了 16 个百分点”的比例来看，迫于家庭条件而选择成为免费师范生、选择教师职业者不是个案。

（二）政策宣传与政策认知

在华东师范大学孟宪承书院与教育部师范司组织的免费师范生座谈中，有学生反映，部分省区市在 2007 年的高考招生中没能切实做好政策宣传工作，导致学生在对政策缺乏了解的情况下选择了师范专业。而来学校之后，虽然了解了政策并感到后悔，但又不想复读，无奈只好将错就错地签下免费师范生协议。有学生说，当地招生部门在志愿填报时宣传的是回乡工作两年，因此才选择了师范生免费教育，而在来学校后，却发现服务期长达十年，于是感觉自己是“被骗过来的”。[②] 更有甚者，一名来自某省农村的同学反映说，在志愿填报时“连免费师范生都不知道”，因此在来到学校了解政策后，忍不住感到“考了这么多，在华东师范大学读这么多年，回去也只能做一名普通的教师，心里很不甘”。[③] 另外有些学生是因为对这一选择对自己的意义没有足够的理性认识而错选的。有的是被“名牌”吸引，而学校在自己所在省份又没有非师范专业计划，只好委曲求全选择了师范生免费教育。更多的人因为缺乏社会经验与人生经验，对于自我的认识和发掘不够清晰，在上大学之后，发现自己并不适合当老师，或是发现了某个自己更加喜欢也更加适合的职业，或是在与同学的比较中发现了

---

① 华东师范大学．为今后所教学生而学习：教育部师范司领导与我校师范生座谈纪实［Z］．孟宪承书院简报，2007（2）．

② 华东师范大学．为今后所教学生而学习：教育部师范司领导与我校师范生座谈纪实［Z］．孟宪承书院简报，2007（2）．

③ 华东师范大学．为今后所教学生而学习：教育部师范司领导与我校师范生座谈纪实［Z］．孟宪承书院简报，2007（2）．

教师职业的局限，但现有的师范生免费教育政策设计却没有为他们留有余地，只有悔不当初。虽然这些学生将失误在很大程度上归因于他们自己对协议条款的轻视和对不实宣传的盲从，以及不懂得从正规渠道获取重要信息，事实上，每年高考季也有不少学生因为对相关报考信息掌握不完全而错失机会，但是这也体现了政策宣传的不到位。由于师范生免费教育政策是一个全新的政策，在2007年以前人们对其没有相关的经验认知，政策宣传和执行人员更应当预知问题的复杂性，更加充分地落实宣传工作，让每一个学生明明白白地上学，认认真真地履约。

（三）政策激励力度

政策为学生提供的激励不足也是导致部分免费师范生态度消极的重要原因。从对学生的学习激励方面来看，由于可以享受“两免一补”，免费师范生们的生活压力相对较小。由于毕业后的工作是确定的，学生们基本没有就业压力。在学习方面，协议只规定了免费师范生要完成学业、获得毕业证和学位证，而在中国的大学中，这是一个相对来说容易达成的目标，因此学生们也没有太多来自外部的学习压力。这种缺乏压力的环境很容易使人懈怠，缺乏学习的激情和动力。同时，未来职业的确定性又使得部分免费师范生在知识学习上对于专业学科外的知识产生轻视，这又很可能导致自身知识结构的片面。

在毕业后的服务时间上，政策提出了十年的底线，且其中至少两年在农村从教。不少学生觉得十年的服务期过长，限制了个人的发展，且不确定因素太多。一项对北京师范大学免费师范生的问卷调查显示，57.3%的学生觉得“协议时间有些过长，感觉受束缚”。[①] 而在华东师范大学的调研中，也有同学提出了同学之间恋爱与回生源地工作十年

---

① 吴帆，赵丹妮．免费师范生教育政策的进退之据：北京师范大学首批免费师范生调研分析［J］．数据，2007（12）：29-30.

以上相矛盾的问题。[①] 因此，虽然当初都是自愿签下协议的，但对于重视自由和崇尚个性的青年学生来说，面对这种束缚感和政策带来的各种人生抉择，还是难免心有不甘。

在十年服务期内的工作安排方面，目前的政策只有一个框架性的说明，工资、待遇、就业环境等个人最关心的问题都处于不明确的状态。这种不确定，不免让学生对自己的前途甚至生活水平产生担忧，尤其是对那些肩负改善家庭条件的贫困学生而言，这种压力更甚。在北京师范大学的免费师范生中，有69%的人表示担心就业的环境和待遇。[②] 这种顾虑也使得学生们心有不安，在对投入和收益风险的权衡中，学习积极性自然也受到影响。

在继续深造的机会上，政策虽然允许免费师范生报考在职教育硕士研究生，但却对报考脱产研究生下了禁令。这一规定与学生自我提升的愿望发生了矛盾：在北京师范大学和华东师范大学的调查中，都有免费师范生对不得报考脱产研究生的政策要求表达了强烈意见。[③] 一名来自华东师范大学的免费师范生的话或许道出了学生们的心声："我们要成为优秀的人民教师，担负着农村未来教育的重任，而我们一毕业就要参加工作，短短四年的学习，我们能担当起这样的重任吗？在职读研，我一方面要把工作做好，另一方面还要想着读研，感觉有矛盾。"[④] 而这种不能脱产读研的规定，也在一定程度上抑制了学生的学习积极性，有免费师范生接受访谈时就表示："免费师范生不能考研究生，就没有压力，学习就挺松散的。"[⑤]

无论是上述的哪种消极行为表现，都可能阻碍政策的顺利实施。

---

① 华东师范大学．为今后所教学生而学习：教育部师范司领导与我校师范生座谈纪实［Z］．孟宪承书院简报，2007（2）．

② 吴帆，赵丹妮．免费师范生教育政策的进退之据：北京师范大学首批免费师范生调研分析［J］．数据，2007（12）：29-30.

③ 吴帆，赵丹妮．免费师范生教育政策的进退之据：北京师范大学首批免费师范生调研分析［J］．数据，2007（12）：29-30.

④ 华东师范大学．为今后所教学生而学习：教育部师范司领导与我校师范生座谈纪实［Z］．孟宪承书院简报，2007（2）．

⑤ 李梦娟．免费师范生的现实与无奈［N］．民主与法制时报，2008-01-21.

若将责任全部归于学生，不仅不公允，也并不能解决问题，重要的是正确分析政策矛盾，及时调整、改进。

三、政策与大学：社会责任与自主发展的矛盾

承担免费师范生的培养任务，为六所部属师范大学带来了提升学校的社会影响力和生源质量的良好契机，但与此同时，政策也为这六所大学带来了一定的困扰。这主要表现在以下两方面。

（一）社会责任与自主办学权利

自 1862 年美国颁布《莫里尔法案》（*Morrill Act*），开创“大学为社会发展服务的先河”以来，“服务社会”已逐渐与“培养人才”“发展科学”一起，成为全世界教育研究公认的高等教育三大使命。[①] 在我国，《中华人民共和国高等教育法》第五条规定“高等教育的任务是培养具有创新精神和实践能力的高级专门人才，发展科学技术文化，促进社会主义现代化建设”。师范生免费教育政策旨在培养优秀教师乃至教育家，解决长期以来贫困地区基础教育阶段缺乏优秀教师的问题。这项政策是以服务社会为导向的，是为了促进社会主义现代化的建设而制定的，因此，免费师范生的培养工作是这六所大学应当履行的社会责任。

为了配合师范生免费教育政策需要，六所部属大学需要对原有的招生、培养计划乃至发展战略进行一定的调整。这种从政策出发所做出的调整行为，其实并不与学校的自主办学权利相冲突，因为权利与义务是相对应的概念，权利从来不是无限制的，大学的自主办学权并不凌驾于其社会责任之上。相反，根据社会契约的理论来看，作为社会组织的大学，其办学自主权是由社会赋予的，因此，该权利不得与其社会服务的义务相对抗，且还应然地要以社会义务的履行为前提。

① 刘宝存．大学理念的传统与变革［M］．北京：教育科学出版社，2004：43.

在未对大学权利义务的内涵和政策中政府与大学的关系性质做深入分析的情况下，人们很容易产生误会，错误地认为政策以社会责任之名强迫大学接受免费师范生的培养任务，干涉了大学的自主办学权。由于政策执行中对这方面的宣传解释工作不够，这种观点虽然在事实上不成立，但在舆论中却有一定地位，人们对政策理解的这种偏差也影响了政策的执行和政策的社会形象。

（二）政策要求与大学自主发展

从现实层面看，虽然师范生免费教育政策并不构成对大学自主办学权利的侵犯，但却可能会影响大学自主办学的能力和水平。

一方面，培养免费师范生给大学带来了更高的办学成本，这种高成本不仅体现在为免费师范生提供“两免一补”上，还体现在特别为他们定制培养方案上。如果在该政策的运行中，政府没有及时提供足够的资金、资源和其他必要激励，那么对于具有非营利性质的大学来说，其办学能力不一定能满足政策的要求，大学执行政策的积极性也会不足，政策的执行也会受到影响。当然，这只是在政府责任落实不到位时才会出现的问题，并不是机制内生的矛盾，只要政府保证及时提供充分支持，就能完全避免这一问题。

另一方面，培养免费师范生可能会影响到部属师范院校自主发展规划的实现。近年来，随着高等院校办学自主性的增强，大学间的竞争也日益激烈。与此同时，伴随着市场经济大潮的涌动，待遇不佳的教师行业逐渐被人们冷落，部属师范大学为了在竞争中取得优势，纷纷向学术型、综合型方向转轨，将精力投向科研和非师范专业。[①] 如北京师范大学就在2002年的百年校庆中提出了“综合性、有特色、研究型世界知名高水平大学”的发展战略，华东师范大学也提出“建设世界知名的高水平研究型大学”的目标。而在资源有限的情况下，以培

---

① 朱新梅．论我国部属师范大学的现状、问题及发展［J］．高等师范教育研究，2002（1）：1-9.

养“优秀一线教师”为目标的师范生免费教育政策显然与“研究型”“学术型”的人才培养方向存在一定的矛盾。这种矛盾一是体现在培养过程中的资源分配上，二是体现在人才培养的产出上，培养一线教师并不能使大学的科研产出增值，因此也无益于大学在各类大学排行榜上综合实力排名的上升。相较于办学成本的问题，培养免费师范生与大学发展规划之间的这对矛盾是更为核心的冲突。在这样的现实冲突面前，如果大学没有做出正确的价值选择，过分偏重于学校发展的“私利”而看轻大学服务社会的义务，就可能在政策执行中以各种形式推诿责任。

四、政策与地方政府：行政命令与地方利益的博弈

改革开放以来，随着政府分权化进程的展开和市场经济的逐步建立，处于上下级行政关系中的中央政府和地方政府的互动方式发生了变化。地方政府不再仅维持与中央政府的“命令—执行”关系，而逐渐拥有了一定的自主权力和任意处置权，并往往会在二者利益不一致时和中央政府进行博弈，最终可能做出偏离中央政策要求的行为。[①] 因此，在分析评价中央政策时，必须考虑作为执行者的地方政府的利益诉求。在师范生免费教育政策中，生源地省级地方政府根据中央的行政命令，负责免费师范生的招生和就业工作。就招生方面看，2007 年各省免费师范生生源充足，招生工作并不存在太大问题。但从当前政策对免费师范生就业的安排来分析，政策却可能与各级地方政府原有的工作格局发生冲突，四年后免费师范生就业的落实存在隐忧。主要问题表现在以下几点。

（一）国家之于地方政府的政策要求

教育部、财政部、人事部和中央编办四部委合发的《教育部直属

---

① 殷华方，潘镇，鲁明泓．中央—地方政府关系和政策执行力：以外资产业政策为例［J］．管理世界，2007（7）：22-36.

师范大学师范生免费教育实施办法（试行）》是当前开展师范生免费教育工作的政策依据。该办法对于地方政府的职责规定仅在个别条款有所涉及，如第五条规定：“有关省级政府要统筹规划，做好接收免费师范毕业生的各项工作，确保每一位到中小学任教的免费师范毕业生有编有岗；省级教育行政部门负责组织用人学校与毕业生在需求岗位范围内进行双向选择，切实为每一位毕业生安排落实任教学校。各地应先用自然减员编制指标或采取先进后出的办法安排免费师范毕业生，必要时接收地省级政府可设立专项周转编制”；第十条规定：“地方政府和农村学校要为免费师范毕业生到农村任教服务提供必要的工作生活条件和周转住房”。这些规定仅明确了免费师范生就业工作的责任单位是省级政府，就业办法是“双向选择”，工作身份是编内教师，待遇条件是有工资和周转房。但是，这样笼统的规定对于建立一个免费师范生就业体制来说是远远不够的，对于一些在实践中极为重要的问题，国家政策并未予以明确。

进一步的问题是：经费责任不明确。当前的政策中只规定“中央财政对接收免费师范毕业生的中西部地区给予一定的支持”，但“一定的支持”的比例是多少，政策没有更加明确的说明。而现实是，需要教师的中西部地区都是经济贫困的地区，其教育财政原本就相当紧张，如果中央财政支持的力度不够，地方财政的负担就要增加。那么，免费师范生这一有利于地方教育发展的大好事，于财力微薄的地方来说就反而成了坏事，地方政府也自然会对这一政策持消极态度。

如果中央政策对上述方面及其他与免费师范生就业有关的问题不做出进一步的规定，就会给地方政府的工作带来困难，进而可能影响地方政府落实政策的积极性。

（二）免费师范生分配中的寻租可能

中央的政策只要求免费师范生返回生源所在省份工作，至于具体到省内的什么地方工作则由省级政府负责安排，用人学校和毕业生实行双向选择，且师范生在农村工作两年后可以返回城镇工作，可以在学校内流动也可以从事教育管理工作。① 这样的规定就给省级政府的人才分配工作留下了较大的自主空间，也带来了免费师范生安置中的诸多寻租机会。

优秀的人才在哪里都不嫌多，边远贫困地区、薄弱学校需要，繁华的省城、重点学校也需要，且后者往往具有地理优势或工作绩效优势，因而和各级教育主管部门的联系更密切、互动更频繁。那么，各级政府能否保证这些优秀的人才都公正地分配给了真正需要的地方？同时，免费师范生就业由用人单位和毕业生双向选择，用人单位的工作条件有好有坏，就算同样是在农村，省城近郊和边陲山村的差别是巨大的。如果毕业生都挑条件好的地方去，那么，条件好的学校自然有了更多的选择机会，能挑到更为优秀的人才，而条件差的地方可能得到的还是能力水平略差一些的毕业生。那么，在这样的过程中，如何避免条件好的学校因为自己的热门而出现寻租行为？

如果没有严格的制度规定，且缺乏监督力量，那么各级地方政府及其工作人员就都有可能因为没有约束而在相关工作中徇私，最终导致政策目标难以达成。

第五节　理想与现实

六所部属师范大学进行师范生免费教育改革已有一段时间，师范生免费教育的试行为这一政策的进一步推行积累了有价值的经验。但是，相关的热议仍不绝于耳：如何让学生保持学习的动力？如何保持他们中大多数人对教育的梦想？如何坚定他们服务一线教育、成就教育理想的决心？如何让政策初衷的“示范”之说得到真正的推广？提出这些问题的初衷在于使师范生免费教育政策更加完善。

---

① 教育部办公厅．教育部办公厅关于做好 2007 级免费教育师范生签订协议工作的通知[Z]．2007.

一、师范生免费教育政策与教师职业地位提升

一切教育政策都是在考虑现实的教育背景的条件下，为了实现一定的政策目标而制定的。“免费”并不能“让教育成为全社会最受尊重的事业”，是否选择师范专业、是否选择教师职业乃至能否安心从教，学费是一个方面，关键却是教师职业地位的整体提升。这样即使没有免费政策，最有才华的学生也有可能选择这一崇高的事业。因此，围绕着师范生免费教育政策，许多人提出了提升教师职业地位的种种建议，从经济地位、政治地位、文化地位到专业地位，不一而足。有要求制定公平政策保障农村教师与城市教师同工同酬的，有提出让农村教师享受国家公务员待遇的，有要求政府和学校领导关心教师生活、改善工作环境、疏导工作压力、想方设法为教师排忧解难的。这些要求固然是根本之计，但并非一个师范生免费教育政策所能解决的，而有赖于整体政策环境的改善。因此，就师范生免费教育政策本身的改进而言，需要进一步确认师范生免费教育政策的目标定位：通过师范生免费教育政策来部分缓解农村地区尤其是中西部农村地区师资队伍数量短缺和质量低下的问题；通过师范生免费教育政策为农村和城市贫困家庭子女上大学提供一个有吸引力的选择；通过师范生免费教育政策吸引一部分愿意投身教育事业尤其是农村教育事业的优秀高中生。①

二、完善招生政策，开放生源，自主选拔

招生工作是落实师范生免费教育政策的第一步。在具体招录办法上，可从以下几方面深化改革。第一，继续保持提前批录取，增加师范生招生计划，试行自主招生，增加面试环节等。教师职业是有其特

① 孙锦明．师范生免费教育政策设计建议［J］．教育发展研究，2007（11）：21-26.

定职业要求的，这些要求在统一的高考中无法显示出来，因此，面试环节是对招生工作的一个重要的补充。2008 年的招生中，一些学校纷纷以自主招生的形式增加了面试环节，了解学生的语言表达能力、沟通能力、课堂组织能力、心理素质等教师应该具备的基本素质。第二，进一步完善三方协议。进一步完善三方协议的相关条款内容，尤其是关系到免费师范生切身利益的具体内容。在此基础上，做细做透宣传工作，让每一个学生对免费师范生以后需要履行的义务了解清楚并做好准备。第三，开放免费师范生来源。从长远看，师范生免费教育政策的方案设计应当在受众上兼及全部的师范类学生、师范类学校及各级学历层次。可以从这样几个方面补充免费师范生生源：允许六所部属师范大学免费和非免费师范专业的共存，并进一步开放非师范生转入师范专业的通道；允许省级师范大学实施师范生免费教育政策，省级师范大学的毕业生是支撑地方基础教育的生力军，在政府宏观规划的前提下，需妥善解决省级师范大学在落实师范生免费教育政策过程中遇到的财政与培养力量问题；借鉴职业教育经验，针对某一地区的教师需求，促进地方教育行政部门与师范院校合作，实行订单式培养。

三、办学自主与制度保证

如何进一步深化教师教育的课程与教学改革、突出教师职业能力培养、提高免费师范生献身农村基础教育的积极性、针对免费师范生可能出现的问题做好相应预案与设想等，是培养环节中各师范大学面临的挑战。为了保证师范生免费教育政策的顺利实施，需要进一步确立师范大学在师范生免费教育上的自主权，并辅之以制度保证。第一，师范大学将与政府形成授权委托关系，试点师范大学作为独立法人，享有《中华人民共和国教育法》《中华人民共和国高等教育法》等规定的办学自主权，同时，试点师范大学作为公立大学，具体承担对免费师范生的培养和部分管理等任务。[①] 第二，促进师范大学的改革和教师教育体制模式的创新，在免费师范生队伍中，建立健全激励机制和必要的奖惩制度，促进免费师范生的专业意识与竞争意识的形成。第三，坚持和发挥“精耕细作、精雕细刻”的教师教育传统，加强免费师范生的从教信念教育，倡导尊师重教、敬业爱岗和奉献精神。

四、配套的就业政策

在保证国家义务教育需要的前提下，最大限度地考虑免费师范生的利益、平衡免费师范生的权利与义务、平衡个人利益和国家利益、尊重和保障免费师范生的个人选择权，也是制度设计的一个重点。第一，调整现有就业教育、就业指导、就业服务工作，在国家统一要求下保证免费师范毕业生履行合同但不失人性化，如优先回家乡农村支教从教，毕业时在一定前提下可以与服务单位进行双向选择等。第二，明确国家、原就读学校和接收地政府及学校的责任。如国家应当负责承担免费师范生的基本工资和医疗保险福利，从而保障免费师范毕业生的基本工作生活条件以利于他们安心任教；原就读学校应对毕业生的进一步深造和发展提供信息与便利（如报考教育硕士时优先录取等）；接收地政府和学校应当用好这些毕业生并发挥他们的应有作用，同时关心他们、帮助他们克服困难等。同时明确规定毕业生服务期满后继续留在当地任教的条件与待遇。[②]

五、开放免费师范生的发展通道

免费师范生的发展既关系到免费师范生的成长，也关系到我国基础教育的发展。对于未来，每一个年轻人都抱着美好的期待。开放免

---

① 方增泉．师范生免费教育中的权利与义务关系［J］．北京教育（高教），2007（7）：45-47.

② 孙锦明．师范生免费教育政策设计建议［J］．教育发展研究，2007（11）：21-26.

费师范生的发展通道对于他们坚守教育事业、成就教育家之路十分必要。按目前的政策取向，免费师范生在为期两年的农村义务教育期间，可以攻读教育硕士。两年期满之后，他们可以回到中心城市从事教育工作。此外，为教师提供展现自我的平台也是教师专业成长的一个重要路径。教育的发展离不开教师的专业发展，学校在引进教师的同时，要用好教师，要让其有发挥自我才能的平台，通过多种交流、竞赛、进修，搭建教师展示自我才华的舞台，用事业留人。

2007 年开始实施的师范生免费教育政策是共和国教师教育史上的又一创举，作为一项重大的政策变革，诸如免费师范生的考评机制、竞争机制乃至退出机制等许多方面都还在不断完善之中。但是，无论是推出这一政策的中央政府，执行这一政策的各师范大学，还是这一政策的直接主体——免费师范生，都怀抱着同样一个坚定的信念：教育，为了祖国下一代！

第七章

高层次科技创新人才的培养与成长

高层次科技创新人才的培养与成长是一项长期、综合、复杂的系统工程。本研究以高层次科技创新人才为研究对象，对影响高层次科技创新人才成长的个人、环境、过程、制度等内外部因素进行调查，剖析了我国高层次科技创新人才队伍建设过程中存在的若干问题；同时，对美、英、法、德、日、俄等发达国家的高层次科技创新人才培养的政策与经验，从基础教育与高等教育中的科技创新人才培养、科研项目管理与政策支持、优秀人才成长支持等维度进行综合比较研究。本研究认为，需要高层次科技创新人才自身、社会、政府等不同主体多方联动，形成协同创新力量，共同探索新机制和新方法。本研究从 11 个方面提出了促进我国高层次科技创新人才成长与发展的 30 条建议。

实施人才强国战略，建设创新型国家，关键在人才。人才的分布呈现明显的层次性，这种层次性反映了人才对社会贡献的大小。在人才群体中，高层次人才是那些具有高水平知识与能力、经过自身努力实现自己劳动成果的社会价值并为社会做出突出贡献的人才，他们在建设创新型国家中发挥着基础性、战略性和决定性的作用。其中，高层次科技创新人才是新知识的创造者、新技术的发明者、新学科的创建者、新产业的开拓者和新文化的弘扬者。本研究所定义的高层次科技创新人才主要具有以下特征：第一，具有深厚的科学理论素养或工程技术经验，具有创新意识、创新精神和创新能力；第二，在自然科学领域从事创造性劳动；第三，在高等院校、科研单位或国家重大工程项目从事尖端科学研究或直接组织、参与科技创新活动，取得创新性成果，为科技发展和社会进步做出重要贡献。

高层次科技创新人才是一个国家人才队伍的核心，是推动经济社会发展的重要力量，是建设创新型国家的核心要素，也是提升国家竞争力的决定性因素，对整个人才队伍建设具有重要的导向作用。当今世界，经济全球化不断深入，科技发展日新月异，知识和科技创新成为经济和社会发展的主导力量。推动科技、经济和社会发展的核心力量是掌握先进科学技术和具备创新能力的高层次人才。世界各国的经济竞争和综合国力竞争正在演化为人才和国民素质的竞争，尤其表现为高层次科技创新人才之间的竞争。大力培养高层次科技创新人才，已经成为世界各国提升综合国力的重大战略选择。

建设创新型国家，关键在人才，基础在教育。改革开放以来，我国人才培养工作取得了前所未有的成效。这一方面是由于30年来我国经济社会发展取得了巨大成就，从物质层面保障了高层次科技创新人才培养与成长的经费投入。另一方面是由于党和政府历来重视人才培养工作，特别是近期党的十八大报告、《国家中长期教育改革和发展规划纲要（2010—2020年）》，以及《中共中央国务院关于进一步加强人才工作的决定》都明确提出要以高层次科技创新人才培养为工作重点，努力造就一批世界水平的科学家、科技领军人才、工程师和高水平创新团队，更加注重培养一线创新人才和青年科技人才，建设宏大的创新型科技人才队伍。这也从制度上规定和确立了高层次科技创新人才培养工作的必要性。然而现实状况是：我国是科技大国，但并非科技强国；是教育大国，但并非教育强国。

因此，深入剖析高层次科技创新人才培养与成长的现状和问题，进一步推进高层次科技创新人才培养与成长的机制研究，对于服务国家战略、推进高校和科研机构提升高层次科技创新人才培养水平具有重要的参考价值与实践意义。

第一节 本土问题

为进一步明确影响高层次科技创新人才成长与培养的因素以及影响程度，本课题组自行编制并发放问卷对部分院士、高校理科相关专业教师和博士生进行调研，回收有效问卷2480份。在对回收问卷进行逻辑处理后，利用SPSS 18.0对调查数据进行统计处理。问卷包括10道身份变量题、57道选择题和1道开放问答题。调查问卷既涉及问卷填写者的身份、专业水平，同时也包含影响高层次科技创新人才成长的个人、环境、过程、制度等内外部因素。

一、调查对象

本研究的主要调查对象来自中国科学院上海分院、华东师范大学、上海交通大学等单位，考虑到理工科专业的特性，调查对象以55岁以下人员为主，其中31岁至55岁的人员占49.6%，30岁及以下的人员占48.8%；包含中国科学院和中国工程院院士30名，“千人计划”入选者30名，“长江学者”60名，国家杰出青年基金获得者160名。其中，来自高校的人员占61.7%，来自科研院所的人员占37.5%；教授（研究员）占27.0%，副教授（副研究员）占13.3%，博士生占

45.9%，大学或研究机构的科技管理工作者占8.1%。从专业角度看，19.0%的人员专业是数理科学，30.6%的人员专业是化学科学，10.1%的人员专业是生命科学，25.0%的人员专业是信息科学。其中，64.5%的人从事基础研究工作，23.4%的人从事应用研究工作。还有1.6%和6.0%的人分别从事科技产品开发和科技管理工作。

调查问卷还对受调查者的教育背景进行了调查，其中58.5%的人获得博士学位，20.2%的人获得硕士学位；且61.4%的人本科就读于“985”高校，13.8%的人本科就读于“211”但非“985”高校，22.8%的人就读于一般高校；72.3%的人硕士就读于“985”高校，8.8%的人硕士就读于“211”但非“985”高校，11.3%的人硕士就读于一般高校，2.9%的人硕士就读于中国科学院；73.9%的人博士就读于“985”高校，4.3%的人博士就读于“211”但非“985”高校，4.3%的人博士就读于中国科学院。

另外，数据显示，在被调查者中，论文曾被SCI（科学引文索引）收录的人员占46.9%，被ISTP（科技会议录索引）收录的人员占14.1%，被EI（工程索引）收录的人员占21.5%；主持或参与过国家或省级科技攻关项目的人员占11.4%，主持或参与过“863”计划的人员占15.8%，主持或参加过“973”计划的人员占20.2%，主持或参加过国家自然科学基金重大项目的人员占16.7%。

二、调查结果分析

调查发现：高层次科技创新人才的培养与成长过程既与遗传和个体努力相关，也离不开家庭教育、基础教育和高等教育的滋养，更离不开科研创新政策的支持。在影响高层次科技创新人才的培养与成长的诸因素中，遗传和个体努力是高层次科技创新人才成长的前提性因素；家庭教育、幼儿教育、中小学教育和高等教育等阶段的学习是影响高层次科技创新人才成长的基础性因素；学术涵养、专业基础、科研规范与研究方法训练，以及科研创新实践，是影响高层次科技创新人才成长的关键因素；博士后科研流动站建设和博士后培养是高层次科技创新人才夯实研究基础进而脱颖而出的重要平台；科研体制、科研管理机制、科研工作环境在很大程度上影响着青年创新能力的发挥和创造活力的释放；各类人才支持计划、基金、奖励等是激励和促进高层次科技创新人才持续成长的重要支持条件；有效的国际学术交流与科研合作是提升高层次科技创新人才科研竞争力的重要动力。

（一）影响高层次科技创新人才成长的因素

本研究从个人品质、基础教育、高等教育、学术共同体环境和政府科研管理制度五个维度对影响高层次科技创新人才成长的因素进行了调查，调查结果见表 7.1。

表 7.1　影响高层次科技创新人才成长的因素

因　素	具体内容	样本量	均　值	标准差
个人品质	个人天赋	248	3.96	0.91
	个人意志力和努力程度	248	4.65	0.59
	个人的兴趣、偏好、好奇心和求知欲	248	4.40	0.67
	个人对自己的成就期望	248	4.11	0.79
基础教育	中小学时期相对宽松自由的学习环境	248	3.49	1.09
	中小学时期良好学习习惯及探究方式的培养	248	3.87	0.97
	中小学时期接受的科学教育	248	3.43	1.03
	中小学时期来自教师或其他重要他人的影响	248	3.63	0.97
高等教育	本科时期学校自由探索的氛围与学习环境	248	3.92	1.00
	本科时期严格和规范的专业训练	248	3.88	0.94
	本科时期学习习惯与探索方式的养成	248	4.05	0.91
	本科时期教师在学术研究方法上的影响	248	3.69	1.04
	本科时期接受的通识教育	248	3.23	1.10

续 表

因 素	具体内容	样本量	均 值	标准差
高等教育	本科时期接受的科学教育	248	3.47	1.01
	所在本科学校的学术地位与声誉	248	3.20	1.16
	跨学科学术背景	248	3.39	0.95
	硕士和博士阶段研究领域的连贯性	248	3.45	1.13
	研究生时期的研究方法课程	248	3.44	1.02
	研究生时期导师的地位和声誉	248	3.55	1.10
	研究生时期导师的悉心指导和规范训练	248	4.13	0.83
	攻读硕士和博士学位的大学或研究机构的学术地位和声誉	248	3.51	1.05
学术共同体环境	工作单位的学术地位和声誉	248	3.67	0.98
	充足的研究资助支持和良好的设备条件	248	4.28	0.84
	学术团队的合作性	248	4.18	0.86
	学术团队内部的竞争程度	248	3.44	2.11
	与学术界同行的沟通交流	248	4.17	0.85
	所在单位相对宽松的行政管理体制	248	3.90	1.00
	所在单位灵活的科技管理制度	248	3.98	0.91
	所在单位便捷的科研信息获取渠道	248	4.19	0.87
	所在单位丰富的国内外交流和培训机会	248	4.06	0.94
	所在单位的科研绩效评价制度	248	3.73	0.97
	所在单位的科研激励制度	248	3.94	0.92
	廉洁高效的科技创新服务环境	248	3.89	0.95
	公平合理的科技立项程序与审批制度	248	4.22	0.82
	完善的知识产权保护机制	248	3.81	0.91
	合理的人才流动机制	248	3.85	0.90
	便捷的获取前沿科技资料及信息的渠道	248	4.11	0.91
	科技管理对科技创新的服务与保障	248	3.83	0.93
	经费管理对科技创新的服务与保障	247	3.92	0.92
	行政部门对项目评审的介入程度	247	3.17	1.25

续 表

因　素	具体内容	样本量	均　值	标准差
政府科研管理制度	政府部门对科技创新人才的重视程度	247	4. 07	0. 89
	政府部门对科技创新人才的支持力度	247	4. 14	0. 87
	政府部门对人才培养成长的法律法规保障	247	3. 85	0. 95
	政府部门对高层次科技创新人才创新创业渠道的建设	247	3. 96	0. 89
	政府部门科研成果评价和激励奖励制度	248	3. 97	0. 96

据以上数据显示，被调查者认为该五个维度中的以下 14 个因素的重要性程度高于 4. 00，对高层次人才的成长发挥着极为重要的作用。

这 14 个因素分别是：个人意志力和努力程度，个人的兴趣、偏好、好奇心和求知欲，个人对自己的成就期望；本科时期学习习惯与探索方式的养成，研究生时期导师的悉心指导和规范训练；充足的研究资助支持和良好的设备条件，学术团队的合作性，与学术界同行的沟通交流，所在单位便捷的科研信息获取渠道，所在单位丰富的国内外交流和培训机会，公平合理的科技立项程序与审批制度，便捷的获取前沿科技资料及信息的渠道；政府部门对科技创新人才的重视程度，政府部门对科技创新人才的支持力度。

个人品质对高层次科技创新人才的成长有重要影响。具体体现在个人意志力和努力程度，个人的兴趣、偏好、好奇心和求知欲，以及个人对自己的成就期望上。其中，个人意志和努力程度的重要性程度均值高达 4. 65，可见受调查者对于该因素的普遍认同。

基础教育为高层次科技创新人才的成长奠定基础。基础教育对高层次科技创新人才的成长与发展也有较为重要的影响，具体体现在相对宽松自由的学习环境（均值：3. 49）为其提供了开发想象力、培养探究兴趣的可能性；良好学习习惯及探究方式的培养（均值：3. 87）提高了其接受和内化相关科学知识的能力；接受的科学教育（均值：3. 43）增进了学生对于科学与现实生活的感性认识；中小学时期来自教师或其他重要他人的影响（均值：3. 63）对增加其学习兴趣和自信心的作用很大。

高等教育阶段研究方法和规范训练对高层次科技创新人才成长有重要作用。高等教育时期是学生确定专业方向和研究领域的重要时期。调查数据显示，“研究生时期导师的悉心指导和规范训练”以及“本科时期学习习惯与探索方式的养成”的重要性均值分别是4.13和4.05，这与研究前预估的重要性程度相符。但与日常思维中“学缘”极为重要的观点有一定差距的是，本科时期和攻读硕士博士时期所在大学或研究机构的学术地位与声誉的重要性均值分别仅为3.20和3.51。另外，“跨学科学术背景”和“硕士和博士阶段研究领域的连贯性”的重要性均值也不高，分别为3.39和3.45。有意思的是，“研究生时期导师的地位和声誉”（均值：3.55）比“研究生时期导师的悉心指导和规范训练”（均值：4.13）重要程度低，结合“个体品质”的相关分析，也从侧面说明了个人的意志力和努力程度，加之高等教育阶段有关学科科研方法的规范训练与导师指导的投入程度，对高层次科技创新人才的成长有重要作用。

学术共同体的环境与支持对高层次科技创新人才成长的影响很大。本次调查数据显示，学术共同体的环境与支持也是受调查者普遍认同的影响高层次科技创新人才成长的因素之一。其中，“充足的研究资助支持和良好的设备条件”“所在单位便捷的科研信息获取渠道”与“公平合理的科技立项程序与审批制度”的重要性程度相对较高，均值分别是4.28、4.19和4.22；“行政部门对项目评审的介入程度”和“学术团队内部的竞争程度”的重要性程度相对较低，均值分别是3.17和3.44。可见，环境支持、制度支撑、硬件设备、学术共同体的合作氛围是影响科研工作者开展研究工作的重要因素，从而对高层次科技创新人才的成长产生重要作用。

政府部门对高层次科技创新人才的重视和支持影响高层次科技创新人才开展工作的积极性。针对政府科研管理制度，问卷中列出重视程度、支持力度、法律法规保障、创新创业渠道、科研成果评价和激励奖励制度五个层面，研究结果表明，“重视程度”和“支持力度”的重要性程度较高，均值分别是4.07和4.14，“政府部门科研成果评价和激励奖励制度”的重要性均值达到3.97，而其他两项的均值也都在3.90左右，可见“政府作为”是高层次科技创新人才成长的重要影响因素，影响着高层次科技创新人才开展工作的积极性和工作热情。

（二）高层次科技创新人才培养的满意度

问卷题项中设置了关于“对高层次科技创新政策环境的总体感受”（表7.2）和“对我国培养高层次科技创新人才现状的满意度”（表7.3）两个题项。在对前一问题的回答中，48.0%的人表示“一般”，40.7%的人表示“较满意”；而对后一问题的回答，58.9%的人选择“一般”，仅有26.2%的人选择“较满意”。这反映出我国近年来一系列完善高层次科技创新政策的举措起到了一定的效果，高层次科技创新政策环境在一定程度上受到了认可；然而，受调查者对高层次科技创新人才成长和培养的满意度不高，也在很大程度上反映出我国在高层次科技创新人才培养上仍然存在很多问题。

表7.2　对高层次科技创新政策环境的总体感受

条　目	百分比（%）
满　意	2.8
较满意	40.7
一　般	48.0
不满意	8.5
总　计	100.0

表7.3　对我国培养高层次科技创新人才现状的满意度

条　目	百分比（%）
满　意	2.4
较满意	26.2
一　般	58.9
不满意	12.5
总　计	100.0

（三）科研工作中遇到的困难

为调查相关人员在科研工作中出现的普遍问题，以便提出相关解决对策，促进高层次科技创新人才的成长与发展，问卷中列出 11 个可能出现的困难供受调查者选择（表 7.4）。问卷调查结果显示，这 11 个选项均被不同程度地选择。其中，“缺少科研和学术氛围”所占比例最高，达 16.8%；其次是“科技管理制度不灵活”，占 15.4%；“科研工作时间无法保证”占 13.2%；“科研经费不足”占 12.6%。根据前述，研究资助、科技立项程序与审批制度对受调查者开展科研工作来说是相对重要的因素，而这些因素在此却成为其遇到的较为明显的困难，这也从另一个视角表明了政府和相关单位亟须对这些方面进行完善和改进。

表 7.4　科研工作中遇到的主要困难

条　目	百分比（%）
很难争取到科研项目	9.4
科研经费不足	12.6
缺少科研和学术氛围	16.8
科研方向不受重视	9.2
工作流动困难	1.6
科技管理制度不灵活	15.4
科研工作不被重视	4.2
科研条件较差	5.6
国际交流机会不多	9.0
难以获得有效的科技资料和科技信息	3.0
科研工作时间无法保证	13.2
总　计	100.0

（四）当前我国科技管理中存在的主要问题

调查结果显示（表7.5），受调查者们认为，在所列条目中，“行政管理过多介入项目评审”是当前我国科技管理中存在的主要问题，所占比例最高，为22.1%；其次是“过于烦琐的检查”，占17.9%；“繁复的科技管理规定限制科技创新”占15.9%；“经费管理失当导致经费使用不便”占12.7%。此外，本调查还涉及“政府官员更易获得项目”“经费管理失当导致经费滥用”以及“科技管理的服务和保障作用不到位”等问题，所占比例分别为12.4%、11.6%和7.4%。

表7.5　科技管理中的问题

条　目	百分比（%）
过于烦琐的检查	17.9
行政管理过多介入项目评审	22.1
政府官员更易获得项目	12.4
经费管理失当导致经费使用不便	12.7
经费管理失当导致经费滥用	11.6
科技管理的服务和保障作用不到位	7.4
繁复的科技管理规定限制科技创新	15.9
总　计	100.0

（五）我国高层次科技创新人才成长与培养的制约因素

为调查我国高层次科技创新人才成长与培养的制约因素，问卷中列出7个条目供受调查者选择（表7.6）。调查数据显示，25.0%的人选择了“科研评价机制不健全”，比例最高；20.1%的人选择了“科研激励机制不完善”，19.9%的人选择了“科技管理体制不完善”。由此可见，受调查者普遍认为，体制和机制性因素是制约高层次科技创新人才成长的首要因素。

表 7.6　高层次科技创新人才成长与培养的制约因素

条　目	百分比（%）
政府重视程度不够	5.9
政府有关部门支持力度不够	10.6
科学教育实施不到位	10.2
科技管理体制不完善	19.9
科研激励机制不完善	20.1
科研评价机制不健全	25.0
人才成长的相关法规落实不到位	8.3
总　计	100.0

三、分析与讨论

当前我国人才发展的总体水平，尤其是高层次科技创新人才的发展水平同世界先进国家相比仍存在较大差距，与我国创新驱动发展战略和创新体系建设的目标还有一定距离。总体而言，我国高层次科技创新人才队伍建设存在的主要问题表现在：高层次科技创新人才匮乏，人才创新创业能力不强，人才结构和布局不尽合理，人才成长的体制机制障碍尚未消除，人才资源开发投入不足等。具体而言，现阶段我国高层次科技创新人才培养与成长存在以下几方面突出问题。

（一）功利化的人才培养模式违背教育与人才成长规律

从成长规律来看，人才的成长大致呈现为一种学习、成熟和老化的过程。在不同的发展阶段，人的能力的发展速度、特点和所需要的支持条件是不同的。“十年树木，百年树人”，教育是我国人才培养的重要途径。高层次科技创新人才的培养必须深刻把握教育规律，按照人才培养与成长的规律进行教育和引导。改革开放 30 多年来，我国经济社会快速发展，在效率理性和技术理性的驱使下，社会各界都期望能够快出人才，出好人才。但是，效率至上的价值追求致使应试教育愈演愈烈，在理应注重打好思想道德、文化科学、劳动技能与身体心理素质基础的中小学教育阶段，存在教育功能错位、价值功利性放大等严重问题。中小学教育、大学教育普遍存在重考试轻教育、重书本知识轻实践应用、重死记硬背轻思维训练、重考试成绩排名轻学生素质发展等现象，奥林匹克竞赛等各种课外科技竞赛被赋予过多的工具价值和功利价值，导致高层次科技创新人才的培养缺乏坚实的教育基础；基于公平和均衡的基础教育综合改革在一定程度上遮蔽了高层次科技创新人才培养的战略需求。

（二）人才培养层次与结构不合理

我国高校科技教育经过多次改革逐渐趋于合理，但与经济社会快速发展对工程科技人才的期盼相比，高校科技教育理念明显滞后，工程科技人才培养机制有待进一步改善。高校科技教育滞后的原因在于：第一，高等学校招生考试改革被教育公平“绑架”，高校育人理念和办学定位千篇一律，就业成为我国高校人才培养的重要“指挥棒”，高层次科技创新人才培养被大学生就业率“绑架”，导致学生在入学之初就把目光锁定在“找工作”“找高薪岗位”上；第二，高校在专业培养计划、课程设置和招生规模等方面的设计与执行上没有从人才培养目标的专业化发展要求出发，也没有从社会经济与科学技术发展的实际需求出发，而是从大学自身发展和现有教师工作需要出发，导致国内科技人才培养的层次和结构不尽合理；第三，学制设置不尽合理，普通高校学制一般为四年，而学生真正用于基础知识学习的时间却不到三年，导致大学生的学习时间大大缩水，基础知识储备严重不足；第四，受苏联教育的影响，我国科技教育知识分割过细，工学门类专业划分过细，过分强调专业知识而忽略基础知识，这种局面如果不能从根本上加以扭转，势必会导致工程教育与当前大工程背景下社会工程的状况脱节；第五，社会与企业对人才的培养与选用意识不足，认为人才培养是高校的职责，企业只使用“成品”人才，导致我国科技人才无法完成从学校到企业的“链条式”无缝对接。

（三）高等学校人才培养过程弊端众多

高等学校作为人才培养的主阵地，是高层次科技创新人才培养的基点和源头。但目前我国普通高校在人才培养模式上面临着极大挑战：一是“同”，强调按统一的计划与要求培养专门人才，培养目标单一；二是“窄”，专业划分过细，专业口径过窄；三是“灌”，教学重灌输，轻启发；四是“死”，重记忆，轻思考，学习方式过死；五是“偏”，评价指标片面，评价方法单一，评价结果有失偏颇。科技人才的成长离不开学校的培养，但普通高校在研究生培养过程中存在诸多弊端，教学过程重灌输轻启发，重记忆轻实践，重知识积累轻实验创新；教育评价重结果轻过程，重分数轻能力，严重阻碍了学生尤其是研究生创新意识、创新思维的养成及创新性实践能力的提升，出现了所谓“研究生考试是科举，研究生培养是放羊”的不正常现象。造成这一局面的原因有三：一是研究生入学考试侧重于考查考生对事实性知识的记忆，较少测量其学术思维水平；二是部分研究生培养单位学生数量庞大，导师难以完全顾及，导致了一部分研究生“放羊状态”的产生，严重浪费了社会资源，不利于研究生的学术创新与个人成长；三是一些导师把研究生当成“打工仔”，给予其一些不相关的课题，这不仅不利于课题研究，还影响了研究生在其研究方向上的发展。

（四）博士后研究人员的科研中坚力量尚未显现，博士后工作亟待创新

20 年来，在政府主导力量的推动下，我国博士后事业取得了巨大成就，对引进、培养、选拔和使用高层次科技创新人才发挥了不可替代的作用。随着社会的发展，博士后管理制度面临着新的机遇和挑战。第一，过多的统一规定制约了博士后工作发展的活力。我国博士后的宏观管理具有明显的计划性，主要表现在：全国博士后管理委员会统一进行博士后流动站的资格审批与工作评估，统一规定博士后资格条

件、在站时间，统一办理博士后进出站手续，统一规定博士后工作定位及博士后人员的身份，发放统一的博士后证书等。为了保证博士后制度的顺利实施，增强博士后研究工作的吸引力，国家先后下发 40 多个文件、通知，对博士后研究人员进站、工资福利待遇、户口迁移、配偶安置、子女上学、职称评定和基金资助等方面制定了一系列优惠政策和措施。但是，带有如此强烈计划色彩的博士后管理模式与高等学校办学自主权不断扩大的教育综合改革趋势背道而驰，日益难以适应不同地区、不同部门、不同单位、不同学科、不同利益主体对博士后工作多样化的需求，从而限制了博士后招收单位管理与发展的自主权，各高校博士后工作管理制度大同小异，严重制约了博士后工作发展的活力与效益。第二，博士后的行政管理与学术管理关系有待优化。大学与科研院所的博士后管理部门既负责博士后人员的选拔、福利待遇、职称评定、户口与人事关系、配偶与子女安排等行政性工作，也掌控大部分学术权力，直接管理学术性事务，以统一的标准或量化指标衡量不同学科、不同专业的博士后人员的科研成果，导致博士后管理部门与相关专业学院（系、研究所）、合作导师及博士后人员之间关系紧张，从而影响相关专业学院（系、研究所）、合作导师及博士后人员的积极性。第三，博士后管理制度僵化，流于形式。博士后管理制度非常重视对高层次科技创新人才的培养，博士后人员进站考核、开题报告、中期考核与出站报告等类似于博士生培养模式，看似管理有序、严格，但实际上流于形式。相关博士后管理制度主要关注对博士后人员的管理，对导师及流动站的管理缺乏明确、具体的要求。第四，博士后人员的研究水平与作用有待提高。博士后人员的进出站考核具有“宽进宽出”的特点，合作导师责任不明、疏于指导，量化指标难以激发博士后人员的创造性，博士后人员承担国家重大科研项目的比例不高，博士后研究人员在科研中的中坚作用尚未显现。第五，博士后工作经费保障有待加强。国家对博士后的经费投入不足，渠道单一，严重影响了博士后研究工作的吸引力；博士后科学基金的资助力度不足，难以满足在站博士后人员的日常生活与高质量科学研究的需要。

（五）行政化的科研管控制约科研创新

当前，科研活动中的业务管理趋于行政化，日常科研过程中的项目申报、考评等工作中填写各种繁复表格等手续都极大地分散了科研人员宝贵的时间和精力。调查发现，受调查者中认为“行政管理过多介入项目评审”的占22.1%；认为“检查过于烦琐”“繁复的科技管理规定限制了科技创新”和“经费管理失当导致经费使用不便”的分别占17.9%、15.9%和12.7%。科研经费中的人员经费管理缺乏科学合理的规定，既有悖于国际惯例，也不利于调动科研人员的科研创新积极性。

（六）科技人才的行政化任用失当

随着行政权力在资源获取、学术晋升过程中的作用日益突出，“官本位”的思想有所抬头，“研而优则仕”已成为目前我国部分科研人才实现自身价值的主要途径之一。然而，科技创新人才的行政化任用，严重阻碍了高层次科技创新人才的培养与成长。比较研究表明，中外杰出科学家行政任职上的主要差异表现在：在任职上，我国杰出科学家行政任职纵向升迁特点显著，而国外杰出科学家行政任职更倾向于横向交流；在规模上，我国杰出科学家的行政任职现象更为普遍；在类型差异上，国外杰出科学家的行政任职主要集中于学术事务的专业化管理上，而我国杰出科学家的行政任职则大都与行政管理相关，即使是学术管理岗位，也与学术资源配置有着较强的相关性。可见，我国优秀青年和杰出科学家的“双肩挑”和一身多职现象比较普遍。关于青年科技创新人才担任行政职务的主要原因的调查发现，48.0%的人认为最主要的原因是“有利于取得学术上的成就和得到更多的学术研究资源”。导致行政权力大于学术权力的重要原因在于：第一，从事行政事务可以掌握和调控学术资源，人力、物力、项目和经费会比较充足，容易产出学术成果；第二，同级科技人员与管理人员的收入差距较大，管理人员的收入往往超过业务骨干；第三，对行政人员的考核没有硬指标，而对工作在一线的科技人员的考核则十分严格，考核结果直接关系到奖金、津贴等的发放；第四，担任行政职务不仅有利于申报项目，还可在成果署名、评奖、晋升职称、出国考察等方面占据优势，如此等等。因此，在高校和科研机构中，让颇具学术建树的优秀科技人才担任一定行政职务似乎成为人才使用的“潜规则”，对引进的海外高层次科技创新人才更是如此。但是，日常烦琐的行政事务极大地浪费了他们的科研时间，消耗了他们的科研热情，调研结果显示，13.2%的人认为其科研工作时间无法保证，无法安心于科研工作。

（七）学术评价过度指标化

量化评价严重影响人才培养。当前，我国高等学校探索和建立了以论文影响力和收录论文量为主的学术论文评价体系，目的在于引导科学研究对未知领域进行更加科学化和系统化的探索，共享领域内的研究成果，使科学研究的过程更加程序化。但不少高校在评价教师学术发展的过程中，有意加重论文、纵向课题以及各种奖励的权重，并设立各种政策特区鼓励人为学术化的科学研究。这种做法，直接导致研究型大学的教学工作受到干扰，教师由于自身成长和应对考核的需要，将更多的精力投入科研领域而忽视了教学任务和对学生的培养。

量化评价导致专业晋升动机错位。在高校和科研院所的绩效考核与专业技术职务晋升过程中，教学业绩和科研业绩是考核重点。教学业绩主要包括教学工作量、教学能力、教学成果、教学态度和教学基本建设等。科研业绩主要包括科研立项、科研经费、科研成果鉴定、科研成果奖励、学术论文、专利以及科研著作等。在实际运作过程中，为了更明显地区分研究成果的水平，部分院校完全以科研成果的发表为标准进行考查，过度强调学术刊物等级、论文数量、影响因子、引用率等因素，这就诱使青年科技创新人才重科研成果发表、轻教学与人才培养，重“短平快”的科研产出、轻学术积累与科学研究的持续发展，缺乏对科学研究的长远规划与持续努力。

（八）科技人员薪酬待遇过低助长科研的功利化趋向

有关青年科技创新人才薪酬与激励方式的调查显示，39%的受调查者认为，薪酬水平偏低，劳动付出与薪酬期望差距很大。面对现有的薪酬待遇与其社会价值和贡献不相匹配的现实状况，部分科研人员不得不投入大量时间和精力申请项目、课题，发表无实质性贡献的科研论文，追求“短平快”的创作模式，以便获取更充足的科研经费和个人收入。但花费大量时间申请项目、课题，进行其他创收和公关活动，毫无疑问会挤占科研时间，导致科研质量下降、科研活动功利性加强、科研目标难以完成、急功近利风气加剧。

（九）科研奖励机制与人才支持计划的制度性障碍影响和制约人才的健康持续发展

调研过程中，有专家指出，国家为激励高层次科技创新人才成长、奖励优秀科技创新成果，设置了不同类型的科研奖项，但在实践过程中，却出现了本末倒置的现象。高层次科技创新人才的科研成果奖励体制与激励机制存在偏差，过于注重物质激励；各类奖项在高层次科技创新人才计划申报中的功利效应被片面放大；科研奖励评审过程中“透消息”“打招呼”“走门子”“买选票”等不良做法盛行。科研奖励体制与活动中的种种功利化倾向使得一些科研人员热衷于追逐名利，为赢得各种“帽子”而消耗大量精力，学术风气浮躁，科研奖励的目的与价值错位，其激励作用随之削弱。科研人员难以从科研奖励中获得持久的发展动力，既严重影响了科研奖励的质量与权威性，又有损于良好学术和科研氛围的形成与发扬。

人才支持计划在促进高层次科技创新人才的持续成长与发展过程中发挥着重要作用。但是，目前我国的高层次科技创新人才支持计划种类繁多，标准不一，且呈叠加递进关系，优秀青年科技创新人才在其专业发展过程中，必须层层申报，“过关斩将”，费时又费力。更需要关注的是，高层次科技创新人才支持计划大都有“45 周岁”的年龄限制。在本调查的专家访谈与座谈过程中，许多专家指出："很多人过了45周岁就不干活了，没评上的不干活了，评上的也不干活了。"可见，人才支持计划过度强调年龄限制等相关规定，已成为高层次科技创新人才成长与持续发展的严重障碍。

（十）国际交流与科研合作成效不显著

改革开放以来，我国将人才作为兴国之本、富民之基、发展之源，积极推进国际人才的交流与合作，在留学生派出、来华留学生教育等方面取得很大进展，同时，积极创造更加良好的工作和生活条件，吸引外国专家、华人学者和外国留学生以各种方式参与中国的现代化建设。尽管国际交流与合作事业日益发展，但是高层次科技创新人才的国际交流与合作仍显现出诸多不完善之处。第一，留学人员派出结构不尽合理，派出人员主要集中在高校，国家建设急需的科学技术、工业、农业、商业等领域，以及老少边贫地区的派出力度有待提高。第二，留学生派出重遴选审查，轻过程管理与绩效评估。高校和科研院所在人才派出上，注重对候选人的筛选和审查，对留学人员的出国研修过程管理不够；对留学归国人员的绩效、后续发展及其在各行各业所做贡献的监测评估不够。第三，联合培养研究生成效有待提高。国家实施高水平公派研究生项目等公派留学计划，由于大部分派出人员的双方导师之间缺乏实质性的学术联系、派出人员的外语与专业水平有限、与国外导师之间并无契约意义上的指导关系、对国外科研资源利用不足、国内导师疏于过程管理等诸多原因，联合培养成效并不显著。第四，人员交流多，科研合作少。调查发现，高校与科研院所对国际交流与合作的重视程度日益提高，双边与多边交流机会增多，人员往来频繁；但是，许多国际交流往往限于签署框架性合作协议，缺乏基于共同的科研合作项目、由双方科研人员共同参与的实质性合作，更缺乏持续的长效合作机制。第五，人才引进缺乏制度保障。人才引进工作缺乏长远规划，导致人才引进的格局在学科、专业与方向上存在矛盾，人才引进情况更被高校和科研院所当成盲目攀比的"指标"；

相关人才引进政策与制度，往往侧重科研条件、薪酬待遇、子女入学等当下的配套条件，缺乏对公民权利、社会保障、医疗保险等长效性保障条件的系统化设计；人才引进过程充斥着复杂、烦琐的行政化手续与管理事务，缺乏明确要求与明晰的管理流程，严重牵制了引进（归国）人员的时间与精力。

（十一）科研氛围浮躁

理想的学术生态，应该是创新主体具有强烈的创新意识、敢于探索冒险、勇于标新立异、善于开拓进取；创新主体之间乐于团结、协作和竞争，共享成功与失败的经验和教训；社会能够容忍失败，给创新者自由的创新空间，并给创新者恰当的评价与鼓励。调查显示，有关“科研工作中遇到的困难”“当前我国科技管理中存在的主要问题”以及“我国高层次科技创新人才成长与培养的制约因素”等多个问题的反馈都反映出“缺少科研和学术氛围”是当前科研工作亟待解决的重要问题。在浮躁的学术生态中，部分科研人员出现了投机取巧的心态，对科技创新活动缺乏应有的认真态度；有的科研人员急功近利、心浮气躁，科研成果粗制滥造；有的科研人员不顾职业操守，弄虚作假，欺骗社会大众，学术不规范与学术不端行为时有发生。相关问题已经波及项目申请、研究实施、项目评审和成果宣传等多个方面，严重阻碍了科技创新工作的开展。此外，浮躁的学术氛围导致一些科研创新项目周期短、难以持续，研究成果没有达到应有的广度和深度。

第二节　国际借鉴

高层次科技创新人才培养的核心问题之一就是培养机制问题。在科技化与信息化的时代，科技往往成为主导国家经济发展的关键因素，尤其是高层次科技创新往往能够促进经济的飞跃式发展。以美国为例，其成功培养的5%的高层次科技创新人才支撑着美国经济50余年在世界上长盛不衰。[①] 然而，长期以来，我国一直存在科研院所人才滞胀与企业人才严重短缺并存的现象，工程技术人员仅占专业技术人员的21.8%，远远低于美国80%左右的优秀人才集聚在企业的比例。[②] 这显然会严重阻碍经济的转型与升级。如何将科技成果转化为经济成果是当前中国迫切需要解决的问题，也是高层次科技创新人才培养所要直面的问题。据统计，2008年，在158个国际一级学科组织及1566个主要二级学科组织中，参与领导层的我国科学家仅占2.26%[③]；2011年，我国“合格工程师”的数量和整体质量在参与排名的55个主要国家中位列第48位；我国“适合全球化要求”的年轻工程师仅16万人，不到美国的1/3，我国国际化工程师占全国工程师的比例不足8%，而印度为25%；我国工程技术人才人均创造产值仅为美国的1/16、德国的1/13；我国每万名劳动力中研发人员仅为24.8人，远远低于芬兰（217.6人）和日本（134.9人）。[④] 目前，我国对外技术依存度高达50%，而美国、日本仅为5%左右。我国的专利转化率不足15%，而美国等发达国家的专利转化率则高达70%以上。[⑤] 另外，有统计表明，2010年中国公民中具备科学素养的比例为3.27%，而加拿大公民中具备科学素养的比例在1989年就已达到4%，美国公民中具备科学素养的比例在2000年就已高达17%。[⑥] 1980年至今，获得诺贝尔奖、鲁斯卡奖、伽德纳奖、沃尔夫奖、菲尔兹奖、图灵奖、日本国际奖、京都奖这八项国际科技大奖的科学家中，鲜有中国国籍的科学家。[⑦] 特别是

① 张英伯，李建华．英才教育之忧：英才教育的国际比较与数学课程［J］．数学教育学报，2008（6）：1-4.

② 吴江．论我国创新型科技人才的选拔与培养［J］．中国人才，2010（10）：12-13.

③ 黎昌政．中组部：我国培养创新型科技人才的任务十分紧迫［EB/OL］．（2008-02-04）［2014-11-29］．http：//www. gov. cn/jrzg/2008-12/04/content_ 1168593. htm.

④ 吴江．尽快形成我国创新型科技人才优先发展的战略布局［J］．中国行政管理，2011（3）：11-16.

⑤ 刘彭芝．关于拔尖创新人才培养的思考和实践［N］．中国教育报，2011-12-09.

⑥ 孙自法．中国3.27%公民具备基本科学素养，落后日本等20年［EB/OL］．（2010-11-25）［2014-11-29］．http：//www. chinanews. com/gn/2010/11-25/2680505. shtml.

⑦ 刘彭芝，周建华，张建林．整体构建大中小学创新人才培养新模式的研究与实践［J］．教育研究，2013（1）：58-64.

在诺贝尔奖获得者的数量上，中国远远落后于美、英、日等发达国家。这一系列数据都反映了中国与其他发达国家的差距。跟上发达国家科技发展的步伐，关键之一就在于研究与借鉴发达国家高层次科技创新人才的培养机制。

发达国家高层次科技创新人才涌现的原因有很多，既有政策上的配合与引导、经济上的支持与促进、文化上的鼓励等宏观环境原因，也有卓越导师引领、课程丰富多元、科研计划项目、校企合作培养、基于问题的学习（problem-based learning，以下简称 PBL），与习明纳（seminar，研讨会，是专题讨论式的教学方式）的应用、实验室培养等学校微观机制原因，深层原因则在于发达国家形成了一种有利于高层次科技创新人才培养与成长的学术氛围——自由、合作、探究。这种学术氛围的形成有一系列机制作为支撑，并不只是一种口号。目前，中国学术界普遍存在一种浮躁的氛围，难出高层次科技创新人才，因此非常有必要探究发达国家“自由、合作、探究”的学术氛围背后的机制。

一、学术“自由”机制

（一）保障学生的学习自由

创新型人才发展的基础在于个性的和谐和全面自由的发展。为了充分保障学生学习的自由，给予学生多样化的选择机会、充足的自由支配时间、必要的经济保障是发达国家目前普遍采取的措施，具体做法如下。

1. 多样化的选择机会

一方面，学校数量多、类型丰富。以美国为例，美国大学数量多、种类多，可以为有不同需要的高中毕业生或成年人提供学习和再学习的机会，美国教育部在提供有关高等教育信息时，提醒希望进入大学的申请人争取进入一所最适合自己的、能让自己过得愉快、丰富且有意义的学校。① 另一方面，选修制完善、课程资源丰富。同样以美国为例，美国的选课制灵活方便，允许学生跨专业、跨系、跨校选课，允许主辅课程兼选，选择课程的门数、类型和任课教师都由学生个人自由决定。② 哈佛大学前校长埃利奥特（C. W. Eliot）声称："本大学认识到在文学与自然科学之间并不存在真正的对立，我们不赞成在数学与古典文学、科学与形而上学之间做出非此即彼的狭隘选择，我们要兼容并蓄并使它们发挥最大益处。"③ 他坚信选修制能让学生发挥自己的自然倾向并为自我管理提供广阔的空间。从1846年到1886年，经过40年的努力，选修制在哈佛大学扎下了根。为了保障选修制获得真正意义上的开展，一些顶尖大学都在丰富课程资源方面做出了努力，如斯坦福大学2001年有任课教师1701名，本科生6636人，开出5735门本科课程④；哈佛大学2013—2014学年课程目录中有来自100多个部门的8000余门课程可供选择。丰富而多样的选择使学生成了教学组织中的主体，使学生能够主动地学习。

当然，选课自由是一种相对的自由，为促进学生的全面和谐发展，发达国家的大学都力求建立一个内容广泛的课程体系，实现科学教育与人文教育的平衡。如哈佛大学为了克服大学教育过分专业化的倾向，实施普通教育的核心课程必修制度，这些核心课程包括7大类11个领域：外国文化；历史研究A、历史研究B；文学和艺术A、文学和艺术B、文学和艺术C；道德推理；定量推理；科学A、科学B和社会分

---

① 田德新，张喜荣．美国创新人才培养机制［J］．西安外国语学院学报，2003（3）：85-87.

② 陈建成，李勇，张敬，等．发达国家研究型大学创新人才培养模式的特征与启示［J］．科技与管理，2009（1）：130-133.

③ 李雪飞．美国大学创新人才培养与课程改革之路：一种历史的视角［J］．全球教育展望，2006（11）：68-72.

④ 陈煜，汤智．创新人才培养：美国比照下的反思与变革［J］．中国高教研究，2008（4）：35-36.

析，学生必须在这 11 个领域中选 8 个离主攻方向最远的领域各修一门课程。[①] 因此，理工科方向学生必须在外国文化、历史研究 A、历史研究 B、文学和艺术 A、文学和艺术 B、文学和艺术 C、道德推理、社会分析这 8 个领域中各修读一门课程。

2. 充足的自我安排时间

在课内学时方面，斯坦福大学本科生的课时负担大约只相当于复旦大学学生的 56%[②]，保障了学生有充分的时间进行课外知识的补充与探索。当然，每门课程的教授都会精心选择一些本领域最经典的材料，主要是一些专著和学术论文，装订成册，按主题进行编排，供学生上课之前阅读。此外，教师还会开列一个书单，要求学生阅读，然后撰写读书报告。一般来说，一门课程每个星期的平均阅读量相当于一本 300 多页的专著。

3. 必要的经济保障

日本教育文部省 2004 年投入 1.1 亿美元用于改革研究生的培养模式，以提高研究生的创造力。[③] 根据《研究生教育振兴纲要》（2007—2010 年），日本在以下几个方面支持学生的学业：一是提供确保助教等活动能够顺利展开的资金；二是调查在各研究生院实行的发放奖学金、免除学费等经济支援制度的实施状况，促进各研究生院充实、完善经济支援制度；三是根据希望进入研究生院学习的学生的实际需要，提前发放由日本学生支援机构提供的奖学金，并且通过日本学术振兴会特别研究员制度，为学生提供研究奖励。[④] 美国联邦政府很重视本科生

① 陈建成，李勇，张敬，等．发达国家研究型大学创新人才培养模式的特征与启示[J]．科技与管理，2009（1）：130-133.

② 陈煜，汤智．创新人才培养：美国比照下的反思与变革［J］．中国高教研究，2008（4）：35-36.

③ 刘献君，张晓明，贾永堂．发达国家杰出创新人才培养机制研究［J］．高等工程教育研究，2008（1）：71-80.

④ 华丹．日本：出台《研究生教育振兴纲要》［J］．上海教育，2007（1）：52-53.

科研活动。各联邦机构积极为本科生科研提供资金和项目支持，以2001年各联邦机构，如美国国家科学基金会（NSF）、美国航空航天总署（NASA）、美国国家艺术科学基金会（NEA）、美国国家人文科学基金会（NEH）、美国国家卫生研究院（NIH）等对密歇根大学的资助为例，科研资助基金达405646407美元，约占密歇根大学研究和创新活动经费的69%。这些资金主要以薪水和奖学金的形式给予参与科研的本科生、研究生，部分用于支付指导研究的教员的薪水、资助图书馆的建设。① 参与科研而申请项目拨款或奖学金在美国非常普遍，如斯坦福PBL实验室项目小组成员可以凭借项目申请政府或者其他社会组织提供的项目拨款或奖学金。

另外，为了保障学生的学习自由，学校还会实行“特殊待遇”政策。如1933年考入麻省理工学院的伍德沃德（R. B. Woodward），课余时间酷爱化学研究，在大学一年级时除化学成绩突出外，其他各门课程几乎全未及格，按规定学校应对他做退学处理，但后来学校专门为他召开校务会议进行讨论，决定灵活变通，破格准许他重新入学，并特意为他安排专门的课程表，让他充分地自行支配时间来进行科学研究。校方还专门安排了两名教师对伍德沃德进行指导。结果，伍德沃德不仅在20岁时就获得了博士学位，而且在学期间研究成果颇丰。1965年，他因在有机合成上的杰出成就而获得诺贝尔化学奖。②

（二）保障教师的研究自由

发达国家对于教师研究自由的保障，突出体现在研究经费的保障、教师考评制度和收入的保障上，目标是让教师群体有充分的自由时间和精力来进行科研。

---

① 谢方毅．美国研究型大学本科生科研的组织与实施［J］．清华大学教育研究，2006（2）：91-94.

② 张晓鹏．美国大学创新人才培养模式探析［J］．中国大学教学，2006（3）：7-11.

1. 研究经费的保障

美国研究机构人均事业费一般为10万—20万美元，除了支付人员的工资福利外，还能够为科研人员提供较好的科研条件。我国近年来公益性研究机构的人均事业费虽然已有明显提高，但也只达到每人每年8万元人民币左右的水平。法国、德国、日本、英国和美国等国家为大学提供了有效的间接成本补偿机制，包括科研经费的定期拨付、以科研质量评估为基础给予的拨款资助和约定政府科研项目中间接费用的补偿比重。从第三种方式看，美国大学在承担联邦项目时，一般直接提取50%—67%的间接费用。① 这些经费有效保障了大学为研究人员提供相关的科研服务和长效支持。另外，在美国，充裕的高等教育经费和高效率、专业化、市场化的经费筹措模式为高层次科技创新人才的培养提供了有力保障，政府拨款在美国二元化的高等教育机构中占主导或基础地位，除此之外，众多的基金会、宗教组织、协会、研究会、工会等社会组织，以及教育团体和企业，为大学的高层次科技创新人才培养和教育改革捐赠了大量的资金。据不完全统计，美国有大大小小各种类型的基金会约4000个，基金总额近4000亿美元。② 大小林立、各具特色的基金会对大学和研究机构的教研人员开放，尤其对年轻的教研人员给予特别的支持，只要有好的项目就可以申请。多渠道的科研经费来源，使科研人员可以根据自己的兴趣向各类组织申请项目，进而形成了比较自由的学术研究氛围。

2. 不以发文数量为依据的教师考评制度

大学终身教授制度的确立，保证了大学校园的学术自由，不过终身教授数量相对较少，对一般教职工均采取聘期考核制度。在美国，初级、中级科技人员每3—4年评议1次，高级科技人员每4年评议1

---

① 程郁，王胜光．科技创新人才的激励机制及其政策完善［J］．中国科学院院刊，2010（6）：602-611.

② 黄金辉．“顶尖”科技人才如何成长与培养？［J］．华东科技，2009（1）：44-45.

次，实验室主任和课题组长每4年评议1次，所长每4—6年评议1次；英国和法国的科研人员每2年评议1次，主要采取提交工作报告和一对一交谈式评议的方式，评价并不会考核发表了多少篇论文，考核主要由学术委员会或研究小组领导负责人评价其工作贡献，并给予职业发展的建议，比如晋升、奖励、警告、调换工作、辞退等。而且必须注意的是，国外大学对大学教师进行评议时还非常重视学生的评价。除了发放学生调查表以外，美国斯坦福大学还让部分本科生、硕博生和博士后参与研究委员会和大学学术会议。只有在这样宽松的教师考评制度下才能出现大师，安德鲁·怀尔斯（A. Wiles）在沉寂了7年后才证明了"费马大定理"；2002年诺贝尔生理学或医学奖获得者悉尼·布伦纳（S. Brenner）也是在默默工作长达10年后才发表了第一篇论文。① 若完全以发文数量为依据对教师进行考评，很难想象这些大师是否还会成为大师。

3. 科研人员收入待遇稳定

德国、法国、日本等公立机构的教育和科研人员属于国家公务员，美国政府管理的实验室雇员也是公务员身份，因而大部分研究人员有着非常稳定的收入，而且收入差距很小，绩效工资只占其基本薪资的10%左右。中国科学技术协会第二次全国科技工作者状况调查报告显示，中国31.6%的基层科技工作者年收入低于城镇在岗职工的平均水平。② 根据马斯洛（A. H. Maslow）的需求层次理论，只有在满足基本的生存需求后，个体才能实现更高的自我实现的需求，良好而稳定的收入为科研人员的研究自由提供了良好的环境。

---

① 程郁，王胜光．科技创新人才的激励机制及其政策完善［J］．中国科学院院刊，2010（6）：602-611.

② 董艳苹．中国科协：第二次科技工作者状况调查报告发布［EB/OL］．（2009-07-11）［2013-05-20］．http：//news. xinhuanet. com/newmedia/2009-07/11/content_ 11689396_1. htm.

（三）保障学校的行政自由

学术自由，一直是各个发达国家顶尖大学的普遍信仰和状态。在美国，政府对高校的管理只是在拨款和教学质量上进行宏观监控，而学校的办学理念及学术发展由学校自主管理，高校有办学自主权，可以按照自己的方式和理念来规划人才培养的模式和学校发展的前景，促进大学教育发展的多样化和个性化，而教育上的多样化与个性化正是高层次科技创新人才成长必不可少的环境。

二、“合作”研究机制

“合作”渗透在学校教育的各主体之间，包括校企合作、院校合作、教师合作、学生合作与师生合作。广泛而深入的“合作”使高层次科技创新人才的培养与成长拥有了真实而广阔的空间，提高了高层次科技创新人才培养与成长的质量和效率，让学生和教师时刻处在“合作”的学术氛围中，有助于增强其合作意识。

（一）促进校企合作的机制

1. 合作研究中心

美国在200多所大学中建有1000多个各种类型的大学与工业界的合作研究中心，研究经费主要来自政府和工业界，这些研究中心为大学与工业界的高层次科技创新人才提供了合作研究与创新的舞台。[①] 企业需要学校的人才资源，学校则需要企业的资金、技术支持，以便在科学研究、技术服务上开展广泛合作。有的企业提供课题、资金，有的企业提供设备，使科研与教育融会贯通，使教学与生产有机结合。日本在20世纪30年代就开始注重高校和企业的科技合作，经过几十

---

① 史玉环．高等学校创新人才培养与路径选择［D］．济南：山东师范大学，2008.

年的发展，建立了如联合研究制度、合作研究制度、合同制度等多种形式的横向联合制度。“工业实验室”已经成为日本研究生教育阶段的主要科研中心和教育基地。在这种模式下，企业提供资金、课题和就业机会，研究生负责科研项目，科研人员的研究成果转化为企业的产出率，使企业对研究生教育抱有更大的热情并投入更多的资金，形成一种科技创新的良性循环。①

2. 企业专家顾问

哈佛大学的校企合作渗透到学校教育的各个方面，哈佛大学聘请企业界的专家担任各系科、专业的顾问委员会成员，直接参与学校的教学管理和专业建设，对相关学科、专业的培养目标、人才规格、课程设置、教学内容、实验室建设等提出具体意见。② 斯坦福大学地处世界高科技发展的中心——硅谷，这为其创业教育提供了优良的环境。斯坦福大学利用此优势，与硅谷企业建立协作关系，搭建沟通交流平台，注重应用导向和学科间的优势互补，强调高科技创业。课程内容涉及如何创立高科技公司、怎样实行技术转变、如何运用新技术来开发新产品等，商学院和工程学院联合开发课程。在课程设置上，斯坦福大学要求学生第一年学习基础课，第二年选一个与制造业管理、保健事业管理类似的专业方向进行学习。③

3. 科技成果转化机制

为支持大学科研成果向产品转移，英国政府启动了“高等教育创新基金”，该项基金与高等教育及企业和社区联合基金相结合，支持在大学周围建立各种科技网络群，同时还支持各大学内部建立专门机构

---

① 蒋瑛. 科技创新型人才培养的国际比较研究［J］. 学术论坛，2009（12）：191-195.

② 朱士中. 美国应用型人才培养模式对我国本科教育的启示［J］. 江苏高教，2010（5）：147-149.

③ 朱士中. 美国应用型人才培养模式对我国本科教育的启示［J］. 江苏高教，2010（5）：147-149.

从事专利申请与保护、资金启动、公司筹建和市场开发等活动，有力地促进了英国大学周围高科技网络群的形成。[①]

（二）促进院校和教师合作的机制

1. 院校间学分互认

欧洲的伊拉斯谟计划（Erasmus Mundus）主要面向高等教育领域。在促进学生交流方面，学生可以到另外一个欧盟国家学习 3—12 个月，学成回国后其学习成绩根据欧洲学分体系得到承认。日本的学分制规定提前修满总学分就允许毕业，同时为促进大学间的交流协作、谋求教育教学内容的充实及多样化实行学分互换制，学分互换制有效地加强了大学间的交流。[②]

2. 促进教师合作

一方面，通过共建实验室的方式促进教师间的合作。欧洲理事会通过促进若干成员国共建实验室以及不同学科科学家的交叉研究，促进教师间的广泛深度合作。另一方面，建立导师联合小组制。美国研究生教育中的跨学科现象十分普遍，物理学教授的研究生有可能是学习物理的，也有可能是学习化学、医学或其他学科的。波士顿大学的研究生导师与校内外不同领域的相关教授和学者建立了导师联合小组，定期或不定期地集中或分头指导彼此的研究生。[③]

（三）促进学生合作的机制

学生合作学习在教育发达国家较为普遍，包括平时课堂小组作业、

---

① 史玉环．高等学校创新人才培养与路径选择［D］．济南：山东师范大学，2008.

② 高雪莲．国外创新型人才培养模式对我国高等教育改革的启示［J］．高等农业教育，2007（1）：85-87.

③ 田德新，张喜荣．美国创新人才培养机制［J］．西安外国语学院学报，2003（3）：85-87.

小组讨论等形式。高层次科技创新人才的合作学习方式更为深入，比较典型的有PBL小组、科研项目合作等形式，通过共同攻克难题的形式进行。斯坦福大学的PBL实验室，由土木与环境工程学院于1994年成立，实验室的使命是促进本科生、研究生以及学院研究者、工业实践者参与到不同学科、不同地域的PBL活动中来。PBL实验室通过以问题为基础、以项目为中心的教学活动，为行业企业设计出所需的产品，以基于业务流程再造的活动，将不同学科的人员吸引到同一项目中来，促进了团队协作、学科交叉以及不同地域间的团队工作和学习的开展。PBL实验室每年都会产生新的研究对象，学生针对实验室公布的信息，组成研究小组并开始PBL活动设计。这种方式的产生是由于20世纪90年代初学科设置过分细化，同一学科内不同专业的学生受本专业知识的限制，难以形成对学科的整体认识，基于团队的工作和学习方式成为行业企业、学术研究机构以及政府关注的焦点，同时，团队工作技巧和方法难以在传统的教学活动中获得，需要通过新的教学方法来实现，而PBL的教学方法就满足了当时人才培养的需求。① 同样，维多利亚大学电子工程系开设PBL课程以培养学生的组织能力、协作能力、思维能力、动手能力以及自主学习能力，增强学生的交流能力、个人和团队管理能力，提高学生的计算能力、写报告撰写能力、实验能力以及公共场合表达能力。② 因此，培养合作意识和能力是PBL实验室或课程的重要目的之一，普遍而深入的合作能突破研究人员各自专业知识的限制，更有利于其产生高层次科技创新成果。

三、自由“探究”机制

“探究”意识是各大教育发达国家顶尖院校最为注重培养的学生素质之一，哈佛大学前校长陆登庭（N. Rudenstine）的一句话颇具代表

① 黄金丹．基于PBL的高校工科人才培养机制研究［D］．杭州：浙江大学，2008.

② 孙韬，熊兰，侯世英．澳大利亚维多利亚大学PBL课程的教学模式浅析［J］．电气电子教学学报，2008（S1）：42-44.

性，即“哈佛大学给予学生的是一种学习的方式和解决问题的方法”。在世纪之交，他指出：“在迈向新世纪的过程中，一种最好的教育就是有利于人们具有创新性，使人们变得更善于思考，更有追求的理想和洞察力，成为更完善、更成功的人的教育。”[①] 解决问题、善于思考、富有洞察力都指向“探究”意识和能力。为了培养学生的“探究”意识和能力，顶尖院校在课程、教学、科研与导师等方面的一些具体做法值得我们借鉴。

（一）促进探究的课程与教学

1. 研讨式课程

美国大学普遍开设了各种跨学科的、综合性的专题学术研讨课程，由有经验的教师主持，让新生们依照自己的兴趣报名选学，学生在规模很小、一般限定为 10 余人的研讨班中，和教师一起从不同学科视角探究令人兴奋的热门问题，围绕主题查阅相关的富有见识的文献资料，听取导师的辅导课，开展小组合作学习，组织充满活力的讨论交流，撰写学术论文和报告，这种跨学科的学习体验特别有利于学生探究精神的培养。[②] “斯坦福导读”（Stanford Introductory Studies）是以小班教学为特色的一系列低年级课程创新项目的集合，其中包括“人文学科导论”“科学、数学和工程核心”以及“写作和批判性思考”等，无论这些课程内容宽窄程度如何，都是教师颇感兴趣并有研究心得的领域，他们也能从学生的参与中受到启发。2001—2002 学年，斯坦福大学 5735 门本科课程中共开设了约 330 门研讨班课程，其中包括通识教育课程 100 门。[③] 这些研讨班课程不需要多少前修课

---

① 刘宝存．美国大学的创新人才培养与本科生科研［J］．外国教育研究，2005（12）：39-43.

② 陈建成，李勇，张敬，等．发达国家研究型大学创新人才培养模式的特征与启示［J］．科技与管理，2009（1）：130-133.

③ 张晓鹏．美国大学创新人才培养模式探析［J］．中国大学教学，2006（3）：7-11.

程知识，它们用的不是特定学科的方法和材料，是真正的探究；有助于学生产生对别的专业的兴趣，实现知识交叉；有助于学生与任课教师更多地接触，从而了解真正的研究方法，产生强烈的研究兴趣，创造新的知识。

2. 启发式教学

启发式教学中的一种典型方式是习明纳。德国大学规定学生每学期至少完成一次习明纳（多做不限），参与习明纳意味着参加者在独立阅读和钻研的基础上，就某一选定课题完成专题书面报告，并就此进行讨论或辩论。学生每次要撰写不少于20—25页附有注释和参考文献的学术报告。习明纳的主要功能在于帮助学生学会如何寻求、确立和捍卫自己的观点，并在这一过程中训练学生独立学习和从事科研的基本技能，为今后从事专业活动打下基础。① 1959年，哈佛大学为了提高本科低年级阶段的学术性，开始进行低年级习明纳的实验，经过3年实验之后，低年级习明纳计划正式成为其本科生课程的组成部分。习明纳的精髓就是课堂上的相互交流，这种相互交流也挽救了这些研究型大学教授的自尊心。美国哈佛大学应用物理学家马楚尔（E. Mazur）应用了这种交互式教学法。他回忆说："应用这种方法使我彻底摆脱了绝望，而在过去我感觉到在课堂上似乎没人理会我在讲什么。"现在他总是要求学生在课堂上讨论和争论问题，结果是令人鼓舞的。学生们争论问题、提出答案、相互说服，教师穿梭在学生之间，认真地做指导。②

另外一种应用较为广泛的教学方式是PBL。斯坦福PBL实验室通过以问题为基础、以项目为中心的教学活动，为行业企业设计出所需要的产品。学生利用自由活动时间开展项目设计，每学年有两次项目考核，取得重要研究成果的项目可以直接和企业合作并转化为实践，

---

① 韩骅．德国大学的若干教学特点简析［J］．上海高教研究，1992（1）：95-99.

② 苏玉霞．习明纳在美国研究型大学中的设置与采用［J］．吉林工商学院学报，2008（4）：111-113.

项目小组成员也可以凭借项目申请政府或者其他社会组织提供的项目拨款或者是奖学金。

（二）促进探究的科研与导师

1. 科研计划

美国的许多大学都有本科生科研项目，并把本科生科研纳入课程计划。据美国博耶研究型大学本科生教育委员会（The Boyer Commission on Educating Undergraduate in the Research University）在1998年发表的《重建本科教育：美国研究型大学发展蓝图》和2001年发表的《重建本科教育：博耶报告三年回顾》的相关调查显示，几乎所有的研究型大学都为本科生参与科研提供了机会。具体情况如下：16%的研究型大学中约有75%的本科生参与科研；26%的研究型大学中有50%的本科生在特定领域参与科研；48%的研究型大学表示本科生科研活动较少，仅有25%的本科生参与科研活动。[①] 麻省理工学院（MIT）实施了"本科生研究机会方案"（UROP）；加州大学伯克利分校（UC Berkeley）的本科生科研是教学计划的一部分，研究性课程占总学分的20%以上[②]，该科研计划主要由"本科生科研学徒计划"（URAP）、"赫斯学者计划"（HSP）、"校长本科生研究奖学金"（PUP）、"本科生研究经验计划"（REU）组成[③]。为了加强本科生科研工作，加州大学伯克利分校于1997年成立了本科生研究办公室（Office of Undergraduate Reach），主要职责是为本科生提供各种研究机会和项目申请的信息，组织项目申报、审核以及验收工作，此外还承担一定的教育职能，例如组织各种关于研究方法方面的讲座、讨论会

---

① 苏玉霞．习明纳在美国研究型大学中的设置与采用［J］．吉林工商学院学报，2008（4）：111-113.

② 李雪飞．美国大学创新人才培养与课程改革之路：一种历史的视角［J］．全球教育展望，2006（11）：68-72.

③ 刘宝存．美国大学的创新人才培养与本科生科研［J］．外国教育研究，2005（12）：39-43.

等来帮助学生了解什么是研究、如何撰写项目申请书、拟订预算等。

2. 专业协会研究院

荷兰高校或研究机构的博士生，一般都被要求进入本学科专业协会的研究院。博士生向研究院递交研究计划，通过研究院评审委员会（组成人员一般为世界知名专家）的评审才能进入。研究院开设提高博士生各方面能力的课程，经常性地举办研讨班，帮助博士生向皇家科学院及工业界等方面申请科研项目。这种研究院能够集中优势学科力量及人力资源，综合科研力量和资源优势，取长补短，共享信息资源，联合争取国家乃至欧盟的重大科研项目，从而提升科研人员的竞争力和国际水准，营造各学科交叉的学术氛围，有利于博士研究生的培养。①

3. 卓越导师引领

导师制最早起源于牛津大学，被称为“牛津皇冠上的宝石”。从古至今，牛津大学里走出了一批又一批出类拔萃的杰出人才，导师制功不可没。② 1919 年，加利福尼亚理工学院（CIT）还是一所新建不久、没有名气的小学校，但该校聘请到了“伟大的化学教师”诺伊斯（A. A. Noyes）。诺伊斯的教育政策为加利福尼亚理工学院的迅速崛起和巨大成功奠定了坚实的基础。这些政策包括：注重少而精，而不追求大而全；在所有层次，包括本科层次，提倡创新的研究工作；在科学教育之外，坚持对本科生进行人文教育。诺伊斯非常热爱学生，提倡学生和教师在学术和社交上密切交往，鼓励学生开展科学研究。1925 年，诺伊斯指导他的博士生鲍林（L. C. Pauling）带领十几个本科生进行一些创新研究，这是诺伊斯让未来的化学家尽早接触实验室计划的一个组成部分。鲍林和这些本科生的研究很有成效，其中一名一

---

① 刘献君，张晓明，贾永堂. 发达国家杰出创新人才培养机制研究［J］. 高等工程教育研究，2008（1）：71-80.

② 蒋瑛. 科技创新型人才培养的国际比较研究［J］. 学术论坛，2009（12）：191-195.

年级学生埃德温·麦克米伦（E. M. McMillan）还与鲍林合作发表了一篇论文。20 世纪 50 年代初，麦克米伦和鲍林先后获得了诺贝尔化学奖。① 因此可以说，卓越导师的引领对于高层次科技创新人才的培养至关重要。各顶尖大学都竭力控制生师比，加州理工学院生师比为 3∶1，麻省理工学院和耶鲁大学生师比为 6∶1，斯坦福大学和哥伦比亚大学生师比为 7∶1，哈佛大学生师比为 8∶1，华盛顿大学生师比为 11∶1。②

第三节　改革始于足下

高层次科技创新人才的培养与成长是一项长期性、综合性、复杂性的系统工程，需要高层次科技创新人才自身、社会、政府等不同主体多方联动，形成协同创新力量，共同探索新机制和新方法。对此，我们提出以下建议与措施。

一、加强宣传，努力引导全社会以及各行各业支持、树立科学的人才观

措施 1：营造良好的社会环境。加强宣传和引导，认真贯彻和落实《国家中长期人才发展规划纲要（2010—2020 年）》的精神和要求，充分发挥政策和媒体舆论的引导作用，提高知识分子的地位和待遇，在全社会形成尊重知识、尊重人才、尊重劳动、尊重创新、包容理解的社会氛围，为高层次科技创新人才的成长营造一个宽松和谐的社会环境。

措施 2：遵循创新人才培养规律。正确认识和科学把握高层次科技创新人才的成长规律，克服急功近利、拔苗助长的倾向，着眼于高层

① 张晓鹏．美国大学创新人才培养模式探析［J］．中国大学教学，2006（3）：7-11.

② 陈煜，汤智．创新人才培养：美国比照下的反思与变革［J］．中国高教研究，2008（4）：35-36.

次科技创新人才培养的长期性、系统性、复杂性，以足够的耐心给予高层次科技创新人才充裕的成长时间和空间，科学合理地建构促进高层次科技创新人才成长的体制与长效机制；建立和完善教育系统与经济社会系统之间、基础教育与高等教育之间、不同学科与不同专业之间的联动机制，形成具有中国特色的普通高等教育和高层次科技创新教育相融合的高层次科技创新人才培养分层与分类结构体系。

二、深化基础教育改革，为高层次科技创新人才的成长奠定坚实基础

措施3：促进大中小学教育在创新人才培养上的一体化有机衔接。人才培养是一个系统工程，子系统之间必须加强衔接，共同致力于高层次科技创新人才的培养。教育改革应该着眼于从人才培养的“创新链”入手，系统设计教育领域的综合改革。要注重基础教育与高等教育的衔接，使高层次科技创新人才培养的理念贯穿于整个教育系统，践行于家庭教育、幼儿教育、中小学教育、本科教育和研究生教育的整个过程之中。中小学要坚持教育家办学，注重校长在办学中的核心作用。

措施4：夯实人文与科学底蕴，着力培养创新精神。中小学要营造一种鼓励质疑、独立思考的氛围；强化人文教育，注重学生人文素养的提升；可借鉴国外STEM（科学、技术、工程、数学）教育的成功经验，进一步加强科学教育、技术教育与工程教育；倡导启发式教学，释放学生创造活力；着力培养学生良好的生活习惯和学习习惯；加强思维训练，充分尊重学生个性化发展需求，培养学生科研与创新志趣，提高学生自主学习与探究能力。

三、深化高等教育改革，探索和创新高层次科技创新人才培养新模式

措施5：创新学生评价体系，优化人才选拔机制。以国家深化考试

招生制度改革和上海、浙江高考综合改革试点为契机，深化高等院校招生与录取制度改革，积极探索考查学生综合素质、甄别具有科技创新潜质的优秀青年科技创新人才的教育评价机制；扩大高校招生自主权，拓宽优秀青年科技创新人才脱颖而出的渠道；改革研究生招生考试制度，进一步完善博士研究生申请入学制，探索优秀青年科技创新人才脱颖而出的新机制；改变学生评价过于整齐划一、评价形式单一、评价内容和评价标准不完善的现状，创新学生评价与人才选拔机制，注重科技创新思维品质、科技创新潜质、科技创新能力以及综合学术素养的养成，注重科研创新过程评价，鼓励科研团队合作。

措施6：深化课程改革，完善通识教育，创新专业教育课程体系。加强跨学科课程和方法论课程建设，鼓励和支持高水平专家学者积极为本科生开设学科导引课程、科研渗透课程和学科前沿讲座，着力培养学生的跨学科学术视野与科研创新能力，拓宽学生的学术视野，培养学生追求真理、严谨治学、献身科学的精神，着力培养学生的跨学科学术视野与科研创新能力；深化高等学校课程改革，使学生在接受通识教育、夯实基础知识的基础上，培育和确立科技创新志趣；以最新的科技成果为基础，全面更新专业教育内容；在加强专业知识指导的同时，培养学生探索自然、追求真理、献身科学、严谨治学的精神，引导学生在较高的起点上领悟科学的真谛，帮助学生找到人生的目标。

措施7：全面革新教学与人才培养模式，健全和完善以科技创新为导向的人才培养体系。积极创造宽松和谐的科研创新氛围，充分尊重学生个性化发展需求，以科研成果反哺教学，促进科研与教学相结合；拓宽学生知识面和研究视野，强化严格规范的专业训练，促进学生在大学期间养成终身受益的学习与研究习惯；鼓励学生在内在的科研兴趣的驱动下，自主开展学习与探究活动，提升多学科知识分析和解决现实问题的能力；加强社会实践，为高层次科技创新人才的成长打下坚实基础。

四、加强政产学研合作，建立与完善基于协同创新的高层次科技创新人才培养机制

措施 8：推进校企合作和政产学研合作，鼓励多方参与，合作培养。政府应进一步重视通过贷款、税收、委托研究、政府定向采购等措施，加强政府、高校、科研机构和企业的科技合作，鼓励企业和社会机构以人员双聘、项目合作等多种合作模式，主动参与大学和科研机构的科技创新和人才培养；鼓励高校和科研机构从事技术转让、合作开发和共建实体等产学研合作活动。

措施 9：充分利用市场资源，建立优秀青年科技创新人才风险投资机制。制定和完善高新科技公司培养计划和优惠政策等一系列“诱导性”政策，提升高层次科技创新人才将科技与产品相结合的意识与能力；加大发展创业投资、完善科技风险投资市场，为科技创新人才的发展提供一个良好的市场环境和发展平台；鼓励国内外猎头公司等科技服务机构在中国市场的健康发展，改进科技技术服务、管理咨询服务、人力资源服务、信息服务等，为高层次科技创新人才队伍的建设提供有力的信息技术和服务环境；借鉴国外经验，建立高水平的开放性科研创新中心、创新教育基地、科技创业基地。

五、建立和完善博士后研究工作管理体系、研究质量保障体系与多元化投入保障体系，着力培养科技创新后备力量

措施 10：建立与完善博士后研究工作管理体系。扩大高校和科研机构博士后工作的管理自主权，改变国家统一计划、直接管理的运作方式，减少行政干预，取消统一设立博士后流动站、向各单位分配招收计划指标的做法，取消对基层单位和博士后人员在学科、年龄、任期等方面的统一规定，充分激发和调动各省区市博士后管理部门、各

高校招收博士后的积极性和自主性，鼓励各地区、各高校着眼于高层次科技创新后备人才的培养，因地制宜地制定本地区、本单位的博士后发展规划；转变大学和科研机构博士后工作管理部门的管理职能，下放博士后学术管理重心，努力为专业学院（系、研究所）的博士后工作及博士后人员的科学研究提供良好的支持性服务；充分调动相关专业学院（系、研究所）、合作导师的积极性，激发博士后人员潜心研究重大前沿问题的创造性。

措施11：建立健全博士后研究质量保障体系。加强对博士后招收单位及合作导师的考核评估，确保招收单位及合作导师能够为博士后人员提供必备的科研条件、良好的学术环境和必要的学术指导；明确博士后合作导师的学术指导责任，建立与完善“多对一”的联合指导模式，激发合作导师与博士后人员的工作热情；依托国家重大科研项目和重大工程、重点学科和重点科研基地、国际学术交流合作项目，鼓励和支持博士后人员在站独立申请、承担科研项目，建立基于重大研究项目的合作研究与人才培养机制，促进博士后研究人员的科研创新；积极搭建国际化交流平台，鼓励和支持博士后研究人员的国际学术交流与合作研究，持续跟进世界前沿学术进展；大力吸引海外留学博士回国、外籍博士后来华从事博士后研究工作；改进对博士后人员的学术考核制度，探索多元化学术评价机制，完善学术成果的生产力转化机制，促使科研融入社会经济发展，探索博士后职称评审制度，营造健康、宽松、自由的学术科研环境，鼓励创新，包容失败。

措施12：建立与完善以国家投入为主体的多元化博士后投入保障体系。进一步加大国家财政投入力度，建立与完善多元化博士后投入保障体制，探索与多元化博士后投入保障体制相适应的运行机制与管理模式，理顺投资者、高校、博士后人员、院系及导师的权利与责任，充分调动各方的积极性，推动博士后工作的持续健康发展。取消通过设立流动站、分配资助计划指标并按人头下拨经费的方式，适应国家经济社会发展战略，重点投入和优先资助亟待发展的重点领域、重点地区；鼓励地方政府投资招收博士后人员，服务地方经济、科技发展；建立合作规范、优势互补、市场主导、利益共享的企业博士后制度，大力推动企业博士后人员自主创新；允许和支持高校及其他科研单位自筹资金招聘博士后人员加强学术队伍建设；注重博士后人员生活质量，建立与国际接轨的“博士后资助金”，实现博士后与同行业副教授级别人员同等待遇。

六、优化科研管理机制，变革立项、评审、管理与科研经费使用制度

措施 13：改变行政过度干涉科研项目管理的现状。变革行政过度干涉科研管理事务的现状，减少频繁的科研评估和检查，尤其要减少对项目的直接检查，强化对科研单位的整体监管；提高成果验收的深度和效果，改变“重立项、轻验收”或“重形式、轻效果”的不合理现象；切实减少行政主导的鉴定、报奖和评优，强化科技成果评价的创新标准。

措施 14：完善科技立项程序与审批制度，防止科研人员盲目竞争。健全同行评审制度，确保同行真正参与评审，保证科研项目按其课题性质、研究领域分配给该领域真正的专家来领导；避免行政管理过多介入项目评审，遏制游说、公关等非学术性因素的影响，坚持以鼓励原创性科技成果、促进科技创新人才的培养与成长为立项的根本标准。

措施 15：探索科学合理的经费管理方式，提升科研经费使用效益。加强科研预算管理，适度增加研究平台公共经费和人员经费，调动科研人员的积极性；经费预算管理按照不同学科开展科学研究的特点，允许按科研工作的实际需要调整科研经费支出结构；提高科研经费预算的人员费用比例，设置特定的创新科研岗位，聘用海外学者、国内同行和研究生，组建科技创新团队。

七、深化人事与分配制度改革，激励和保障高层次科技创新人才潜心科学研究事业

措施 16：建立与高层次科技创新人才的社会价值和贡献相匹配的薪酬制度。参照国内外市场行情和物价水平，适当调整和提升科研人员的薪酬待遇；尝试建立基于市场的薪酬制度，推进基于年薪制的高层次科技创新人才薪酬制度改革；设立青年科学家专项基金；提高博士研究生和博士后待遇，激励和保障优秀青年科技创新人才和高层次科技创新人才潜心科学研究。

措施 17：进一步完善优秀青年科技创新人才专业晋升渠道。根据青年科技创新人才的专业特长、专业志趣和研究方向，鼓励青年科技创新人才参与杰出科学家的实验室和研究项目；为青年科技创新人才搭建合适的研究与交流平台，鼓励人才合理流动，创造更多的研究、表达和发展机会，拓宽专业晋升渠道；鼓励符合条件的青年科技创新人才独立承担或参加各类科技项目；安排更多的青年科技创新人才参与或担纲科技领军人才领衔的国家重大科研项目；进一步完善青年科技创新人才专项培养计划，为青年科研人员提供更多的与国内外同行交流协作以及海外访学的机会。

八、规范杰出科学家和顶尖科技创新人才的行政任职

措施 18：加强科研管理的专业化建设。建立与完善科研服务与支持体系，将科技管理的职责从科学研究事务中剥离出来，建立一支相对稳定的科技管理专业化队伍，提高科研效率和科技管理水平；切实保障科研人员有充足的科研时间，保障科研人员至少有 5/6 的时间用于科研。

措施 19：严格规范高层次科技创新人才的行政任用。区分科研管理与科学研究事业的不同职能，分离高层次科技创新人才的科研角色

和行政管理角色，规范和限制高层次科技创新人才的行政任职；适度限制担任党政领导职务的科研人员以主持人或首席专家的身份申报重大科研项目。

九、建立健全科学合理的评价体系，引导和促进高校教师和高层次科技创新人才健康持续发展

措施20：坚持以科研质量和实际贡献为核心标准进行评价。改变以往仅仅依据发表成果的期刊等级、课题与论文的数量、经费额度、获奖情况等因素进行学术评价的做法，综合考虑科研条件支持情况、科研投入水平、特定学科或科研领域的科学知识发展特点，以及科研人员的科研过程等因素，注重科研成果的原创性与创新性、解决重大科学技术问题的贡献度等因素。

措施21：变革学术评价体系。变革以第一作者和通讯作者发表科技创新成果为依据的学术评价体系；鼓励团队协同科技攻关，尤其支持青年科学家参与国家重大科研项目；建立和完善科学认定每一位团队成员的科研贡献的机制与方法；引入第三方评价，力求公正科学地评价每一位科研人员的科技创新能力和科研业绩。

十、优化国家科技奖励和人才支持计划，促进高层次科技创新人才的可持续发展

措施22：整合国家科技奖励计划。完善国家科技奖励制度，逐步淡化和消解各类奖项中的功利价值，整合和优化国家不同系统、不同部门、不同专业的科技奖励计划（奖项）。

措施23：注重人才成长的持续激励。适当减少人才支持计划的考核指标，逐步取消年龄限制，关注和保护青年学者的“事业生命期”，根据人才成长的实际需要，设置针对不同年龄段的人才支持计划，避免高层次科技创新人才的专业成长因年龄限制而中断。持续释放青年

科技创新人才的创造活力，保证人才培养的连续性。

措施 24：优化奖励评价机制。简化评奖流程，优化烦琐的材料申报环节，建立健全公正、公平、公开的奖励评价机制，逐步实现由行业的杰出专家根据科研成果的创新性及同行认可水平，直接提名和评选优秀科研项目。

措施 25：注重团队激励。注重对科研团队（课题组）的奖励，奖励配合默契、工作成绩突出的科研团队（课题组），激发科研团队（课题组）的荣誉感和成就感，尤其重视对优秀青年科技创新人才和高层次科技创新人才的激励和宣传。

十一、进一步加大人才的国际交流与合作力度，提升高层次科技创新人才的国际化水平

措施 26：大力加强国际交流与合作。立足提高科学技术事业的国际化水平，实施国家高层次科技创新人才成长的国际化战略，开展多层次、宽领域的教育交流与合作，引进优质教育资源、提高交流合作水平，提高我国高层次科技创新人才培养的国际化水平。

措施 27：加大国际人才交流规划与管理力度。根据产业发展、区域发展的实际需要和发展趋势，编制产业和区域国际化人才开发规划，建立国际人才市场与服务资源库，构建以大数据为基础的海内外高层次科技创新人才信息中心、人才需求信息发布平台和公共服务平台。

措施 28：优化国家公派出国留学和来华留学政策。完善资助海外学者的各类基金支持计划，完善出国（境）科研合作与培训管理制度和措施，加强公派出国的过程管理与绩效评估，多渠道开发国（境）外优质教育与培训资源，建立与完善基于研究生导师合作指导的研究生联合培养机制，提高国家公派留学成效；进一步完善来华留学教育政策，提高来华留学生质量。

措施 29：加强国际科研合作，提高国际合作研究实效。改善国际学术交流与合作的结构，由重学术交流转向学术交流与科研合作并重，

建立健全基于双方科研人员共同学术志趣的双边、多边科研合作项目，支持和保障科研人员实质性地参与国际重大科研合作项目，支持高等学校、科研机构与海外高水平教育、科研机构建立联合研发基地；充分利用国际知名的全球化科研创新平台，推动我国企业设立海外研发机构，进一步发挥中外合作交流计划、中外合作办学机构、国内外科技机构和科技企业孵化器在促进创新人才培养与成长方面的作用。

措施30：进一步优化人才引进政策的系统化设计，改善人才引进环境，加大引进国外智力工作力度，吸引海外高层次科技创新人才归国（来华）创新创业。围绕国家建设重点需求，科学规划人才引进的学科、专业布局；加强人才引进政策的顶层设计，进一步梳理不同地区、不同部门对引进（归国）人才政策、社会保障政策之间的矛盾与冲突，公平、公正地系统化设计引进（归国）人员的居民（公民）权利、社会保障、医疗保险等长效性保障机制，改善人才引进（归国）环境；推进专业技术人才职业资格国际、地区互认，促进高层次科技创新人才的合理流动，鼓励、支持海外留学人员、华人学者回国工作、创业或以多种方式为国服务，吸引外籍高层次科技创新人才来华工作。

第八章

学校教育哲学与学校治理

学校教育哲学是学校在其长期的教育教学与教育管理实践中形成的并为全体师生员工广泛认同的关于教育的意义与价值的根本认识与系统化思考。“有活力”是衡量学校发展状态与发展潜力的重要指标。学校文化是学校哲学在学校日常生活中的反映。教师专业发展共同体可以支持和帮助教师改进和完善自身的教学实践，帮助他们解决由于学校的改革和变化而出现的危机感和不确定感，使教师应对变化的环境和新的挑战。从“行政管理”回归到“专业领导”的学校领导，是对教育理念的引领和促进，是对学校未来发展方向的把握与指引。基于学校自主办学的教育治理体系的逐步建立与完善，客观上呼唤基于数据的学校决策、学校运营与学校改进。①

① 本章内容发表于《中国民族教育》2015 年第 6、9、10、12 期及 2016 年第 1—5 期，收入本书时已经作者修订。

学校的改革与发展，需要建立在自身的教育哲学的基础上，形成基于学校文化的学校活力，需发挥全体教师的基于团队合作的实践智慧，需要真正从基于集权的管理走向多元共治的“治理”。

第一节　学校教育哲学

“教育哲学”往往指大学教育学专业的一门课程，被当作运用一般哲学原理分析和探讨教育基本问题的理论性学科。而对于我们现在的这个题目而言，教育哲学则是一种教育思想。讨论这个话题，至少需要探讨三个问题：什么是学校教育哲学？为什么要倡导学校形成自己的教育哲学？学校教育哲学是如何形成的？

一、学校教育哲学的形成

美国哥伦比亚大学教授索尔蒂斯（J. F. Soltis）认为，当代教育哲学分为三个方面：个人的教育哲学、公共的教育哲学和专业的教育哲学。显然，校长的教育哲学是一种个人的教育哲学。索尔蒂斯指出：“就像每个人都有自己的生活哲学一样，他也应当有自己的教育哲学，那就是一套个人的信念，认为在教育领域内什么是好的、正确的和值得做的。”[①] 其实，我们每个人都有教育经历，都可以对“什么是教育”这样的经典问题有自己的朴素的、经验层面的认识和看法。但这不足以上升到“哲学”层面。当我们讨论校长的教育哲学时，是说校长在日常的教育教学和教育管理实践中，借助理论学习、教育生活实践及反思与提炼，对“教育”“教学”“学习”等基本概念，以及“什么样的教育是好教育”“什么样的学校是好学校”“什么样的教师是好教师”等学校教育基本问题进行系统思考形成的教育理念与认识。当

① 索尔蒂斯，闵家胤．论教育哲学的前景［J］．国外社会科学，1984（3）：8-12.

代教育处于工具理性盛行的社会环境之中，对于“分数”高度关注的效率主义思想正侵蚀着教育的意义与价值。“教育的主要目的，在最广泛的意义上就是‘塑造人’，或者更确切地说，帮助儿童成为充分成型的和完美无缺的人。”① 形成科学、合理、正义的教育哲学观，是当代校长教育哲学的重要价值追求。由此，我们说，学校教育哲学是学校在其长期的教育教学与教育管理实践中形成的并为全体师生员工广泛认同的关于教育的意义与价值的根本认识与系统化思考。

学校教育哲学是校长专业成长的需要。由于校长的教育实践都具有个性化色彩，在此基础上形成的教育哲学也必然是个性化的。校长在办学过程中，其教育经验、教育思想、教育智慧得以不断丰富和完善。日益丰富、个性化的学校变革实践与可持续发展，越来越要求校长富有哲学追求，而个性化的教育哲学的建构，有助于校长一步步跨入教育家型校长的行列。

学校教育哲学是学校变革与发展的需求。要促进学校健康持续发展，校长应当具有独特的学校发展观念。事实上，由于每所学校所处的地理环境、人文环境不同，其历史传统、现实基础、学校文化等方面各异，所以，每所学校都是一个独立的文化存在，经由学校本土实践而形成的校长教育哲学，建立在学校各自不同的文化底蕴基础之上，在很大程度上体现着学校办学的独特个性，显现出旺盛的生命力。另一方面，“以这种方式形成的关于教育的哲学观点能使一个人达到对人的意义、目的和义务有令人满意的意识，从而指导他或她作为教育工作者所从事的活动。”② 校长的教育哲学追求有助于塑造学校文化，有助于形成学校自身办学特色，提高学校教育质量和整体办学水平。实际上，校长所建构的个性化的教育哲学，在其办学实践过程中，将发挥激励、导向、凝聚和规范作用，推动学校自主发展，唯其如此，学校才能提供个性化的教育，也才能培养出具有个性、创造性和独立自

---

① 马里坦．新托马斯主义的教育观［M］//华东师大教育系．现代西方资产阶级教育思想流派论著选．北京：人民教育出版社，1980：111-112.

② 索尔蒂斯，闵家胤．论教育哲学的前景［J］. 国外社会科学，1984（3）：8-12.

主人格的学生。

学校教育哲学的形成过程是一个学习过程。个人的教育哲学与专业教育哲学、公共教育哲学有着紧密的联系。任何人的哲学思想的形成，都离不开继承和发扬前人的思想遗产。校长要形成自己的哲学思想，需要学习中外伟大教育思想家的教育思想，从中汲取合理的、有价值的思想精华，比如，从孔子那里继承“有教无类”“教学相长”，从赫尔巴特那里体会“教育性教学”，从杜威那里领会“教育即生长”“做中学”和“经验的改组和改造”；从那些以“实用主义”“要素主义”“后现代主义”等各种“主义”为标识的专业化的规范教育哲学中汲取营养等。每一个时代、每一个国家和地区，都有着影响此时此地的教育改革的各种教育价值观念，也会衍生出各种教育口号，其中的主流教育价值构成我们所说的公共教育哲学，这些主流教育价值会演化为公共教育政策，并在日常教育改革实践中得以体现。学校的教育改革离不开主流教育价值的影响，在日常的教育实践中，校长要善于学习和把握主流教育价值，善于从公共教育哲学中汲取营养，并以此来变革具体的教育教学与教育管理实践，此所谓公共教育哲学的情境化。

学校教育哲学的形成过程，是一个实践、反思、体验与提炼的复杂过程。我们说校长的教育哲学是个人的教育哲学，这里的“个人”，既是说校长本人是一个“个体”，又指校长所在学校所独有的个性化特征。校长的教育哲学，是在具体学校情境中，在具体的教育教学与教育管理实践变革过程中逐渐形成的。学校教育变革是一个反复的、持续的过程。在此过程中，校长要与全体教职员工一道，将自己朴素的教育思想与破解学校教育教学改革的具体问题结合起来，形成系统化的变革方案，并逐步实现学校改进。学校持续改进的过程，是校长教育思想逐步为员工所认同的过程，是校长与员工持续体验变革的过程，是情境化学校变革经验不断丰富的过程，是学校办学特色的渐进生成过程，也是校长教育思想不断完善的过程。在办学实践过程中，我们倡导教育家型校长自主办学。所谓教育家型校长，就是有自己的教育哲学的校长，这就要求校长们在教育理论学习、教育变革实践体验的基础上，借助概念、判断、推理等思维形式，不断地总结、反思、提炼自己的理论学习收获、实践经验与实践智慧，从而进行概念化、系统化的提升，这也就是杜威所谓“经验的改造”。这种经由逻辑思维（logical thinking）形成的能动地反映客观教育现实的理论化、系统化的教育观念及在此过程中形成的认识教育现实的方法论，就构成了校长的教育哲学。

从根本上讲，哲学即“爱智慧”。学校教育哲学是学校教育实践智慧的综合反映，这种实践智慧不是简单的、一般的逻辑思维能力，而是透视实践、改造经验、提升自我的能力展现。校长的教育哲学，是基于复杂情境的理性思维的产物，也是基于学校日常生活的感性写照，是校长和学校不断创新与超越的结晶；既是校长个人教育思想的体现，也是独特的学校文化的体现；既是一种独特的教育认知和教育境界，又是与这种独特的教育认知和教育境界协调一致的教育方式和方法。我们所追求的校长教育哲学，表现为对学生和教师的真正意义上的尊重，对教育过程与教育体验的关注，对人生幸福境界的追求。

二、学校教育哲学的核心：培养目标

学校教育哲学，需要回答学校教育的目标与价值问题，从根本上讲，就是要回答用什么样的教育内容、以什么样的方式方法、培养什么样的人的问题，其中，最核心的问题是培养什么样的人的问题，即培养目标问题。

在教育学理论上，这是一个与教育目的紧密关联的问题。一方面，教育目的是教育活动的出发点和归宿，对于教育制度的建构、教育内容与方法的选择、教育活动的组织及教育质量的监测与评估等一系列教育活动均起着决定性的指导作用；另一方面，教育是一种培养人的社会活动，学校教育系统是一个多层次、多类型的复杂系统，人才培养周期长，只有制定明确的教育目的，才能最大可能地保证各种教育力量形成合力，保证人才培养的质量。新中国成立以来，在教育理论层面，我国的教育目的一直以马克思主义“人的全面发展”理论为基础，在教育政策层面表现为党和国家的教育方针。20世纪50年代，中共中央、国务院颁布的《关于教育工作的指示》，根据毛泽东《关于正确处理人民内部矛盾的问题》，将教育目的表述为“我们的教育方针，应该使受教育者在德育、智育、体育几方面都得到发展，成为有社会主义觉悟的有文化的劳动者”。改革开放以来，应时代发展与社会变迁之需，在不同的历史时期，党和国家对教育方针做过一些修订，如在《中华人民共和国宪法》（1982）、修订后的《中华人民共和国义务教育法》（2006）、《国家中长期教育改革和发展规划纲要（2010—2020年）》（2010）中均有体现。但是，在具体而丰富的教育实践过程中，这种以人的德、智、体全面发展为标识的教育目的观，既造成人们思想认识上的偏颇，也遭遇诸多挑战。在建构学校教育哲学的过程中，应从反思与重建培养目标入手。

首先，区别教育目的与培养目标，形成学校的个性化培养目标。学校培养目标与教育目的虽有联系，但两者的规定性有所不同。教育目的集中地反映社会和时代对培养人的共同要求，是各级各类教育培养人的总的质量标准和总的规格要求，是各级各类学校教育都必须遵循的总目的。而培养目标则是依据教育总目的，从各级各类学校或各种专业的具体教育任务出发，针对培养对象的身心发展特点制定的，不同层级、不同类别、不同专业的学校教育的培养目标有所不同。各级各类学校在建构自身的教育哲学、确立自己的培养目标时，自然要遵循国家统一的教育目的（教育方针）之精神，但不应以此为借口，逃避深入思考学校具体培养目标的责任。根据教育对象、教育任务的差异，因地制宜，从学校实际出发，确立学校具体的、个性化的培养目标，是每一所学校首要之责。

其次，融通社会本位与个人本位教育目的，兼顾个性自由发展与个体社会责任担当。社会本位与个人本位是教育史上由来已久的两大教育目的派别，前者主张个人的发展有赖于社会，没有社会需要就谈不上个人的教育和发展，教育成果只能以其社会功能来衡量，因此，应该从社会需要而不是从个人本性需要出发规定教育目的，社会需要是确定教育目的的唯一依据；后者认为，人生来就有健全的本性和本能，教育目的就是使这种本性和本能顺利地得到发展，教育的个人价值高于社会价值，应根据个人发展需要而不是社会发展需要来规定教育目的。两种观点均失之偏颇。我国教育目的的重要来源——马克思主义“人的全面发展”学说，以及我国传统文化思想在很大程度上具有社会本位的色彩，这必然造成对个人自主、自由和个性化发展的忽视，与当代社会人的多元化发展需求相悖；个人本位论一味地追求个人自由，往往忽视公民的社会责任，造成道德与社会规范底线屡屡被冲破。随着社会主义市场经济体系的建立与完善，需要加强规则、程序、责任、权利、义务等方面的教育，确保基于道德与社会规范的伦理责任底线，方能保障社会的和谐与持续发展。

再次，突破统一的标准化要求，关注学生个体基于天赋基础的优势发展。与国家的教育目的相比，每所学校的培养目标是个性化的，但相对于每所学校的每一个活生生的学生而言，学校既定的培养目标又是统一的、标准化的要求。人的全面发展是一种理想追求，现实的人的发展千姿百态。美国心理学家加德纳（H. Gardner）的多元智能理论告诉我们，人具有语言、数理逻辑、空间、身体—运动、音乐、人际、内省、自然探索、存在等不同的智能。教育既然着眼于为学生一生的持续健康发展打基础，就要发现和顺应不同学生的优势潜能和个性化发展兴趣，使每个学生在其天赋基础上得到最充分的发展。

最后，关注自然的培养目标与实然的教育效果，保障学校确立的应然培养目标落到实处。从政策文本分析的层面上看，新中国成立以来，特别是改革开放以来，国家层面的教育目的（教育方针）及各级各类学校通过学校文件所规范的培养目标，无不高扬重视知识的传授、能力的培养、道德的养成及个性的发展，这些表达在一定程度上反映了我们对学生未来发展的期望，那就是：拥有扎实的知识基础和良好的思维品质，养成科学探究的意识与能力，热爱生活，敢于负责，勇于担当。问题在于，随着社会竞争愈演愈烈，文凭社会的诸多弊端已蔓延成灾，本应达成的培养目标屈从于社会竞争与文凭社会的压力，学校教育的工具理性膨胀，却又仅限于升学考试一役，知识对于个体生命发展的启发意义几乎丧失殆尽；重复的机械训练取代了科学探究，道德与行为养成旁落一边，对美的感受、鉴赏与创造的追求成为奢望。教育亟待回归到其唤醒、促进人的发展的本质上来；学校培养目标的设定不能停留在制定学校发展规划时的文本上，而应贯彻于整个教育过程实际运行之中。对于每一所学校的教育者而言，重温教育本质与自己所肩负的神圣使命，方会倍感任重而道远。

第二节　学校活力与学校文化

一、有活力的学校

《国家中长期教育改革和发展规划纲要（2010—2020 年）》中多处提到教育活力或学校的办学活力，2016 年召开的全国教育工作会议在总结五年来特别是党的十八大以来的教育成就时也提到“教育活力持续增强”。若从理论与比较研究的视角考察，在心理学领域，人们往往用德裔美籍心理学家勒温（K. Lewin）1939 年提出的群体动力学（group dynamics）理论，从组织目标的一致性、群体气氛、群体成员间的关系、领导作风对群体的影响等维度来研究和测度组织活力。2005 年，美国卡尔（J. F. Carr）等人以美国佛蒙特州的学校实践为基础写成《创造有活力的学校》（*Creating Dynamic Schools Through Mentoring, Coaching and Collaboration*）一书，从教师专业合作的角度具体阐述“创造有活力的学校”的经验。如同倡导用“有意义的课堂”取代“有效课堂”一样，我们主张用“有活力的学校”取代“有效学校”，对于一所学校而言，“有活力”是衡量其发展状态与发展潜力的重要指标。

从教育生态的角度来看，学校是一个生态系统，作为外部环境的教育管理体制与管理机制是影响和制约学校活力的重要因素，这里对此姑且不论，单从学校系统内部而言，学校之“活力”体现在学校的生态主体及主体间的关系上。

创办学校的最主要目的是帮助学生健康成长，因此，学生是学校系统中最主要、最核心、最纯粹的生态主体。衡量一所学校是否有活力，学生是否健康成长是最重要的指标。这里所谓的健康成长，是指学生身心两方面的健康成长，既包括学生毕业、走出校门时身体上的成长，又包括心理上的“长大了”的状态。每一个学生都可以从一个幼儿成长为健康、活泼、阳光、富有爱心和好奇心的翩翩少年，成长为善于思考、勇于探索、富有社会公益心与责任感的青年才俊。杜威说，教育即生长，教育即帮助儿童成长，除此以外，没有外加的目的。长期以来，各种知识的满堂灌、死记硬背与考试训练，不仅使学生的受教育过程成为压抑学生学习兴趣与个性发展的过程，更使这种教育结果失之偏颇。有人说，这样的教育培养出来的学生会成为“精致的利己主义者”，此话虽失之极端，却不无道理。由此，学校教育的过程，即是教师引导、帮助学生在学校及师生共同设计的各种学习与活动中主动学习、自主学习、自主发展的过程，这种发展不仅包括认知发展，也包括道德、人格与审美情趣的发展，是认知、道德、人格与审美情趣的协调发展。

学校的广大教职员工，包括学校校长、各级教育管理干部、广大教师及各类服务保障人员，按照“一切为了学生发展”的逻辑，自然形成教书育人、管理育人、服务育人的格局，如此，就不再是我们说的“生态主体”而是作为生态主体的学生的“环境”了。从一定意义上讲，作为学生成长环境的学校教职员工，其本身的生存与生活状态会对学生产生潜移默化的影响；从另一层意义上讲，与学生一样，学校领导、教师、员工等各类人员同样是生态主体，他们同样存在着生存、生活与成长发展的问题，学校的活力同样体现在他们身上。由此，我们希望用“一切为了师生的共同成长”（这里“师”包含学校中除学生外的各类人员）的口号取代“一切为了学生发展”的口号，其目的就在于尊重包括学生、教师及学校其他成员作为生态主体的主体性与能动性。因此，学校的活力表现为普遍存在于学校领导与广大教职员工身上的共同的育人价值追求、共同的教育理想、共同的责任与使命，表现为每一位教职员工对其所肩负的特定任务与使命的认知以及全身心投入这种使命的达成过程中所获得的存在感、获得感与成就感，表现为他们在这种努力与追求中的真诚合作以及由此带来的自我实现与情意发展。同时，现代学校通过组织划分将学校中的各类人员划分为不同的部门与群体，并以规章制度与普遍认可的习惯、规则与机制来协调不同部门与群体之间的功能发挥，因此，学校的活力还在于这些制度与机制能够激发、促进与保障学校内部组织与个体充分发挥其积极性与创造性而不是相反。如此，共同的理想、专业的支持与合作及组织制度与运行机制的保障，共同维护着学校的活力。

其实，走进一所学校，以上所说，往往会通过学校的学风、教风与校风表现出来，透过学校组织氛围，我们便可体察学校活力，那就是，学校领导与广大教职员工心系教育理想，各司其职，在创造性地服务学生发展过程中实现自我价值，所有学生得以在生动活泼、充满教育意蕴的学校生活中积极主动地实现自我成长与发展。

二、学校文化

近年来，随着学校改革的不断深化，“学校文化建设”一语，无论在教育行政部门的工作报告中，还是在基层学校的工作计划中，都被越来越多地使用，许多学校把学校文化建设作为本校深化改革、特色建设的重要任务来推动。然而，透过轰轰烈烈的学校文化建设运动，仍可见诸多值得深思之处。

英文“school culture”在汉语中有两个对应词：校园文化和学校文化。校园文化的概念源于20世纪70、80年代且延续至今，它重视除课堂教学之外的环境与活动的教育价值，这个时期的校园文化主要包括校园环境文化和校园文化活动建设，前者如黑板报、墙报、宣传栏建设，多是配合“植树节”“五讲四美”等主题活动；到后来，一些学校开始在校园中放置材质不同的雕塑，但真正反映学校教育理念、价值追求与学校精神的校园雕塑并不多见。开展各种类型的校园文化活动，是校园文化建设的另一主要内容，如组织艺术节、体育节等。今天看来，这种“校园文化”的认知与行动，往往局限于空间环境与学生活动。

我们虽然倡导以“学校文化”概念取代“校园文化”概念，但并不否定人们对“校园文化”已有的共识与实践。学校是一个社会组织，当我们谈学校文化时，理应考察作为一个社会组织的“学校组织”之文化。正如著名学者迪尔（T. E. Deal）和肯尼迪（A. A. Kennedy）在其《企业文化：现代企业的精神支柱》（*Corporate Cultures*：*The Rites and Rituals of Corporate Life*）（1982）中考察企业文化时所指出的，组织文化就是组织中人们做事的方式，由组织环境、价值、英雄、习俗和仪式及组织中的文化网络共同构成，其中，价值是组织文化的核心；沙因（E. H. Schein）在《组织文化与领导》（*Organizational Culture and Leadership*）中将组织文化看成组织在适应外部环境和内部融合过程中独创、发现和发展而来的行之有效的思维方式。由此，我们认为，学校文化是学校哲学在学校日常生活中的反映。当学校形成了反映自身办学理念的教育哲学后，学校文化建设的关键便是如何将学校教育哲学贯彻于学校日常生活之中。

学校日常生活既包括课堂生活、校园生活，也包括学习生活、政治生活及狭义的文化生活；学校日常生活的主体既包括教师，也包括学生；学校文化既有教师文化，也有学生文化，更有反映教师之间、学生之间及师生之间互动关系的学校组织氛围，自然也包括这两大主体生存于其中的校园环境。学校文化不同于社会文化，社会文化是纷繁复杂的综合体，学校作为以促进青少年健康发展为主旨的简约化的社会组织，理应反映社会主流价值。如沃勒（W. Waller）在其《教学社会学》（*The Sociology of Teaching*）中所研究的，学校文化包括年轻人（学生）的文化和成年人有意安排的文化两部分，这种有意安排的文化，即是与社会主流文化价值相关联的文化，是人们的教育期望。如此，学校文化充满着社会文化与学校文化、教师文化与学生文化、应然文化与实然文化等诸多层面的矛盾或冲突。学校文化建设不是学校变革的招牌，也不只是学校宣传的“口号”，更不是为“文化”而“文化”的建设过程，而是一个发挥着重要教育作用的以“文”“化”人的过程。在这一过程中，我们既要注重用社会主流价值与学校教育哲学的核心价值等正能量元素引领、改造广大教师和学生的日常生活，又要适时地进行学校文化改造（如革除烦琐刻板、整齐划一的“铁笼”般的制度之网），更要注重从师生生活的细微处观察、考察和挖掘师生生活中的积极元素，从而形成强大的学校文化“场域”，使师生在这种文化场域中不断地得以熏陶感染，不仅规范言行，更凝聚人心，激发活力，促进师生的共同成长。

第三节　教师专业发展共同体

一、教师组织的性质

近年来，围绕学校发展与教师成长出现了许多新词，“共同体”（community）即是其中一个。人们往往把为了一个共同的目标而聚集在一起的一群人称为“共同体”。与学校有关的“共同体”很多，有“教育共同体”“学校共同体”“学校—家庭—社区共同体”“学习共同体”“教师共同体”“德育共同体”“教研共同体”等。德国社会学家滕尼斯（F. Tönnies）在其《共同体与公民社会》（*Community and*

Civil Society）① 一书中，将共同体划分为血缘共同体、地缘共同体和精神共同体。与学校有关的共同体，虽与“地缘”（学校）有关，但主要属于精神共同体。毫无疑问，“共同体”的实质是“合作”。教育的基本元素是教学，教师的劳动是个体劳动：教师走进教室、走上讲台以后，从言谈举止到教学设计、教学过程的调控乃至教学成效的获得，无不依赖教师个人的知识、修养、智慧与责任。学生的发展虽然需要教师一节课一节课的努力，但我们很难说学生的发展甚至某一方面的发展得益于教师的哪一节课，换言之，学生德智体美等方面的发展是一个协同的、和谐的整体，在此意义上，教师的劳动又是一种合作的、共同发挥作用的劳动。如此，学校中的许多教师组织都是为了促进这种合作的组织。或许正因为学校中的共同体大都与教师有关，而教师的专业发展又是大家十分关注的问题，人们会将学校中与教师有关的组织笼统地称为“教师专业发展共同体”。其实，应当根据目的、任务、类型、组织机制等将各类“共同体”加以区分，例如，学校中的年级组等组织大都是为完成某一具体的行政性任务而设立的，有的教师组织因行政命令而建，有的则是教师自愿结成。“教师专业发展共同体”仅限于其目的在于促进“教师专业发展”的教师合作组织，如教研组、备课组、项目组、名师工作室等。迈克劳林（M. McLaughlin）和塔尔伯特（J. Talbert）指出，教师专业发展共同体可以支持和帮助教师改进和完善自身的教学实践，帮助他们解决由于学校的改革和变化而出现的危机感和不确定感，以使教师去应对变化的环境和新的挑战。②

（一）专业自觉

从根本上讲，改进教学和促进学生学习是学校及所有教师的共同愿

---

① Tönnies F. Community and civil society［M］. Cambridge：Cambridge University Press，2001：101.

② McLaughlin M，Talbert J. Building school-based teacher learning communities：professional strategies to improve student achievement［M］. New York：Teachers College Press，2006：78.

景，但是，对于教师专业发展共同体而言，教师自身的专业成长与发展既是改进教学和促进学生学习的必要条件，也是共同体的直接目的，为此，参与这一共同体本身是出于专业发展的强烈愿望，而不是行政指派，这就需要教师具有专业发展的“自觉”，这种专业自觉是指教师个体基于自身专业发展实际与发展需求对其所从事的教育教学工作的专业性质及未来发展目标的理性认识，涉及教师的专业理想、专业认同、专业体验、专业乐趣、发展目标以及实现专业发展的路径选择等因素。教师因为拥有（或在共同体中养成）专业“自觉”而聚集在一起，并由此形成既呈现个性发展需求，又有共同的发展方向的“共同愿景”。在这里，年轻教师在老教师的指导下脱颖而出；老教师发挥自己的专业智慧，充分自我实现；不同学科的教师相互学习，彼此借鉴，形成了既有学校和共同体的共性特征又有学科与个体差异的专业风格。

（二）互助学习

说教师的劳动是个体性劳动，部分原因在于上课这一最为重要的教师劳动环节表现为一种物理空间上的独立与孤立，这种独立与孤立，限制了教师之间的交流。其实，为了上课这一环节，教师需要进行大量的学习和研究，而这种学习和研究恰恰是教师之间相互学习、相互帮助的重要途径。加拿大教育学者富兰（M. Fullan）认为，当教师需要得到帮助时，最有效的来源通常是同事的帮助，其次才是管理者和专家的帮助。教师的新意义、新行为、新观念和新技能的获得，主要取决于与同伴交换思想、支持和积极情绪。因此，教师共同体的实质是营造教师彼此学习、共同学习的平台、氛围、机制与文化，这包括共同体成员间的民主与平等、开放与包容、悦纳与欣赏、互助与引领、批评与反思、调整与改进、协同与合作，等等。

（三）专业引领

我国古代教育家孔子曾说：“三人行，必有我师焉；择其善者而从之，其不善者而改之。”（《论语·述而》）教师专业发展共同体的成员互助学习机制，实际上是互为人师的机制。在学校教育过程中，参与共同体的老教师、名师、学科带头人，带有行政色彩的备课组长、教研组长，以及共同体邀请、聘请的校外专家，以教学指导、教学示范、教学诊断、课堂评价、作业与考试分析与评价、理论研讨等我们通常所谓“传、帮、带”的途径与手段，指导、点拨共同体个体成员的教学改革、教育教学研究以及生涯发展，促进教师的专业成长。

共同体不仅给每一位成员以安全感，还给成员以学习与进取的压力和信心。英国学者鲍曼（Z. Bauman）在其《共同体》（*Community: Seeking Safety in an Insecure World*）一书中写道：“共同体是一个‘温馨’的地方，一个温暖而又舒适的场所……在这个共同体中，我们可以放松下来——因为我们是安全的……在共同体中，我们能够互相依靠对方。”[①] 由此我们说，专业发展共同体是真正意义上的“教师之家”。

二、教师组织的作用

然而，需要澄清的是，教师组织发展到今天，由于其性质与使命的差异，并非所有的教师组织都可以称为“共同体”。尽管“共同体”这一概念是指社会中存在的、基于主观的或（和）客观的共同特征（涉及种族、观念、地位、遭遇、任务、身份等）而结成的各种类型与层次的团体、组织，但在学校情境中使用“教师共同体”“专业发展共同体”“学习共同体”等概念，往往是从教育教学的专业性、教师的专业发展等视角展开的，其意义与一般意义上泛指的“教师组织”有很大不同。用时下的话语说，教师工会（教育工会）无疑是“教师之家”（很多教师工会的办公室都悬挂着“教师之家”的牌匾）。然而，今天的教师工会，肩负起真正意义上的“教师之家”之责了吗？

西方国家教师组织的产生，如同工业革命时期产生的产业工人的

---

① 鲍曼．共同体［M］．欧阳景根，译．南京：江苏人民出版社，2007：2-4.

工会组织（劳工总会、工人联合会），这时的教师组织是基于共同利益而自发组织的社会团体，其主要使命是与雇主谈判薪酬、工作时限和工作条件等。《中华人民共和国工会法》规定，“工会是职工自愿结合的工人阶级的群众组织”。工会肩负着“组织和教育职工依照宪法和法律的规定行使民主权利，发挥国家主人翁的作用，通过各种途径和形式，参与管理国家事务、管理经济和文化事业、管理社会事务”的使命，工会组织承担着“维护职工合法权益”的基本职责，“关心职工的生活，帮助职工解决困难，全心全意为职工服务”；“通过平等协商和集体合同制度，协调劳动关系，维护企业职工劳动权益”，“组织职工参与本单位的民主决策、民主管理和民主监督”。然而，在现实生活中，除“关心职工的生活，帮助职工解决困难”一项外，教师工会的实然作用与法理上的规定仍然存在相当大的差距。《国家中长期教育改革和发展规划纲要（2010—2020年）》要求，在深化教育综合改革、推进教育治理体系现代化建设过程中，要“积极发挥行业协会、专业学会、基金会等各类社会组织在教育公共治理中的作用”。教师（工会）组织既然是“教师自愿结合的群众组织”，除关心教师生活、促进教师专业发展外，理应在教育公共治理中发挥应有的作用，这表现在以下三方面。

第一，参与学校多元治理。学校治理体系的建设，就是要通过体制机制创新，调动包括教师、学生、学校领导人以及学生家长在内的学校教育各利益主体参与学校事务管理的积极性与创造性。学校需要建立健全民主管理机制，保证教师对学校事务的知情权、参与权、建议权、审议权、监督权，教师组织代表广大教师利益，理应维护和保障每一位教职工合法的参政议政权利。

第二，参与或影响教育政策制定。经济发达国家的教师组织已不断发展壮大，美国全国性的教师组织有300多个，其中影响最大的组织如全美教育协会（National Education Association，NEA）、美国教师联盟（American Federation of Teachers，AFT）；英国主要的教师组织有英国全国教师工会（National Union of Teachers）、教师与讲师协会（Association of Teachers and Lectures）、教师专业协会（The

Professional Association of Teachers）及全国校长协会（National Association of Head Teachers）等。这些教师组织的使命都已远远超出维护教师利益、促进教师专业成长的范畴，往往更多是通过主张、联盟、集体谈判、政治活动等形式，运用自己的专业知识和实践智慧来影响教育改革，影响教育政策的制定和实施，为学校教育、学生成长创造更加平等、多元、健康的环境。

第三，促进教育公平与社会正义。随着教育改革的不断深入，人们发现，造成教育改革遭遇瓶颈、影响教育事业健康发展的诸多原因并非来自教育系统内部，而是源于社会大系统。在这种情况下，教师组织的使命将从反思教师自身角色和学校教育内部的改革延展到社会领域，追求教育与社会的公平正义，成为教师组织未来的发展方向。教师作为未来社会成员的培养者，理应代表社会的正义力量，代表社会的未来发展。加拿大不列颠哥伦比亚省教师联盟（British Columbia Teacher's Federation，BCTF）在阐述自身的组织定位时声言："我们因自己作为促进社会正义的教师工会的历史而感到自豪，这意味着作为一个专业组织，我们认识到了自己在促进社会发展方面所肩负的责任。"他们致力于反对贫困、促进和平与国际理解教育、反种族歧视、保护环境、保护女性地位，并为此组织相关活动、开发课程和相应的技术工具。相信，在少数民族儿童教育、救助农村留守儿童和失学儿童、关爱女童等一系列现场，我们不仅会看到一个个个体教师志愿者，而且会更多地看到以教师组织名义出现的教师群体身影。

第四节　学校治理

一、从行政管理走向专业领导

在学校系统中，校长的角色究竟是管理者还是领导人，一直存在争议。根据我们的观察，现实中的中小学校长，其角色越来越像一位行政事务的管理者，这似乎偏离了我们对校长角色的期望，从行政管理走向专业领导迫在眉睫。

我们可以从多种维度来理解管理者与领导者之间的区别：从思考问题的着眼点上，管理者基本上是基于现实条件做事，着眼于眼前和短期成效，而领导者则是着眼于未来发展而引领改革，注重长远发展；从做事的重心上，管理者侧重于做事方法的正确（正确地做事），关心做什么、怎么做，领导者侧重于做事的方向正确（做正确的事），关心是什么、为什么，因此，管理者强调执行计划、改善现状的战术，领导者强调建立愿景、创造未来的战略；在视野层面，管理者侧重于具体组织（单位）的利益，注重本职职能的发挥，往往“只见树木”，领导者则能站在全局的立场上综合地思考问题，可以“俯瞰森林”；管理过程注重规则与技术性，强调政策、制度与程序，领导过程注重文化与艺术性，强调价值、原则与灵活性；管理关注的是系统的结构与稳定，领导关注的是组织的环境与变化；管理仅关注组织内部，领导则需要洞察外部环境；管理强调指挥、控制与监督，领导强调信任、授权、激励与引领；管理关注事，强调处事的客观与公正，领导关注人，注重人际情感与沟通；管理注重身体力行，领导强调引领他人完成任务。正如科特（J. Kotter）所言，管理者制定规划、编制预算、进行组织、配备人员、实施控制和解决问题，强调稳定和效率，而领导者确定方向，使人们达成一致并激励和鼓舞他们，强调适应性变革、强调在所要完成的任务上达成共识。①

具体到学校情境中，人们希望校长是一位专业领导，这种“专业领导”具体表现在校长的变革领导力、文化领导力、人际领导力、课程领导力及教学领导力等与学校教育教学及学校发展紧密相关的专业领域上。校长的变革领导力表现为对学校事业的战略管理，校长需要根据学校的内外部环境以及学校发展的内在需求，对学校未来发展做出预判，并进行系统的学校发展规划（school development planning）。

① Kotter J. What leaders really do［J］. Harvard Business Review，1990，68（3）：18-28.

校长的文化领导力表现为校长在学校已有文化传统的基础上，审时度势，引领学校文化与时俱进，建立与完善融传统与现代于一体的学校精神及包括学风、教风与校风在内的学校氛围，将共同的教育价值观与体现学校精神的理想、价值、行为准则等融入学校生活的各个方面。校长的人际领导力表现为校长在广泛深入的人际沟通基础上对每一位教职员工的知人善任，表现为对每一位教师的专业发展的引领及教师专业共同体的促进，表现为对每一个受教育者的个性化发展需求的关注与促进。校长的课程领导力表现为校长对体现学校办学理念及与学校人才培养目标相吻合的学校课程体系的规划，这当中既包括对国家课程的校本化、个性化改造，又包括基于校情、学情的校本课程的开发与实施。校长的教学领导力表现在校长对课堂教学的极大关注上，包括对课堂教学模式的创新，对基于“互联网+”的线上线下混合学校的关注，以及对学生深度学习的理解与促进。

但是，现实中的中小学校长在日常学校生活中所做的事往往偏于行政事务的管理。基于校长时间管理的研究表明，校长40%以上的时间用于处理行政事务，20%以上的时间用于应付来自上级的各种会议，15%以上的时间用于处理与各种社会部门的协调，10%以上的时间用于参加各类培训，仅有10%的时间用于与学校教育教学相关的专业活动，校长用于个人思考的时间不到5%。研究发现，10年前，筹措教育经费是许多中小学校长花时间最多的工作，10年后的今天，用于应付上级部门要求的各种会议的时间呈上升趋势，原本以为过去那些花在筹措教育经费上的时间可以用来从事与教育教学有关的专业化工作了，但现实是社会更加复杂了，来自社会、政府、家长的要求更高了，改革的项目与口号更多了，各种改革项目增加了，与此相伴的检查评比频繁了……究其原因，今天的学校与社会关系日益复杂化，教育行政部门对学校校长的各种“第一责任人”要求不断增加，教育“改革”的呼声不断高涨，各种“过度的”教育改革严重影响了学校正常的教育教学秩序；对于今天的校长而言，学校改革与发展的权力与责任日益加大，许多校长在引领学校发展的过程中，要么基于权力需要不“肯”

放权，要么因责任重大而不“敢”放权，结果，千头万绪系于一身，自然也就将自己陷于纷繁复杂的行政事务之中而不得脱身、疲于应付了。

我们主张校长从“行政管理”回归到“专业领导”的角色上来。为此，我们必须在认识上端正思想，认识到校长的领导在很大程度上不是具体事务的管理，而是专业的领导，是教育理念的引领与促进，是学校未来发展方向的把握与指引。唯其如此，校长才能在复杂多样的教育改革热潮中静下心来“冷”思考。这就要求校长要充分认识到分权、授权的意义与价值，实行分级、分类管理。在此过程中，校长必须加强领导班子和中层干部、骨干教师队伍建设，当每一个学科、每一个部门都有德才兼备的管理者和骨干教师独当一面时，那些困扰校长的行政管理责任就得以分担，学校行政管理的压力就可以逐级传递，从而保证校长有充裕的时间和充沛的精力来思考、谋划学校发展大计。

二、基于数据的学校治理

随着教育改革的不断深入，基于学校自主办学的教育治理体系逐步建立与完善。在这一过程中，伴随着互联网的发展和大数据研究的兴起，基于数据的学校决策、学校运营与学校改进被提上日程。文献分析表明，国外基于数据的学校治理研究与实践已领先一步，这不仅表现在已有大量的数据系统被开发利用，更表现在人们对与学校发展有关的各类数据的关心、关注、关切，形成基于数据的学校决策与学校治理意识与文化。

为什么要研究和推进基于数据的学校治理？学校治理过程不再是政府主导下的学校执行过程，不再是学校校长一人说了算的控制过程，而是一个学校自主办学、合作办学、民主办学的过程。这一过程在学校内部是一个学校领导、教师和学生共同参与、民主治理的过程，在学校外部是一个基于政府监管与服务、社会与家庭积极参与并接受第三方专业机构监测与评估的过程。所有这一切，对于政府、学校、教师、学生、社会以至家庭等不同的利益主体而言，都只有在了解学校真实的发展状态的基础上，才能决定自身参与学校发展的态度、角色、方式与措施。建立一个全面、公开、透明的学校信息系统，建立健全基于数据的学校发展现实状况的把握、分析与披露机制，研究和推进基于数据的学校治理体系（data-based school governance system）势在必行。

学校治理需要依据哪些数据？任何人群与组织的存在都会自然形成客观的、主观的、过程性的、结果性的等不同类型的数据，只不过我们以往对数据的认识尚不全面。对于学校治理而言，需要收集并作为决策与发展依据的数据包括四类。（1）人口统计数据。人口统计数据的范围很广，涉及校内与校外、静态与动态等不同类别。社区的人口总量与学龄人口统计直接决定着学校的未来发展规模与办学形态。在学校内部则包括我们通常理解的教师数、学生数、学生的学业成绩等总体统计数据，还涉及教师与学生的种族、民族、性别及教师与学生在不同年段、年级、班级的配置等统计数据，独生子女、单亲家庭子女、流动儿童等具有个性化人口统计特征的统计数据，以及反映学校历史发展、教师与学生行为特征的动态数据等。（2）学业成绩测量数据。学校、教师、家长乃至学生本人最为关切的数据是学业成绩数据，这不仅包括学期中、学期末的考试成绩数据，也包括日常教学过程中的作业成绩与各类测验成绩，随着互联网的发展以及线上学习系统的广泛运用，学生线上学习的即时记录既包括了反映学习成绩的数据，也包括了反映学习进程的数据，它们是分析和研究学生学习的重要依据。（3）调查数据。办学过程中，各利益主体对学校整体发展及学校发展与日常教育教学过程中的每一个细节的认知与感受，是影响学校发展的重要因素。可以通过问卷调查、访谈调查、自评工具等一系列手段深入了解每一个利益主体的主观感受，如，通过问卷调查，我们可以获得学生对学业负担的感知，获得教师的职业幸福感的情况。（4）过程数据。学校发展的过程数据是伴随着学校组织运行过程而即时产生并记录下来的数据，这些过程包括学校的教育教学过程、组织运作过程、学校改革与持续改进的重大事件等，如课程安排、各类会议、各类教师专业发展活动、学生教育与实践活动等。

如何建立与完善学校数据系统、推进学校治理体系现代化建设？基于数据的学校治理模式，是学校治理体系与治理能力现代化的体现。在此过程中形成的良好的基于数据的学校治理意识与文化是前提，学校治理离不开学校决策，决策的基础是反映学校发展各方面的真实情况的数据，因此，在学校领导、管理者及师生中培养与建立“以数据说话”的意识与习惯，养成收集数据、保存数据、利用数据、分析数据等工作习惯，建立学校“数据文化”尤为重要。其次，建立与完善统计数据与调查数据、过程数据与结果数据、线上数据与线下数据等多维数据的统一标准，建立与完善教师专业发展数据系统、学生成长数据系统、学业成绩数据系统、教育教学管理数据系统等全面反映学校发展状况的数据系统，进而实现多维数据系统的耦合，以全面反映学校发展的历史进程与现状，预测学校未来发展趋势。

第九章

教育改革的理性化品格

理性化是世界性教育改革潮流终极的精神内核和价值追求。目前，我国教育改革的理性化品格尚不明显，主要表现为：对“教育改革”的属性和内涵认知不足，对教育改革目的、教育改革与社会改革的关系认识不当；参与教育改革的主体结构不尽合理；有关教育改革政策文本的诠释存在缺陷；缺乏健全的教育改革监测、评估和终结机制。教育改革理性化品格的培育需要根植于中国社会的生态与时空逻辑；回归人的培育和发展，合理调节利益诉求，扩大教育改革的社会基础；构建动态、民主、开放的教育改革共同体；形成规范的、生活实践气息浓厚的教育改革政策文本；完善教育改革的评价标准及监测、反馈、终结机制，创生具有中国本土化特征的教育改革范式。[①]

---

① 与王举合作。原文以“论教育改革的理性化品格”为题，发表于《清华大学教育研究》2013年第6期，收入本书时已经作者修订。

教育改革是伴随教育活动的产生而产生、伴随教育活动的发展而发展的，随着社会环境的日益变迁和人类自身认知的深入，在教育活动更新的前提下，教育改革的形式、内容、性质和方法也随之呈现出多样化的样态。纵观世界性教育改革浪潮和趋势，不难看出，无论教育改革形式和内容怎样变化，其理性化的品格都是其终极的精神内核和价值追求。反观我国，虽然历次教育改革都显得热热闹闹，甚至轰轰烈烈，但却远未达到理想的效果，从根本上考量，教育改革的理性化品格不明显是最主要的因素。

第一节　“改革”和“教育改革”之认知

“改”指“改变，更正”，如“故因其惧也而改其过”（《荀子·臣道》）。[①]“革”指“改变，变革”，如“天地革而四时成”（《周易·革》），“殷革夏命”（《尚书·多士》）。[②]“改革”指“革除旧的不合理的部分，使之成为新的合理的”，如“顷者因循，未遑改革”[③]，“把事物中旧的不合理的部分改成新的，使之适应客观情况”[④]。一般来说，“改革”常指改变旧制度、旧事物和对旧有的生产关系、上层建筑做局部或根本性的调整变动。国际教育界认为，教育改革指“家庭、学校、社会经常对所开展的各种教育工作，通过某些形式进行反思，试图有所改善。做这种努力的主要是学校，依靠专业学术组织进行，一般称之为教育革新”，“其内容涉及教育理论，至广义的教育制度、内容、方法等领域”，“教育改革的重点主要在教育制度上”[⑤]。我国教育界认为，教育改革指“改变旧方针和制度或者革除陈旧的内容、方法的一

---

① 王力，崔麒祥，林焘，等．古汉语常用字字典［M］．北京：商务印书馆，2005：117.

② 王力，崔麒祥，林焘，等．古汉语常用字字典［M］．北京：商务印书馆，2005：121.

③ 商务印书馆辞书研究中心．古今汉语词典［M］．北京：商务印书馆，2002：437.

④ 黄河清，姚德怀．近现代辞源［M］．上海：上海辞书出版社，2010：241.

⑤ 平塚益德．世界教育辞典［M］．黄德诚，夏凤鸾，等译．长沙：湖南教育出版社，1989：230.

种社会活动。目的是使之适应社会发展和人的发展的需要，以提高质量”①。教育改革根据对象和内容的不同可以分为宏观的教育改革、中观的教育改革和微观的教育改革，分别对应以社会、学校、家庭等大环境为对象和内容的改革，以整个教育系统为对象和内容的改革，以课程、教学、班级等为对象和内容的改革。本文限于研究主题和篇幅，取宽泛和一般意义上的教育改革为研究对象。

教育改革是理论和实践共生和互动的双重范畴。在此，需要指出的是，“教育改革”“教育变革”“教育革新”“教育革命”是四个密切联系但又各具内涵的概念和范畴。“在教育变革理论特别是西方教育变革理论中，教育变革通常指教育现状所发生的任何有意义的转变；有计划教育变革和自然的教育变革是教育变革的下位概念；教育改革、教育革新和教育革命通常被视为是有计划教育变革的下位概念”，而在中国，由于特殊的历史文化传统，“在许多文献里，教育改革和有计划的教育变革甚至教育变革颇为接近”。②

第二节 教育改革的理性化品格缺失

目前，我国教育改革的理性化品格尚不明显，主要表现在以下几方面。

一、对“教育改革”的属性与内涵认知不足

从以上各种定义可以看出，“改革”和“教育改革”在某种程度上来说是一种美好的期许和设计，其具体的实施和展开需要借助适合

① 顾明远．教育大辞典［M］．上海：上海教育出版社，1990：25.

② 王万俊．略析教育变革理论中的变革、改革、革新、革命四概念［J］．教育理论与实践，1998（1）：10-11.

社会诸环境的现实构成（政治、经济、文化、人口、科技等），是一种在“不变中求变”的过程。换句话说，“改革”是个“中性词”，而非绝对的“褒义词”，“教育改革”也不例外。我国著名学者钱理群曾质疑道：“‘改革就是一切’真的是硬道理吗？”① 法国教育变革研究学者黎成魁（Le Thành Khoi）曾指出，教育改革可能是正向的（教育之改进），也可能是逆向的（教育之退步）。② 瞿葆奎先生认为，“改革有成、败之分，得、失之别。教育改革当然也是这样”。因此，他认为在“教育改革”这个研究问题上，要首先思考和处理好的问题是“‘改’向哪里”“‘革’向何方”③。而我国的教育改革中存在着大量的对教育改革的属性认知不清的现象，在教育改革的设计阶段就预设了“教育改革一定是积极正向的，是无论如何也要成功的”的价值判断，这样，在改革的实施和评价阶段就会以一种盲目自信的心态去看待整个改革活动的运行，即便在改革因为与诸多现实境况不相适应甚至有所冲突而跌跌撞撞时仍然“坚守”而不“轻言放弃”，所造成的后果就是浪费了大量的社会资源而改革成效微乎其微甚至出现倒退。这样的教育改革不具有理性化品格。

从上述对教育改革的内涵界定可以看出，教育改革是一个系统的社会工程，是和历史、文化等社会生态息息相关的一个领域。“教育改革是一种复杂的现象，是理念、政策和体制结构、历史和文化的大杂烩。”④ 我们要从历史的、复杂的、充满时空感的、极具方法论意义的角度研究改革，要在具体和现实的环境中实施改革。而我国的教育改革仍然存在这样一些问题：要么是宏大的、理念堆积的、缺乏具体行动策略的教育规划；要么是脱离历史、文化等社会背景和人性发展需

---

① 钱理群．中国大学的问题与改革［M］//刘琅，桂苓．大学的精神．北京：中国友谊出版公司，2004：241.

② 黎成魁．教育改革［M］//瞿葆奎，张人杰．教育学文集：法国教育改革．北京：人民教育出版社，1993：11.

③ 瞿葆奎．序［M］//廖其发．新中国教育改革研究．重庆：重庆出版社，1994：1-2.

④ 莱文．教育改革：从启动到成果［M］．项贤明，洪成文，译．北京：教育科学出版社，2004：186.

求的技术性教育设计，缺乏必要的人情味、历史感和文化感。这样的教育改革是走不远的。

二、对教育改革的目的及教育改革和社会改革的关系认识不当

众所周知，教育是培养人的活动。在教育改革的目的中，人的发展和社会的发展是并重的，但人的发展和价值实现是其终极目的。在教育改革和社会改革的关系方面，一方面，教育改革是社会改革的重要组成部分。美国教育学者鲍尔斯和金蒂斯在研究美国教育改革时提出，“各种教育改革运动由于拒绝深入考察经济生活中财产和权力的基本结构而踉跄前进。关于实现一个促进经济平等和个人圆满发展的社会的可行性，我们确实乐观。但我们懂得，其前提是广泛的经济改革。只有当教育系统为实现充分民主地参与社会生活和平等地分享经济活动成果而培养青年时，它才可能是平等的和自由的。”① 另一方面，教育改革又有其自身的特殊性和独立性，需要辩证地去看待和处理。在教育改革的目的方面，我国一贯盛行社会本位主义，教育的社会功能过分突出，虽然把人的发展提升到了与社会的发展相同的地位，但在总体理念上人的发展还是为社会和国家的发展服务的。教育改革的主导思维从新中国成立初期的“政治挂帅”到目前的“经济和社会驱动”“国家主义”，是用“教育的经济动机和经济目标填补政治动机和政治目标被淡化后留下的‘真空’的价值取向”②，这样就违背了教育培育人和促进人的发展的基本规律，在这样的教育改革动因的驱动下，难怪有学者将教育称为“‘改嫁了’的教育”③。

在教育改革和社会改革的关系方面，我国的教育改革又陷入了某

---

① 鲍尔斯，金蒂斯．美国：经济生活与教育改革［M］．王佩雄，等译．上海：上海教育出版社，1990：19.

② 廖其发．当代中国重大教育改革事件专题研究［M］．重庆：重庆出版社，2007：198.

③ 鲁洁．教育的原点：育人［J］．华东师范大学学报（教育科学版），2008（4）：94.

种难以言说和解决的悖论之中。在教育改革的设计方面，决策部门和人员往往从社会改革的大背景出发来进行规划，需要教育改革能够成为社会改革的有机组成部分并在某种程度上缓解社会所面临的危机，但在真正的教育改革的运行和实施方面，其活动范围又仅仅局限于教育行政部门、教育管理机构、教育研究机构（院、系、所）和教育活动场域（学校），这样做导致的结果就是教育改革往往在动员和启动阶段“雷声”很大，但到了具体的落实阶段就由于失去了较大部分的社会基础而变得“雨点”很小。我们常常觉得教育研究领域的人们对教育改革谈论得津津有味、头头是道，但真正走出去才发现原来诸多社会领域和社会成员对此却茫然无知，甚至存在误解，这是一种多么尴尬的“群体失落”。

三、参与教育改革的主体结构不尽合理

改革开放30多年来，我国的教育改革是政府主导，教育研究人员参与，学校、学生、教师、家长被动配合的主体构成模式。这种“自上而下的教育改革路径使各级政府行政官员特别是教育行政官员处于改革的核心、主导和主动的地位，具有很大的责任和权力，而学校管理者、教师、学生、家长及更广泛的社会利益群体从总体上处于边缘、依附和被动的位置”①。真正作为教育场域主体力量和核心要素的学校、学生、家长对教育改革“集体失语”，久而久之，就会退变为对教育改革的“集体无意识”。

另外，在我国，除教育场域之外的其他社会主体几乎没有参与到教育改革的进程中来，这对于世界上成功的教育改革案例是无法想象的。联合国教科文组织在对世界各国的教育改革实践展开调查研究后得出这样的结论：“有助于教育改革成功的三个主要有关方面：一是当

① 石中英，张夏青.30年教育改革的中国经验［J］. 北京师范大学学报（社会科学版），2008（5）：30.

地社区，尤其是家长、校长和教师；二是公共当局；三是国际社会。过去的许多排斥现象都是由其中的一方或另一方参与不足造成的。自上而下或从外部强制推行教育改革的种种尝试显然都失败了。”① 而这也从另一个侧面反映了我国教育改革主体参与结构的非理性化特征。

四、对教育改革政策文本的不合理诠释与理解

教育改革的设计需要专门的固定的政策文本作为理论载体来运行，因此，对于改革政策文本的诠释和理解就成为影响改革成效的重要因素。在我国，对于教育改革政策文本的解读存在大量的轻度诠释、过度诠释等误解、曲解现象。在笔者看来，这种不合理的诠解分为主观诠解和客观诠解两种，主观诠解是某些教育改革主体为了个体或集团利益而故意对政策文本做出的不合理的诠解，其目的是为了维护或攫取自己和集团的私利。教育改革是对社会利益格局的再分配，必然会涉及各个利益主体的利益诉求和利益博弈，“由于任何改革都不可避免地涉及对原有权力行使空间与资源配置格局的重组，并最终导致对原定利益占有份额的调整，因而对绝大多数人来说，最终决定他们是否及在多大程度上参与或支持教育改革的主要因素，并不是对理念的守持，而是对利益的权衡。倘若权衡之后认为改革结果将使自身利益受损，那么，不满、不参与乃至竭力抵制教育改革当在意料之中”②，这反映在改革政策文本上就是主观不合理的诠解。客观诠解是某些改革主体由于自身的知识、能力和认知的局限，无意识地对政策文本所做出的不合理和不规范的诠释和理解。这种诠解与利益诉求和利益博弈无关，但在客观上也会对教育改革的实施、运行和成效的取得造成影响。总之，无论是对教育政策文本的主观诠解还是客观诠解都会严重

---

① 联合国教科文组织国际21世纪教育委员会．教育：财富蕴藏其中［M］．联合国教科文组织总部中文科，译．北京：教育科学出版社，1996：14.

② 吴康宁．中国的教育改革为什么会这么难［J］．华东师范大学学报（教育科学版），2010（2）：1-4.

干扰教育改革的理性化进程，必须予以重视并加以解决。

五、缺乏健全的教育改革监测、评估和终结机制

教育改革既关系到个体的更好发展，又关系到社会公平、正义和效率的均衡实现，所以健全教育改革的监测、评估和终结机制是非常重要的，整体来说，教育改革的监测、评估和终结机制应当属于社会评估的范畴，“社会评估应当预期并描述社会效果，以尽可能在早期实行管理，并在社会发展过程中卷入所有群体以平衡变迁带来的成本和收益”①。可以这么说，教育改革的监测、评估和终结机制是教育改革中重要的一环，是理应包含在教育改革之内的。

相对于西方系统、成熟的教育改革监测、评估和终结机制，我国在这方面的研究和实践明显缺失，缺乏相关的改革效果、改革风险等各项监测和评估标准，改革过程中纠偏、纠误的校正机制不敏感。另外，教育改革的终结机制在我国尤为不完善，即便是不符合客观实际的改革，往往一旦开始就很难停止，而不管面对的是多么大的明显无法克服的阻力。这其中有各种利益的纠葛，有各种社会成本的考量，但如果不果断适时终结这种改革，我们付出的代价将更大。

第三节　教育改革理性化品格的生成

教育改革是一项系统工程，教育改革的理性化品格的生成需要从根本上反思教育改革的目的与价值，营造良好的教育改革生态环境，建立良性有序的运行机制。

首先，根植于中国社会的生态与时空逻辑，创生具有中国本土化

---

① 泰勒．社会评估：理论、过程与技术［M］．葛道顺，译．重庆：重庆大学出版社，2009：67.

特征的教育改革范式。

教育改革无小事，它关系到国民素质的提高、社会的进步和国家的振兴，需要我们认真而谨慎地对待，采取理性而又科学的方式去设计和运行。教育改革不是“人云亦云”，它和国家、民族、文化、历史等要素息息相关，借鉴成功的国外改革经验是必要的，但同时应考虑我国所特有的社会土壤。教育改革需要“穿越时空”，即需要时空逻辑，对于中国教育改革而言，“既需要放在五千年中华民族文明史的发展长时段中，又需要关注在瞬息万变的短时段中各种具体的教育事件，更需要在社会、经济、政治、文化等多个领域相互关联的中时段中，全面地、整体地把握各种横向与纵向关系”，“不仅关注中国教育改革的制度、结构等的变迁与演化，而且关注认识方法、思维方式、群体精神、心理状态等在教育改革中的深层演绎与变化”。[①] 教育改革不是“阳春白雪”，而是真正的“下里巴人”，要把教育改革当成社会的日常生活场域来定位，在社会生活中扎扎实实地去推进，赋予它生活化的特征，而非简单的理念宣传和“运动式”的推广。这就需要教育改革具有整体全面的而又贯通历史与具体现实的大气的风格，这样的教育改革，才是真正具有中国本土化特征的教育改革，才是可行而富有成效的。

其次，回归人的培育和发展，合理调节利益诉求，扩大教育改革的社会基础。

教育的原点在于育人，“实现教育的回归就要使教育真正站到人的立场上来，以人之生成、完善为基本出发点，将人的发展作为衡量的根本尺度，用人自我生成的逻辑去理解和运作教育”，即“教育要嫁给人”。[②] 教育改革当然也要以人的培育和发展为出发点和落脚点，这是教育改革最根本的价值基础。换句话说，“促进所有学生的发展是教育改革的一条根本的价值准绳，也是教育改革的道德正当性的来源”[③]。

---

① 马维娜．中国教育改革释绎的时空逻辑［J］．教育学报，2011（4）：11-18.

② 鲁洁．教育的原点：育人［J］．华东师范大学学报（教育科学版），2008（4）：94.

③ 吴康宁．教育改革成功的基础［J］．教育研究，2012（1）：24-31.

我国的教育改革要随着时代的发展和社会的进步不断弱化其社会性质[①]和国家观念，强化其育人意识和价值，以人的发展特征和教育规律为基点来进行教育改革设计、实施和评价。

教育改革是充满了利益诉求和利益博弈的过程，各个利益相关者的合理需要能不能得到满足和回报也是衡量教育改革是否具备理性化品格的标志之一。“在当代中国，教育改革的利益主体除了传统的学生、家长、教师、教育研究者以及教育行政人员之外，还包括越来越活跃的教育媒体从业者、教育产业投资人以及人才消费者等。”这些教育改革的相关利益主体主要通过“政策制定、关键资源配置以及直接行动参与”[②] 三种方式对教育改革施加不同程度的影响。有研究者也认为，合理的利益回报是教育改革社会合法性的前提。[③] 因此，合理调节这些利益主体在教育改革中的利益诉求，尽量营造出“多赢”的教育改革利益格局，是教育改革成功实现其功能的重要条件。

教育作为一个公共的社会领域，其改革不应该仅仅是教育场域内的事情，它和每一个社会场域的关系都很紧密，因此，扩大教育改革的社会基础就显得尤为重要。教育改革面临的问题之一是确立“人类意识和社会意识”。叶澜教授在谈到基础教育的发展时曾指出：“不少人往往把基础教育改革看成是中小学教师、校长的事情，没有认识到基础教育是在具体社会中生存、发展的，一系列问题的解决，甚至问题的产生都与社会息息相关，也是社会发展状态的表现。教育是为全社会服务的公益事业，它更需要全社会的爱护与支持；教育是一项需要政府作为主心骨去支撑、需要公众投入和呵护的人类事业，而不只为某一部门或小家庭利益服务。如果缺乏人类意识，缺乏社会意识，把教育简单地丢给中小学教师，出了问题就一味地指责、批评，教育

---

① 石中英和张夏青认为，未来 10 到 15 年中国教育改革的社会性质更加突出，教育改革的价值诉求将更加体现以人为本的思想。参见：石中英，张夏青 . 30 年教育改革的中国经验［J］. 北京师范大学学报（社会科学版），2008（5）：22-32.

② 余清臣 . 当代中国教育改革的动力机制分析［J］. 教育科学研究，2009（10）：10-14.

③ 吴康宁 . 教育改革成功的基础［J］. 教育研究，2012（1）：24-31.

就不可能办好。”① 在我国，要努力使教育改革成为一个公共性的社会议题，使国家公民和社会成员都知晓、参与到改革的过程中来，这对教育改革的理性化品格的形成至关重要。

再次，完善教育改革动力机制，调动各方面改革主体的力量，积极促进改革主体的自我变革，形成一个动态、民主和开放的教育改革共同体。

教育改革的系统性和复杂性要求改革主体的广泛参与。如果说政府是改革的政策主体，教育研究人员是改革的理论主体，广大的教师、学生、家长是改革的实践主体的话，我国需要从单一的政府主导，教育研究人员参与，学校、学生、教师、家长被动配合的主体构成模式转变为政府合理引导，教育研究人员参与，更加注重学校、学生、教师、家长等教育场域核心要素为改革实践主体的模式，赋予他们真正的改革主动性，同时要注重调动其他社会主体的广泛参与，这样的教育改革才会显得丰满而生动，真实而深远。

教育改革主体的自我变革是教育改革中的重点和难点之一。相对于客体化的改革，主体的自我变革需要具有鲜明的“自我自觉”特征，这对于许多改革主体是必需的但也是较困难的。“教育改革主体在实现自我变革的过程中关键是要主动进行自我变革，即改变自己的思想观念，改变自己的思维方式，改变自己的行为习惯，改变自己的地位处境，改变自己的物欲、情欲，改变自己的心理状态，改变自己的理想追求。”② 不同的改革主体有不同的自我变革要求，如政府层面的自我变革需要政府改变自己的权力观念、工作作风、行为方式，真正做到决策科学化、民主化；学校层面的自我变革需要学校把实现教育家办学作为自己的理想追求，尊重学生，尊重学者，尊重学术，积极主动地而不是被动地进行学校教育改革；教师层面的自我变革需要教师改

---

① 翟博，杨桂青．谋划教育发展要有大视野［N］．中国教育报，2009-01-24（3）．

② 明庆华，程斯辉．教育改革必须突破的难点：教育改革主体的自我变革［J］．教育理论与实践，2009（13）：17-19．

变自己陈旧落后的教育教学观念和方式，改变陈旧的知识结构，改变自己的“权威”意识，真正做到以学生为本，提升自己对教育、对教师职业、对学生的爱；学生层面的自我变革需要学生转变被动的处境和自己只是被教育者或被改革者的观念，树立教育改革主体意识，提升自己参与教育改革的能力，将自己对于教育改革的期待、愿望表达出来；家长层面的自我变革需要家长更新教育观念，更新人才观念，承担起应尽的教育责任，真正为孩子的全面发展、可持续发展、终身发展着想，为学校实施素质教育营造良好的家庭教育环境。[①]

教育改革共同体不是各种社会改革力量的简单叠加，这个共同体需要具备统一的改革精神气质和理性品格，需要适应环境变化的动态机制，需要民主有效的改革推进方式，需要开放自由的共同体交流氛围，需要最终形成参与、合作、理解、实践的教育改革共同体文化。

另外，理性化的教育改革需要规范的、符合社会情境、生活实践气息浓厚、指导性强的教育改革政策文本。

一直以来，我国的教育改革的相关政策文本政治意味浓重、理论性过强、理念宏大而针对性不强、缺乏具体指导措施等弊端较为突出，良好的改革政策文本对于改革主体正确领悟改革的内涵和实质，改革实施中少走弯路，避免改革的人力、物力、财力的无度损耗具有十分重要的意义。所以说，现阶段我国需要尽快开展教育改革的相关政策文本的研究，致力于形成符合中国实际的理念突出、逻辑严密、结构规整、表述规范、生活实践特征明显、具体指导性强的教育改革政策文本，这是教育改革理性化品格得以实现的重要的理论表述载体。

最后，完善教育改革的科学评价标准，注重动态的教育改革运行监测和反馈，形成合理的教育改革终结机制。

---

① 明庆华，程斯辉．教育改革必须突破的难点：教育改革主体的自我变革［J］．教育理论与实践，2009（13）：17-19.

教育改革功能实现的评价标准一直是众说纷纭，莫衷一是。在笔者看来，作为教育之改良改善的理论和实践，教育改革的评价标准首先理应和教育的终极价值即促进人的全面发展一致，换言之，人的全面发展是教育改革评价的首要价值标准。“有生命的个体人存在是任何人类历史的第一个前提”①，教育改革面对的是基于人之在场的现实的人，是具有生命立场的人，而非抽象意义上的人。② 他的自主性、丰富性和多样性的全面发展是衡量教育改革成果的标准和归宿。教育改革评价的第二个标准是教育发展与社会进步的均衡实现。毫无疑问，在我国，教育改革作为社会改革的重要部分，其目的是要促进社会的进步，但是教育场域本身也有其特殊性和相对独立性，如何在这二者之间寻求静态和动态的双重平衡是教育改革评价的工具标准所在，即我们不能仅仅为了社会的进步而要求教育改革去做超越其阶段和规律的事情，也不能单纯为了教育的发展而要求社会超出其物质基础去过度支持教育改革。教育改革评价的第三个标准是要用较小的社会资源去争取较大的改革效益。经济学上衡量一项活动的收益一般是通过成本—收益分析法（cost-benefit analysis）来进行的。成本—收益分析是指在替代方案的成本和收益均可用货币来进行度量时，对替代方案做出的评估。③ 教育改革是必然要付出成本和代价的，“但并不意味着可以任由代价的产生。成功的教育改革必须是在可预见的范围内，预计改革潜在的风险，综合考虑一项教育改革措施可能会给社会和教育中的人带来什么，权衡利与弊、得与失，不做无谓的‘牺牲’，将代价控制在最小范围之内”④，这也可称为教育改革评价的经济标准。

教育改革是动态的活动过程，其价值和意义也只有在过程中才得

① 马克思，恩格斯．马克思恩格斯选集（第1卷）［M］．北京：人民出版社，1972：24.

② 鲁洁．教育的原点：育人［J］．华东师范大学学报（教育科学版），2008（4）：94.

③ 莱文，麦克尤恩．成本决定效益：成本—效益分析方法和应用［M］．金志农，孙长青，等译．北京：中国林业出版社，2006：12.

④ 朱丽．什么是成功的教育改革：教育改革成效评价标准构想［J］．教育发展研究，2011（6）：35-38.

以体现。在教育改革活动的运行中，同样需要一个动态的监测机制取代原有的结果式测评体系，在动态生成中搜集改革信息和数据，进而提出反馈，达到良好的改革修正目的。教育改革同其他社会改革一样是有周期性的，完整的教育改革周期通常会具备设计、实施、监测、反馈、调整、评价和终结这几个阶段。在我国，由于传统观念、社会成本、利益纠葛等因素，往往在终结效能不佳甚至明显已不适应社会实际的教育改革时面临巨大的困难，这就需要教育改革的决策部门拿出相当大的勇气去主动终结这项改革，教育改革的其他参与主体从国家和社会大局出发，摒弃个人或集团私利，以理解、合作的态度积极配合终结工作的开展，以避免社会资源的无度浪费甚至社会动荡。提出一项教育改革需要勇气和魄力，终结一项不合理的教育改革更需要勇气和魄力，对不合理的教育改革的终结是教育改革理性化品格另外一种意义上的体现。

参考文献

鲍尔斯，金蒂斯．美国：经济生活与教育改革［M］．王佩雄，等译．上海：上海教育出版社，1990.

陈桂生．教育原理［M］．2版．上海：华东师范大学出版社，1999.

陈煜，汤智．创新人才培养：美国比照下的反思与变革［J］．中国高教研究，2008（4）：35-36.

崔允漷，周海涛．试论普通高中的独立价值：性质、任务和培养目标［J］．全球教育展望，2002（3）：7-11.

德沃金．认真对待权利［M］．信春鹰，吴玉章，译．北京：中国大百科全书出版社，1998.

第三战略专题调研组，王湛，董奇．基础教育发展战略研究［J］．教育研究，2010（7）：15-19.

杜明峰，范国睿．普通高中教育现代化发展指标的价值选择与建构思路［J］．教育发展研究，2015（1）：71-75.

杜威．民主主义与教育［M］．王承绪，译．北京：人民教育出版社，2001.

范国睿，等．教育政策的理论与实践［M］．上海：上海教育出版社，2011.

范国睿，等．研究引领变革：美国教育研究新趋向［J］．教育研究，2016（1）：126-142.

范国睿，何珊云．危机时代的教育变革：奥巴马政府的教育政策述评［J］．教育研究，2011（2）：98-103.

范国睿，刘涛，王佳佳．美国公众眼中的公立学校：1969—2007卡潘/盖洛普教育民意调查报告［M］．北京：教育科学出版社，2009.

范国睿，孙翠香．绩效与问责：美国职业教育治理的发展趋向［J］．全球教育展望，2015（3）：69-70.

范国睿，孙翠香．教育政策执行监测与评估体系的构建［J］．教育发展研究，2012

(3)：54-60.

范国睿．促进高中教育多样化发展［J］．教育发展研究，2010（24）：5.

范国睿．当代国际基础教育改革：理论与实践的双向建构［J］．教育发展研究，2008（3/4）：67-74.

范国睿．教育公平与和谐社会［J］．教育研究，2005（5）：21-25.

范国睿．教育体制改革与教育生态活力［J］．教育发展研究，2015（19）：1-6.

范国睿．教育政策观察（第1辑）［C］．上海：华东师范大学出版社，2009.

范国睿．教育政策观察（第2辑）［C］．上海：华东师范大学出版社，2010.

范国睿．教育政策观察（第3辑）［C］．上海：华东师范大学出版社，2012.

范国睿．教育政策观察（第4辑）［C］．上海：华东师范大学出版社，2013.

范国睿．教育政策观察（第5辑）［C］．上海：华东师范大学出版社，2015.

范国睿．卡潘/盖洛普教育民意调查的特点、价值与启示［J］．教育发展研究，2009（1）：76-79.

范国睿．校长：从行政管理回归专业领导［J］．中国民族教育，2015（12）：12.

范国睿．校长得有自己的教育哲学［J］．中国民族教育，2015（6）：13.

范国睿．校长的教育哲学究竟如何形成［J］．中国民族教育，2015（9）：12.

范国睿．学校教育哲学的核心是培养目标［J］．中国民族教育，2015（10）：14.

范国睿．政府·社会·学校：基于校本管理理念的现代学校制度设计［J］．教育发展研究，2005（1）：12-17.

范先佐，郭清扬．我国农村中小学布局调整的成效、问题及对策［J］．教育学文摘，2009（1）：21-23.

范先佐．农村学校布局调整与教育的均衡发展［J］．教育发展研究，2008（7）：55-60.

冯增俊．论教育现代化的基本概念［J］．教育研究，1999（3）：12-19.

福山．历史的终结与最后的人［M］．陈高华，译．桂林：广西师范大学出版社，2014.

付卫东，桂勇．义务教育学校教师绩效工资政策实施效果的实证研究：基于中部四省部分县（区）的调查分析［J］．上海教育科研，2010（10）：25-28.

格林．教育、全球化与民族国家［M］．朱旭东，徐卫红，等译．北京：教育科学出版社，2004.

格林．教育与国家形成：英、法、美教育体系起源之比较［M］．王春华，等译.

北京：教育科学出版社，2004.

顾明远．关于教育现代化的几个问题［J］. 中国教育学刊，1997（3）：10-15.

顾明远．试论教育现代化的基本特征［J］. 教育研究，2012（9）：4-10，26.

郭清扬．我国农村中小学布局调整的具体成效：基于中西部 6 省区的实证研究［J］. 教育与经济，2007（2）：45-49.

哈耶克．自由秩序原理［M］. 邓正来，译．北京：生活·读书·新知三联书店，1997.

韩烨．德国大学的若干教学特点简析［J］. 上海高教研究，1999（1）：95-99.

亨廷顿．现代化：理论与历史经验的再探讨［M］. 张景明，译．上海：上海译文出版社，1993.

胡俊生．农村教育城镇化：动因，目标及策略探讨［J］. 教育研究，2010（2）：89-94.

胡俊泽．对高中教育性质、任务和培养目标的探讨［J］. 中国教育学刊，1993（1）：33-34.

胡伶，范国睿．教育政策监测与评估主体的现状与发展建议：基于权力来源与向度的分析框架［J］. 教育发展研究，2012（13/14）：8-13.

华东师大教育系．现代西方资产阶级教育思想流派论著选［C］. 北京：人民教育出版社，1980.

霍伊，米斯克尔．教育管理学：理论·研究·实践［M］. 范国睿，主译．北京：教育科学出版社，2007.

霍益萍，黄向阳，李家成．多样、开放、灵活：普通高中教育体系的建构［J］. 教育发展研究，2009（18）：15-18.

霍益萍，朱益明．中国高中阶段教育发展报告 2012［M］. 上海：华东师范大学出版社，2013.

霍益萍．普通高中现状调研与问题讨论［M］. 上海：华东师范大学出版社，2010.

《教育周刊》. 奥巴马的教育蓝图［M］. 范国睿，主译．北京：教育科学出版社，2010.

卡尔．教育意义的重建：教育哲学暨理论导论［M］. 黄藿，但昭伟，等译．台北：学富文化事业有限公司，2007.

莱文．教育改革：从启动到成果［M］. 项贤明，洪成文，译．北京：教育科学出版社，2004.

劳凯声．公共教育体制改革中的伦理问题［J］．教育研究，2005（2）：3-11.
李佳敏，范国睿．从复杂到简约：学校变革路径探索［J］．教育发展研究，2009（22）：14-18.
李其龙，张德伟．普通高中教育发展国际比较研究［M］．北京：教育科学出版社，2008.
李强．城市化进程中的重大社会问题及其对策研究［M］．北京：经济科学出版社，2009.
李雪飞．美国大学创新人才培养与课程改革之路：一种历史的视角［J］．全球教育展望，2006（11）：68-72.
联合国教科文组织国际21世纪教育委员会．教育：财富蕴藏其中［M］．联合国教科文组织总部中文科，译．北京：教育科学出版社，1996.
刘宝存．大学理念的传统与变革［M］．北京：教育科学出版社，2004.
刘宝存．美国大学的创新人才培养与本科生科研［J］．外国教育研究，2005（12）：39-43.
刘晨．教育梦刍议［J］．中国教育学刊，2013（8）：16-18.
刘健儿．教育公正刍议［J］．北京大学教育评论，2005（1）：102-106.
刘彭芝，周建华，张建林．整体构建大中小学创新人才培养新模式的研究与实践［J］．教育研究，2013（1）：58-64.
刘善槐．我国农村地区学校撤并的问题与对策研究［J］．湖南师范大学教育科学学报，2011（9）：52-55.
刘涛，范国睿．慈善资金对美国择校政策的推动［J］．教育发展研究，2011（9）：60-66.
刘献君，张晓明，贾永堂．发达国家杰出创新人才培养机制研究［J］．高等工程教育研究，2008（1）：71-80.
卢立涛．全球视野下高中教育的性质、定位和功能［J］．外国教育研究，2007（4）：35-38.
鲁洁．教育的返本归真：德育之根基所在［J］．华东师范大学学报（教育科学版），2001（4）：1-6，65.
鲁洁．教育的原点：育人［J］．华东师范大学学报（教育科学版），2008（4）：94.
鲁威，高枫，柏松．论中国梦与美国梦之异同［J］．理论观察，2013（4）：33-34.
罗荣渠．现代化新论［M］．北京：北京大学出版社，1993.

马维娜．中国教育改革释绎的时空逻辑［J］．教育学报，2011（4）：11-18.

马歇尔，塔克．教育与国家财富：思考生存［M］．顾建新，赵友华，译．北京：教育科学出版社，2003.

明庆华，程斯辉．教育改革必须突破的难点：教育改革主体的自我变革［J］．教育理论与实践，2009（5）：17-19.

诺齐克．无政府、国家与乌托邦［M］．何怀宏，等译．北京：中国社会科学出版社，1991.

庞丽娟，韩小雨．中国学前教育立法：思考与进程［J］．北京师范大学学报（社会科学版），2010（5）：14-20.

庞丽娟．加快学前教育的发展与普及［J］．教育研究，2009（5）：28-30.

彭玉琨，等．教育平等理论内涵分析与促进教育平等进程策略研究［J］．东北师大学报（哲学社会科学版），1998（6）：82-87.

钱理群．中国大学的问题与改革［M］//刘琅，桂苓．大学的精神．北京：中国友谊出版公司，2004：241.

秦克铸．“师范生免费教育”政策回归：新时期教师教育政策的重大调整［J］．当代教育科学，2007（8）：3-8.

秦玉友．农村学校布局调整的认识、底线与思路［J］．东北师大学报（哲学社会科学版），2010（5）：150-155.

全国十二所重点师范大学．教育学基础［M］．北京：教育科学出版社，2008.

萨托利．民主新论［M］．冯克利，阎克文，译．北京：东方出版社，1993.

森．以自由看待发展［M］．任赜，等译．北京：中国人民大学出版社，2002.

申继亮．关于我国普通高中教育发展的思考［J］．教育发展研究，2010（6）：44-46.

石人炳．国外关于学校布局调整的研究及启示［J］．比较教育研究，2004（12）：35-39.

石中英，张夏青．30年教育改革的中国经验［J］．北京师范大学学报（社会科学版），2008（5）：22-32.

石中英．深化教育改革，成就中国教育梦想［J］．教育研究，2013（4）：6-8.

苏君阳．论教育公正的本质［J］．复旦教育论坛，2004（5）：33-36.

孙翠香，范国睿．学校变革成本探析：概念、构成及控制策略［J］．教育科学研究，2009（6）：32-36.

孙锦明．师范生免费教育政策设计建议［J］．教育发展研究，2007（11）：21-26.

索尔蒂斯．论教育哲学的前景［J］．国外社会科学，1984（3）：8-12.

泰勒．社会评估：理论、过程与技术［M］．葛道顺，译．重庆：重庆大学出版社，2009.

田德新，张喜荣．美国创新人才培养机制［J］．西安外国语学院学报，2003（9）：85-87.

田芬，朱永新．关于基础教育均衡发展的哲学思考［J］．苏州大学学报（哲学社会科学版），2004（2）：117-120.

田汉族，杨柳．教育消费者、学校和政府之间的博弈：中小学择校现象及治理研究述评［J］．中国教育学刊，2009（3）：14-17.

汪明．义务教育均衡发展与若干保障机制：部分地区的政策及实践分析［J］．教育发展研究，2005（10）：40-44.

王飞，辛治洋，陈永忠．普通高中“多维空间”办学模式与实践探索：以安徽省宣城市第三中学特色办学为例［J］．教育研究，2012（12）：140-143.

王建梁，陈瑶．21 世纪新西兰农村学校布局调整的反思及启示［J］．外国教育研究，2011（6）：73-78.

王万俊．略析教育变革理论中的变革、改革、革新、革命四概念［J］．教育理论与实践，1998（1）：10-11.

王晓辉．关注教育平等［J］．教育学报，2005（3）：53-58.

邬志辉，史宁中．农村学校布局调整的十年走势与政策议题［J］．教育研究，2011（7）：22-30.

吴刚平．反思普通高中课程：功能期待与结构设计［J］．全球教育展望，2002（6）：33-36.

吴康宁．教育改革成功的基础［J］．教育研究，2012（1）：24-31.

吴康宁．中国的教育改革为什么会这么难［J］．华东师范大学学报（教育科学版），2010（4）：1-4.

谢方毅．美国研究型大学本科生科研的组织与实施［J］．清华大学教育研究，2006（2）：91-94.

谢维和．从基础教育到大学预科：新时期高中教育的定位及其选择［N］．中国教育报，2011-09-29（3）.

徐国英．农村中小学撤点并校政策价值分析［J］．教育理论与实践，2012（31）：

21-24.

薛理银．比较教育导论：教育与国家发展［M］．北京：人民教育出版社，2006.

扬．知识与控制：教育社会学新探［M］．谢维和，朱旭东，译．上海：华东师范大学出版社，2002.

杨东平．中国教育公平的理想与现实［M］．北京：北京大学出版社，2006.

于建福．教育均衡发展：一种有待普遍确立的教育理念［J］．教育研究，2002（2）：10-13.

余清臣．当代中国教育改革的动力机制分析［J］．教育科学研究，2009（10）：10-14.

喻本伐．中国师范教育免费传统的历史考察［J］．湖北大学学报（哲学社会科学版），2007（3）：43-45.

袁贵仁．袁贵仁谈中国教育梦［J］．中国农村教育，2013（4）：5-7.

张济正．对普通高中培养目标的几点认识［J］．课程·教材·教法，1997（1）：3-9.

赵丹，吴宏超．发展中国家农村教育资源共享模式的设计与应用［J］．外国教育研究，2010（2）：82-86.

中国教育与人力资源问题报告课题组．从人口大国迈向人力资源强国［M］．北京：高等教育出版社，2003.

钟启泉，崔允漷，吴刚平．普通高中新课程方案导读［M］．上海：华东师范大学出版社，2003.

周翠萍，范国睿．政府购买教育服务何以可能［J］．教育学报，2011（1）：93-98.

周锋．试论基础教育均衡发展的若干问题［J］．教育研究，2002（8）：70-72.

朱丽．什么是成功的教育改革：教育改革成效评价标准构想［J］．教育发展研究，2011（6）：35-38.

朱士中．美国应用型人才培养模式对我国本科教育的启示［J］．江苏高教，2010（5）：147-149.

朱新梅．论我国部属师范大学的现状、问题及发展［J］．高等师范教育研究，2002（1）：1-9.

朱旭东．民族国家和比较教育研究［M］．合肥：安徽教育出版社，2008.

朱益明．普通高中学生发展指导研究［M］．上海：华东师范大学出版社，2013.

朱有瓛．中国近代学制史料［M］．上海：华东师范大学出版社，1983.

转型期中国重大教育政策案例研究课题组．缩小差距：中国教育政策的重大命题

[M]. 北京：人民教育出版社，2005.

Adams D K, Bank A D. Education and national development: priorities, policies, and planning [J]. Economics of Education Review, 2003, 22 (100): 653-654.

Fägerlind I, Saha L J . Education & national development: a comparative perspective [M]. 2nd. New York: Pergamon Press, 1989.

Garrett R M. Education and development [M]. London: Croom Helm, 1984.

Lynch J, Modgil C, Modgil S. Education and development: tradition and innovation (V. 1-V. 4) [M]. London: Cassell, 1997.

Shukla S, Kaul R. Education, development and underdevelopment [M]. Thousand Oaks, CA: Sage Publications, 1998.

Soegiyanto S. Education and national development: a study of the influence of schooling, student background and academic ability on student academic achievement in indonesian public general senior high schools [J]. Angewandte Chemie, 2003, 42 (28): 3245-3247.

Sultana R G. Education and national development: historical and critical perspectives on vocational schooling in Malta [M]. Msida: Mireva Publications, 1992.

Tilak J B G. Education for development in asia [M]. Thousand Oaks, CA: Sage, 1994.

Tsang M C. Education and national development in China since 1949: oscillating policies and enduring dilemmas [J]. Economics of Education Review, 2000: 579-618.

索　引

出版人　李　东
责任编辑　何　艺
版式设计　杨玲玲
责任校对　张　珍　金　霞
责任印制　叶小峰

图书在版编目（CIP）数据

教育政策与教育改革．上卷，本土探索／范国睿等著．—北京：教育科学出版社，2016.7
ISBN 978-7-5191-0662-1

Ⅰ.①教…　Ⅱ.①范…　Ⅲ.①教育政策—研究—中国②教育改革—研究—中国　Ⅳ.①G52

中国版本图书馆 CIP 数据核字（2016）第 161556 号

教育政策与教育改革（上卷）：本土探索
JIAOYU ZHENGCE YU JIAOYU GAIGE (SHANGJUAN): BENTU TANSUO

出版发行	教育科学出版社		
社　址	北京·朝阳区安慧北里安园甲 9 号	市场部电话	010-64989009
邮　编	100101	编辑部电话	010-64989419
传　真	010-64891796	网　址	http://www.esph.com.cn
经　销	各地新华书店		
制　作	北京金奥都图文制作中心		
印　刷	北京玺诚印务有限公司		
开　本	169 毫米×239 毫米　16 开	版　次	2016 年 7 月第 1 版
印　张	27	印　次	2016 年 7 月第 1 次印刷
字　数	348 千	定　价	68.00 元